语言学及应用语言学名著译丛

韵律音系学

PROSODIC PHONOLOGY

[意] 玛丽娜·内斯波
[美] 艾琳·沃格尔 著

宫齐 译

商务印书馆
创于1897 The Commercial Press

根据德国德古意特出版社 2007 年英文版译出。

总　　序

商务印书馆出版的“汉译世界学术名著丛书”在国内外久享盛名，其中语言学著作已有10种。考虑到语言学名著翻译有很大提升空间，商务印书馆英语编辑室在社领导支持下，于2017年2月14日召开“语言学名著译丛”研讨会，引介国外语言学名著的想法当即受到与会专家和老师的热烈支持。经过一年多的积极筹备和周密组织，在各校专家和教师的大力配合下，第一批已立项选题三十余种，且部分译稿已完成。现正式定名为“语言学及应用语言学名著译丛”，明年起将陆续出书。在此，谨向商务印书馆和各位编译专家及教师表示衷心祝贺。

从这套丛书的命名“语言学及应用语言学名著译丛”，不难看出，这是一项工程浩大的项目。这不是由出版社引进国外语言学名著、在国内进行原样翻印，而是需要译者和编辑做大量的工作。作为译丛，它要求将每本名著逐字逐句精心翻译。书中除正文外，尚有前言、鸣谢、目录、注释、图表、索引等都需要翻译。译者不仅仅承担翻译工作，而且要完成撰写译者前言、编写译者脚注，有条件者还要联系国外原作者为中文版写序。此外，为了确保同一专门译名全书译法一致，译者应另行准备一个译名对照表，并记下其在书中出现时的页码，等等。

本译丛对国内读者，特别是语言学专业的学生、教师和研究者，以及与语言学相融合的其他学科的师生，具有极高的学术价值。第一批遴选的三十余部专著已包括理论与方法、语音与音系、词法与句法、语义与语用、教育与学习、认知与大脑、话语与社会七大板块。这些都是国内外语言学科当前研究的基本内容，它涉及理论语言学、应用语言学、语音学、音系学、词汇学、句法学、语义学、语用学、教育语言学、认知语言学、心理语言学、社会语言学、话语语言学等。

尽管我本人所知有限，对丛书中的不少作者，我的第一反应还是如雷贯耳，如 Noam Chomsky、Philip Lieberman、Diane Larsen-Freeman、Otto Jespersen、Geoffrey Leech、John Lyons、Jack C. Richards、Norman Fairclough、Teun A. van Dijk、Paul Grice、Jan Blommaert、Joan Bybee 等著名语言学家。我深信，当他们的著作翻译成汉语后，将大大推进国内语言学科的研究和教学，特别是帮助国内非英语的外语专业和汉语专业的研究者、教师和学生理解和掌握国外的先进理论和研究动向，启发和促进国内语言学研究，推动和加强中外语言学界的学术交流。

第一批名著的编译者大都是国内有关学科的专家或权威。就我所知，有的已在生成语言学、布拉格学派、语义学、语音学、语用学、社会语言学、教育语言学、语言史、语言与文化等领域取得重大成就。显然，也只有他们才能挑起这一重担，胜任如此繁重任务。我谨向他们致以出自内心的敬意。

这些名著的原版出版者，在国际上素享盛誉，如 Mouton de Gruyter、Springer、Routledge、John Benjamins 等。更有不少是著名大学的出版社，如剑桥大学出版社、哈佛大学出版社、牛津大学出版社、MIT 出版社等。商务印书馆能昂首挺胸，与这些出版社策划洽谈出版此套丛书，令人钦佩。

万事开头难。我相信商务印书馆会不忘初心，坚持把“语言学及应用语言学名著译丛”的出版事业进行下去。除上述内容外，会将选题逐步扩大至比较语言学、计算语言学、机器翻译、生态语言学、语言政策和语言战略、翻译理论，以至法律语言学、商务语言学、外交语言学，等等。我也相信，该“名著译丛”的内涵，将从“英译汉”扩展至“外译汉”。我更期待，译丛将进一步包括“汉译英”“汉译外”，真正实现语言学的中外交流，相互观察和学习。商务印书馆将永远走在出版界的前列！

胡壮麟

北京大学蓝旗营寓所

2018年9月

汉译版序

亲爱的读者：非常感谢你们对《韵律音系学》一书的浓厚兴趣。我非常荣幸该书如今能有机会被译成汉语出版；同时也非常高兴能受邀专门来为这部汉译本作序。该书的汉语译本凝聚了暨南大学外国语学院宫齐教授的专业知识和辛勤的付出。

任何一部书的作者都会寄希望于自己的作品不仅能为特定研究领域的热点问题提供真知灼见，同时也将触发既能为原创论证提供支持，又能揭示出其存在不足的新的研究成果。确切地说，科学的进步恰恰就是发现问题和探索不断完善的过程。诚然，截至目前，本书的部分内容对你们来说不免会有过时之憾，故请你把它看成是出发的起点，从这里前行。

当然，1986 年，玛丽娜·内斯波和我共同出版《韵律音系学》一书时，我们的目标是为学生和研究者提供一种理论，该理论能够帮助他们系统且成功地探究、分析和理解那些主要为此前各种理论所忽视的许许多多的音系现象。实际上，我们也非常清楚，研究者进一步揭示出《韵律音系学》迄今尚未触及的各种挑战当然只是个时间的问题，同时这些挑战反过来又会促进该理论的进一步完善。经过三十多年的发展，本人倍感欣慰和自豪的是，我们最初的期许和愿望多已付诸现实，而且还在继续化为现实。语言学家始终如一地认为，我们的始创研究关系重大，他们把《韵律音系学》所提出的基本原理应用于跨诸多语言的研究工作，同时还补充了更多的数据和选择性方案。然而，时隔二十多年后（2007），我们目睹了本书原著（加新版序言）第二版的出版发行，如今再隔十余年后，本书的汉译本又将面世（2020）。

如今,《韵律音系学》汉译本的出版看来恰逢时机，这是因为对韵律层级应用和检验的一些早期研究亦涉及中国的不同语言和方言。其中最著名的应推陈渊泉（Matthew Chen，1987）的开创性研究，“厦门话变调之句法”一文揭示了变调模式的各种复杂表象和界面问题，同时为（形态—）句法—音系界面以及更普遍的韵律音系学理论源源不断地提供着重要且颇具见地的变调研究积累了丰富的文献史料。陈渊泉所著《变调：跨汉语方言的变调模式》(2000/2004）一书整合了早期文献及最新的研究成果，同时还列出有令人瞩目的文献书单，但遗憾的是笔者不谙中文，无法领悟其中部分文献的具体内容。此外，我们还发现了另一部与此相关的重要研究文集:《汉语音系诸界面问题：陈渊泉先生 70 华诞纪念文集》(Hsiao 等主编，2001)。尽管陈氏的早期变调研究多集中于较大的韵律范域，尤其是音系短语，但其后续研究（主要受端木三等的影响（尤见 Duanmu，1999））将研究的重点更多地聚焦于音步和重音的功用方面，尤其是复合词。我们新近又目睹了《句法—音系界面：论汉语方言的变调》(张洪明，2017）这部综合性研究专著的面世。

一般来讲，我们必须承认，尽管古代梵文学者波你尼（Pāṇini）对今天所谓之作用于不同类型的形态与句法音渡（内部和外部的不同变调现象）各种音系模式给出了颇具见地的论述，而这些音系模式大部分直至近期才得以重视。从跨越几千年到 20 世纪中期生成语法的形成，我们又一次发现,《英语语音模式》(1968）一书亦囊括了系统的音渡信息。这是通过词内语素的不同类型之间（再借助延展至复合词内各成分之间，乃至短语中的单词之间）线性插入的不同边界符号来实现的。然而，句法所提供的基本短语结构却无法准确地解释某些音系现象的应用，这很快便得到了证实（如 Selkirk，1972)，于是便需要某种不同的音系结构为这些现象提供应用范域。而自主音段和节律音系学所引入的非线性音系形式化表征此后不久便为音系范域——韵律层级——的非线性表征打开了大门。

概而言之，韵律的层级概念（正如《韵律音系学》所提出的那样）已呈现出了良好的发展态势。尽管一直以来针对原始理论曾有过（且将持续存在下去）各种各样的挑战和修正，但据笔者所知，目前还没有人提出要完全放弃韵律层级的概念，相反，我们再回归到音系范域的线性表征。这可能主要是出于如下事实，即韵律范域理论与其他类音系理论和表征相互一致且都在发挥着重要的作用。亦即，鉴于音系现象既不是来自凭空想象，也不是随意现于言语的语流，韵律的层级成分作用于系统地识别和限定对其应用至关重要的各种不同的结构。例如，自主音段、模架表征及规则都应用于特定类型的韵律成分，如节律栅及其相关现象。词汇音系学也被纳入了韵律层级，如词内现象用较低层级的韵律成分进行解释，而后词汇现象则需要用较高层级的成分来阐释。优选论亦与韵律层级理论并行不悖，况且，有些制约条件也是参照韵律成分提出来的，其排列顺序也会因成分类型的不同而有所差异。

对韵律音系学理论的主要挑战来自于韵律层级本身的性质。大家（尽管还不是全部）广泛认同，韵律成分——除了纯音系的音节和音步外——皆是由形态 / 句法和音系结构之间的界面或映射来定义的。在《韵律音系学》一书里，一般来讲，我们的主要假设是，各音系成分并没有必要跟其所映射的语法其他部分的结构互为同构，尽管偶尔也会有人提出音系成分直接映射自句法成分的观点（如 Kaisse，1985；Cinque，1993；更新的成果见 Selkirk，2011）。但关键的问题是，不同的形态和句法分析会产生不同的映射结果。

《韵律音系学》一书最初提出的观点是，韵律音系现象的实际效用在于给相互竞争的句法分析提供选择性信息：即如果一种分析能成功地预测特定音系现象的出现，而另一种则不能的话，那么这一分析就优于另外一种。事实上，这并不是我们在语言学理论演变过程中的所见所闻，其中不同句法（和形态）的分析及其结构的发展与完善，主要独立于其音系事实作用的可能结果。于是，音系学家便陷入了进退两难的地步。当需要构建组成韵律成分的映射规则时，我们应使用哪类形态和句法结构呢？每当形态—句法结构出现了变化，一定要重构建构韵律成分的映射原则，这显然是不可取的。

在某种程度上，为了跟语法其他部分的变化保持一致，对映射原则稍作修改也不是不可行的。例如，《韵律音系学》书中的映射原则被简单地用于指作“中心语（heads）”，即指一个 NP 中的名词或 VP 中的动词等，与时间的句法模式保持一致。但当这一模式发生了变化，“中心语”已不再是名词和动词一类词项，而是“功能中心语”的话，许多原有的理论观点可能要参照 / 借助（特别是）“词汇中心语”来体现。诚然，当句法模式出现了实质性的差异时（如相位理论 Phase Theory），更加复杂的挑战就会随之出现。于是，所需要的似乎是，对那些相对较小、具有普遍特性且主要跟音系现象交互作用的形态—句法部分和特征加以识别，而不是更依赖于理论的抽象结构。当然，这说起来容易，做起来难。

有趣的是，尽管存在着各种各样的挑战，其中包括形态和句法理论的种种变化，以及许许多多后来发现的音系现象，但《韵律音系学》一书里所提出的韵律层级（如示）一直以来都未曾有过丝毫的动摇。即：尽管在映射的细节方面还存在分歧，但成分的数目仍旧保持在 5—6 种这一范围之间，且从描写角度来看，其内容也十分相近。例如，《韵律音系学》界面成分（如音系词、附着语素组、音系短语、语调短语和音系话语）以及互配理论（Match Theory）定义的三对递归成分（X^{max} = 最大 X，X^{min} = 最小 X）（Selkirk 2011）（最小音系词 =Phonological $Word^{min}$，最大音系词 =Phonological $Word^{max}$，最小音系短语 =Phonological $Phrase^{min}$，最大音系短语 =Phonological $Phrase^{max}$，最小语调短语 =Intonational $Phrase^{min}$，最大语调短语 =Intonational $Phrase^{max}$）所界定的各范域中存在着很大的相似性。在后者的例子中，我们看到，其中存在着两类音系短语，除此之外，在两类成分之间还展现出了高度的一致性。在其他的研究方法中，我们也发现有十分相近的成分，只不过名称略有不同而已，如重音短语（Accentual Phrase）和中间短语（Intermediate Phrase），同时也出现有个别不同的成分，如韵律词干（Prosodic Stem）。一方面，这些相似性还表明了如下事实：所有致力于韵律音系学研究的音系学家都在力图解释一系列基本上相同的语言现象。另一方面，进一步的仔细观察会发现《韵律音系学》与互配理论二者的理论模式之间还存在着一大根本分歧，尤其是后者所呈现的递归成分需要用“最大 max”和“最小 min”标示来体现某具体范畴的最高和最低成分。

应注意的是，递归最初是按照严格层级假说（SLH）排除在韵律层级之外的，无论是在《韵律音系学》还是其他早期理论中都是如此。然而，人们很快便发现，SLH 所施加的限制约束性过大，故有人提出了对限制的弱化。撇开韵律层级的特定研究方法不谈，严格支配（Strict Dominance）或层级中 X 层面的某个成分仅支配其下属 X-1 层面的成分的这一必要条件被弱化，允许跨越层面，如此一来，X 便允许支配 X-2 的层面了。在《韵律音系学》一书所提出的模型里，这是 SLH 唯一弱化的一个部分。在其他情况下，也有人提出了附加弱化，以便把递归成分结构亦纳入其中，通常与（递归性）形态和句法结构密切相关的成分映射程序相互一致。

随着形态—句法结构的更加直接的映射，对递归现象的接受不仅会引发诸如互配理论中两类不同音系短语之间的额外区分（additional distinction），它还往往与音系词和音系短语之间各种完全不同的分析密切相关。尽管最初的韵律层级（就这一点来讲）含有一个不同的成分——附着语素组（现在称复合结构组 Composite Group；尤见 Vogel 2009），而其他人提出的层级则用所谓的递归音系词（Recursive Phonological Word）来表示这一成分。事实上，有些汉语分析也涉及此类递归结构，复合词尤为如此（如 Duanmu，1999）。这一问题在《韵律音系学》（2007）“第二版前言”中被提了出来，同时也列出了带递归结构的若干问题（尤见于 Vogel，2009，2012）。

撇开较为理论性的问题及其发展不谈，如今令人鼓舞的是，我们目睹了把韵律层级应用于《韵律音系学》一书尚未涉及的许多语言的后续研究和进展。同时，我们还非常高兴地看到，韵律层级的成分和基本概念也被用于语言研究的其他方面。研究者们不仅把韵律成分继续用于诗歌研究和消除歧义的感知分析，如《韵律音系学》书中所示（分别见于 Kiparsky 和 Youmans，1989；Vigário，2003）；他们还始终致力于把韵律成分的思想引入更新的语言学研究领域。正如《韵律音系学》"第二版序"所言，目前我们在第一语言习得与韵律层级相互关联的研究方面已取得了长足的进步；随着科学技术的发展，我们还看到把韵律结构应用于言语规划和产生、声学与发音语音学、二语习得、神经语言学、计算语言学、语言与音乐等诸多领域的研究。

亲爱的读者，综上所述，尽管几十年的后续研究表明《韵律音系学》不可避免地还存在着这样那样的不足，但我希望，你们将进一步去深入探究韵律层级的本质和应用问题。尽管在理论上还存在着观点的差异，但笔者相信，我们的最终目的都是致力于揭示人类语言如何运作的这一共同目标。作为实现这一目标的组成部分，我们有必要继续探索音系与语法其他部分的各种界面问题，以便确立构建韵律成分及其映射原则的相对较小的子范畴，借此来揭示我们所探究的所有语言并给予深刻的洞悉。

宫齐教授将他对音系学的深刻理解，对英语语言的敏感和博学，及其巨大的热情倾注于《韵律音系学》一书的翻译，笔者在此深表感激和敬意。

艾琳·沃格尔
（Irene Vogel）

参考文献

Chen, Matthew. 1987. "The syntax of Xiamen tone sandhi". *Phonology Yearbook*. 4: 109－149.

Chen, Matthew. 2000/2004. *Tone Sandhi: Patterns across Chinese Dialects*. Cambridge: Cambridge University Press.

Cinque, Guglielmo. 1993. A null theory of phrase and compound stress. *Linguistic Inquiry*. 24.2: 239—297.

Chomsky, Noam and Morris Halle. 1968. *Sound Pattern of English*. New York: Harper & Row.

Duanmu, San. 1999. Stress and the development of disyllabic vocabulary in Chinese. *Diachronica*. XVI. 1: 1—35.

Hsiao, Yuchau E., Hui-chuan Hsu, Lian-Hee Wee and Dah-an Ho (eds.). 2001. *Interfaces in Chinese phonology: Festschrift in honor of Matthew Y. Chen on his 70th birthday*.

Kaisse, Ellen. 1985. *Connected speech: the interaction of syntax and phonology*. New York: Academic Press.

Kiparsky, Paul and Gilbert Youmans (eds.). 1989. *Meter and Rhythm*. Academic Press.

Selkirk, Elisabeth. 1972. *The Phrase Phonology of English and French*. Outstanding Dissertations in Linguistics. New York: Garland Publishing Co.

Selkirk, Elisabeth. 2011. The Phonology-Syntax Interface. In John Goldsmith, Jason Riggle and Alan Yu (eds.). *The Handbook of Phonological Theory,* 2nd Edition. Oxford: Blackwell Publishing.

Vigário, Marina. (2003). Prosody and sentence disambiguation in European Portuguese. In Pilar Prieto (ed.). *Catalan Journal of Linguistics* 2 (*Special Issue on Intonation*. pp. 249—278.

Vogel, Irene. 2009. The Status of the Clitic Group. In Janet Grijzenhout and Bariş Kabak (eds.). *Phonological Domains: Universals and Deviations*. Berlin: Mouton de Gruyter. pp. 15 — 46.

Vogel, Irene. 2012. Recursion in phonology? In Bert Botma and Roland Noske (eds.). *Phonological Explorations. Empirical, Theoretical and Diachronic Issue*s. Berlin/ Boston: De Gruyter. pp. 41 —61.

Zhang, Hongming. 2017. *Syntax-Phonology Interface: Argumentation from Tone Sandhi in Chinese Dialects*. New York. Routledge.

译者前言

一

国际著名音系学家玛丽娜·内斯波（Marina Nespor）和艾琳·沃格尔（Irene Vogel）合著的《韵律音系学》（*Prosodic Phonology*）一书 1986 年由 Dordrecht：Foris 出版社出版，系该出版社“生成语法研究系列丛书”第 28 卷，全书共计 xiv+327 页。如今时隔二十一年后，该书 2007 年转由德国德古意特出版社再版，这是国际语言学界，特别是音系学界的一大喜讯。此番再版，两位作者还专门为该书撰写了新序。

1986 年，《韵律音系学》刚刚面世不久，便引起了音系学界的广泛关注。1988 年，国际语言学权威期刊《语言学学报》（Journalof Linguistics，第 24 期，pp515—25）和《音系学》（Phonology，第 5 期，pp161—8）同年连续刊载了两篇重量级评论。前者为布济（Geert Booij）教授撰写，后者为艾伦·詹姆斯（Allan R. James）博士所著，两位都是当今国际著名音系学家。他们对该书的出版给予了高度赞誉，认为《韵律音系学》是一部“令人振奋的研究成果，开辟了韵律音系学研究领域的先河……有助于深化我们对音系表征结构问题的深入认识。”（Booij，1988，p524），该书不仅“为音系学界提供了规则和语境类型方面的宝贵描写数据，也为当下非线性音系学理论的建构做出了杰出的贡献”（James，1988，p168）。的确，该书的出版引发了语言学界对韵律特征及韵律相关问题研究的极大兴趣，亦成为后来现代音系学研究的必读经典。根据谷歌学术搜索（Google Scholar）的统计，截至目前该书的被引次数高达 5183 次，是当今语言学领域被引率最高的现代音系学著作之一，该书的出版为后来语言韵律及其相关问题的研究，乃至一大批高质量研究成果的产出做出了重要贡献。

二

《韵律音系学》(2007)除增补了新序外，完整地保留了其1986版的全貌，对第一版的原有内容基本上未作任何修改。自该书第一版面世以来，音系学界在韵律相关领域的研究方面已取得了丰硕的成果。目前，基于韵律基本概念和层级理论对世界不同语言及其语法（特别是音系）现象和音系界面的研究已相当普遍，同时该理论的发展也极大地促进了语言习得、语言感知与语言产出，心理语言学和认知科学等许多交叉学科的研究(p xiii)[1]。以下，我们将首先逐一介绍该书各章的主要内容。

第1章“概说”主要介绍了“音系学与语法其他部分的界面，韵律音系学的理论框架和研究数据”。作者开宗明义，指出韵律音系学是音系学有关韵律音系研究的理论。该理论由塞尔柯克（Selkirk，1978）在“论韵律结构及其与句法结构的关系”中首度提出，后经塞尔柯克（1980）、内斯波和沃格尔（1982）进一步补充、发展和完善。韵律音系理论与经典生成音系学的线性理论有着本质的不同，表现为非线性的音系范域理论，即“把语言的特定语符串组构成一系列层级排列的音系成分，这些成分再构成音系规则应用的不同语境……”，其表征形式“包含一系列以层级方式组成的音系单位，……这些单位的定义基于融合语法其他组成部分信息的映射规则，遵循以下树形图的几何构建原则被划入不同的层级或树形结构”(p6—7)，这些原则分别是：

(1)原则1：一已知非终端韵律层级单位 X^p 含有一个或多个直属下一级的范畴单位 X^{p-1}。

1　以下凡未具体注明出处者均为《韵律音系学》英文原著的页码。

原则 2：具体层级的给定单位必须完全包含在高一层级的韵律单位内。

原则 3：韵律音系的层级表现为多分结构（n-ary branching）。

原则 4：姐妹节点相对突显关系的界定为：一个节点指定为强节点（s），其余节点全部为弱节点（w）。

鉴于所有韵律成分都具有相同的内部结构，我们可以把“构建不同韵律范畴的层级树形规则”形式化为韵律成分构建规则：即“把 X^p 范域界定的语符串所包含的所有 X^{p-1} 都归入多分结构 X^p。”依据这一规则，我们便得出了以下音系表征：

（2）

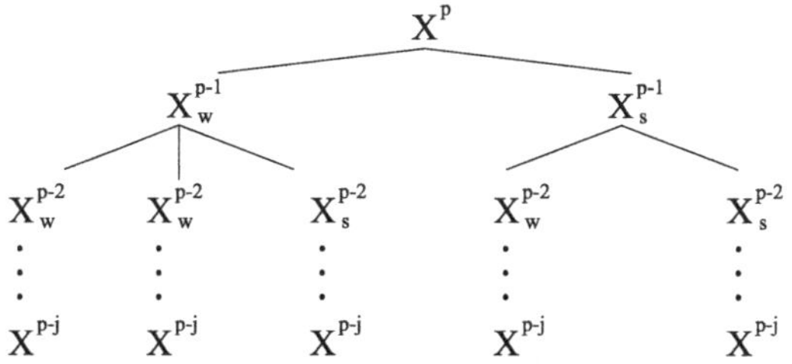

（p8）

该章接下来对上述 4 条原则和音系规则给予了详细讨论。作者指出，前两条原则及其对韵律树结构的限制类型基本上没有太多争议，因为任何理论如果缺失了这两条原则或其中的一条，都意味着对出现的可能结构失去约束。然而，后两条原则却存有较大的争议，它们表现为内斯波和沃格尔所提出的韵律结构的多分模式[1]。通过对早期节律音系学理论（Liberman，1975；Liberman & Prince，1977）重音指派偶分树结构存在问题的分析，作者论证了多分结构是韵律层级模式的最佳选择。鉴于音节首音（onset）和韵腹（thyme）与上述 4 条原则不符，故均不纳入韵律层级，亦不能作为音系规则的应用范域（Nespor & Vogel，1986；James，1986）。该章随后讨论了表征音系与其他语法成分界面的映射规则，以及

1　内斯波和沃格尔指出，“我们提出了韵律的多分结构，而非早期理论的偶分结构。偶分与多分结构的问题受到了生成语言学理论众多领域的广泛关注，这在未来若干年里仍将是争议颇多的话题，这些问题亦涉及音系学及语法的其他组成部分”（p8）。

严格意义的音系规则，其中沿用了塞尔柯克（1980）的分类方式，区分了三类韵律规则：范域跨度规则（domain span）、范域音渡规则（domain juncture）和范域界限规则（domain limit）。

第2章“韵律成分的理据”重点讨论了“非音系语境的音系过程（形态和句法语境），韵律现象的语境形态和句法阐释失效，以及音系成分理据的提出”。对语音模式修正的音变过程存在着两类不同的音系规则，即有些音系规则作用于直接由形态—句法成分界定的语境，而另一些则无需参照此类信息。后一类过程恰恰构成了严格意义的纯音系规则，其构建过程所参照的范域与形态—句法成分不存在对应关系。该章首先扼要地讨论了不属于纯音系规则范畴的规则，举例说明为什么形态与句法成分不能构成某些音系规则的应用范域。“形态—句法成分的这种‘失效’表明，我们有必要去寻找其他类成分，于是便提出了韵律的层级成分”（p27）。该章通过引证多种语言的不同规则，详细阐述了音系规则的音系与非音系语境之间的关系，指出有必要提出单独的成分等级来表达这些规则的音系范域。其中详细论证了把句法成分作为音系规则的应用范域：1. 有些音系规则的应用范域无法直接参照句法成分给出正确的预判；2. 由于句法成分需要由结构来决定，相同句法结构但不同长度的成分，其音系规则应用的表现不尽相同，此类非结构因素跟音系相关；3. 依据句法成分的分析，其预判为：句子是音系规则应用的最大可能范域。（p37）文中翔实的语例表明，直接参照句法成分不仅会造成概括的缺失，还会导致对某些音系规则应用范域的误判。由于我们无法使用形态—句法成分解释所有音系规则的应用范域，故有必要提出阐释这类范域音系韵律成分的以下四条理据。“（1）具体语法某些规则的形式化表征需参照该语符串；或（2）某些规则的应用范域恰恰就表现为该语符串”，因为该语符串在句法和音系中均被视为成分。除此之外，即便未满足前两条原则，（3）“如果该语符串是语音配列的限制范域”，抑或（4）“参照具体语符串（元素之间）的相对凸显关系”亦可被作为成分。其中的前两条是普遍性原则，而后两条则为音系具体原则。作者最后总结指出，“尽管韵律成分和形态—句法成分原则上讲是不同构的，但应该注意，这两种成分之间偶尔出现同构则不足以成为否定语言中某具体韵律成分存在的依据。就同构现象而言，使用句法成分来取代韵律成分的做法注定会导致许多不尽人意的结果。”（pp59—60）

第 3 章“音节与音步”着重讨论了韵律层级的两个最小成分音节（σ）和音步（Σ），聚焦于它们作为音系规则的应用范域和音步结构。自上世纪 70 年代初，音系学家便开始围绕是否应该把音节理论看成是生成音系学的分支理论展开了讨论（Vennemann，1972；Hooper，1972），此后胡珀（Hooper，1976）和卡恩（Kahn，1976）先后把音节概念引入了自然生成音系学和自主音段音系学。随着音节研究成果的不断丰富，讨论的问题也不断深化，研究范围涉及音节组构、音节内部音段间的关系、音节划分与重组、音节的自主音段表征等方方面面。

该章详细讨论了音节划分的范域，以及作为音系范域的音步等问题。作者指出，音节是音段音系规则的最小范域，基于这一范域，我们可进一步揭示音系和形态—句法之间的交互作用（p62）。在音节划分过程中，最大首音原则（Maximal Onset Principle）是一条普遍性原则，据此我们把元音间的辅音划归给右侧音节的首音，而不是左侧的尾音，如英语 manual 的音节划分为 $[ma]_{\sigma}[nual]_{\sigma}$，而不是 $*[man]_{\sigma}[ual]_{\sigma}$。该章论证了音系与形态之间存在着交互作用，音节范域的定义主要取决于某些非音系信息。英语、荷兰语在短语内均不允许跨词汇音节划分，而意大利语和西班牙语则允许音节跨词汇划分。作者认为，音节划分规则和音节重构规则必须参照音系词和音系短语等较大范域，同时音节本身又可以充当其他规则的应用范域。足见，把音节作为音系规则应用范域的必要性是毋庸置疑的。

随后，该章重点讨论了把音节作为“范域界限、音渡和跨度规则[1]”这

1 其中有些规则既可看作音节界限规则，也可视为音节跨度规则（Nespor & Vogel，1986）。

三种韵律规则的应用范域，其中范域界限规则居多。由于音节在成词之前，首先要构成“音步”[1]。基于多语数据的分析，海斯（Hayes，1981）指出，音步的构建必须参考音节的重轻，把音节“轻重”跟另外两个参数“偶分”与“无界”加以组合，便可得出“a. 偶分，音量敏感型；b. 偶分，音量不敏感型；c. 无界，音量敏感型；d. 无界，音量不敏感型”4 种可能的音步组合。与海斯的节律音步偶分论不同，作者认为，所有韵律成分均为多分结构。由于使用多分结构不仅比偶分结构更加简洁，省去了音步内部的不必要成素，同时还可以避免许多其他问题——海斯用来构建偶分树的同类信息也可以用多分结构予以表现，且后者能够更充分地体现所有同类的必要结构，又能够排除不必要的多余结构。[2]

（3） a. 偶分树结构　　　　　　　　　b. 多分树结构

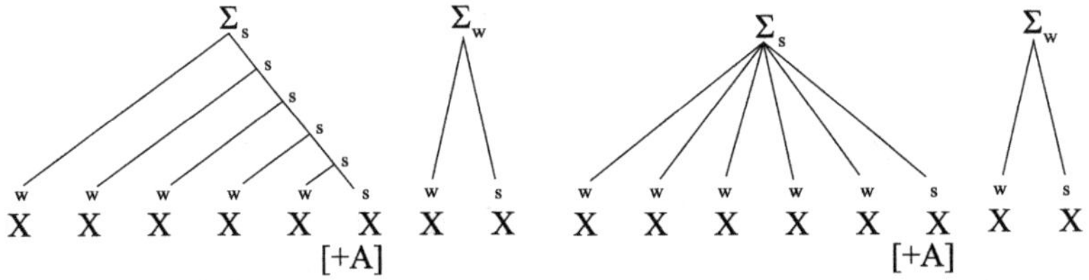

该章还举例阐释了英语的声门化、闪音、首音强拍、*l*- 清化、双元音缩短、强制性 *n*- 软腭化和 *k*-*r* 互为同化等规则。文中亦引证了叶美娜（Yip，1980）对汉语厦门话声调、重音、音步和一些音段音系规则交互作用的分析。汉语普通话及其方言都具有这样一条制约：每个音步只允许一个全声调音节，其他皆为轻音，如 *xǐhuan*（喜欢）和 *hǎode*（好的）。如果一个音步含有两个全声调音节，声调删除规则会使第二个音节变为轻音，如老虎（T3+T3）→ T3+T0（p74）。汉语厦门方言的双音化规则和塞音浊

1　早期音步的支持者多基于重音指派（Liberman 和 Prince，1977；Kiparsky，1979；Selkirk，1980；Hayes，1981），后来也有人提出废弃音步的观点（Prince，1983；Selkirk，1984）。

2　莱本（Leben，1982）指出，把最大的无界右向支配音步由右至左加以指派，确保不会出现任何逆向 w 节点含有 [+A]（p.182）。

化规则等也都把音步作为应用范域（Yip，p100）。当一个音节的尾辅音后跟一个以元音起首的音节时，双音化规则便作用于该辅音，条件是这两个音节属于同一音步。就音节范域而言，音节划分规则可分为：作用于音系词范域内部的规则和跨音系词作用的音节重构规则。前者系语言普遍性规则，后者为语言具体规则。此外，作者还考察了另外两个音步依附现象：语音配列制约条件和诗韵。分析表明，直接参照音步能够给出更普遍的概括。

第 4 章“音系词（ω）”主要讨论了音系词范域等于或小于句法树的终端元素，以及音系词的建构。作者首先指出，基于映射规则构建的音系词是比音步高一级的成分，界定音系词的映射规则体现了形态与音系之间的交互作用（p109）。根据严格层级假说（SLH），任何指定语符串的所有音步都必须首先构成音系词。音系词和形态单位之间的同构现象是具体语言规约的结果。布济（1983）认为，音系词有“大于、等于或小于句法树终端元素”三种范域类型。但该章认为，音系词只存在“等于或小于”两种形式，不存在作用于比音步更大、比音系词更小的纯音系规则（p110）。文中引用了希腊语和拉丁语音系词等于句法树终端元素范畴的例子，用前者的鼻音同化和塞音浊化规则及后者的主重音规则等辅以说明。针对“音系词范域小于句法树终端节点”的类型，作者引证了派生词和非派生词皆可构成音系词的语言。其中考察了梵语、土耳其语、匈牙利语、意大利语、伊蒂尼语、荷兰语等十余种语言范域与形态—句法层级成分不同构的规则，充分证明了音系词和形态—句法层级成分不存在一一对应的关系。分析表明，荷兰语复合词的每个成分都构成独立的音系词范域，希腊语和拉丁语等需要参照形态树的最大映射，梵语和匈牙利语等需参照词干或前后缀，而意大利语和伊蒂尼语等还必须把基于具体语言合格条件的某些音系概念加以考虑。构建原则如（4）所示：

（4） 音系词范域

A. 音系词的范域为 Q，或者

B. I. 音系词范域包括：a. 词干；b. 特定音系和 / 或形态标准所识别的所有元素；c. 带附加区别特征 [+W] 标记的所有元素。

II. Q 中尚未连接的所有元素将构成该词干毗邻音系词的组成部分；如果没有此类音系词，其本身构成一个音系词。(p140)

按照（4）的规定，只存在音系词等于或小于句子树形图末端元素的两种可能，同时它还预示着，单个词干不会出现一个以上的音系词，在音系词含有复合词两个成分的语言里，不存在构成独立音系词的词缀或词缀序列。其结果进一步证实了，韵律与形态—句法层级的不同构这一事实。于是，我们可以把音系词的建构规则表述为：把音系词范域定义界定的语符串内的所有音步都连接到一个多分结构的音系词（p142）。在音系词中，音步的重轻（s/w）标记因语言而异，取决于语言不同的参数设定。在无标记情况下，s 音步位于音系词树形的最左或最右侧。由于音系词的构建以音步为基础，因此音系词的所有音节都必须按韵律构建的总体要求组构成多分结构的音步。

第 5 章“附着语素组（*C*）”重点考察了单词加附着语素序列的混杂表象，附着语素组的构建及其证据。附着语素一直是语言学界长期以来关注的热点话题之一，该章重点考察的是依附于音系而非依附于句法的附着语素。作者认为，不能强行把附着语素归属于某特定类型，因为其音系表现既不同于词缀，又有别于独立词，这些音系现象仅以单词加附着语素为特征（p145）。作者列举了西班牙语、土耳其语、古典拉丁语的附着语素，以及意大利语、英语、希腊语、土耳其语、加泰隆语等语言规则的应用范域，分析了单词加附着语素序列的混杂表象，并以意大利语“附着语素”代词为例讨论了兹维基（Zwicky）的句法和音系测试存在的若干问题。基于对意大利语等十余种语言附着语素混合特征的剖析，作者指出：一个已知元素是否为附着语素应取决于非音系标准，附着语素作为韵律成分必须在音系中占有一席之地。

对于附着语素组的界定，作者沿用了海斯（Hayes，1984）的观点，认为附着语素组直接支配一个或多个音系词，同时反过来受高一级音系短语的支配。这便是附着语素处于词缀与单词之间的特性。根据海斯附着语素组的构建规则，附着语素组把一个附着语素跟宿主词加以组合，而选择左、右则取决于具体的句法结构。作者指出，附着语素组的构建仅依据句法成分是不够的，因为附着语素可根据句法构式从一侧黏着，但依照音系要求其黏附方向恰恰相反。此类附着语素称为方向性附着语素，区别于简单附着语素，后者的宿主词可在左侧，也可在右侧。附着语素组的建构规则见（5）：

（5） I. 附着语素组的范域

附着语素组的范域包括一个含有一独立词（非附着语素）音系词 + 任意毗邻音系词，其中毗邻音系词包括：a. 一个 DCL（方向性附着语素），或 b. 一个 CL（简单附着语素），并且没有任何可以与之共享更多范畴类型的宿主词。

II. 附着语素组的构建

把由附着语素组范域定义所界定的语符串中的所有音系词都归入一个多分支附着语素组。

“宿主词 + 附着语素”序列的独特音系表象，可通过韵律理论框架内延展完全相同的成分得到圆满的解决。这样，我们就可以避免试图把附着语素与宿主词硬性归入同一音系词而带来的问题。附着语素的这种混杂的音系表象将其与词缀和单词区分了开来，并可以借此把附着语素组作为应用范域予以阐释。附着语素组是表达句法与音系两大部分之间映射韵律层级的第一层，附着语素根据句法成分的结构去选择附着方向。许多语言的例证表明，附着语素组没有必要一定与形态—句法的成分同构，它与句法成分的不同构也见于许多含句子或短语附着语素的语言。

第 6 章“音系短语（φ）”重点讨论了“句法性叠音规则的应用范域与音系短语，音系短语的重构，意大利语音系短语层级的各种现象，以及其他语言的音系短语”。在韵律音系层级中，音系短语是由一个以上的附着语素组构成的高一级韵律成分。作者以意大利语为例，详细讨论了意大利语句法性叠音规则的应用范域。该叠音规则应用于含两个音系词（ω_1

和 ω_2）的序列，可延长第二个音系词（ω_2）的首辅音。其前提条件是：1. 被延长的辅音后面跟响音；2. 第一个音系词（ω_1）以元音结尾，同时是音系词的最强终端成分。音系短语的构建原则如（6）所示：

（6） I. 音系短语的范域

音系短语的范域由含有一个实词中心语（X）的附着语素组以及位于其非递归侧的所有附着语素组（直至 X 的最大投射外含有另一个中心语的附着语素组为止）构成。

Ⅱ. 音系短语的构建

把由音系短语范域定义所界定的语符串中包含的全部附着语素组都纳入一多分音系短语。

Ⅲ. 音系短语的相对突显

在句法树为右分支的语言中，音系短语最右侧的节点标记为 *s*（强）节点；但在句法树为左分支的语言里，音系短语最左侧的节点标记为 *s*（强）节点。*s* 的所有姊妹节点均标记为 *w*（弱）节点。（p168）

对（6I）的解释是，只有句法成分 V、N 和 A 可充当实词中心语[1]。在 X 的最大投射域内，无论什么成分位于 X 非递归侧，都要归入同一音系短语。作者提出了（选择性）音系短语重构规则，即“位于 X 递归侧的第一个补语为无分支音系短语，将并入含有 X 的音系短语。”（p173）该规则主要依据韵律结构对两组短语补语加以区分，鉴于句法部分不参照成分有无分支的结构信息，这一区分便无法在句法层面上实现。其中的“补语”和“递归”属纯音系概念，而重构概念表明，在确定韵律范畴方面长度也起到了重要作用。足见，音系短语比其他成分的理据更令人信服……（James，1988，p165）。该章接下来讨论了音系短语成分对意大利语重音后缩和尾音延长两种音系现象的阐释，以及其他语言的音系短语。（6）中所给出音系短语范域的定义参照了普遍的句法概念，如短语中心语以及跟

1 由于 P 被标记为 [-N，-V]，故音系短语的定义不把它与 N、V 和 A 同等看待，后者词类的赋值标记分别是 [+N，-V]、[-N，+V] 和 [+N，+V]。从音系角度来看，P 有别于 N、V 和 A。（p169）

中心语相关的短语递归侧。如英语和意大利语都属于右侧递归语（英语的抑扬格反转规则（如 thirteén mén → thírteen mén）和单音节规则的应用范域等），在分析了法语、埃维语、奇姆威尼语和基玛图姆比语的许多规则后，又以日语和盖丘亚语为例讨论了左侧递归语。作者指出，在右向嵌入句的语言里，音系短语范域包括短语中心语及同一短语内位于其前面的所有成分；而在左向嵌入句的语言里，音系短语范域包括短语中心语及该短语内跟在其后的所有成分。由于不分支补语往往要短于分支补语，所以分支与不分支补语的相对长度也是决定语言有无重组可能的关键要素。与附着语素组不同，音系短语的建构使用了较普遍的句法概念，其中所参照的普遍概念有句法短语、短语中心语和构建方向等参数（如 X- 杠类语言句子的嵌入方向等）。此外，该章的分析还表明，音系短语对语言感知加工的第一层级与诗韵处理等都至关重要。

第 7 章“语调短语（*I*）”主要讨论了“语调短语范域的定义、语调短语重构及其音段规则”。首先，语调短语是由一个或多个音系短语构成的更高一级的韵律单位。在韵律层级中，成分的等级越高，定义的普遍性也就越高。语调短语以句法和语义信息为基础，其建构原则如下：

（7） I. 语调短语范域（*I domain*）

语调短语范域包括：a. 在 s- 结构层面凡是结构上未与句子树形图连接的语符串内的所有音系短语，或 b. 根句中所有剩余的毗邻音系短语序列。

II. 语调短语的构建（*I construction*）

把由语调短语范域定义界定的语符串内所有的音系短语都归入一多分语调短语。（p189）

语调短语范域的初始定义是基于英语语调延展范域和规则支配的潜在停顿界定的，一些句法结构（如插入语、非限定性关系从句、反义问句等）都构成了自身的语调短语。在语调短语内部，重音由语义突显（如焦点、已知 / 新信息）指派决定语调短语的强节点。

（8） **语调短语的相对突显**

在语调短语内，基于语义突显把一个节点标记为 *s*，把其余节点均标记为 *w*。

（p191）

该规则允许语调短语的重音指派具有一定的灵活性，这是韵律结构层级其他成分所没有的。如根据句子的语义突显或焦点，*My sister sells fresh fruit at themarket on Monday* 一句的每个音系短语都有可能被标记为强节点。谈到语调短语的重构，需要指出的是，有些非句法因素（如长度、语速、语体和对比突显等）都可能是决定重构的重要因素。就此而言，语调短语的重构在很大程度上取决于总体语境。如语速越快语调短语就会变长，语速越慢语调短语就会变短。语体也是一样，如语体越正式，就越有可能被划分为较短的语调短语。此外，句法对语调短语重构也有很大关系（如停顿的位置，强制或选择性论元）。一旦成分界定需要语调短语的灵活性，该成分便不会跟任何句法成分同构。该章还讨论了把罗列分为不同语调短语的选择性重构规则，如（9）所示：

（9）罗列重构规则：在一个含两个以上的同类成分（即 $x_2, x_3 \ldots x_n$）序列里，语调停顿可插在 X 节点的每一次重复前（即 $x_2, x_3 \ldots x_n$）。

规则中的“重复”不是指序列的第一个 X，而是后面与 X 相同的节点。足见，使用多分结构可避免偶分树所带来的问题，语调短语能够准确地界定不同语言音段规则的应用范域（如意大利语、西班牙语和希腊语的例证所示）。语调短语的灵活性使其应用范域也具有灵活性，其中还详细讨论了意大利语托斯卡纳方言的托斯卡纳喉音规则（Gorgia Toscana）、西班牙语的鼻音同化和希腊语的 *s*- 浊化规则等。语调短语作为音系层级不可或缺的单位，为本章所讨论的音段与非音段现象提供了合理的解释，对此句法成分则无能为力。

第 8 章“音系话语（*U*）”着重讨论了音系话语范域的定义，以及句法与音系层级最大范域间的不同构现象。音系话语由一个或多个语调短语组成，它是韵律层级的最大单位。音系话语的构成原则如（10）所示：

（10） I. 音系话语范域（*U domain*）

音系话语范域包含与句法树中 X^n 对应的所有语调短语。

II. 音系话语的构建（*U construction*）

把由音系话语范域定义界定的语符串包含的全部语调短语都归入多分结构的音系话语。（p222）

在音系话语中，最后一个语调短语往往重读，这是音系话语相对突显规则的要求，即“音系话语所支配的最右侧节点为强节点，所有其他节点均为弱节点”（p223）。作者以美式英语的闪音规则、英式英语的 *r*- 插入规则，梵语的音系话语跨度（如滑音构成、元音紧缩、鼻音 m 同化、鼻音 m 随韵和塞音丛清浊同化）等规则，以及墨西哥西班牙语的音系话语跨度和界限规则等为例，系统讨论了应用范域为音系话语跨成分应用的音系规则，为音系话语范域提供了重要依据。此后，作者还讨论了语用条件（两个句子的说话人必须为同一人；两个句子的说话对象也必须为同一人）和音系条件（两个句子必须相对较短；两个句子之间不能出现停顿），以确保跨句子音系规则的应用和音系话语的重构[1]。作者还强调指出，音系话语的重构不仅要取决于音系和句法要素，还取决于逻辑—语义的相关因素，语体和语速等附加因素，以及音系话语之间的语义关系等。由此可见，音系话语的重构与语调短语重构极为相似，同时音系话语还表明，越是靠近韵律层级的高点，用于界定韵律成分所需要的信息就越少。

第 9 章“韵律成分与消解歧义”讨论了歧义的类型与解析、除歧的两种方案和除歧实验。本章在对过往歧义类型的分析进行扼要的梳理后，着重讨论了严格意义上的语言学歧义，而非语用歧义。作者详细对比了“句法说”和“韵律说”两种除歧的解决方案。前者是传统研究所普遍采用的方法，认为句子的韵律结构直接由句法结构来决定，不同的韵律模式对应于不同的句法结构，只有句法单位才具有歧义辨析功能。而后者则认为，句法结构只是间接地决定了句子的韵律结构，不同的句法结构可能会产生

1　音系话语重构规则要求：当基本语用和音系条件得以满足后，当所讨论的音系话语之间存在句法关系（省略，回指）和 / 或积极的语义关系（and, therefore, because）时，毗邻音系话语便可并入单个音系话语。（p244）

相同的韵律模式，故决定句子韵律模式的是韵律成分，而非句法成分，因为“那些意义不同但韵律结构相同的句子，无论句法结构如何，歧义也无法消除”（p254—5）。作者指出，即便缺乏足够的语境信息，消解歧义也不是不可能的，此时听话人的唯一话语歧义提示是韵律模式。作者从句法与韵律的两个维度出发，总结了歧义句句法和韵律结构之间的10种可能关系（Nespor & Vogel，1983，p134），同时根据 ø 和 *I* 的功能提出了以下除歧假说：

（11） 1. 对于两种解释来说，音系短语和语调短语的结构完全相同，即使它们的句法结构不同，这些句子均未见歧义消除。

2. 对于两种解释来说，音系短语和语调短语结构都不同时，歧义最容易消除。

3. 对于两种解释来说，语调短语的结构不同（音系短语的结构相同）比音系短语的结构不同（而语调短语的结构相同）更容易消解歧义。

4. 对于两种解释仅表现为主题关系不同的句子，无法消解歧义。（p264）

接下来，作者给出了针对这些假说的实验研究。受试对象为36位讲意大利语的大学生，他们对由78个歧义句组成的十大类句型进行了歧义辨析。结果表明：假说1对两种歧义消解给出了明确区分；假说2和3的区分不够直接，但却表明只有韵律说才给出假说2和3的预测类型；假说4不能区分两种歧义消解假说，但却证实了“题元角色”对句子韵律没有影响。分析表明，韵律结构在语调短语层面不同的情况下除歧程度最高，只有音系短语不同的例句除歧程度相对略低，而那些音系短语和语调短语韵律结构完全相同的例句，不论句法结构如何，都无法消除歧义（p269）。作者把这一实验结果跟莱希斯特（Lehiste，1973）对英语歧义句所做的研究比对后发现，跟句法结构相比，韵律结构能更好地预测消除歧义的句子。大量的证据表明，消除句子歧义的可能性取决于韵律结构，同时在信息处理的初始提供相关信息的是韵律成分而非句法成分——音系短语和语调短语是言语解码的必要单位（另参见 Price et al. 1991；Schafer，1997；Weber et al. 2006；Millotte et al. 2007；Baek and Yun，

2018）。

第 10 章“韵律范域与《神曲》的诗律”集中讨论但丁《神曲》十一音节诗行的韵律问题，其中包括：十一音节诗行的节律层级，与韵律范畴的对应规则，以及节律规则和韵律规则等。作者基于《神曲》十一音节诗行的韵律分析，讨论了节律层级的最低成分（节律位）跟韵律层级的最小成分（音节）的互配问题。该章讨论了在意大利语诗歌最常见的偶分和多分十一音节诗行中，此类诗行与韵律范畴的对应规则，详细论证了其规律变化应为韵律结构而不是句法结构。《神曲》十一音节诗行的节律构式为 10 个节律位组成 5 个音步，后者再构成两个格律单元（cola）诗行，右分支为强节点 *s*，左分支为弱节点 *w*。作者指出，节律步与韵律步的最佳配位表现为：节律步的强节点对应于韵律步的强音节。韵律单元的最强终端成分（DTE）跟音系短语的最强终端成分对位产生主强音。这些配位决定了基本模式，用节律与韵律规则来解释的话，这些句式中的调整旨在“解决诗律和‘正常’语言韵律之间的张力（tension）。于是音系诗律的假说便得到了支持，此类诗句的例证详实可信”（James，1988，p166）。在十一音节诗行的基本模式中，能够帮助解析主强音落位的是音系短语，而不是句法成分。音系短语范域和句法结构的主要区别在于：音系短语可以重构，而句法结构不能。作者接着讨论了节律层级和韵律层级的调整规则，并以海斯对英语五步抑扬格诗律的分析为例，重点阐述了意大利语节律倒置和重音后缩规则。随后，该章还讨论了尾音延长、无声位插入、弱化、元音缩合与元音融合等规则。诗歌是抽象节律模式和语言相互配位的结果，该互配过程涉及语言层面的音系深层结构或韵律结构，“当诗韵与语言发生冲突，诗韵‘胜出’时，选择何种方式来消解毗邻的强音，韵律范畴的音系短语起到了至关重要的作用。一旦格律做出让步，就需要对基础的抑扬格模式加以调整；相反，如果语言做出让步，则需要对语言节奏加以调整”（p289）。韵律规则的普遍制约如（12）所示：

（12） 韵律规则的制约条件：韵律规则永远不能影响主强音。（p290）

一些韵律规则的应用范域可根据韵律层级的音系短语成分予以充分表征。重音后缩和重音后置两条规则皆可作用于含短语中心语及其第一个无分支补语的范域。《神曲》十一音节诗行中的一些节奏现象可通过一条韵律规则制约条件和三条韵律规则加以阐释。但所有这些都有必要参照节律和韵律层级，尤其是音系短语，这是句法成分所无法完成的。文中所分析的节律规则和韵律规则在使用中受制于韵律层级，对《地狱》十一音节诗行的分析也为海斯提出的“音系格律假说”提供了新的证据，而对该假说的进一步证实则为普遍的韵律音系学理论提供了有力的支持。

第 11 章“结论”部分强调指出，韵律音系学是音系与语法其他部分交互作用的理论，该理论以形态、句法和语义概念为基础建立了音系结构的映射规则，提出了一系列必要的音系单位，旨在描述音系各类规则的应用范域。在该理论所提出的 7 个层级中，除音节和音步两个最小的纯音系成分外，其余成分均体现了音系与语法其他部分界面的特点：如音系词和附着语素组的映射规则需参照词缀和附着语素在宿主词的位置等，音系短语需参照短语中心语及内嵌方向等普遍的句法概念，两个最大成分语调短语和音系话语则需要分别参照根句和句法树的最高节点等普遍概念。

关于映射规则和重构规则的区别，作者特别指出，前者只需参照形态和句法结构，而后者还需要参照语义概念及长度、语速和语体等信息。韵律音系学是音系学的范域理论，它提出了音系与语法其他子系统交互作用的理论模型，其中形态、句法和语义三大部分都可以作为音系映射规则的直接输入，由此使用 s- 结构及把没有语音内容的句法成分作为音系输入所产生的问题便得到了解决[1]。由于大多数规则只作用于音系的深层结构范域，其结构变化在音系子系统内可以得到合理的解释。

---

1 参见“图 1：韵律音系学与语法其他子系统的交互作用模式”（p302）

三

《韵律音系学》（1986）2007年再版，两位作者专门撰写了长篇综论性新序，同时这一理论过去20年的发展做出了补充和概述。从新序的参考文献来看，其中80%的书目为90年代后发表的研究成果。限于篇幅，作者主要聚焦于近年来备受关注的以下热点话题：音系词与附着语素组，以及音系短语与语调短语。

首先，作者以意大利语为例，指出了音系词和附着语素组在韵律音系学初始理论存在的一些问题，如在（13a）中的附着语素me（对于我）、li（宾格：他们）和ri-（前缀：再-）均被赋予了音系词（PW）的地位[1]，但它们与后面的标准音系词separa（动词：分开）有着本质的差异（separa满足含至少两个莫拉并拥有单词主重音的最低条件）。而给予这些语项以音系词地位的恰恰是严格层级假说的要求，但如果我们彻底"放弃严格层级假说的话，韵律层级必然会失去约束；相反如果不加以限制的话，将失去任何可验证的理论"（pxvi）。对此，作者给出了以下选择性方案：允许成分跨韵律层面支配，或可支配同一层面的成分，抑或取消附着语素组。但问题是，一旦音系词可支配另一个音系词及下级音节的话，音系词的递归结构就有必要区分两种不同类型的音系词（如内部PW和外部PW'）。作者认为，附着语素组是音系词和音系短语之间的必要成分，将其称作"复合结构组"（Composite Groups，CG）更能概括带词缀、附着语素及复合词结构的特性。为了解决严格层级假说的问题，作者提出，允许附着语素组在韵律层级中支配一个以上的下级成分的解决方案[2]，见（13b）。

1 《韵律音系学》（1986）原使用 ω 符号表音系词，此处用PW旨在与该成分的近期表征相互一致。

2 允许X跨层面支配X-2层面，这是《韵律音系学》对严格层级假说的唯一弱化（Vogel，2019）。

（13） a. 　　　　　　　　　　　　　b.

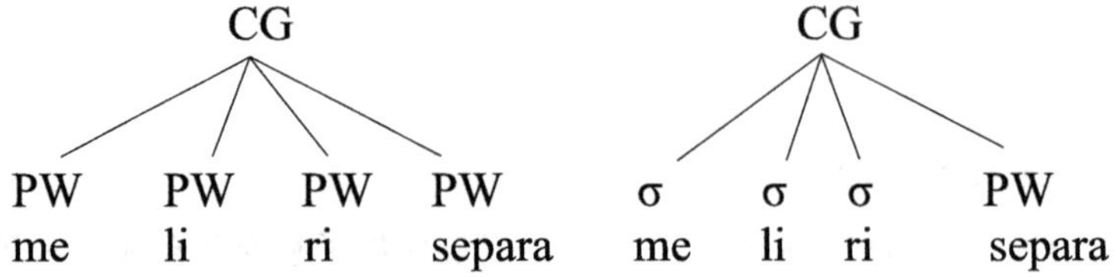

（13b）不仅可以充分体现音系词和附着语素组之间的关系，又可以把二者加以区别。同时作者还对“允许”追加了限制，“只限在附着语素组内有效（包括音系词）”。如意大利语的附着语素组支配音节，允许跨音系词和音步。作者还列举了基于荷兰母语者言语产出的研究和反应延迟实验的证据，言语产出的基本单位是韵律成分而非形态—句法成分，这也从心理语言学角度为附着语素组提供了新的证据。

音系短语和语调短语成分是否在语言感知和处理过程中发挥着重要的作用，也是这些年来讨论的热点之一。作者指出，在中心语—补语序列的语言里，音系短语由短语左边界延展至中心语右边界；而在补语—中心语的语言里，则从中心语左边界延展至其最小短语的右边界。语言感知和处理的实验表明，如果在音系短语内出现局部歧义，成人的词汇提取会延迟，而局部歧义如果跨两个音系短语的话，延迟则不会出现。音系短语对词汇提取具有制约作用，此外，词序靴襻实验的结果证明“音系短语”和“语调短语”均发挥着重要的作用（见英语、土耳其语、德语和荷兰语等）。作者强调指出，在宽焦点语句中，语调短语的主要突显落在最右侧的音系短语上；而窄焦点句语调短语的突显被认为是语言移动或删除主、宾语名词短语的理据。如英语的 *I gave a book to John* 一句，如果窄焦点位于直接宾语 *a book*，则语调短语主重音也落在 *a book*。而在意思相同的意大利语 *Ho dato un libro a Giovanni* 中，如果窄焦点位于直接宾语，为了满足新信息与重音重合的要求，就要把直接宾语移至该句的右边界，如 *Ho dato a Giovanni un libro*。分析表明，位于语调短语右边界的固定重音为词序变化提供了重要依据（意大利语）；而语调短语内部不同位置的重音则是固定词序的标志（英语）。对语言心理现实的阐释是韵律音系学所关注的核心，其后续更多的心理语言学实验为音系和语调短语在制约词汇存取过程中的重要作用提供了更加详实的证据（见 Christophe et al. 2004, 2008；Gout et. al. 2004；Frazier et al. 2006）。

韵律音系学作为一种普遍的音系界面理论，提出了较完整的理论和假说，为进一步探索人类语言的韵律结构提供了理论框架。然而，任何理论的发展都经历了不断补充、修正和完善的过程，韵律音系学亦不例外。自该书面世后，语言学家便开始在众多可利用的语言事实中寻找韵律结构、层级，以及各种理论假说的证据，对音系与语法其他部分的界面进行了广泛、深入、系统的考察和研究。截至目前，关于语言韵律研究的争论主要集中在以下方面，韵律层级的性质、附着语素组、严格层级假说、递归结构[1]，以及如何通过心理语言学和认知科学等交叉学科的实证研究为韵律成分找到更详实、更具说服力的证据（Booij，1988；James，1988；Vogel，2009，2012，2019）。

语言的韵律研究由来已久，但对韵律理论的关注则始于上世纪 70 年代，此后对语言韵律的研究逐渐成为了语言学探究的前沿领域之一，韵律与音系、形态和句法等之间的交互作用及其界面问题也一跃成为研究的热点。进入 21 世纪后，韵律及其相关研究也从最初的音系韵律特征，韵律的语音表征及其结构，韵律与语法其他部分的界面研究，逐步发展至跟语言习得、心理学和认知科学相关的跨学科研究。其中有共时研究，也有历时研究，在理论研究和实际应用领域都取得了很多重要的突破[2]。在国内，

1　根据严格层级假说（SLH）递归最初是排除在韵律层级之外的（Vogel，2019）。

2　在回顾韵律音系学 30 多年走过的历程时，沃格尔（2019）这样写道，研究者把韵律成分引入更新的研究领域，在第一语言习得与韵律层级的研究方面取得了长足的进步，他们把韵律结构应用于言语产生、声学与发音语音学、二语习得、神经语言学、计算语言学、语言与音乐等诸多研究领域，促进了理论语言学、心理语言学和认知科学等许多不同领域的发展。

秦祖宣、马秋武（2016）首次对这一理论给予了较系统的介绍，全面综述了该理论的发展过程，同时也对其存在的不足进行了梳理，并指出了目前我国在这一研究领域存在的诸多问题。

在我国，对汉语韵律研究只是近十年来才逐渐为越来越多的国内汉语言学家所关注[1]，开始了对汉语及汉方言韵律现象的发掘和探索，研究成果日渐丰富。此间，汉语和汉方言的韵律相关问题的研究涉及广泛，从经典的韵律音系表征和结构，韵律的语音学属性，韵律与句法、构词、语义的界面研究，到汉语诗歌，语言习得的韵律问题，乃至韵律语音特点在通讯工程中的应用等。自 2013 年 3 月由香港中文大学冯胜利教授发起举办的第一届汉语韵律语法研究国际研讨会（ICCPG1）开始，2015 年中国社会科学院语言研究所语音实验室和南开大学共同举办了首届韵律研究国际研讨会（ICPS，天津），同年 11 月第二届汉语韵律语法研究国际研讨会在香港中文大学再次举行，此后该国际研讨会每年举办一次，现已连续举办了六届[2]。除此之外，还举办有多场韵律语言学专题研讨会，如香港中文大学、北京语言大学的汉语、汉方言“韵律语法专题研讨会”等。与此同时，由冯胜利、端木三、王洪君主编的“汉语韵律语法丛书”已出版近 20 部（北京语言大学出版社，2015—2018），2017 年韵律语言学学术期刊《韵律语法研究》创刊（主编冯胜利，马秋武）。这些会议和论坛的举办，丛书和期刊的出版大大促进了汉语韵律语法各子范畴的相关研究，对于汉语韵律语法理论的发展起到了重要的推动作用。

在汉译本即将付梓之际，译者首先要衷心感谢原书的作者之一、国际

1　对汉语和汉方言韵律层级及其相关问题的早期关注主要见于海外汉学家的研究（Chen 1987，2000；Shih，1986，1989；Cheng，1987；Duanmu，1990；Vogel，2019），但在国内语言学界，学者“对韵律音系学缺乏足够的认识和重视，尚缺少就某种汉语方言的各韵律层级进行全面系统深入的考察”（秦祖宣、马秋武，2016，p115）。

2　第二届（2016，北京语言大学）、第四届（2017，河南大学）、第五届（2018，复旦大学）、第六届（2019，西南大学）。

著名音系学家艾琳·沃 格尔教授在百忙中接受译者的邀请，为《韵律音系学》的中译本作序。同时，更令我倍感荣幸的是，沃格尔教授于2019年5月至6月间应邀来穗，在暨南大学作了为期一个月的“韵律音系学”系列讲座，期间笔者能有机会就韵律理论的一些相关问题当面请教，并与之进行了深入的交流。译者衷心感谢同窗好友复旦大学马秋武教授的举荐，能有机会参加本系列丛书的翻译工作。感谢本书的责任编辑商务印书馆的方铭、刘军怀、向程等先生的细心校对，感谢我的博士邹泓老师通读了本书翻译的初稿并提出了许多建议。鉴于译者的理解和水平所限，译文中定会出现诸多的疏漏，乃至误译，恳请读者不吝指教。

宫齐

于暨南大学羊城苑

2019年12月

参考文献

Baek,Hyunah andJiwon Yun, 2018. Prosodic Disambiguation of Syntactically Ambiguous Phrases in Korean, https://linguistics.stonybrook.edu/jiwonyun/publication/ms_Baek_Yun_WAFL.pdf

Booij, G. 1983. Principles and parameters in prosodic phonology. *Linguistics* 21, 249—280.

Booij, G. 1988. Review of Marina Nespor& Irene Vogel, Prosodic Phonology (1986). Dordrecht: Foris Publications. *Journal of Linguistics* 24, 515—525.

Chen, Matthew. 1987. “The syntax of Xiamen tone sandhi” . *Phonology Yearbook*. 4: 109—149.

Chen, Matthew. 2000. Tone sandhi: patterns across Chinese dialects. Cambridge: Cambridge University Press.

Cheng, L.-S. 1987. Derived Domains and Mandarin Third Tone Sandhi, Chicago Linguistic Society 23, 16—29.

Christophe, A., Peperkamp, S., Pallier, C., Block, E., &Mehler, J. 2004. Phonological phrase boundaries constrain lexical access: I. Adult data. *Journal of Memory and*

Language, 51, 523—547.

Christophe, A., Millotte, S., Bernal, S. &Lidz, J. 2008. Bootstrapping lexical and syntactic acquisition. *Language and Speech, 51,* 153—167.

Duanmu, S. 1990. A formal study of syllable, tone, stress and domain in Chinese languages. Dissertation. Cambridge, MA: MIT Press.

Frazier, L., Carlson, K., & Clifton Jr., C. 2006. Prosodic phrasing is central to language comprehension. *Trends in Cognitive Sciences, 10,* 224—249.

Gout, A., Christophe, A., & Morgan, J. 2004. Phonological phrase boundaries constrain lexical access: II. Infant data. *Journal of Memory and Language, 51,* 548—567.

Hayes, B. 1981. *A Metrical Theory of Stress Rules.* Ph.D. diss.: MIT. IULC, 1980.

Hayes, B. 1984. *The prosodic hierarchy in meter.* Ms, UCLA.

Hooper, J.B. 1972. The syllable in phonological theory. *Language* 48, 525—540.

Hooper, J.B. 1976. *An Introduction to Natural Generative Phonology.* New York: Academic Press.

James, A. R. 1986. *Suprasegmental phonology and segmental form.* Tübingen: Niemeyer.

James, A. R. 1988. Review of Marina Nespor& Irene Vogel (1986). *Prosodic phonology.* Dordrecht: Foris Publications. Phonology, 161—168.

Kahn, D. 1976. *Syllable-based Generalizations in English Phonology.* Ph.D. diss.: MIT. IULC.

Kiparsky, P. 1979. Metrical structure assignment is cyclic. *Linguistic Inquiry* 10, 421—442.

Leben, W. 1982. Metrical or Autosegmental. In H. van der Hulst and N. Smith (eds.), *The Structure of Phonological Representations.* Part II. 177—190.

Lehiste, I. 1973. Phonetic disambiguation of syntactic ambiguity. *Glossa* 7, 107—122.

Liberman, M. 1975. *The Intonational System of English.* Ph.D. diss.: MIT. IULC.

Liberman, M. and A. Prince, 1977. On stress and linguistic rhythm. *Linguistic Inquiry* 8, 249—336.

Millotte, S., Wales, R., & Christophe, A. 2007. Phrasal prosody disambiguates syntax. *Language and Cognitive Processes, 22,* 898—909.

Nespor, M. and I. Vogel, 1982. Prosodic domains of external sandhi rules. In H. van der Hulst and N. Smith (eds.), *The Structure of Phonological Representations.* Part I. Dordrecht: Foris. 225—255.

Nespor, M. and I. Vogel, 1983. Prosodic structure above the word. In A. Cutler and D.R. Ladd (eds.), *Prosody: Models and Measurements.* Berlin: Springer, 123—140.

Nespor, M. and I. Vogel, 1986. *Prosodic Phonology*, Dordrecht：Foris Publications.

Price, P. J., Ostendorf, M., Shattuck-Hufnagel, S., & Fong, C. 1991. The use of prosody in syntactic disambiguation. *Journal of Acoustical Society of America, 90,* 2956—2970.

Prince, A. 1983. Relating to the grid. *Linguistic Inquiry* 14. 19—100.

Schafer, A. 1997. *Prosodic parsing: The role of prosody in sentence comprehension.* Unpublished doctoral dissertation, University of Massachusetts, Amherst.

Selkirk, E.O. 1978. On prosodic structure and its relation to syntactic structure. Paper presented at the Conference on Mental Representation in Phonology. IULC, 1980. Published in T. Fretheim (ed.) (1981) Nordic Prosody II. Trondheim: TAPIR. 111—140.

Selkirk, E.O. 1980. The role of prosodic categories in English word stress. *Linguistic Inquiry* 11, 563—605.

Selkirk, E.O. 1984. *Phonology and Syntax: The Relation between Sound and Structure.* Cambridge, Mass.: MIT Press.

Shih, C.-L. 1986. The prosodic domain of tone sandhi in Chinese. Dissertation. University of California San Diego, La Jolla.

Shih, Chilin. 1989. Mandarin Third Tone Sandhi and Prosodic Structure, in J. Wang and N. Smith (eds. 1997), Studies in Chinese Phonology. Berlin: Mouton de Gruyter. 81—123.

Vennemann, T . 1972. On the theory of syllabic phonology. *LinguistischeBerichte*18,1—18.

Vogel, Irene. 2009. The Status of the Clitic Group. In Janet Grijzenhout and Bariş Kabak (eds.). *Phonological Domains: Universals and Deviations*. Berlin: Mouton de Gruyter. pp. 15—46.

Vogel, Irene. 2012. Recursion in phonology? In Bert Botma and Roland Noske (eds.). *Phonological Explorations. Empirical, Theoretical and Diachronic Issues*. Berlin/Boston: De Gruyter. pp. 41—61.

Vogel, Irene. 2019. Preface to the Chinese Translation of *Prosodic Phonology*, in *Prosodic Phonology* (The Chinese version), Commercial Press.

Weber, A., Grice, M., & Crocker, M. W. 2006. The role of prosody in the interpretation of structural ambiguities: A study of anticipatory eyes movements. *Cognition, 99,* B63—B72.

Yip, M. 1980. *The Tonal Phonology of Chinese.* Ph.D. diss.: MIT. IULC.

秦祖宣，马秋武 . 2016. 韵律音系学研究综述，同济大学学报，第 1 期。

όσα είδομεν και ελάβομβν,

ταϋτα απολείπομεν

όσα δε ούτε βί&ομβν σύτ' ελάβομεν,

ταϋτ α φέρομβν.

'what we have seen and caught,

we have left behind us

what we have neither seen nor caught,

we are carrying with us.'

(Heraclitus, from Hippolytus, Confutation 9, 9, 6)

我们所见、所得者，

留在了我们的身后

我们未见、未得者，

依然伴随我们前行。

（赫拉克利特，选自《希波吕托斯》（注：欧里庇得斯所著悲剧）（辩驳 9，9，6）

目　　录

序

本书是我们在过去的五年里经过一系列研讨、论辩、再到达成共识所取得的成果，此间我们的足迹遍布了欧洲多个国家——大多是美景如画的地方，这正是：*Anche l'occhio vuole la sua parte*（意大利谚语，意为：视觉享受也极为重要）。

正如本书的书名所示，《韵律音系学》主要是一部关于音系学理论的著作，它涉及音系学领域的方方面面、音系与语法其他部分的交互作用，以及诸如感知和诗律等相关问题。在编写过程中，我们力求使本书不仅为音系学家所用，也将有助于其他领域的语言学家，以及那些对生成语法有一定了解在其他相邻领域从事研究的人员。

作为读者，您很快就会注意到，在本书里有些语言得到了特殊的关照。这并非偶然，而是因为这些语言是两位作者的母语——意大利语和英语；还有一些语言，是我们出于需要或兴趣学习的——如荷兰语、希腊语、法语和西班牙语。诚然，我们的兴致不仅仅局限于这些语言。相反，我们一直在尝试为自己的论点探寻更为广泛的语言基础。为此，我们通过分析语法、研究过往的语言学分析，以及在可能情况下考察母语说话人的语感等，对逾 25 种语言的语音现象进行了分析。

对于本书理论观点的形成与发展，很多人都做出了贡献，一些研究机构的支持为本书的面世创造了可能。荷兰音系学会（The Dutch phonological community）为我们提供了充满激情和活力的学术研究环境，这对我们尤其重要。在此，我们要特别感谢布济（Geert Booij）、范·德·赫尔斯特（Harry van der Hulst）和特洛麦伦（Mieke Trommelen）

教授，他们在很短时间内细读了全部书稿，并提出了宝贵的意见和建议。感谢斯卡利斯（Sergio Scalise）教授，不仅阅读了全部书稿并给出了修改意见，同时还在本书撰写的不同阶段贡献了他宝贵的时间，提出了卓有见地的看法。博狄洛伊斯（Ivonne Bordelois）和斯科雷蒂（Mauro Scorretti）两位更是有求必应，与我们进行了许多颇具启发性且愉悦的讨论，就大部分与句法相关的章节给我们提出了宝贵的意见。此外，贝尔特拉米（Pietro Beltrami）、梅杰（Pieter de Meijer）、吉罗拉莫（Costanzo Di Girolamo）、赫尔斯鲁特（Karijn Helsloot）和范·霍恩（Helen van Hoorn）也就音步相关的章节给出了颇有价值的评价。我们在衷心感谢以上诸位的同时，还要感谢狄麦蒂斯（Kostas Dimadis）、格拉菲（Giorgio Graffi）和卡肖（Enzo Lo Cascio）等就许多重要内容与我们进行了多次颇有成效的讨论。

关于诗律一章，我们要感谢阿姆斯特丹大学参加了诗人但丁课程学习的同学们，他们对这门课程意犹未尽，直到学期结束也迟迟舍不得离去。再次感谢赫尔斯鲁特女士为我们提供的宝贵帮助，她热情饱满，协助我们做了许多基础性工作，如扫描了大量的但丁诗作并帮助编排索引等。

我们还要感谢众多讲不同语言的母语者，他们不厌其烦地对着录音机一遍遍录音，或针对大量句子给出了他们的直觉语感。感谢范·昂科（Berber van Onck）的慷慨相助，在亟需之际帮我们承担了部分手稿的录入工作。同时，也感谢布鲁宁（Luca Bruyning）帮助我们处理了电脑出现的乱码信息。

我们衷心感谢阿姆斯特丹大学提供的经费资助，使我们能有机会在意大利共同工作了数周的时间，完成了大部分的录音制作；感谢荷兰纯科学研究学会（Nederlandse Organisatie voor Zuiver-Wetenschappelijk Onderzoek）及意大利国家研究委员会（Consiglio Nazionale delle Ricerche）的资助。当两位作者无法在同一个国家合作研究时，能有机会在意大利或荷兰聚首，共同交流和探讨。这段时间对我们尤为重要。同时，我们还要感谢威尼斯大学在过去的几年里多次为我们提供工作场所和其他研究设备。

最后，作为作者，我们还要彼此互谢，纵使我们当时所处的地理位置相距甚远，但彼此一路携手，努力前行。

正如作者在本书扉页选择的警句所言，我们会带着那些尚未解决的问题继续前行，一旦收获了答案，便会在第一时间将其呈现出来。本书的内容是我们迄今的研究所得，在此与读者分享。

第二版前言

《韵律音系学》一书自首次面世迄今已经二十多年了，如今再版，我们倍感欣喜。

多年来，一直有很多学生和研究者跟笔者联系，希望能购得此书，无奈此书早已告罄多年。既然对《韵律音系学》还有如此之多的关注，我们认为有必要保持原貌再版本书。该书在过去曾给人以启发，今后还将继续带给那些专注于这一领域诸多问题的研究者以新的启示。[①] 这些年来，《韵律音系学》一直推动着许多研究领域的大量探索。我们曾注意到，基于韵律层级及其成分的基本概念对众多语言及不同音系现象已展开了相当广泛的研究。我们也目睹了，把这一理论引入如优选论（Optimality Theory）等更多新近语言学理论框架的研究成果。此外，《韵律音系学》还促进了心理语言学和认知科学等许多不同领域的研究。

自《韵律音系学》（*PP*）第一版面世以来涌现出了丰硕的研究成果，但限于篇幅，我们无法在此一一详述。在接下来的篇幅里，我们只能扼要地介绍一下近年来韵律音系学在某些方面所取得的研究成果。我们自身的研究工作不仅让笔者对这一理论的探究更加投入，而且也使我们认识到有必要探索新的途径使这一理论得到进一步发展。此外，本书还为韵律音系学所界定的成分在语言处理和语言认知中所起的作用提供了相关信息。我们希望，我们的观察连同本书的原作，将继续为不论是首次接触本书的读者，还是那些已经谙熟第一版的读者带去更多的研究灵感。

1 引言

《韵律音系学》（即众所熟知的 N&V86 版）[1] 推动了韵律层级基本理论方面的许多探索，尤其是成分的总体类型、成分的定义，以及层级本身的几何架构等。那些专注于世界各种语言（包括相对来讲研究尚不充分的语言）研究的语言学家以本书（1986 版）为理论背景已发掘出了许许多多有关音系学及其界面研究的有趣事实。此外，该版本也促进了其他相关领域的研究，其中包括语言习得、语言感知与产出，以及语言处理等。

跟任何其他研究领域一样，随着时间的推移和信息的更迭，理论观点亦不断翻新。这种改变的一个极为有趣的方面也见于句法理论研究。我们原来所采用的模型为相对早期的 X 杠理论，而如今它已被该理论的不同版本所取代，抑或在某些情形下为其他理论所替代。而作为一种普遍界面理论的*韵律音系学*，也必须与人类所有语言的句法及其他部分的基本原理相结合，而不论这些原则的表征形式如何。我们相信，韵律音系学也经历了与语法其他研究领域相同的发展历程，并仍在为深入研究音系与其他领域的诸多界面问题提供证据，不断证明着作为语言理论的洞悉力与价值这一根本属性。

任何架构完善的理论都具有可验证的明确假设。同理，韵律音系学理论也经历了多年的验证。评价这些“验证”的重要性在于，明确是否有任何发现看起来与这一理论存在相左之处，便可揭示语言的具体偏差，抑或存在与该理论架构本身相关的更加根本的问题。在一些情况下，其检验结果可支持原有构想，而在另外一些情况下，其结果则表明需要对理论加以修正。但不论是何种情况，我们发现，最终的结果都强化了初始理论。

尽管存在着各式各样的挑战，但鉴于继韵律音系学之后尚未出现任何研究音系与语法其他部分界面的系统性理论，我们可以这样说，《韵律音

1 指 Nespor & Vogel 1986 版的缩写。——译者

系学》一书仍然是界面及其相关研究最具发展前途的出发点。事实上，虽然我们近年来都在各自完全不同的研究领域探索前进，但我们却在《韵律音系学》的原著中找到了共同的动力。

虽说我们对韵律层级研究层面的主要关注各有不同：内斯波（Nespor）侧重于音系短语（Phonological Phrase）及语调短语（Intonational Phrase）的研究，而沃格尔（Vogel）的研究重点为音系词（Phonological Word）和附着语素组（Clitic Group），但我们却都围绕着一个共同的主题。尽管我们有时也会研究其他成分，但我们的注意力一直聚焦在与形态—句法结构关系最为密切的成分方面。以下，我们就来梳理一下跟这些成分相关的核心问题。

我们将把一些较小的成分（如莫拉（mora）、音节和音步），即我们定义为“纯音系”而不涉及语法其他部分界面的成分留给后面去研究和讨论。我们也会把最大的成分（即音系话语（Phonological Utterance））留到后面进一步探究，因为该成分似乎还涉及包括语义学和语用学等更多类型的变化。

任何一种合理的语言学理论都应阐释语言的心理现实，这是语言学理论的核心所在。值得注意的是，韵律音系学的成分结构恰恰为解释心理语言现象提供了深刻的认识。正如下文所示，无论是就附着语素组、音系短语和语调短语而言，还是就语言习得和成人语言行为而言都是如此。

在以下各节中，我们将首先来讨论音系与形态—句法界面的问题，尤其是音系词与附着语素组。接下来，我们再讨论与句法的界面问题，特别是涉及音系短语和语调短语的相关部分。最后是结论部分。

2 形态—句法界面：音系词与附着语素组

2.1 成分结构

在过去的20年间，备受关注的韵律层级部分或许当属较小的界面成分——“音系词”（PW）[②] 与附着语素组（CG），二者分别为本书第 4 章和第 5 章的主题。[③] 这种关注背后的原因大概可分为两个方面。首先，积极的方面是，这些成分所涉及的元素——单词、词缀、附着词素——相对来说比较容易把握，且至少在某些程度上是所有语法中都可以描述的成分。尽管就形态结构和附着词素的分析而言尚存有争议，但相对于较大的成分而言，对音系词和附着语素组的探究则无需对一种语言的句法进行全面剖析，亦无需全面了解潜在的复杂短语结构。

其次，消极的方面表现为，《韵律音系学》一书的最初构想中有关音系词和附着语素组的某些结构分析尚存在问题。这一问题可以借助意大利语的例句表征如下：

（1）

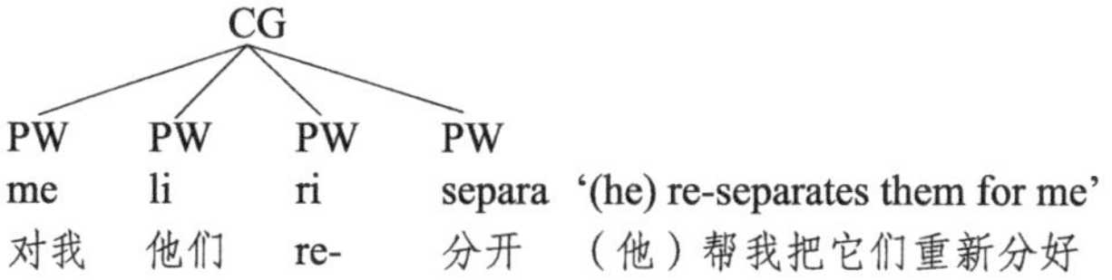

如（1）所示，附着语素（*me* 和 *li*）及前缀（*ri-*）都被赋予了音系词（PW）的地位，尽管它们实际上并不具备像 *separa* 一类典型音系词的基本属性（例如满足包含至少两个莫拉并拥有一个单词主重音的最低限制条件）。在 N&V86 版本中，赋予此类语项（items）以音系词地位是严格层次假说（Strict Layer Hypothesis，SLH）的直接产物，该假说要求给定成分只能支配其直接属辖韵律层面的成分。

如上所述，在对某一理论进行检验时，重要的是详细评估其潜在的挑战及所提出的解决方法。从（1）的例子来看，似乎音系词有被严格层次假说过度赋指之嫌。然而，如果我们完全放弃了严格层次假说，那么韵律层级的几何结构将失去约束，如果所有结构类型都不加限制的话，我们将不再有任何可检验（和可验证）的理论。因此，我们尝试对严格层次假说进行弱化，而绝不是完全放弃。[④] 通常，还会采取另外几种解决方案的综合对策，其中包括：1）废除一个成分只能支配其直属层面成分的条件（指可以跨韵律层面）；2）引入递归结构（recursive structures），进而一个成分可支配同一层面的其他成分；3）取消将附着语素组（CG）作为韵律层级的成分。以下再用（1）的例句辅以说明，见（2a—b）。这两个结构都去除了附着语素组层面，同时我们拟定音系词层面改由音系短语来统辖。⑤

（2）

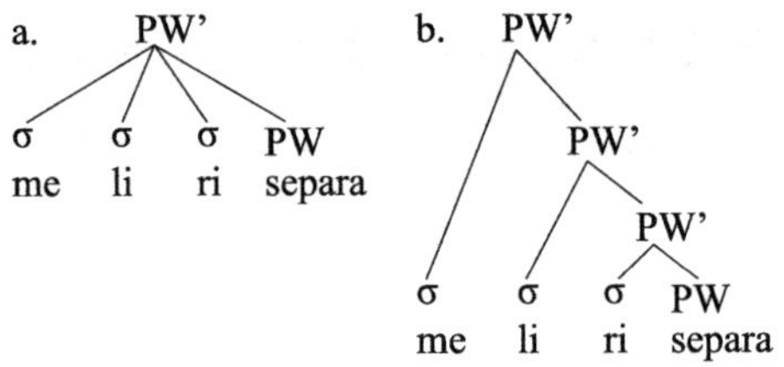

在上述两例中，请注意，一个音系词可以支配另一个音系词，以及较低层面的元素——音节。在这些结构中，附着语素组实质上被 PW'（音系词）所替代。这个带撇号的附加区别特征将其区别于普通音系词（PW），虽然只是"最外部"（PW'）与"最内部"（PW）音系词的差别。尽管这一分析避免了把附着语素和词缀标记为音系词的问题，但却引发了另一个不同性质的问题。

初看起来，把附着语素组从成分总表中删除似乎简化了韵律层级，然而事实上这种简化只是一种错觉。音系词的递归结构必须区分至少两个层面或两种类型的音系词，也就是说至少存在两种不同的音系模式及其范域需要阐释。最内部的 PW 显示出与 N&V86 版音系词相关的属性，而最外部 PW（即 PW'）则表现出与附着语素组的相关属性。把这两种成分都标记为音系词变体，而不是《韵律音系学》一书中的音系词和附着语素组两个不同成分，我们总逃避不了回头还要区分这两个不同的层次，只不过是使用了覆叠（overlapping）的名称掩盖了其中的差异。事实上，这种做法给作为特定类型语符串的语言成分所应具有的明晰且独特的可辨识属性打了折扣。如果音系词在有些时候表现出一类属性，而在其他时候又表现出另一类不同的属性，那么就不存在任何具有定义明晰的音系词成分了。⑥

其实，同样的问题也见于常被分析为递归音系词的复合词（如 $[[water]_{PW}[bottle]_{PW}]_{PW'}$）。众所周知，不同的重音模式与下面几个要素密切相关：1）词重音；2）复合词重音和 3）短语重音。如果单个词和复合词都被赋予音系词同等的音系地位，那么也就无法解释二者间的不同重音属性了。在这种情况下，也有人认为，附着语素组是音系词和音系短语之间不可或缺的成分，⑦ 进而提出把附着语素组称为"复合结构组"（Composite Groups）更为恰当，因为这一名称更能充分地涵盖带词缀、附着语素及复合词的结构。

值得注意的是，（2）中的结构还会引发另一类问题的出现。虽然我们没有彻底放弃严格层次假说，然而允许此类结构存在的后果就是使理论的容量加大。反过来这就会导致验证理论的标准变得不甚清晰，大大削弱了理论的根基。尽管我们有可能通过修正严格层次假说来排除存在一个成分支配比其自身更大成分的这种可能，但这样一来，我们似乎失去了限定韵律几何结构其他方面的原则。具体来说，如果我们在层级中引入一个成分可支配比其直属成分更多的成分，则会带来如下问题：1）是否韵律层级中的所有成分都允许支配一个以上的下级成分；2）层级中一个成分究竟可支配多少个下属层级。此外，把递归引入韵律层级还会引发其他问题：1）是否所有成分都允许递归；2）如果允许递归的话，那么是否对所得成分结构的深度增添应有的必要限制。例如，我们是否对指定成分只能增加一个层级的深度（如（2a）所示），还是允许增加任意数目的层级（如（2b）所示）？⑧

撇开对上述两个问题的回答不说，递归的引入使形态—句法结构与音系结构之间的根本区别变得越加模糊不清。许多人认为，前者通过递归可允许存在任意多的层次，而后者却在这一方面被严重忽视，这也是近来再次受到关注的问题之一。⑨

现在，我们回过头来看一下由（1）一类结构引发的问题。显而易见，我们仍旧需要找出解决的方案。事实上，似乎有一种相对简单的修正方式，既可以解决我们眼前的问题，同时也可以提供一种具有限制作用又能被检验的选择性方案。我们认为，只需要对严格层次假设进行修正，允许一个成分在韵律层级中支配一个以上的下级成分，而无需引入前面所提及的三种选择的综合性解决方案。[10] 如（3）所示，其中附着语素组所支配的成分不是音系词（PW），而仅为音节（σ）。

（3）

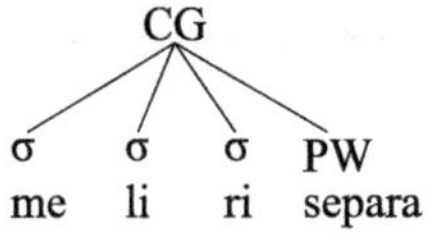

这种结构仍可以充分体现音系词和高一级附着语素组之间音系行为差异的本来面目。同时，它又可以使我们保留把音系词和附着语素组作为被赋予特殊定义语言字符串成分的这一概念。

这里，我们还必须先来讨论一下对理论的限制。我们认为，这可以通过对所提出的创新方法的适用性予以严格限制来实现。具体来说，我们允许一个成分在层级中支配一个以上的下级层面成分，但只限在附着语素组内有效，包括音系词。即使在某些情况下，音系附着语素被置于与较大（音系或句法）成分相关的位置，但音系表现看起来也不过（严格地讲）是局部的。换言之，他们所表现出的音系交互作用仅仅与线性的毗邻成分有关，即作为其宿主的音系词，或在较长的语符串中与宿主相关的其他元素。例如，在英语 *The scare crow's falling* 中的“辅助词 *s*”或“所有格 *s*”都被发成 *[z]* 音，这是因为它紧跟在元音后面，尽管这实际上与整个名词短语（NP）有关。

有趣的是，结构灵活性的增加似乎仅局限于附着语素组和音系词。事实上，这两个成分在各自的规则中皆表现出了一定的特异性。诚然，有人认为，这绝非巧合，而是反映出了以下事实：它们恰恰就是与形态学存在界面关系的两个成分，而形态学又是跟例外有关的语法组成部分。[11]

谈到究竟可以跨越多少层面的问题，我们似乎同样可以加以限制。在前面讨论的意大利语结构中，附着语素组支配音节，于是允许跨音系词和音步两个层面。虽然此处没有给出例证辅以说明，但也有可能出现只跨单一层面的情况。这种情况也可能出现在功能词方面，虽然功能词可能不仅仅是单音节词，但无论怎样仍不能视为音系词。假设这些功能词可以构成音步，那么附着语素组只能支配跨音系词层面的下一个层面。同理，如果一个音系词除含有音步外，还包括一个离散音节（stray syllable），此时被跳过的单一层面就是音步了。

这一结果依旧是个十分严谨的模式，它显然是可以测试、可以验证的。它不仅能继续表达语言成分的基本概念，同时也保留了形态—句法学与音系学之间的递归和结构深度方面的根本区别。

2.2 心理语言学的证据

在近期的两项研究中，惠尔顿（Wheeldon）和拉希里（Lahiri）（W&L）提出，言语产出的基本单位是韵律成分而非形态—句法成分。[12] 基于对荷兰母语者言语产出的研究，他们指出，当要求受试者对作为刺激项的问题给出具体回答时，（语法）词数目的多少无法预测受试者的反应时长延迟（response time latency）。另一个潜在的音系候选可能——音节数——同样也未能给出正确的预测结果。他们因此提出，预测反应时长延迟的决定因素是音系词（PW）。

至关重要的是，W&L 把附着语素包括在了音系词内，因此在如 *[Ik zoek het]*$_{PW}$（我在找 =I seek the）*[water]*$_{PW}$（水 =water）这样的句子里，就言语产生而言，两个加了括号的语符串被视为同属于一种类型结构。事实上，它们所表现出的言语产出时长延迟是相同的。W&L 在分析复合词时收获了意外的发现，根据惯常的做法，他们最初将它分析为包含两个音系词。然而，复合词并没有表现出跟其他由两个音系词组成的结构相同的反应延迟，相反却与单个音系词相同。他们由此提出，只有最高级音系词（此处记为 PW'）才跟决定言语延迟相关，如 $[[oog]_{PW}[lid]_{PW}]_{PW'}$（眼脸 =*eye lid*）。如上所述，如果不同类型的语符串对应于不同属性的话，这些语符串又采用相同的标记方式，我们就违反了韵律成分是具有特定属性语符串这一应有的概念。

相反，我们要明确承认带有自身特性的不同成分。尽管 W&L 在其系统中对两类成分进行了区分，但却没有明确说明，同时他们用音系词术语指代这两种结构的做法也掩盖了其中的差异。对反应延迟表现相同的各种结构类型给予更深入的研究，我们发现它与上文所描述的附着语素组的表现没有什么不同。也就是说，它包括单独的不带相关附着语素的单个词项、含附着语素的词项，以及复合词——更确切地说，是那些归入修正后附着语素组（即复合结构组）的结构。此外，这也可以使音系词成分能够成为有其自身音系属性（即重音、音系规则及语音配列制约）的范域。

因此，反应延迟实验为附着语素组成分提供了独立的心理语言学依据。而且，鉴于反应延迟在语言处理中被作为结构复杂度的一项指标，我们由此可以得出，附着语素组是衡量这种复杂度的恰当成分。换言之，我们不应把音系词视作言语编码的决定性结构，因为有证据显示，这个决定性结构为附着语素组。

3 句法界面：音系短语与语调短语

3.1 音系短语

在《韵律音系学》中，音系短语（ϕ）是句法学与音系学界面的最主要成分，因为音系短语被认为反映了中心语（head）和补语，以及大多数从句和主句之间的相对顺序（Greenberg 1963，Hawkins 1983）。[13] 无论是音系短语的范域，还是其主要突显（main prominence）的位置，都会依照在一种语言中是补语位于中心语后（如英语或意大利语），还是在中心语前（如土耳其语或日语）的差异而有所变化。如本书第 6 章所述，在中心语—补语序列的语言里，音系短语由短语的左边界延展至中心语的右边界；而在补语—中心语序列的语言里，则从中心语的左边界延展至其最小短语的右边界。一种可选择性的范域重构是，在第一种类型的语言中包括中心语后面的第一个不分支补语或修饰语，抑或在第二种类型的语言里包括中心语前面的不分支补语或修饰语。主要突显位置同样也能揭示词汇的顺序，在中心语—补语的语言中，突显位于音系短语的右边界，而在补语—中心语的语言里，主要突显则位于音系短语的左边界。

在过去 10 年里，一个经常被提及的问题是，音系短语成分是否在语言感知和处理过程中被即时使用。例如，有研究显示，音系短语对于成人及 10—13 个月大的婴儿的词汇提取（lexical access）产生着制约作用。具体而言，如果在一个音系短语内出现有局部歧义，成人的词汇提取便会延迟，但如果局部歧义跨越两个音系短语的话，则不会造成延迟。例如，在法语音系短语 [*chat grin*cheux]（cat-grumbling 猫-发牢骚＝发牢骚的猫）中，音节 *chat* 和后面一词的第一个音节 *grin* 相连，与单词 *chagrin*（affliction＝苦难，折磨）为同音异义词。相同的两个音节序列亦见于跨音系短语边界，例如在 [son grand *chat*] [*grimpait*...]（'his/her big cat climbed...' 他 / 她的大猫爬……）中就是这样。基于上述及类似例证，我们可以看到，词汇提取在第一个例子被延迟，但在第二个例子却未出现延迟。这就表明，在一个音系短语内所含的音节序列，而非跨两个音系短语的音节序列，会使听话人将其猜测为词汇。⑭

后续的一个实验旨在测试音系短语在语言习得过程中是否也会制约词汇提取。实验中的选词为两种结构，一种是双音节结构的词（如 [*paper*]（纸张）），另一种是跨两个音系短语的同音双音节序列（如 [...*pay*] [*per*suades...]）。测试对象为熟悉英语双音节词的 10—13 个月大的婴儿。结果显示，他们更偏向选择真正的目标词，而不是跨两个音系短语的双音节序列。由此可得出这样的结论，音系短语同样制约着婴儿的词汇提取。⑮

说到音系短语对语言习得的作用，研究者经常探讨的第二个问题是，是否可以对音系学的某些部分加以开发利用，来习得语法的其他部分，尤其是形态句法。这一设想被称为“韵律靴襻假说”（prosodic bootstrapping hypothesis）。[16] 接下来的问题是：鉴于婴儿对语言声音最细微差异的敏感，鉴于在界面理论中某些句法部分被映射至韵律成分，那么声音模式是否能为婴儿提供所接触语言的句法信息呢？在此项研究中，发挥重要作用的两个成分是“音系短语”和“语调短语”。

在运用韵律靴襻假说对句法习得进行研究的一篇早期文献曾提出，影响词序的主要句法参数（中心语—补语参数）可能设定于前词汇阶段，即在儿童知晓单词含义前。请注意，事实上，如果儿童已经掌握了一些单词（例如，他们理解在如 *drink milk*（喝牛奶）一句中，*drink* 是“喝”，*milk* 是“牛奶”的意思），他们也就知道动词位于宾语前，就不存在有待设定的词序参数了。[17] 词序的前词汇设定可以解释为什么当儿童开始学习把两个单词加以组合的时候，他们不会出现混淆这些词汇相对顺序的错误。[18]

具体而言，马塚（Mazuka）曾基于对日语的研究提出，中心语—补语参数或许可以根据主从句之间的语调停顿（intonation break）来设定。她还进一步假设，一旦婴儿听到有语调停顿，他们就能够推断出中心语和补语的相对顺序。这一假设是建立在严格词序语言（rigid word order language）中这两类顺序是与韵律有关的基础上的。

在一项同类研究中，内斯波（Nespor）、瓜斯蒂（Guasti）和克里斯多夫（Christophe）（1996）提出了设定中心语—补语参数的另一种方案。该方案以内斯波和沃格尔（1982）的观察为基础，在《韵律音系学》一书中也有过详细的论述。研究发现，正如前文所述，在中心语—补语的语言里，音系短语的突显位于句末，而在补语—中心语的语言里，突显则位于句首。因此，中心语—补语参数或许可基于音系短语内部的突显位置来确定。换言之，倘若突显位居最左侧，则补语在中心语前；假如突显位居最右侧，则补语跟在中心语之后。由此可见，如果在音系短语层面的节奏为抑扬格（短长格）的话，如英语的 [The oldest **boys**] [are **invited**] [to **come**] [to the **pool**] [every **Monday**]（[那些年龄最长的男孩] [被邀请] [去] [到游泳池] [每个周一]）（每周一，那些年龄最长的男孩子被请去游泳池（游泳）），婴儿可能会意识到，他们接触的这一语言的中心语位于补语之前。相反，如果节奏为扬抑格（长短格）的话，如土耳其语的 [**eski** antrenörüm] [**Cumartesi'nden** sonra] [**Istanbul'a** gelecek]，（[my old coach] [Saturday after] [Istanbul-to will come] = 我以前的教练周六过后会来伊斯坦布尔），婴儿可能会推断，他们所接触的这一语言的中心语跟在补语后面。出于与马塚同样的理由，即中心语和补语的相对顺序与主句和从句的相对顺序有关，我们也认为，是中心语和补语的相对顺序使婴儿对主句和从句的某种相对次序给出了判断。

这一新的构想是基于音系短语，而不像从前以语调短语为基础，其主要理据是，在婴儿予以特别关注的婴儿导向型语言（infant directed speech）中[1]，几乎不存在复杂语句。因此可以这样认为：表现音系与句法界面的最小音系成分参与了基本词序参数的靴襻。此外，把音系短语作为词序靴襻所使用的相关成分的理据还可以在如德语或荷兰语等一类混合词序语言中找到证据。在这些语言里，如果一个中心语及其补语均包含在同一音系短语内时，其突显则取决于中心语位于补语之前还是之后，这就说明每个短语的词序决定了突显的位置。

谈到基于音系短语内相对突显的词序靴襻，这一方面的心理学证据来源于音系短语突显的物理实现取决于它所处的位置是在首位还是末位。具体而言，有人曾提出，"抑扬—扬抑格法则" 决定着含一个以上单词的音系短语内部主要突显的语音实现。换言之，在首重音的音系短语中，突显更大程度上是通过音高和音强来实现的，而在尾重音的音系短语中则更多地采用语音延长来实现。正如《韵律音系学》所提出的那样，由于在补

1　又简作"儿向语"。——译者

语—中心语结构中的音系短语突显在起首位，而在中心语—补语结构中则出现在末尾，因此扬抑格组构标示着补语—中心语结构，而抑扬格组构则标示着中心语—补语结构。鉴于对“扬抑—抑扬格法则”所建立的分组感知也同样应用于非语言声音，[19] 因此可以得出结论：句法的基本属性之一可通过一般的感知机制在前词汇阶段学得。

至此，我们已为上述假说提供了证据支持：音系短语内部突显的语音实现通常因其在语际数据（法语和土耳其语）及语内数据（德语）所处的位置不同而有所变化。[20] 此外，基于法语和土耳其语的句子虚化[21] 研究表明，只有几周大的婴儿便可以仅仅依据音系短语层面的突显对这两种语言予以区分，于是为靴襻机制的提出给予了进一步的证实。[22] 而来自语内的证据则表明，14 个月大的德国婴儿对仅在中心语和补语排序方面不同的短语韵律成分反应敏感。[23]

这并不意味着音系短语内部的突显是探究相对词序的唯一诱因。分布诱因（distributional cues）似乎同样被纳入了考虑范围：曾有人提出了基于频率的靴襻机制，这一机制以婴儿追踪功能词和实词不同顺序的能力为基础，通过这些词汇的不同分布频率进行辨识，其中功能词出现的频率明显高于实词。事实上，在此类人工语法的实验中，7 个月大的讲日语和讲意大利语的婴儿正好表现出了相反的词序偏好，这恰恰反映出他们各自母语截然不同的词汇顺序。[24]

3.2 语调短语

本书第 7 章所提出的语调短语旨在为句内的短语成分而不是（像音系短语的情况那样）为短语内的相对词序提供论据。在宽焦点语句（broad focus sentence）中，语调短语的主要突显通常落在最右侧的音系短语上，否则就落在被视为承载窄焦点的成分上。[25] 窄焦点句（narrow focus sentences）中语调短语的突显位置，被认为是语言可移动或删除主语和宾语名词短语可能性的理由，因此在相关句法参数的靴襻中发挥着一定作用。[26]现将理由归结如下：位于最后一个音系短语上的突显不仅可引向宽焦点的解释，而且也跟或者句末单词或者支配句末单词的所有成分具有窄焦点的解释互为一致。如果出于话语的原因，窄焦点有必要置于另一个不同成分，语言就会因其行为表现不同而有所差异。[27]在句法允许成分移动的语言里，往往会把焦点名词短语移至重音位置；而在不允许句法中出现特定位移的语言里，则会把重音移至焦点名词短语的位置。因此，在譬如 *I gave a book to John*（我给了约翰一本书）这样的英语句子里，如果窄焦点位于直接宾语 *a book*（一本书）上的话，则语调短语主重音也落在 *a book* 上。但在具有相同意思的意大利语 *Ho dato un libro a Giovanni* 一句里，如果窄焦点位于直接宾语上，此时便要满足新信息与重音重合的要求，这时就需要把直接宾语移至该句的右边界，故得出 *Ho dato a Giovanni un libro* 这样的句子。于是，我们基于这些分析的结果提出，位于语调短语右边界的固定重音（见意大利语）为不同词序的可能性提供了成立的理由；相反，在语调短语内不同位置的重音则成为了固定词序的标志（见英语）。接下来，我们将以心理语言学实验为基础来进一步论证这一说法。

语调短语还具有言语分段（speech segmentation）的功能，因为语调短语的边界总是与单词边界对齐，在言语处理中边界一向享有某种特权地位。[28]然而，韵律因素绝不是言语分段的唯一根据，因此也不是单词辨识的唯一理据：音节间的过渡概率（transitional probabilities）也是成人和婴儿对词汇进行分段的依据。这就是说，参试者都已习惯了人工语流，其中所有三音节词完全依据音节的统计连贯性来界定（即第一音节能准确预测第二音节，第二音节也能准确地预测第三音节），所有参与者倾向于选择完整而不是不完整的单词（指在过渡概率中含有缺陷的词项）。[29]最近有若干实验研究探讨了从语流提取词汇统计诱因和韵律诱因的交互作用现象。实验结果表明，尽管过渡概率的运算独立于韵律，但语调短语能过滤出构成语调短语边界的单词，而那些整体被包含在语调短语内的词汇则被存储在记忆里。因而我们可以得出，对语调短语的敏感制约着词汇搜索的过程。[30]

4 结论

综上所述，我们的研究工作将我们的视野带入了与《韵律音系学》一书最初设想相关联的众多研究领域，面对每一种情况，我们都在坚持不懈地为初始构想寻找理据和支撑。尽管在某些情况下我们还需要做出必要的修正，但这一系统的基本建构（包括它与语法其他组成部分界面的性质等）无论在理论上，还是实践上，都使得我们的研究成果不断丰富和强化。

除了作者本人的研究成果外，还涌现出了大批以《韵律音系学》一书为基础从不同视角出发的研究成果，数量之多，我们在此无法一一提及。作者希望，本书所提出的基本理念将继续推进理论语言学和认知神经科学等许多领域的研究。在理论语言学领域，我们期待进一步深化对普通音系学理论，以及音系与语法其他部分之间关系的认识。在认知神经科学领域，我们更期望能够进一步洞悉语言感知、语言习得的本质，并深化对语言缺陷（language deficits）的研究。

注释

① 首先，两位作者对原著中的排印错误和其他讹误表示歉意。在新版中，我们对伊蒂尼语（Yidiɲ）的一处失实性错误进行了更正。我们非常感激厄休拉·克莱因亨茨（Ursula Kleinhenz）为《韵律音系学》(第二版）的出版所做的工作，感谢她在出版过程中做出的实质性贡献。我们感谢哈里·范·德·赫尔斯特（Harry van der Hulst）和巴里斯·卡巴克（Baris Kabak）两位对本书新版给予的评价。

② 符号 ω 原用于指音系词（Phonological Word），本文使用 PW 旨在与该成分的近期表征相互一致。

③ 最近，又有两部专门探究音系词的著作面世：一部是霍尔（Hall）和克莱因亨茨（Kleinhenz）(1999)，另一部是狄克逊（Dixon）和艾肯瓦尔德（Aikhenvald）

（2002）。此外，音系词（PW）也是 B. 比克尔（B. Bickel）及其莱比锡大学同行们进行大规模语言类型学研究的核心，尽管其研究方法与 N&V86 迥然不同。

④ 尤见伊托（Ito）和梅斯特尔（Mester）（1992）；沃格尔（1994，1999，排印中 a）；塞尔柯克（Selkirk）（1996）。

⑤ 采用这一研究方法的有布济（Booij）（1996）；塞尔柯克（1996），派珀坎普（Peperkamp）（1997）和霍尔（1999）等。

⑥ 见沃格尔（排印中 b；将刊出）。

⑦ 土耳其语的讨论见卡巴克和沃格尔（2001）；英语的讨论见沃格尔和瑞米（Raimy）（2002）；沃格尔（排印中 a, b；将出版）。

⑧ 应该注意，拉德（Ladd）（1997）提出了语调短语具有递归性。然而，他的个人网址只能服务于调型校准（align），而不是音系规则范域的界定，看起来与 N&V86 中所提出的韵律层级成分大不相同。

⑨ 杰肯道夫（Jackendoff）和平克（Pinker）（2005）；平克和杰肯道夫（2005）；尼尔曼（Neeleman）和范·德·库特（van de Koot）（2006）。

⑩ 沃格尔（排印中 b；将出版）。

⑪ 沃格尔（将出版）。

⑫ 惠尔顿（Wheeldon）和拉希里（Lahiri）（1997，2002）。

⑬ 从一种不同的研究视角来看，音系短语也受到优选论的关注（见 Selkirk，2000；Truckenbrodt，1999）。

⑭ 克里斯多夫（Christophe）等（2004）。

⑮ 高特（Gout）等（2004）。

⑯ 格莱特曼（Gleitman）和万纳（Wanner）（1992）。

⑰ 马塚（Mazuka）（1996）。

⑱ 布朗（Brown）（1973）。

⑲ 博尔顿（Bolton）（1984）；伍德罗（Woodrow）（1951）；库珀（Cooper）和梅耶（Meyer）（1960）。

⑳ 内斯波（Nespor），舒克拉（Shukla），Avesani，范·德·维耶夫（van de Vijver），多纳蒂（Donati）和施罗多夫（Schraudolf）（已提交）。

㉑ 这就是说，所有含相同音素的句子均选自荷兰语。此外，元音都被弱化为非重读元音，塞音被弱化为 [p]、擦音为 [s]、鼻音为 [m]、流音为 [l]，以及滑音为 [y]。因此，这些语言无法以音素为基础进行辨识。

㉒ 克里斯多夫，内斯波，达普（Dupoux），瓜斯蒂（Guasti），范·欧叶（van

Ooyen)(2003)。

㉓ 比昂(Bion),霍勒(Hoehle)和施米茨(Schmitz)(2007)。

㉔ 盖尔沃因(Gervain),内斯波,马塚(Mazuka),Horie 和梅勒(Mehler)(排印中)。

㉕ 海斯(Hayes)和拉希里(1991)。

㉖ 内斯波和瓜斯蒂(2002);多纳蒂和内斯波(2003)。

㉗ 内斯波和瓜斯蒂(2002)。

㉘ 恩德雷斯(Endress),肖勒(Scholl)和梅勒(2005);梅勒和恩德雷斯(2007);恩德雷斯和梅勒(已提交)。

㉙ 塞弗兰(Saffran),艾斯林(Aslin)和纽波特(Newport)(1996),佩纳(Pena),波纳提(Bonatti),内斯波和梅勒(2002)。

㉚ 舒克拉,内斯波和梅勒(2007)。

参考文献

Bion, R. A. H., B. Höhle and M. Schmitz (2007). The role of prosody on the perception of word-order differences by 14-month-old German infants. *Proceedings of ICPhS2007.*1537—1540.

Bolton, T. L. (1894) Rhythm. *American Journal of Psychology.* 6: 145—238.

Booij, G. (1996). Cliticization as prosodic integration: the case of Dutch. *The Linguistic Review.* 3: 219—242.

Brown, R. (1973). *A First Language: the Early Stages.* Cambridge, Mass.: Harvard University Press.

Christophe, A., M. Nespor, E. Dupoux, M.-T. Guasti and B. v. Ooyen (2003) Reflexions on prosodic bootstrapping: its role for lexical and syntactic acquisition. *Developmental Science.* 6.2: 213—222.

Christophe, A., S. Peperkamp, C. Pallier, E. Block and J. Mehler (2004). Phonological phrase boundaries constrain lexical access: I. Adult data. *Journal of Memory and Language.* 51: 523—547.

Cooper, G. and L. Meyer (1960) *The Rhythmic Structure of Music.* Chicago. University of Chicago Press.

Dixon, R. M. W. and A. Y Aikhenvald (eds.) (2002). *Word.* Cambridge: University Press.

Donati, C. and M. Nespor (2003). From focus to syntax. *Lingua.* 113.11: 1119—1142.

Endress, A. D., Scholl, B. J. and Mehler, J. (2005). The role of salience in the extraction of algebraic rules. *Journal of Experimental Psychology: General*, 134 (3): 406—419.

Endress, A. D. and J. Mehler (submitted). Perceptual Constraints in Phonotactic Learning.

Gervain, J., M. Nespor, R. Mazuka, R. Horie and J. Mehler (in press). Bootstrapping word order in prelexical infants: A Japanese-Italian crosslinguistic study. *Cognitive Psychology.*

Gleitman, L. and E. Wanner (1982). The State of the State of the Art. In: E. Wanner and L. Gleitman (eds.) *Language Acquisition: The State of the Art.* Cambridge, MA: CUP. 3—48.

Gout, A., A. Christophe, and J. Morgan (2004). Phonological phrase boundaries constrain lexical access: II. Infant data. *Journal of Memory and* Language. 5: 547—567.

Greenberg, J. (1963). Some universals of grammar with particular reference to the order of meaningful elements. In *Universals of Language.* Cambridge, Mass. MIT Press. 73—113.

Guasti, M.-T., M. Nespor, A. Christophe and B. van Ooyen (2000). Prelexical setting of the head-complement parameter through prosody, in J. Weissenborn, and B. Hoehle (eds.) *How to get into Language Approaches to Bootstrapping in Early Language Development.* John Benjamins. Amsterdam. 231—248.

Hall, T. A. (1999). The phonological word: a review. In T. A. Hall and U. Kleinhenz (eds.) *Studies on the Phonological Word.* Philadelphia: John Benjamins. 1—22.

Hall, T. A. and U. Kleinhenz (eds.) (1999). *Studies on the Phonological Word.* Philadelphia: John Benjamins.

Hawkins, J. A. (1983). *Word Order Universals.* New York, Academic Press.

Hayes, B. and A. Lahiri, 1991. Bengali intonational phonology. *Natural Language and Linguistic Theory.* 9: 47—96.

Itö, J. and A. Mester (1992). Weak layering and word binarity. Ms, University of California at Santa Cruz. Updated version 2003.

Jackendoff, R. and S. Pinker (2005). The nature of the language faculty and its implications for the evolution of language. (Reply to Fitch, Hauser, and Chomsky). *Cognition.* 97: 211—225.

Kabak, B. and I. Vogel (2001). The Phonological Word and stress assignment in Turkish. *Phonology.* 18: 315—360.

Mazuka, R. (1996). Can a grammatical parameter be set before the first word? Prosodic contributions to early setting of a grammatical parameter. In J. Morgan and K. Demuth (eds.) *Signal to Syntax.* Hillsdale, New Jersey. Laurence Erlbaum Associates.

313—330.

Mehler, J., A. Endress, J. Gervain, and M. Nespor (2007). From Perception to Grammar. In A. D. Friederici and G. Thierry (eds.): *Early Language Development: Bridging Brain and Behaviour.* Trends in Language Acquisition Research (TiLAR) , Volume 5. Amsterdam, John Benjamins. 191—213.

Neeleman, A. and J. van de Koot (2006). On syntactic and phonological representations. *Lingua.* 116: 1524—1552.

Nespor, M. and I. Vogel (1982) Prosodic domains of external sanghi rules. In H. van der Hulst and N. Smith (eds.) *The Structure of Phonological Representations.* Part I. Dordrecht. Foris. 225—255.

Nespor, M. and M.-T. Guasti (2002). Focus-stress alignment and its consequences for acquisition. *Lingue e Linguaggio.* 1: 79—106.

Nespor, M., M.-T. Guasti and A. Christophe (1996). Selecting word order: the rhythmic Activation Principle. In U. Kleinhenz (ed.) *Interfaces in Phonology.* Berlin. Akademie Verlag. 1—26.

Nespor, M., M. Shukla, R. van de Vijver, C. Avesani, H. Schraudolf and C. Donati (submitted). Different phrasal prominence realization in VO and OV languages.

Pena, M. L. L. Bonatti, M. Nespor and J. Mehler (2002). Signal-driven computations in speech processing. *Science.* 298: 604—607.

Peperkamp, S. (1997). *Prosodic Words.* The Hague: Holland Academic Graphics.

Pinker, S and R. Jackendoff (2005). The faculty of language: What's special about it? *Cognition.* 95: 201—236.

Saffran, J., R. Aslin, & E. Newport (1996). Statistical learning by 8-month-old infants. *Science,* 274: 1926—1928.

Selkirk, E. (1996). The prosodic structure of function words. In J. Morgan and K. Demuth (eds.) *Signal to Syntax: bootstrapping from syntax to grammar in early acquisition.* Mahwah, NJ: Erlbaum. 187—213.

Selkirk, E. (2000). The interaction of constraints on prosodic phrasing. In M. Home (ed.) *Prosody: Theory and Experiments.* Dordrecht: Kluwer. 231—261.

Shukla, M., M. Nespor and J. Mehler (2007). Interaction between prosody and statistics in the segmentation of fluent speech. *Cognitive Psychology.* 54.1: 1—32.

Truckenbrodt, H. (1999). On the relation between syntactic phrases and Phonological Phrases. *Linguistic Inquiry.* 30: 219—255.

Vogel, I. (1994). Phonological interfaces in Italian. In M. Mazzola (ed.) *Issues and Theory in Romance Linguistics: Selected Papers from the Linguistic Symposium on*

Romance Languages XXIII. Washington, DC: Georgetown University Press. 109—125.

Vogel, I. (1999). Subminimal constituents in prosodic phonology. In S. Hannahs and M. Davenport (eds.) *Issues in phonological structure.* Amsterdam: Benjamins. 249—267.

Vogel, I. (in press a). The Morphology-Phonology Interface: isolating to polysynthetic languages. In F. Kiefer and P. Siptar (eds.) *Selected Papers from the 12th International Morphology Meeting.* Special Issue of *Acta Linguistica Hungarica.* Volume 54: 2. Budapest, Hungary.

Vogel, I. (in press b). Universals of prosodic structure. In S. Scalise, E. Magni, E. Vineis, A. Bisetto (eds.) *With more than Chance Frequency. Forty Years of Universals of Language.* Amsterdam, Springer.

Vogel, I. (to appear). The status of the Clitic Group. In J. Grijzenhout and B. Kabak (eds.) *Phonological Domains: Universals and Deviations.* Berlin/ New York: Mouton de Gruyter.

Vogel, I. and E. Raimy (2002). The acquisition of compound vs. phrasal stress: the role of prosodic constituents. *Journal of Child Language.* 29: 225—250.

Wheeldon, L and A. Lahiri (1997). Prosodic units in speech production. *Journal of Memory and Language.* 37: 356—381.

Wheeldon, L and A. Lahiri (2002). The minimal unit of phonological encoding: prosodic or lexical word. *Cognition.* 85: B31—B41.

Woodrow, H. (1951). Time perception. In S. S. Stevens (ed.) *Handbook of Experimental Psychology.* New York. Wiley. 1224—1236.

缩略语及符号表

A	adjective（形容词）
	adverb（副词）
abl.	ablative（离格）
abs.	absolutive（通格）
acc.	accusative（宾格）
ant	anterior（前部性）
AP	adjective/adverb phrase（形容词 / 副词短语）
ART	article（冠词）
asp	aspirated（送气）
AUX	auxiliary（助词）
C	clitic group（附着语素组）
	consonant（辅音）
CL	clitic（附着语素）
cons	consonantal（辅音性）
cont	continuant（延续性）
cor	coronal（舌冠性）
dat.	dative（与格）
DCL	directional clitic（方向附着语素）
del rel	delayed release（延迟除阻）
dim.	diminutive（指小词缀）
DTE	designated terminal element（最强终端成分）

[e]	empty category（空语类）
fem.	feminine（阴性）
G	glide（滑音）
gen.	genitive（属格）
ger.	gerund（动名词）
I	intonational phrase（语调短语）
imp.	imperative（祈使句）
inch.	inchoative（表始动词）
inf.	infinitive（动词不定式）
L	liquid（流音）
lat	lateral（边音）
LF	logical form（逻辑式）
loc.	locative（位置格）
masc.	masculine（阳性）
N	nasal（鼻音）
	noun（名词）
nas	nasal（鼻音）
nom.	nominative（主格）
NP	noun phrase（名词短语）
obstr	obstruent（塞音）
P	preposition（介词）
ø	phonological phrase（音系短语）
Pe	person（人称）
pl.	plural（复数）
PP	prepositional phrase（介词短语）
PRE	prefix（前缀）
pres.	present（现在时）

PRON	pronoun（代词）
purp.	purposive（表目的）
Q	terminal syntactic node（末端句法节点）
R	rhyme（韵）
RP	Received Pronunciation（标准发音）
s	strong（强，强节点）
S	sentence（句子）
σ	syllable（音节）
Σ	foot（音步）
sg.	singular（单数）
son	sonorant（响音性）
strid	strident（刺耳性）
SUF	suffix（后缀）
syll	syllabic（音节）
t	trace（语迹）
U	phonological utterance（音系话语）
V	verb（动词）
	vowel（元音）
vce	voice（浊音）
w	weak（弱，弱节点）
	word（单词）
ω	phonological word（音系词）
W*	word star（单词星号 *）
[+W]	diacritic feature（附加区别特征）
WFC	well-formedness condition（合格条件）
$\overline{X}$	X-bar（X 杠）

第1章 1

概说

1.0 引言

在早期生成理论中，音系学的特征表现为音段的线性组构，以及一系列根据表层形态—句法成分结构的边界符号隐含界定的音系规则的应用范域（见 Chomsky and Halle，1968，以下简称 SPE[1]）。正因为如此，音系学与语法其他部分的交互作用仅仅局限于句法界面，于是句法部分的输出亦为音系部分的输入，并可能牵涉“重调规则”（Readjustment Rules）的介入。尽管该模式由于简洁明了具有一定的吸引力，同时也的确带来了许多有趣的结果，但我们认为，这种音系观从根本上讲是有失充分的。换言之，从过去十年音系学理论的发展来看，似乎还不能把音系部分视为一个均相系统（homogeneous system），而必须视作多个交互作用子系统的分支，且每个子系统都拥有各自的支配原则，如节律栅理论（metrical grid）、词汇音系学（lexical phonology）、自主音段音系学（autosegmental phonology）和韵律音系学（prosodic phonology）等等，不一而足。

在本研究中，我们将集中讨论韵律音系子系统，尤其是范域理论。根据韵律音系学理论，言语的心理表征被划分为层级序列语块。在典型的言语连续语流中，这些作为语法韵律成分的心理语块，表现为不同类型的提示，从实际的音段调整到更细微的语音变化，即每个韵律成分皆表现为特

1 即 *The Sound Pattern of English*《英语语音模式》一书的英文缩写。——译者

定音系规则和语音过程的应用范域。因此，旨在解释诸如此类范域理论的发展变化代表着音系学研究重心的转变，这一转变与过去二十年句法学研究所发生的变化十分相似。也就是说，目前的研究重心已从规则系统转向了统辖语法过程应用的原则系统。

在本书所提出的韵律音系学模式里，每一成分特征不仅体现在适用的
2 不同规则方面，还体现在对其界定的不同原则方面。换言之，韵律层级中的每个成分在其范域的定义过程中都结合有不同类型的音系与非音系信息。虽然定义各种韵律成分的原则也参照了非音系概念，但至关重要的是，所得到的韵律成分并不一定与语法其他方面所体现的成分互为同构。具体来讲，基于形态和句法部分所含信息构建的韵律成分不一定与形态或句法的所有成分都表现为一一对应的关系。鉴于词汇层面以上的韵律结构揭示着某些句法概念和相互关系，因此在一些情况下可以将其作为分析句法问题的相关诊断工具，即如果已确定某个音系规则适用于某特定韵律成分，如当某特定结构存在一个以上句法分析可能的情况下，该音系规则在两个起关键作用的单词间能否应用或许可以为其中一个或另一个分析提供证据支持（亦参见 Nespor，1977）。

谈到形态—句法与韵律层级之间的差别，还应该指出，二者的差别不仅表现在它们对指定语符串成分划分的方式不同，它们在结构的深度方面也存在差异。这就是说，由于构建音系层级的规则在本质上不是递归性的，而构成句法层级的规则却是递归性的；音系结构的深度是有限的，但句法结构的深度原则上没有限制。

语法的音系与语义部分之间的关系也是必不可少的，因为在韵律层级的最高层面语义部分包含的某些信息类型必须为音系所参照。鉴于此，语法的整体构架必须包含上述两个解释部分的交互作用，而不是传统模式的那种句法部分生成的各种结构分别由音系和语义两个部分单独进行阐释的状况。

本章其余部分将重点讲述我们将采用的基本理论框架，以及构成本

书实证基础的方方面面。第 2 章将系统阐述形态—句法层级成分作为韵律规则应用范域的种种不足。接下来，我们将讨论音系层级的各不同成分，并为其中每一成分提供把语法其他部分所现概念映射到音系结构的各种解释原则，以及在如是定义的范域中所有音系规则的应用范例。具体而 3
言，词汇层面以下的两个单位——音节（syllable）和音步（foot）——将放在第 3 章讨论，第 4 章将集中探讨音系词（phonological word）问题。对于词汇层面以上的 4 个音系单位——附着语素组（clitic group）、音系短语（phonological phrase）、语调短语（intonational phrase）和音系话语（phonological utterance）则分别是第 5、第 6、第 7 和第 8 章讨论的主题。

韵律理论提出了一系列独具特色的语法成分，在言语链中每一成分均有具体的语音提示（phonetic cue）标示，这一事实表明，在解释言语感知处理的第一层级很明显表现为韵律成分的序列，而不是其他类成分。第 9 章讨论的测试结果证实了韵律短语切分（prosodic phrasing）与言语感知的相关性，其中消除句子歧义的可能性得到了例句韵律结构而非句法结构的准确预测。

韵律成分结构的相关性还体现在语言的另一领域——韵律文体。在韵文中，韵律范畴亦可为描写节律规约提供适当的应用范域。这一问题将在第 10 章结合对但丁《神曲》（*Divina Commedia*）的分析展开讨论。最后一章是结论部分，同时将对表征音系层级单位与语法其他部分界面的音系学模式予以梳理和总结。

1.1　音系学与语法其他部分的界面

显然，人们很难想象会存在某种完全自主的音系部分，但这一方面的证据却俯拾皆是。事实上，在传统生成音系学中，有很多例证表明，音系规则的应用在很大程度上取决于纯音系信息。[①] 然而，此类信息往往通过不同类型的边界符号以非纯音系术语的方式进行编码。例如，为了解释英语词“*er*”前 [ŋg] 序列的发音（如 *finger*（手指）和 *longer*（较长的）），此例与“*er*”前（如 *singer*（歌手））及词末（如 *sing*（唱歌））的单个音段 [ŋ] 形成了对照，乔姆斯基（Chomsky）和哈利（Halle）（1968：85）主要使用了词界符号（word boundary，#）和语素界符号（morpheme boundary，+）以示区别。于是，上述讨论的单词可分别表征为：/fɪngər/、lɔng+ər/、/sɪng#ər/ 和 /sɪng#/。第三和第四个词（而非第一和第二个词）中 /g/ 的删除可使用一条仅作用于单词边界前的简单规则予以解释：g → ϕ/[+ 鼻音性]____#。根据这一公式，g- 删除（g-Deletion）似乎只是个纯音系过程，
4 但实际上这条规则所编码的信息在本质上有所不同。也就是说，在规则的结构描写中，词界符号 # 涵盖的内容给出的不仅仅是音系信息，它还允许规则作用于特定的形态语境，而不是其他语境，尽管其音段音系语境也完全相同，例如它可以作用于施事格的（*si* [*ŋ*] *er*）“*-er*”前，但在比较级（*lo* [*ŋg*] *er*）的“*-er*”前则不适用。

从本质上讲，解释音系过程所需的非音系信息不仅表现在形态方面，而且还存在着对句法结构信息敏感的音系规则。音系学与句法学之间的界面在传统音系学很大程度上被处理成类似于音系与形态的界面，即通过不同类型的边界符号来加以阐释。例如，出现于跨词汇的音系现象、古典印度语传统中的外部连读音变过程，其中的规则应用主要取决于当事单词之间的句法关系。此类信息以音系术语的形式进行编码，表现为单一词界与双词界之间的区别，正如塞尔柯克（Selkirk）（1972）对法语连读增音现象（Liaison）的分析那样。因此，在例句 *Il y en a encore deux‿après-midi*（There are still two aftemoons= 还有两个下午）以及在具有跟前者完全相同的音段语境下不能应用的例子，如 *Il y en a encore deux/après lui*（There are still two of them after him= 在他后面还有两位）中，对于两种不同情形的解释分别为：规则在跨单一词界（如在标示语和中心语之间）（*...deux#après-midi*（...two#afternoons= 两个 # 下午））可以自由使用，但在跨双词界（如在两个短语之间）（*...deux##après lui*（...two##after him= 两个 ## 在他之后））时规则的应用受到阻断。

由于在标准生成理论中音系输入亦为句法输出，这就意味着，表层句法结构所未包含的任何信息类型均不会影响音系规则的应用。然而，有些音系规则却表明这样的观点是站不住脚的。标准英式英语发音（RP）中的连接音 *-r* 规则（Linking-*r*）便是其中之一。该规则不仅在句内跨单词应用，同时也跨分属不同句子的单词使用，例如 *There's my mothe*[*r*]. *I've got to go.*（我妈妈来了。我要走了）。除了在两句之间没有任何句法成分把二者连接外，连接音 *-r* 规则并不能随意作用于任何两个句子之间，要解释这一现象还会引发另一个问题，如不能用于 *There's my mothe*[*ϕ*]. *I've got two cats.*（我妈妈来了。我有两只猫），其中的音段语境与前面规则的应用语境别无二致。在第二例中，其前后两句没有任何关联可言，相反第 5
一例的两句话则因二者之间的隐含语义关系而密切相关，具体来讲，即有因为“句子$_1$所以句子$_2$”（‘sentence$_1$ THEREFORE sentence$_2$’）的关系，这一问题将在第 8 章详细讨论（亦参见 Vogel，1986）。由于此类语义关系不属于逻辑式部分，也就是说，它们不是对结构句法关系的解释。这进而表明，在语法理论中必须给音系与语义之间的界面留有一席之地。

因此，本研究所采取的立场认为，任何充分的音系学理论不仅要给出参照表层句法结构的形态—句法（括号）切分方式，而且还要给出参照其他句法和语义概念的方式。这一点可在本书所提出的模式通过映射规则（mapping rules）得以实现，这些规则把语符串的终端元素予以分组，便产生了与形态—句法层级成分并不一定表现为一一对应关系的单位。这些单位便构成了音系规则的应用范域，而就这些单位与形态—句法成分的不同构表现而言，结果使边界理论无法继续得以维系。正是这一系列映射规则给出了音系与语法其他部分之间的界面关系，因为对层级中每个层面不同韵律成分界定的规则皆参照了不同类型的语法概念。此外，韵律层级各层面与语法其他部分的特定关系亦受到了严格的制约。换言之，某一给定映射规则具体使用了哪一类（形态、句法或语义）信息也不是随意地选取。确切地讲，使用非音系信息的较低层成分需参照形态—句法层级较低层面的相关概念。韵律层级的较高成分往往取决于句法树较高层面的相关概念，而最高层级的成分则需要参照语义概念。另外，映射规则中所使用的一类非音系概念的普遍性也会伴随韵律范畴由小至大不断增强。因此，每个韵律范畴都会因语言的不同存在着一定程度的差异，且低一级范畴的差异在层级中往往大于其直属的上级范畴；事实上，最后的两类范畴从本质上讲是最具普遍性的范畴。

1.2 理论框架

由于本书所提出的韵律音系学理论是对语料的音系解释予以形式化表
6 征的理论，其中的语料由形态—句法部分生成后再由语义部分给予阐释，因此我们有必要开宗明义，阐明我们对普遍语法组构诸多理论问题的立场，这一点十分重要。我们首先将给出作者对音系结构部分的看法，尤其是韵律子系统。接下来，我们还会简明扼要地讨论一下与音系学发生交互作用的其他组成部分的若干问题。

1.2.1 音系部分

近年来，音系学领域目睹了许多新理论的发展，其中包括自主音段理论（autosegmental theory）、节律栅（metrical grid）理论、词汇音系学（lexical phonology）及韵律音系学。本研究所提出的理论模式属于韵律音系学总目录下的一个分支，从某种意义上讲，属于塞尔柯克在《论韵律结构及其与句法结构的关系》（1978b）中的原创性理论范畴，以及后续内斯波和沃格尔（1982）对这一理论的进一步发展。正如我们前面已提到的，本书所提出的模式属于音系范域理论，亦即把语言某给定语符串组织成一系列按层级排列的音系成分的理论，而这些成分再构成音系规则应用的不同语境。我们认为，这样的韵律理论便构成了语法音系部分的子系统，并与上述提到的不同理论所表征的其他子系统发生了极其有趣的交互关系。

例如，对许多和谐规则最恰当的分析似乎需要自主音段理论和韵律理论的交互作用，前者用于解释规则的作用方式，后者则用于解释规则应用的范域。在许多规则中呈现的另一种类型的交互作用与相对突显和节奏现象有关，就规则内容而言需要借助韵律栅来阐释，而就其范域而言则可凭借韵律理论予以解释。于是，诸如海斯（Hayes）讨论（将刊出）旨在解释英语诗歌节律模式的规则，修正了韵律理论所界定范域内对突显的栅表征模式（亦参见第 10 章）。

音系学的韵律子系统模式与传统生成音系学模式在以下两个基本领域存在着明显差别：表征的结构和规则的本质。本节，我们先来简要地介绍一下贯穿于全书的一些基本概念，以及统辖本系统表征和规则的各不同原则。

音系表征

与传统生成音系学的线性表征不同，韵律音系表征包含了一系列以层 7
级方式组成的音系单位。这些音系单位的定义是基于融合语法其他组成部分信息的映射规则，这些单位遵循以下树形图的几何构建原则被归入不同的层级或树形结构。

原则 1：所给定的非终端韵律层级单位 X^p 含有一个或多个直属下级范畴单位 X^{p-1}。

原则 2：所给定的层级单位完全包含在高一层级的韵律单位内。[②]

原则 3：韵律音系学的层级结构均为多分结构（n-ary branching）。

原则 4：对姐妹节点相对突显关系的界定为：一个节点为强节点（s），其余节点皆为弱节点（w）。

鉴于每个韵律成分的内部结构都具有相同的几何构形，构建不同韵律范畴的层级树形图规则将表现为与规则（1）相同的形式，因此在普遍语法中只需作一次性形式化的表征。

（1）韵律成分构建（Prosodic Constituent Construction）

把 X^p 范域定义所界定的语符串包含的全部 X^{p-1} 都归入一多分结构 X^p。

然而，为了读者使用方便，我们将给出各章构建每一范畴层级树形图的具体规则，并使用适当的数值来替代其中的变量。应该注意，所有韵律范畴层级树形图之间的平行关系与句法理论中 X- 杠规约的平行关系相类似，根据 X- 杠理论所有短语节点的内部几何结构亦大体相同。

根据上述四条原则和（1）中的规则，我们便可以构建出以下抽象的音系表达式，如（2）所示。

8 （2）

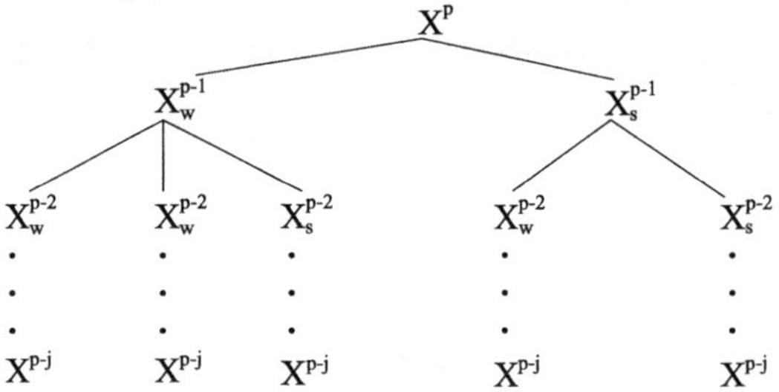

依据同样的表征形式，（3）中的 4 个结构则分别被原则 1—4 所淘汰。

（3）

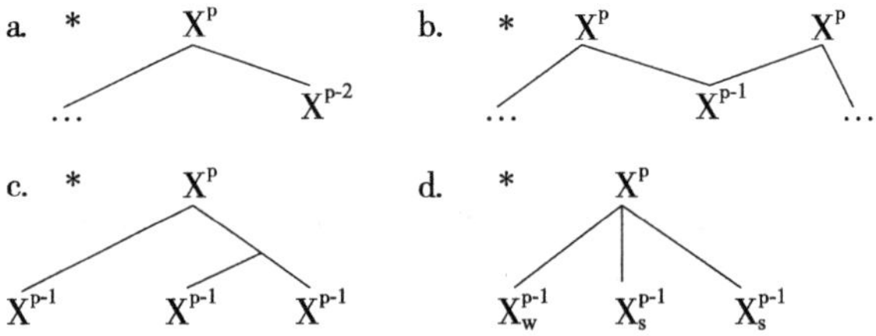

（符号 * 表示不合格形式。——译者）

前面的两条原则及其对韵律树结构的限制类型相对来说没有什么争议，因为在一种理论中倘若缺失一个原则或两条原则全部缺失，实际上就意味着对可能出现的结构没有任何限制。但后面的两条原则却存有较大争议，事实上我们此处所采取的立场与早期韵律音系学（包括我们自己的）著述有所不同。在原则 3，我们提出了韵律结构为多分结构，而非早期理论的偶分结构。③偶分结构与多分结构的问题受到了生成语言学理论众多领域的广泛关注，这在未来的若干年里仍将是争议颇多的问题，它们涉及音系学及语法的其他组成部分。但就目前来看，似乎针对韵律层级提出多分结构无疑是最佳选择，原因分述如下：④

首先，多分结构比偶分结构更简洁明了，因为前者基本上是平面式的，而后者原则上讲允许出现无限深度的层级树形结构，如下所示。

（4） 9

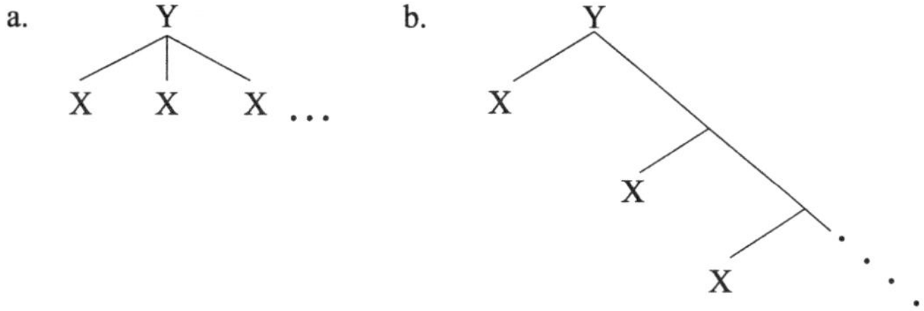

尽管偶分树比多分树形结构可生成更加丰富的内部结构，但是这种附加结构并非是音系触发的结果。例如，要把三个元素归入一个偶分结构，就必须建构一个中间节点，如（5b）所示。而在（5a）的多分结构中则无需要此类中间结构。

（5）

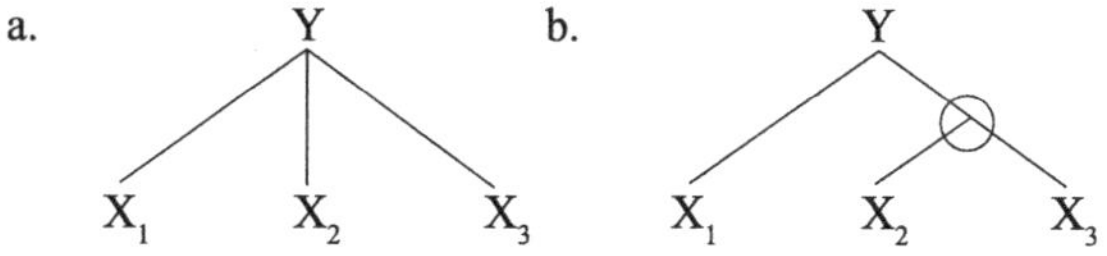

偶分树结构中的额外（圆圈）节点代表的结构层面跟音系理论的任何成分都没有对应关系。也就是说，似乎没有哪些规则或任何现象真正有必要以这样的方式参照定义为成分 Y 的某个子类。这一事实尽管已得到了认可，但在过去却一直未能得以重视，认为只有那些带范畴标识的节点才是与音系规则构式和应用相关的成分（见 Selkirk，1980b；Nespor，1983）。

最后，内斯波和沃格尔（1982）曾提出，偶分树的附加成分结构或许起到了一定的作用，即便不能界定音系规则的应用范域，但至少在某些情况下可以解释成分的重构。例如，一个较长的成分 Y 可以被分解成若干较短的成分，只有通过这样的方式，从原结构“分离”出来的 Y 才能成为原结构的一个成分，如（6a）所示。同理，只有当一个新产生的 X 对应于原结构的节点时，这些特定的较短 X 也可以重新合并成较长的 X，如（6b）所示。

10 （6）

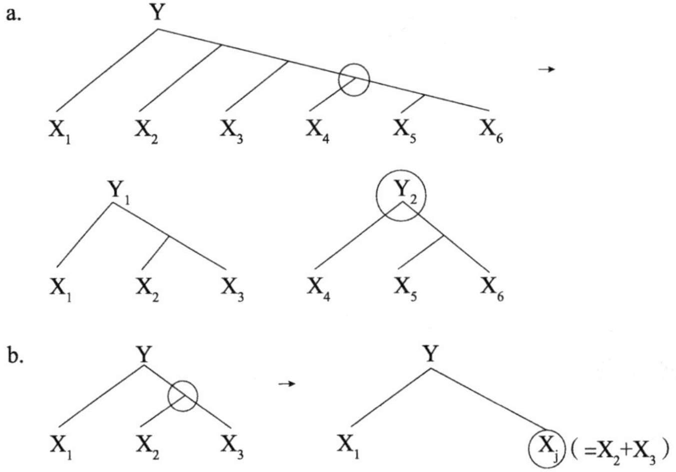

跟我们的初始构想不同的是，现在看来，前面所提到的方式并不能对成分的重构予以制约。换言之，尽管大多数情况看似遵循着这种制约，但在有些情况下，当一个较长的 Y 分解为若干较短的 X，以及当若干较短的 X 重新合并为较长的 Y 时，偶分树的成分结构便无法准确地预测出哪些单位可能出现重组。

音系树的分支结构最初也曾以重音指派作为立论依据。正因为与此立论相关，第 4 条原则有别于早期韵律和节律音系学假说。最初的构想认为，相对突显的强弱赋值取决于树形图的结构，特别是某具体节点是否分支以及树的分支方向等因素（尤见 Liberman and Prince，1977；Wheeler，

1981）。有趣的是，偶分结构以及在此类结构针对姊妹节点的 *s*（强）和 *w*（弱）赋值近年来引发了一些初始倡导者的争议，他们转而倡导另一种机制——节律栅（见 Prince，1983；Selkirk，1984b）。显然，无论是哪一种情况，把重音指派给偶分结构的原则并不适用于本书所采取的多分结构。因此，我们提出使用一种更为简明的规约（以上所提出的原则 4）来取代重音指派规则，该原则针对韵律层级中具体的成分类型指出哪一个姊妹节点为强点。例如，我们可以规定，在直接支配 X 的成分 Y 中，最右侧的成分 X 为强节点，而该强节点的所有其他姊妹节点均为弱节点。从下述各章可以看出，决定强弱赋值的一些原则从本质上讲属于普遍性原 11
则，而另一些便是语言特殊性原则。然而，就相对突显模式以及修正这些模式规则的细节而言，这无疑将需要建立起更加复杂的系统，如上文所述的把栅的本质属性与韵律层级范域加以整合的系统。

现在，我们将从音系学的抽象结构转向具体单位，我们提出，韵律层级含有 7 个单位，对此将在接下来的各章里逐一讨论。这 7 个单位从大到小分别为：音系话语（phonological utterance，*U*）、语调短语（intonational phrase，*I*）、音系短语（phonological phrase，ϕ）、附着语素组（clitic group，*C*）、音系词（phonological word，ω）、音步（foot，Σ）和音节（syllable，σ）。尽管没有任何先验理由来证明任何具体语言的音系必须包含上述 7 个单位，但我们在此如是假设是根据普遍和具体理论的依据得出的。首先，与允许一些语言拥有某些单位，另一些语言拥有另一些单位的理论相比，规定所有语言都具有一套特定音系单位的理论具有更强的解释力。其次，鉴于本理论的核心主张认为，韵律层级的每个层面都依照表现音系与语法其他部分界面的映射规则来定义。因此如果在某些语言中音系范畴 X^{i} 缺失，就会推而得知该语言的音系与语法其他部分之间不存在某类特定的界面，而在另一种具有 X^{i} 范畴的语言中则存在此类界面。这种情况的出现是不可取的，因为这会导致语法在其各不同部分交互作用的数量和性质等方面出现根本的改变，从而进一步造成更多的可能语法的出现。诚然，一种具体语言的音系范畴数量尚属实证性问题。但应该注意的是，正如塞尔柯克（1980a）在对梵文的分析中指出的那样，倘若我们在某种语言中找不到对应音系单位 X^i 的规则，并不足以断定 X^i 在这一语言里并不存在。首先，参照 X^i 的规则始终有存在的可能，只是目前仍有待发掘而已。其次，更重要的是，即便其应用范域为 X^i 的音系规则可能并不存在，这也不意味着 X^i 与这一语言的整体音系模式毫无关联。换言之，为了定义相对突显关系，或解释其他类型的现象，例如常见的在 X^i 相关位置上出现的成分尾音延长（constituent-final lengthening）现象，X^i 的存在或许还是必要的。另一方面，如果所有似乎都不存在参照 X^i 的
12 音系规则的语言却都共同具有某些其他特征的话，这就更有说服力地证明了 X^i 在具有这一特征语言的特定范畴中缺失。但迄今为止，我们尚未发现有任何类似的普遍性。

最后，在继续讨论韵律音系学的规则之前，我们先来简要地回顾一下我们所提出的基本观点——音节是韵律层级的终端范畴，因为近期还有一些人提出，认为有必要对音节的内部结构进行划分，尤其是认为有必要把韵作为单位之一。首先，需要指出的是，提出音节是韵律音系系统的终端范畴并非意味着音节不能再进一步划分或音节没有内部结构。例如，音节很显然至少可以分为音段。此外，我们亦不排除音段还可以组成其他子音节单位的可能性，如音节首（onset）和韵（基）。此处，我们只是不想把音段、音节首和韵纳入韵律层级，因为这些子音节单位既不能按照统辖音节层面以上各单位的原则予以组织，同时也不能作为音系规则的应用范域。

谈到音节内部单位的组织结构，我们便即刻遇到了与上述原则相互冲突的问题。例如，富奇（Fudge）（1969）以及（尤其是）最近哈利和弗格诺德（Vergnaud）（1978）、基帕斯基（Kiparsky）（1979）和塞尔柯克（1980b）提出把音节划分为音节首和韵的主张在以下两个方面与原则1相违。第一，音节不能由“一个或多个”音节首或“一个或多个”韵组

成，每一种选择均为最大限度。第二，必须假定，某给定层面（如原则 1 提到的 X^{p-1} 层面）的单位必须为同一类型。这显然与音节首和韵的情况不符，因为二者分属于两类不同的单位，各具不同的特征。⑤ 此外，在兼属两个音节（ambisyllabic）的音段中，我们会发现属于前一音节韵的元素同时也属于后一音节的节首。在这种情况下，不论是韵还是音节首都不能完全为其所支配的上级单位“音节”所包括，故违反了上述原则 2。把音节划分成音节首和韵的做法同样也违反了原则 3，因为这种划分一般来讲在本质上属于偶分性的，音节首与韵本身的内部结构亦是如此。基帕斯基（1979：432）提出的音节结构普遍性构架对此给予了明确的表达。

（7） 13

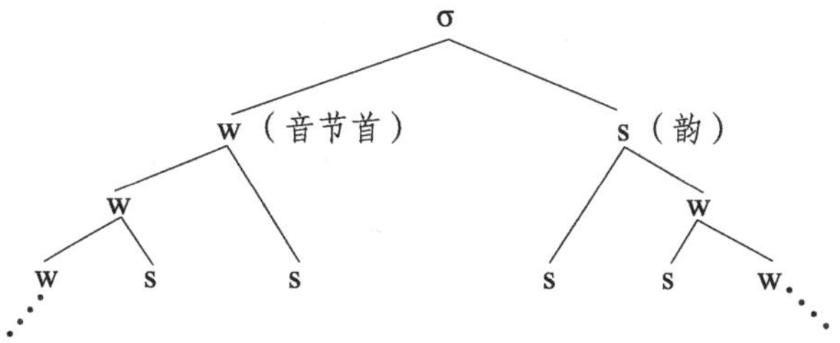

把音节首和韵都纳入韵律层级不仅违反了无一例外地统辖其他韵律范畴的各项原则，而且还会导致产生与所有其他韵律成分全然不同的成分，其主要原因在于音节首和韵都不能作为音系规则的应用范域。换言之，即使如哈里斯（Harris）（1983）列举的西班牙语例证所示，音节首和韵这两个单位或许与解释重音模式及某些语音配列制约条件相关，但在解释（音段）音系规则应用范域的过程中则没有任何必要。任何以音节首或韵构成的范域都（至少）可以通过音节的形式得以实现（见 Vogel，1985）。这里，我们并不是说，音节首和韵这两个成分在音系学中毫无作用，而是说在任何情况下都不能将其作为韵律层级的成分。

在这里还必须要探讨的最后一个问题是音段（而非音节）充当韵律层级最低成分的可能性。事实上，如果我们仔细考虑一下以下把音节划分为若干音段的多分结构的表征情况，前面所给出的四条原则似乎皆可以得到满足。

（8）

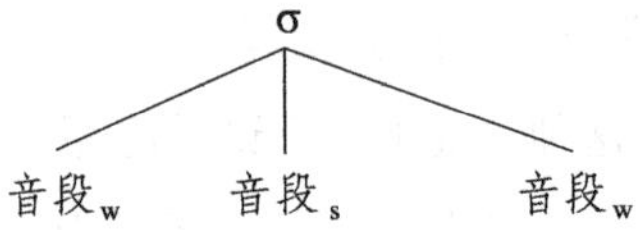

然而，对于兼属两个音节音段的情况，我们遇到了违反原则 2 的问题，这一问题与音节首和韵相关。也就是说，我们发现有些音段并不能完全包含在直接支配它的成分里。

或许我们可以这样认为，出现兼属两个音节的现象是低层级语音过程
14 的结果，因此在音系层面则不会出现对严格层次假说的违反。尽管这看似不无道理，但我们有理由认为，这样的解释是没有必要的，同时我们还有不应把音段部分纳入韵律层级更为有力的论据支持。具体来说，兼属两个音节现象的存在似乎部分上体现了音段的某种较为普遍的灵活性，它跟违反“严格层次”的概念没有多大联系。也就是说，除了单个音段可以与两个音节相连，如兼属两个音节的例子，两个（或多个）音段也可以同时与一个单独的特征相连，和谐现象的例子便是如此，见（9）。

（9）

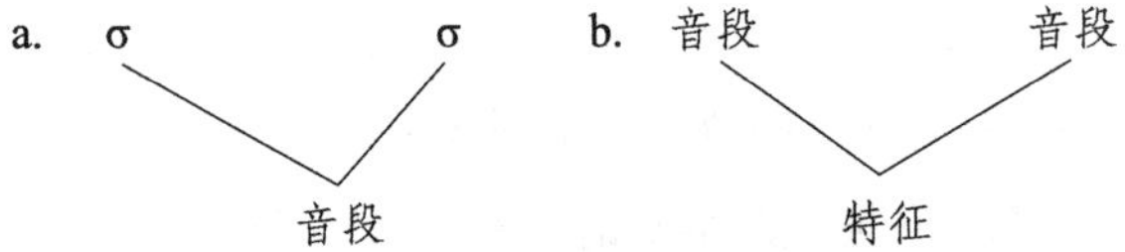

此外，音段是音系学所有子系统的基本组成要素。换言之，在音段层面，或更抽象的音段模架，形成了以自主音段理论为代表的子系统的核心，如（9）中的经典自主音段结构所示。节律栅理论的基本单位——音节，也有其终端元素单位，这些单位通常与音段相重合（见 Selkirk，1984b）。在词汇音系学里，音段很显然是该系统的单位及音系规则表征的重要组成部分。由此可见，与其说要寻找一种方式来证明音段是韵律

层级的成分，看来提出如下假设更为可取：音段（或至少其位置）是音系表达的核心，而实际上也是所有子系统最为常见的单位，是各子系统的交汇点。

音系规则

我们在讨论与韵律音系学的相关规则时，有必要区分两类基本规则：即表征音系与语法其他部分之间界面的映射规则及严格意义上的音系规则。前者是定义韵律层级单位的规则，我们将在论及不同音系单位的章节中予以讨论。在本节，我们主要关注的是后一种类型，即阐释音系模式变化的规则。我们还将进一步聚焦于修正音段线性序列规则的形式化特征，而不是修正突显关系和自主音段联接的规则。在对不同音系成分及其应用范域的讨论过程中，我们还将例举出各类不同的音段规则，以及影响突显关系和自主音段联接等不同规则的例证。

在韵律理论框架中，如同在传统生成理论的框架一样，音系规则可 15
实现一系列操作，对语音序列加以修正。而上述两个框架里规则之间的主要区别在于，在传统生成理论中，音系规则作用于由形态—语法成分定义的范域；而在韵律理论中，它们则应用于由音系层级定义的范域。由于传统生成音系学往往把单词假设为大多数音系规则的应用范域，所以在规则中范域的概念并没有得到清晰的表述。相反，在韵律音系学中，我们无需前面的假设，但对所有规则的应用范域都必须给予明确的表述。

塞尔柯克（1980a）区分了三种类型的韵律规则：范域跨度规则（domain span）、范域音渡规则（domain juncture）和范域界限规则（domain limit）。本研究将沿用相同的划分方式。为了确保所有音段音系规则均为合格形式，这些规则必须符合上述三种类型之一，其特征说明如下，其中 A 和 B 为音段，两者之一可以为零音段；X、Y 和 Z 是音段语符串，它们均可以为零音段；D_i 和 D_j 代表韵律范畴（见 Selkirk，1980a：

111—112）：

（10） a. 范域跨度规则：

$A \rightarrow B / [\ldots X\_Y \ldots]_{D_i}$

b. 范域音渡规则：

i) $A \rightarrow B / [\ldots[\ldots X\_Y]_{D_j}[Z\ldots]_{D_j}\ldots]_{D_i}$

ii) $A \rightarrow B / [\ldots[\ldots X]_{D_j}[Y\_Z\ldots]_{D_j}\ldots]_{D_i}$

c. 范域界限规则：

i) $A \rightarrow B / [\ldots X\_Y]_{D_i}$

ii) $A \rightarrow B / [X\_Y\ldots]_{D_i}$

此外，塞尔柯克（1980b）还参照了韵律转换，初看起来，它似乎并不属于以上给出的三类规则中的任何一类。例如，塞尔柯克（p. 585）给出了如下英语的去音步规则（Defooting）。

（11） $[_\omega[_{\Sigma_w}[_\sigma C\check{V}]_\sigma]_{\Sigma_w}\ldots]_\omega \rightarrow [_\omega[_{\sigma_w}CV]_{\sigma_w}\ldots]_\omega$

然而，通过对这一规则的仔细观察发现，该规则可以被重构为第三种类型的韵律规则，即范域界限规则，如下所示：

16 （12） $[[C\check{V}]_\sigma]_{\Sigma_w} \rightarrow [CV]_{\sigma_w} / [\_\ldots]_\omega$

由于塞尔柯克使用的所有韵律转换都可以按照这样的方式改写，因此我们认为，就此而言无需再把音系规则的类型加以扩展超出上述三种。但涉及韵律转换需要处理的现象种类，还存在着更普遍的问题。亦即，由于韵律转换并不在于修正音段语符串，而是修正音系表征本身，所以它们是否也应由音系规则来阐释呢？这一点尚不明朗。当然，鉴于我们讨论的重心仅限于那些修正音段语符串的音系规则，我们此处将不再进一步深究此类现象。

正如我们所提到的，音系学的韵律子系统包括有 7 个单位和 3 种基本规则类型。诚然，并非所有的 7 个单位都能自由地构成应用范域，如规则

中所提到的范域 D_i 和 D_j，见表 1 所示。其中“+”表示特定组合的韵律单位和规则类型是可能的，“–”则表示该组合是不可能的。

表 1　音系成分与音系规则类型

跨度			音渡（范域 D_j）							界限
			σ	Σ	ω	C	ϕ	I	U	
范域	（D_j）									
音节	（σ）	+	–	–	–	–	–	–	–	+
音步	（Σ）	+	+	–	–	–	–	–	–	+
音系词	（ω）	+	+	+	–	–	–	–	–	+
附着语素组	（C）	+	+	+	+	–	–	–	–	+
音系短语	（ϕ）	+	+	+	+	+	–	–	–	+
语调短语	（I）	+	+	+	+	+	+	–	–	+
音系话语	（U）	+	+	+	+	+	+	+	–	+

表 1 显示，所有 7 个韵律范畴原则上都可以作为跨度规则的范域（D_i），如第一列中的加号（+）所示。界限规则亦是如此，如最后一列中的加号（+）所示。而音渡规则的情况多少有些复杂，因为这些规则需要参照两个范畴：音渡（D_j）所涉及的毗邻单位范畴，以及该音渡内的单位必须依顺序出现以便使规则能够应用的单位范畴（D_i）。由于韵律范畴是按层级组构的，因此两个特定类单位的音渡只能出现在包含比其涉及单位更大的单位内。因此，我们首先必须排除任何 D_j（音渡范域）小于 D_i（音 17
渡涉及单位的范域）的范域音渡规则。这种情况由音渡规则下面栏目中的负号（–）表示。因此，在韵律范畴和规则类别组合的 63 种形式中，从逻辑上讲只有 35 种是可能的。但是，最终这 35 种逻辑上的可能形式事实上不一定全部都能成为现实，这里我们对此不再深入探究。⑥

1.2.2 其他部分

正如我们前面所提到的那样，韵律音系学的核心部分之一表现为音系学和语法其他部分的交互作用。鉴于我们在本书使用了许多非音系概念，因此我们在此有必要简要地概述一下与音系学讨论相关的形态、句法和语义部分的各种特征，以及音系与语法其他部分交互作用的相关问题。

形态学

近年来，以生成语法为理论框架就形态表征和构词过程本质的相关问题展开了各种各样的讨论。[7] 无论在词库所表现的形式主要为词素（如 Halle（1973）所提出），还是单词（如 Aronoff（1976）所提出），对我们本书提出的音系学模型而言关系不大。同理，对于构词过程的本质来说亦是如此。换言之，我们所提出的音系模型既不依赖阿罗诺夫（Aronoff）（1976）提出的构词规则完成构词，也不依赖塞尔柯克（1982）所提出类似句法 X- 杠（$\overline{X}$）理论的改写规则，亦不依赖其他类型的机制。然而，这并不表明，对于这些问题做出的选择对音系学毫无任何价值。相反，我们这里要指出的是，这些选择对于韵律音系学的影响相对来说是次要的，况且各种不同的可能性最多也不过是对我们本书所提出的模型进行了某些微调。因此，对于形态表征和构词规则的本质，我们在此不再赘述。

形态学与本书韵律音系学模型唯一相关的方面表现为把形态结构与音系结构相连接的映射规则所涉及的概念。尤其是，映射规则必须参照形态
18 结构的某些方面，同时又能对各种不同的形态单位加以区分。首先，映射规则需要参照我们所谓之的形态词，即对应于句法树终端节点的单位。此外，还需要区分简单（非派生）词与复杂（派生和复合）词。此外，就这一方面而言，构建音系结构的规则还必须参及单词的词干信息（即单词的无派生、无屈折形式）以及所有屈折或派生词缀信息（前缀、后缀和中缀）。我们将看到，尤其是在讨论音系词的第 4 章，不同的语言会以不同的形式利用不同的形态概念。然而，在所有这些情况中，其核心特征是，某些音系成分的建构取决于形态结构的一些具体方面，尽管所得到的音系结构不一定与形态成分互为同构。

需要注意的是，一旦映射规则利用了所需的形态信息构建起适当的

音系成分，该信息便不能再为音系规则所用。换言之，应用于基于形态结构所构建的范域的任何音系规则只能参照音系范域，而不能参照相对应形态—句法树中的形态要素。

诚然，也有一些音系过程在其语境形成过程中必须直接参照形态结构和 / 或具体的形态要素。但此类规则很明显必须排在那些应用于严格音系范域的规则之前使用，正如我们前面所提到的那样，因为这时已无形态结构可以利用。由于此类形态—音系规则有别于本书的主体对象——纯音系规则，因此我们将不再进一步讨论如何处理形态与音系之间的此类交互作用。这里，我们将提出：使用另一种不同的机制类型对形态—音系过程加以阐释，如近期词汇音系学理论所提出的解释方法（尤见 Kiparsky，1982；Mohanan，1981；Rubach，1984；Booij，将刊出）。但需要指出的是，假如我们采取了词汇音系学的模式，其中假定内部形态结构在每一循环末端都被抹除的话，不同类型的音系规则排序便会出现问题。尽管初看起来，似乎有可能将所有的词汇音系规则都排在韵律音系规则前（假设词汇后音系规则对应于本理论的韵律规则），但仔细分析后会发现，这样一来便会使简单的模式变得复杂化。这就是说，词汇音系学规则的输出不可能构成韵律音系学规则的输入，因为词汇音系学的输出已不再包含所讨论 19
语项的内部形态信息了。以下，我们还会看到，为了构建一些韵律成分，尤其是音系词，映射规则必须参照形态结构的某些方面（见第 4 章）。一种可能的解决方案是，允许映射规则在词汇音系学规则之前使用，或至少独立于词汇音系学的规则使用。这样一来，词汇音系规则便可以在韵律规则前使用，尽管其输出将不再是韵律音系子系统的唯一输入。无论如何，看来为了得出音系学中词汇与韵律子系统之间交互作用的正确类型，我们并不需要对这两个理论做出任何重大的调整。我们将把这些调整的细节留给未来的研究。

句法学

本研究所采用的句法学理论组构如图 1 所示。

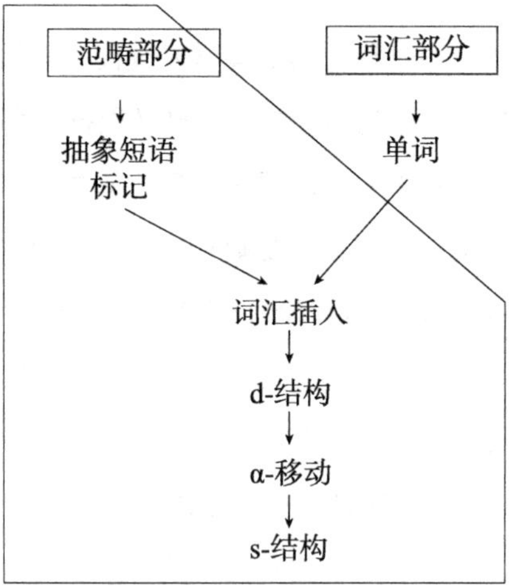

图 1　句法的图示模型

20 在该理论中，我们有必要区分两个子系统：第一个子系统包括普遍的句法原则和运作；第二个子系统包括不同语言彼此区分的参数体系。

在图 1 所示的句法模式中，语类部分为生成抽象短语标记的语境自由（context-free）语法。这一部分的语境自由规则被认为是根据乔姆斯基（1970）版所提出的 X- 杠（$\overline{X}$）理论来表征的。X- 杠理论尚未被认定为普遍性理论；在有些语言里，即所谓的自由词序语言（见 Halle，1981），似乎就不符合 X- 杠理论所确定的结构。这类语言通常被称为 W* 语言，与 $\overline{X}$语言（即符合 X- 杠理论的语言）相对，其区别其实与音系学的韵律子系统有关（见第 6 章）。

X- 杠理论的一个基本论点是：一种语言短语的内部结构存在着平行关系（parallelism）。因此，在短语结构规则中无需再提及 N（名词）、V（动词）和 A（形容词）（Jackendoff（1974）和 van Riemsdijk（1978）对此加以扩展把 P（介词）也包括在内）等词类，因为这些词类代表着变量 X

的可能赋值。

短语结构规则的基本公式表现为：$X^n \rightarrow ...X^{n-1}...$，其中 *n* 可具有的最大值乃是个经验问题。原则上，在某些参数的作用下，*n* 值有可能因语言的不同或因语类的不同而有所差异。但从本书的目标出发，我们将假定 *n* 的最大值为 2。因此，每个短语具有三个不同的层次，分别为：X、$\bar{X}$ 和 $\bar{\bar{X}}$。X 是中心语；$\bar{X}$ 中 X 的姊妹节点是 X 的补足语；而 $\bar{\bar{X}}$ 中 $\bar{X}$ 的姊妹节点则为 X 的标示语（specifier）。

就 $\bar{\bar{X}}$ 而言，X 的最大值亦为 X 的最大投射。相对于中心语的标示语和补语的线性序列则因普遍语法两个参数的变化而变化，以允许各种 $\bar{X}$ 语言中不同的基本排列顺序的出现。参数之一旨在定义具体语言内中心语的递归侧，即用于内嵌的无标记侧；参数之二旨在说明一种语言是否使用非递归侧，也就是说，相对于中心语而言，标示语和补语是否位于相同一侧，还是相反一侧（参见 Graffi，1980）。本书所讨论的大部分语言为 SVO（主动宾）语言，因此短语内补语的无标记位置处于中心语的右侧。而在 SOV（主宾动）语言中，典型的无标记语序通常表现为，补语位于中心语的前部。至于标示语的位置，SVO（主动宾）语言倾向于 21
使用短语的左右两侧，因此标示语会出现在中心语的左侧。而 SOV（主宾动）语言仅仅使用短语的递归侧，因此标示语和补语均出现在中心语的左侧。

我们将提出的另一个假设是：X 可以被分析为两种句法类型的特征集：[±N] 与 [±V]，如下图矩阵所示（引自 Chomsky，1970）。

	+N	−N
+V	A	V
−V	N	P

图 2　句法范畴特征矩阵

假定一种语言的句子被分为根句（即那些由 S 或 $\overline{S}$ 支配而不是由节点支配的句子）和非根句（见 Emonds，1976）。这样一来，并列句便是典型的根句，而从句则不是。

词汇插入规则将把词汇部分生成的单词插入至由语类部分生成的各抽象短语标记内。当 NP（名词短语）位置无词汇插入时，插入的便是音系空语类 $[e]_{NP}$（phonologically empty category）。这些运作的输出所表现出的就是深层结构（d-structure）。

以图 1 中 α-移动（move-α）为代表的转换规则（transformational rules）把 d-结构（深层结构）映射到 s-结构（表层结构）。当转换规则所移动的元素是 NP 时，其后面留下了一个语迹（trace），它与被移动的 NP 同标。而 s-结构层面出现的不同类型的空元素使该层面的表征变得异常抽象。尽管空元素跟句法学和逻辑式密切相关，但它们对韵律音系学来说却没有多大影响。

语义学

由句法所生成的 s-结构代表着语义部分的输入，尤其是逻辑式部分（LF）的输入，这一部分是语法中与意义相关的解释部分，其输出便是逻辑式。但逻辑式部分并不是语义理论的全部内容，它仅仅聚焦于意义理论的如下方面：a）能够在句内确定的意义；b）无需参照说话人的语言外部信息或他们的信仰体系就可以确定的意义。

22 由于逻辑式部分和普通语义学的内部结构与本书展开的讨论关系不大，故而我们在此仅简要地讨论一下与语法其他部分相关且联系相对密切的语义问题，尤其是具体语义概念与音系规则之间的关系问题。通常，逻辑式被认为具有与 s-结构相关的音系部分的平行地位。换言之，研究者普遍认为，这两个部分均以 s-结构为输入，且表现为互为独立的子系统。根据这一观点，语法的组构可以用以下 T-模型图表示（见 Chomsky 和 Lasnik，1977）。在该模型中，音系部分位于语法的左侧，而逻辑式部分位于其右侧，见图 3。

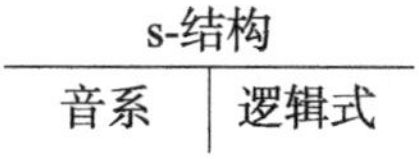

图 3　语法的 T- 模型

范·维杰（van Riemsdijk）和威廉姆斯（Williams）（1981）提出了一种 T- 模型的替代方案，即语法不同模块的线性组构方案，其中（尤其）把音系部分列于逻辑式之后。

然而，无论是线性模式理论，还是 T- 模型理论，对于本书所提出的韵律范域理论来说都没有多大关联，因为上述两种模式皆无法对众多的音系现象给予阐释。具体来说，在第 8 章所讨论的实证性语例表明：a）有些音系规则可以跨句子应用；b）有些未归入逻辑式部分的语义关系可从音系角度得以解释。鉴于 T- 模型与线性模式都表示句子语法类型，所以第一类现象无法为两种模式所涵盖。此外，上述两种模式均无法提供对逻辑式内部所未包含的语义信息给予音系解释的机制。

因此，我们需要一种这样的语法模式：其中韵律音系部分可参及大于句子的语符串，以及这些语符串之间的特定结构关系。由此可见，语篇部分必须连同句子部分一同纳入语法。（关于语篇部分各不同子系统的讨论，尤见 Woitsetschlaeger，1976；Williams，1977；以及 Platzack，1979）

1.3　数据 23

尽管本书主要是一部理论性专著，但该书仍旧离不开作者多年来收集的大量实证数据。构成本书实证基础的大部分数据源自两位作者所讲的语言。其中最庞大的语料库数据来自作者 1978—1982 年间在意大利收集的 40 多位中产阶级母语使用者的录音，总时长达数小时之多。录音时，说话人尽可能以自然方式朗读和 / 或模仿一系列意大利语无标记口语的测试句子。此外，我们还邀请了20位母语者对包括所调查现象在内的句子是否符合语法给出他们各自的评判。我们还收集了美式英语和英式英语（RP）等不同的英语变体，以及现代希腊语（以下简称希腊语）的大量数据。对于这些语言出现的每一种现象的研究，我们邀请了至少5位讲母语者进行了录音，请他们朗读一系列句子，并对类似的结构给出语法判定。另外，对于文献中所现的数据，以及讲母语者做出的可能判定，都奠定了我们对一些其他语言分析和观察的基础，这些语言包括：西班牙语、荷兰语、法语、克丘亚语（Quechua）、土耳其语、伊蒂尼语（Yidiɲ）[1]、日语、匈牙利语、梵语，以及拉丁语。

除了用于支撑我们所提出的音系学韵律音系子系统理论构架的数据外，我们还使用了其他数据对这一理论的某些方面给予了独立的评判。尤其是，我们把对48位讲标准意大利北方方言的说话人进行感知测试的结果，用于评价韵律成分在解释歧义句方面的功用（见第9章）。此外，我们还对但丁《神曲》中的4720行诗句进行了扫描，用以考察韵律范域在意大利语十一音节诗行中对确定节律重音所起的作用（见第10章）。

言语类型

本书所分析的音系现象均限定在言语的正常语速范围内，即非人为放慢或加快的状态。只有这样，我们才能在研究中排除那些仅出现在慢速言语的形式（如：听写），例如，在美式英语中 *water*（水）一词两个元音间的 *t* 正常情况下发为闪音，但在慢速话语中通常会发成送气音。依照同样的方式，我们也排除了快速话语的情况，其中往往会出现许多正常情
24 况下语言不允许出现的序列，如在美式英语中某些元音的删除现象（如把 *potato*（土豆）一词发成 [pʰtʰɛʲɾə]），以及意大利语中著名的 *mangiarsi le parole*（吞词、吞音）现象。此外，除了明确说明的地方，我们的研究范围仅局限于言语的口语语体，以及非强调和非对比的发音方式。

1　澳大利亚原住民语。——译者

现象种种

在本书所讨论的言语类型中，我们将进一步聚焦于那些从本质上讲可以被视为严格意义的音系现象，因为这些现象所涉及的语音模式变化完全可依据音系概念予以阐释。因此，我们排除了早期生成音系学理论中的许多核心现象，即那些必须参照所涉及元素的具体形态或句法特征的现象。基于这一基础，我们认为，如英语中的 z- 清音化规则（z-Devoicing）（试比较 *abu*[*z*]*e* 与 *abu*[*s*]*ive*）便不属于严格意义上的音系现象，因为这一现象必须在其规则的构成中对某特定词素加以详细说明，如 z → [−浊音] /__+ive（见 Chomsky and Halle，1968：232）。同理，我们还必须把诸如英语的主重音规则（Main Stress Rule）排除在外，因为该规则主要参照的是句法标签才能正确地把主重音指派给单词，如名词 *pérvert* 和动词 *pervért*。相对于那些明确参照形态和句法概念构成的规则而言，我们在本书中只关注韵律规则，即应用范域仅仅依据上述所提到的音系层级单位进行定义的规则。

传统生成音系学所关注的通常为单词及其以下层面的现象，而本研究所探究的大部分规则为作用于词与词之间更大范域的规则。因此，我们把这些规则归入通常所谓之的外部连接音变规则（sandhi rules）。我们之所以倾向于使用“连接音变”这一更为普遍的说法，原因有二：首先，大多数适用于跨词汇应用的规则亦应用于词内类似的音段语境，如托斯卡纳地区（Tuscan）意大利语托斯卡纳喉音规则（Gorgia Toscana）的例子，该规则把相邻的两个单词元音间的清塞音变为送气音（如 *molti* /*k*/*ammelli* → *molti* [*h*]*amimelli*“许多骆驼”），同时该规则也适用于词内（如 *fo*/*k*/*a* → *fo*[*h*]*a*“海豹”）。其次，根据语言学传统，外部连接音变规则与内部连接音变规则相对应，后者属作用于词内词素间的规则。在本书所提出的韵律音系学框架内，有一个不同成分的完整层级体系，其中单词只是韵律的一个范畴，而不是参照点。

尽管连续音变规则代表了本研究的主要目标，但我们还将把一部分篇

幅留给诸如停顿和语调调型（intonation contour）等现象，因为这些语音
25 模式同样对音系层级不同单位所界定的成分结构反应敏感。鉴于本研究从本质上讲属于音系学而非语音学研究，因此对停顿和语调调型本身的实验测量数据将不纳入本书的讨论范围。此外，我们的兴趣还表现在“感知停顿”（perceived pause）而非“实际停顿”（actual pause），因为所感知到的停顿事实上从语音学的角度来讲可能对应于众多不同现象，其中包括音高和时长的变化，只是有时会对应于发声的完全停止（见 Downing，1970：10）。最后，我们的分析不在于实际语调模式的本身，而是聚焦于语调调型延展的各种范域。

注释

① 关于这一问题的前生成音系学讨论，可参见派克（Pike）（1947）。

② 塞尔柯克（1984b）使用“严格层次假说”这一术语，给出了与原则 1 和原则 2 功用相同的制约条件。这里，我们将沿用同一名称。

③ 尽管 2 实际上是 *n* 可能赋值的一种，我们依旧遵循音系学的惯常做法，*n* 通常可拥有最大的可能赋值。

④ 亦见于莱本（Leben）（1982）；里舍尔（Rischel）（1982）；范・德・赫尔斯特（van der Hulst）（1984）及海斯（Hayes）（将刊出），以上诸家均支持多分结构，弃用了偶分结构。

⑤ 范・德・赫尔斯特（1984）提出，可以借助音节支配莫拉而非音节首和韵的方式来解决这一问题。鉴于我们还没有发现任何理据来证明莫拉可以作为音系规则的应用范域，故未将其纳入韵律层级。

⑥ 见沃格尔（1984a）对这一问题所做的详细讨论，以及对合格韵律规则系列提出的进一步限制。

⑦ 斯卡利斯（Scalise）（1984）对生成理论框架内的各种不同理论观点给予了讨论。

第 2 章 27

韵律成分的理据

2.0　引言

谈到对语言声音模式进行修正的各种音变过程，其中存在着一种质的差异：有些过程必须直接参照所涉及要素的特定形态或句法特性的规则来建立，而另一些则无需直接参照此类信息。而正是后一类过程构建了语言中严格意义的音系规则，因为其构建过程所必须参照的范域与形态—句法层级的成分之间不存在任何系统的对应关系，故称之为纯音系规则（purely phonological rules）或绝对音系规则（simply phonological rules）。其子规则系统便是本书的核心所在——韵律规则。

在本章的第一部分，我们将简要地讨论一下不属于上述纯音系规则范畴的各类规则。在第 2 和第 3 小节，我们将对各种不同的观点予以回顾，旨在说明为什么形态与句法成分无法构成某些音系规则的应用范域。而形态—句法成分的这种“爱莫能助”（failure）也证明了，我们有必要去寻找其他类成分，于是我们提出了韵律的层级成分，这将在后续第 3 至第 8 章中详加讨论。在本章最后一节，我们将讨论各种具体类型的标准，为韵律成分的提出提供理据支撑。

2.1 非音系语境中的音系过程

鉴于本书的关注重点在于纯音系规则，即在表征中只参照音系元素的规则，所以我们必须把此类规则与那些仅使用音系信息不足以表述变化全貌过程的规则区分开来。为了清晰地阐释本书所要讨论的现象，我们将先
28 来简要地讨论一下本书不准备深入讨论的几类规则的特点。对于严格意义上的音系规则（尤其是韵律规则），我们会在接下来章节里将其连同作为它们应用范域的韵律成分联系起来详加讨论。

2.1.1 形态语境

有许多音系过程只应用于特定的形态语境。根据所需的形态信息类型，这些音系过程大概可分为两大普遍类别，即有些规则只需“扫描”形态结构，而另一些规则还需“扫描”具体的词素或词素类别。

对于那些需要参照形态结构信息的规则，在 SPE 理论框架下通常在形式化表述中要使用不同类型的边界进行解释。例如：英语的“鼻音同化”（Nasal Assimilation）应用于前缀 *in-*，但却不应用于前缀 *un-* 的这一现象，SPE 理论允许规则跨“+”（词素边界）边界应用，但不能跨“#”（词汇边界）边界应用。因此，这一规则作用于单词 *illegal* 和 *irresponsible*，但不能用于 *unlawful* 和 *unreliable*，因为他们底层表征（underlying representation）的边界符号不同。

（1） a. in + legal → illegal
　　　 in + responsible → irresponsible
　　 b. un # lawful → *ullawful
　　　 un # reliable → *urreliable

在近期的研究中，诸如“层级排序假说”（Level Ordering Hypothesis）（见 Siegel，1974，1977；Allen，1978）与“词汇音系学”（Lexical Phonology）

（见 Kiparsky，1982；Mohanan，1981），SPE 理论的边界符号被其他机制所替代。为了说明同化应用于如（1a），而非（1b），后者同样把形态结构纳入了考虑的范畴。① 我们暂且不论使用何种机制来表征鼻音同化的这些事实，但十分清楚的是，无论规则应用与否都绝不是一个纯音系的问题。以下（2）中的例词表明，在缺少词素音渡的单词里同化皆不能应用，而从上述（1b）和（3）中的附加例证可知，同化在所有词素音渡位置上均不出现。

（2） only → *olly
Stanley → *Stalley
Henry → *Herry

（3） sudden – ly → *suddelly
man – like → *mallike
sun – less → *sulless

足见，“鼻音同化规则”的形式化表述必须把所涉及单词的形态结构 29
信息加以考虑，故此类规则与本书后续各章节将要讨论的严格意义上的音系规则之间存在着根本的差异。

另一个必须把形态结构纳入考量的规则是意大利语的“元音脱落规则”（Vowel Deletion），即只有当两个元音由被一个词素音渡分隔时，该规则删除另一元音前的非重读元音。所以该规则应用于（4a）而非（4b）的例词。②

（4） a. fama – oso → famoso （famous 著名的）
giallo – astro → giallastro （yellowish 发黄的）
fiore – aio → fioraio （florist 花商）
castoro – i → castori （beaver + pl. 海狸 + 复数）
b. paura → *pura （fear 恐惧）
caotico → *cotico （chaotic 混乱的）
meandri → *mandri （meanders 蜿蜒）

在上述英语和意大利语的例证中，为了使相关音系过程得以应用，规则的形式化表述不仅要包含音系信息，还要包含所涉及各项要素的形态结构信息。然而，除了提供与结构相关的形态信息外，则没有必要给出任何其他的形态信息。诚然，结构信息并不能满足所有形态—音系规则的需求。例如，有些规则只适用于特定的词汇范畴，或要求以某些具体词素为条件。前一类规则可使用英语“主重音规则”（Main Stress Rule）（见 SPE）为例予以说明。该规则的应用因词汇范畴的不同而有所不同，如在以下各最小词对中，把主重音（primary stress）指派给名词的第一个音节和动词的最后一个音节便是最好的例证。

（5） a. [récord]$_{N}$ *vs*. [recórd]$_{V}$
b. [pérvert]$_{N}$ *vs*. [pervért]$_{V}$
c. [súbject]$_{N}$ *vs*. [subjéct]$_{V}$
d. [éxtract]$_{N}$ *vs*. [extráct]$_{V}$

第二类规则可以引用英语“z- 清化规则”（*z*-Devoicing）为例。正如第 1 章所提到的，该规则只有当特定词素 *-ive* 出现时才适用（见 SPE），所以它适用于（6a），但不适用于（6b）。

（6） a. abu[z]e + ive → abu[s]ive
b. abu[z]e + ing → abu[z]ing (*abu[s]ing)

30 仅应用于特定词素语境的另一规则为意大利语的“塞擦音规则”（Affrication）（见 Sclise, 1983）。该规则将位于后缀 *-ione* 前的 [t(:)] 变为了 [t (:) s]（在“元音删除规则”（Vowel Deletion）使用后），如（7）所示。

（7） corre[t:]o – ione → corre[t:s]ione （correction 改正）
distin[t]o – ione → distin[ts]ione （distinction 差别）
danna[t]o – ione → danna[ts]ione[3] （damnation 诅咒）

但“塞擦音规则”对相同音段语境中的其他后缀（如在 [j]V... 前）却不适用，如（8a）所示，同时在没有词素音渡插入的相同音段语境中也不适用，见（8b）。

（8） a. carre[t:]o – iere → *carre[t:s]iere （wagoner 车夫）
(cf. carre[t:]iere)
den[t]e – iera → *den[ts]iera （denture 假牙）
(cf. den[t]iera)

insala[t]a – iera → *insala[ts]iera　　（salad bowl 色拉碗）
(cf. insala[t]iera)

b. ottiene → *o[t:s]iene　　（(he) obtains（他）得到）
(cf. o[t:]iene)

sen[t]iero → *sen[ts]iero　　（path 路）
(cf. sen[t]iero)

e[t]iopico → *e[ts]iopico　　（Ethiopian 埃塞俄比亚人）
(cf. e[t]iopico)

本节讨论的所有规则具有的共同特点是：这些规则在进行音系修正时，其语境必须既含有形态信息，也包含音系信息。因此，这些规则都不能被看作是纯音系规则，他们的应用范域也无法依据韵律音系成分来表征。但这并不意味着，所有应用于词汇及词汇以下层级的规则都一定是形态—音系规则。在第 3 和第 4 章将会看到，事实上，有些纯音系规则也可以应用于词汇及其以下层面，而且其应用范域可依据韵律音系成分进行表达。我们认为，对于前一类规则应使用诸如词汇音系学的理论机制来阐释，而对于后者则应使用音系学的韵律分支理论予以解释。综上所述，在本书中，我们将仅就纯音系规则予以深入探讨。

2.1.2 句法语境 31

倘若在词汇或词汇以下层面（至少）有两类规则可改变一种语言的语音模式，一类属于音系学的韵律分支系统，另一类则属于其他分支系统。这便引发了一个实证性问题，即在单词及其以下层面音系与单词以上层面音系之间是否存在着平行关系。也就是说，在词汇以上层面是否也存在着两类不同的音系规则：一些规则要参及句法，而另一些规则则属于音系学的韵律分支系统。关于作用于词汇以上层面音系规则的讨论，见第 5 至第 8 章，其中有很多规则曾一度被认为应用于句法范域，结果属于韵律音系范域。因为直接参照句法结构信息并不能得出这些范域的恰当界定，相反参照韵律成分却可以解释此类现象。我们现在要讨论的问题是，在词汇以上层级是否还存在一些属于语法其他分支系统的（非纯音系）规则，如词内规则（word-internal rules）的例子。

在早期生成语法中，尚未见有人尝试对跨词汇连接音变规则（sandhi rules）的应用范域加以阐释。该领域的开创性研究见于塞尔柯克（1972），她认为，通过转换（translating）句法成分分析的方式，把加括号的相关信息为音系规则所用，这样就可以解释音系规则跨词汇应用的范域了，法语的“连读增音规则”（Liaison）便是如此。根据 SPE 和塞尔柯克（1972）提出的规约，这种转换的具体路径是通过把词界插入短语标记来实现的。尽管音系规则无法窥视一个句子的句法结构，但却可以洞悉此类边界。例如，正如第 1 章所述，认为“连读增音规则”（Liaison）可跨单个边界应用，如果在两个单词之间出现多个边界的话，该规则便会受到阻断。这种句法成分与音系规则的应用范域不一致的情况在塞尔柯克的研究中早已明确，其中需要某些特定规约来删除一些句法结构中的词界，以允许“连读增音规则”适用于原本受阻断的语境；同时在情况相反时插入词界（亦见 Rotenberg，1975，1978）。

一旦事实清楚之后，即句法成分（至少）在界定某些音系规则的应用范域方面无法提供解决方案，一些语言学家便开始尝试使用其他类型的句法概念来界定这些规则的范域。罗顿伯格（Rotenberg）（1975，1978）
32 提出了句法距离分析法（syntactic distance analysis），用以解释法语“连读增音规则”的应用范域；纳波里（Napoli）和内斯波（1979）以“左向分支条件”（Left Branch Condition）的形式提出了句法树中的左向分支的关联性（relevance of left branches），以解释意大利语句法性叠音规则（Raddoppiamento Sintattico，RS）的应用范域。与之相同，克莱门茨（Clements）（1978）也曾指出，埃维语（Ewe）的某些声调规则易受左向及右向分支结构之间差别的影响。其中的大部分规则此后均有学者从音系或韵律成分的角度进行了重新分析（有关“连读增音规则”，见 Selkirk，1978b；有关句法性叠音规则和连读增音规则，见 Nespor 与 Vogel，

1982；有关埃维语的声调规则，见 Hayes（将发表）；以下第 5 至第 8 章还将讨论其他各类规则）。鉴于从成分角度来阐释规则的应用范域比参照成分特定类型的子系统在理论上更加简便，即有更大的约束性，因此这一解决方式比参照句法结构信息的方法更受欢迎。

然而，也有一些跨词汇应用的规则需要参照（句法）标记括号所给出的信息。也就是说，只有当这些规则包含在某给定句法成分内才能跨两个单词应用；而另一些规则只有在一单词经历变化后获得了某特定句法标签时才能使用。

第一类规则可以用凯斯（Kaisse）（1977）讨论的希腊语的两个元音删除规则举例为证。第一个规则是“*非圆唇首元音删除规则*”（Unrounded First Vowel Deletion）：在一个 word$_1$ word$_2$（单词$_1$+ 单词$_2$）的序列里，如 word$_1$ 的元音是非圆唇元音，且 word$_2$ 以元音起首，则删除 word$_1$ 的尾元音，但该规则只有在两个单词同属于一个 NP（名词短语）的情况下才适用。第二个规则是“*弱响音性元音脱落规则*”（Less-Sonorant Vowel Deletion）：在 word$_1$ word$_2$ 序列中，当 word$_1$ 以元音结尾且 word$_2$ 以元音开始时，其中的一个元音被删除。然而，究竟删除哪一个元音，其解释过程颇为复杂，亦与本讨论无关。但与本讨论相关的是，这两个单词必须同属于一个 VP（动词短语）。

第二类规则必须锁定适用于该规则词汇的句法标识，此类规则可用意大利语的元音删除规则给予印证（见 van Hoorn，1983；Vogel et al.，1983）。“*动词尾元音删除规则*”（Verb Final Vowel Deletion）会视具体情况删除一个单词的词尾元音，条件如下：如果 1）该元音直接跟在一个 $\begin{bmatrix}\text{+舌冠性}\\ \hline \text{+响音性}\end{bmatrix}$ 的辅音后，且该辅音前有一个元音；2）跟在后面的另一个单词位于指定范域内；且 3）删除出现的单词为动词。故（9a）中的动词尾元音被删除，而处于相似音段语境中的名词尾元音删除便会产生不合语法的句子，如（9b）所示。[4]

（9） a. So che vuol[ϕ] nuotare.　(<vuole)

'I know he wants to swim.'

（我知道他想去游泳。）

33 b. *Ho le suol[ϕ] nuove.　(< suole)

'I have new soles.'

（我有了新的鞋底。）

应该注意的是，该规则所直接涉及、两个单词之间的不同句法关系并不是关键因素。让我们来看一下（10）中的例子，在以下两例中凡给出删除规则音段语境的单词均为短语的中心词（head），后面的一词是它的补语。然而，删除规则只作用于动词非谓语形式，而非名词性中心词（少数以 *-re* 结尾的名词除外（见 van Hoorm，1983；Vogel et al.，1983））。

（10） a. parlan[ϕ] bene　(<parlano)

'they speak well'

（他们说得好）

b. *un gabbian[ϕ] bianchissimo　(<gabbiano)

'a very white seagull'

（一只雪白的海鸥）

同理，句法范畴在伊格博语（Igbo）的"降阶规则"（Down Step）中起着至关重要的作用。在 ... V́#V́CV́序列中（其中"´"表示高调（high tone）），如果该词为名词，那么这一规则在某些范域内可降低第二个词的第一个声调（initial tone）（见 Welmers 和 Welmers，1969；Welmers，1973；Kenstowicz 和 Kisseberth，1977）。该规则的用法如下所示：在（11a）的例子中，名词 *ánụ́* 的第一个声调被降低，但在（11b）中形容词 *ọ́cá* 的第一个声调却未出现变化。

（11） a. wèté á'nụ́　（V́' = vowel with a down-stepped tone（带降阶声调的元音））

'bring meat'

（把肉拿来）

b. ùwé ọ́cá

'a white garment'

（一件白衣服）

从众多研究成果所描述的上述及类似的例证中（尤见 Kenstowicz 和 Kisseberth，1977；Kaisse，1977 等）得出的结论必然是：存在着一个需参照带标记括号所给信息的独立的规则子系统。因此，针对本节开篇所提出问题的回答是：在词汇及其以下层面与词汇以上层面使用的两类规则之间确实存在着一种平行关系，即在这两个层面中有必要把由纯音系规则的阐释过程和同时需要参照音系以外信息规则的阐释过程区别开来。

2.2　韵律现象的形态语境阐释失效 34

正如上述章节所示，有些音系规则应用于直接依据形态—句法成分界定的不同语境。但就所有的音系规则而言，情况并非如此。本节将表明，有些规则的应用范域无法依据形态—句法成分予以形式化表征。以下，我们将以北部昆士兰（Northern Queensland）地区所使用的伊蒂尼语（Yidiɲ）作为第一种语言的范例举例说明。这里所涉及的数据及分析均基于狄克逊（Dixon）（1977a，b）的研究。在伊蒂尼语中存在着这样一条音系规则：延长所有带奇数音节非派生词的倒数第二个音节的元音（如下所示），其中（12a）中的例词为带奇数音节的单词，故出现了“倒数第二音节元音延长”（Penultimate Lengthening，PL）现象，而（12b）的例词均为偶数音节，故未出现元音延长。

（12）　a. gudá:ga　（dog 狗）
　　　　　madḯ:ndaŋ　（walk up 走上）
　　　b. múḍam　（mother 母亲）
　　　　　gumbiraŋa　（pick up 捡起）

在派生词里，“词根（root）+ 后缀”序列是否构成“倒数第二音节元音延长”的应用范域则取决于后缀所含的音节个数。如果后缀为单音节且附加在一偶数音节的词根上，这就为“倒数第二音节元音延长”提供了理想的语境，即产生了一个带奇数音节的派生词，故该规则适用，如（13）所示。

（13） a. galí:-na
go (purp.) （走）
b. ŋunaŋgara:-nda
whale (dat.) （鲸）

然而，如果一个双音节后缀附加在一奇数音节词根上构成了一个奇数音节的派生词，尽管该词也出现了含奇数音节的理想语境，但“倒数第二音节元音延长”则未见应用，如（14）所示。相反，词干的倒数第二个音节出现了延长。

（14） maḍi:nda-ŋaliŋ
walk up (pres.)
（走上（现在时））

35 应当注意，我们不能把单、双音节两类后缀划分成两类不同的形态范畴。换言之，没有任何诸如二者相互间的线性排列等形态规律足以表明两类不同形态后缀的存在。他们在音系上的不同表现是因为不同的音系特征所致（如音节个数的差异），但这些特征却无法以任何非特定形式在形态结构中给予阐释。

关于形态成分无法界定“倒数第二音节元音延长”应用语境的这一事实，含“词根＋双音节后缀＋单音节后缀”序列的派生词还可以提供进一步的证据。这一由两个后缀构成的序列，就倒数第二音节元音延长规则而言，其表现跟非派生词相同，如（15）所示。

（15） gumari-daga-ɲu → gumá:ridagá:ɲu (to have become red 已经变成红色)
red (inch.)(past) （红色（过去时））

尽管词根中的延长可轻而易举地借助形态边界加以描述，但却无法依据形态边界对 *-daga:-ɲu* 的延长予以形式化表征。这是因为任何形态结构成分都无法同时包含两个后缀。另一个规则会删除表层形式中的尾音 *-u*。

对于音系规则的应用范域并不一定与形态成分同构的这一论点，还可以从伊蒂尼语的另一个音系规则里找到进一步的证据，这就是给交替音节指派重音的重音指派规则（Stress Assignment）。在（15）的形态词里，重读音节为第 2 和第 5 音节，即有两个毗邻非重读音节（指第 3 和第 4 个音节）。由于伊蒂尼语不允许出现这样的序列，我们可由此得出结论：重音指派的范域不应为该形态词，且在大多数情况下形态词也不是音系规则作用的成分。

形态—句法层级的成分不能作为（至少是）某些词汇层面音系规则的应用范域（见 Householder，1964；Nespor，1986）的进一步证据来自于希腊语的两个同化规则。规则一为“鼻音同化规则”（Nasal Assimilation，NA），即鼻辅音的发音方式为紧随其后的非延续性辅音同化；另一规则是“塞音浊化规则”（Stop Voicing），即当一个塞音紧跟在一浊辅音之后时，该塞音被浊化。这两个规则的应用如（16）所示，其中两个规则皆可跨词内的词素使用。

（16）*συν+πλέκω*　‘(I) knit’
sin+pléko → si[mb]léko

“鼻音同化”与“塞音浊化”两个规则都不是严格意义上的词内规则， 36
因为二者也可以跨越词界使用。例如：当 word$_1$ 是冠词、word$_2$ 为名词时，抑或 word$_1$ 是否定成素 *δεν* 且 word$_2$ 是动词时，这两个规则便可以跨词汇使用，如（17）所示。然而，当 word$_1$ 为助动词且 word$_2$ 是动词时，规则便不能使用，如（18）所示。

（17）a. *τον#πατέρα*　（the father (acc.) 那位父亲（宾格））
ton#patéra → [tombatéra]
b. *δεν#πειράζι*　（(it) doesn’t matter（它）不是问题）
ðen#pirázi → [ðembirázi]
（18）*έχουν#πλέξει*　（(they) have knitted（他们）已编织完成了）
éxun#pléksi → *[éxumbléksi]

上述范例所讨论的两个例词均有一个分隔词界，但音系规则却只作用于前两组例词而不作用于第三组，显然这充分表明一种音系理论仅使用边界符号来界定音系规则的应用范域是不尽完善的。要想在这样一种理论框架内阐明上述事实，我们则有必要在冠词与名词、否定成素与动词之间设立词素边界而非词汇边界，这些规则于是就会变身为词内规则了。然而，这样的一种解决方法不仅显得有些另类，而且从句法角度来看也是经不起推敲的。换言之，由于边界反映的是形态—句法结构，在冠词与名词、否定成素与动词之间使用词素边界，这就等于说，这些语符串在句法结构中为某单独的末端节点所支配。诚然，这一说法是不正确的，因为其他词汇也可以插入把语符串的两个成素分割开来。

综上所述，伊蒂尼语与希腊语的例证表明，在音系理论中音系规则的应用范域必须参照词素边界和词汇边界进行表征是有失准确的，因为形态结构成分并不一定与这些音系规则的应用范域互为同构。要解释各种不同语言中的这些（及其他）现象，其应用范域要求必须依据另一类成分（如音系词）进行表征，这就为后续的第 4 章奠定了基础。

2.3 韵律现象的句法语境阐释失效

37 谈到跨词汇作用的音系规则，与应用于词内规则相类似的问题亦随之出现。这就是说，有必要对此类规则的应用范域加以限定。传统生成理论认为，这些范域直接对应于句法成分（见 Chomsky 和 Halle，1968；Selkirk，1972），而近期的研究表明，这一观点并不成立。于是，后来便出现了一些选择性的观点，其中有使用不同句法概念对作用于词汇之间音系规则的应用范域进行表征的建议（见 Bierwisch，1966；Rotenberg，1978；Clements，1978；Napoli 和 Nespor，1979）。尽管这些论说都加深了我们对所探究现象的理解，但它们依然存在着许多纰漏，其中包括：无法准确预测某具体规则的所有应用结果，或者不足以在其他众多现象中普遍适用。

在接下来的各节里，我们将详细探讨跟句法成分作为音系规则应用范域这一论说相关的若干问题，尤其将指出句法结构失效的三大方面。首先，我们将表明，直接参照句法成分要么会导致概括性缺乏，要么会造成对某些音系规则应用的误判，有关这些成分无法构成所论及规则恰当应用范域的证据见 2.3.1 节。其次，该论说遵循着严格意义上的句法研究路径，音系部分直接参及 S- 结构，其中空成分（empty elements）对音系规则来说是可见的，但我们认为这一说法是经不起推敲的（见 2.3.2）。最后，我们将针对把句法成分作为语调升降调型范域这一论点的不足作以深入探究，这在传统生成理论的文献中也有所涉及（见 2.3.3）。

2.3.1　句法成分与音系规则范域之间的不对应

本节将根据三种不同类型的问题分别论证把句法成分作为音系规则应用范域的不合理性。其一，我们将指出，直接参照句法成分无法对音系规则的应用范域作出准确的预测。其二，鉴于句法成分整齐划一地由结构因素来决定，我们要指出的是，非结构因素（如给定语符串的长度）与音系相关，因为相同句法特征的成分若长度不同，其音系规则应用的表现也会截然不同。其三，针对运用句法成分研究路径对音系进行的隐式预测—— 38
即句子是音系规则应用的最大可能范域，我们还将指出，有些音系规则作用于比句子更大的范域。

加括号

如果我们试图根据句法成分对某些音系规则范域进行表征的话，我们会发现，给这些句法成分加括号（bracketings）无助于界定解释这些规则应用的各种不同的单位，如意大利语的*句法性叠音规则*（Raddoppiamento Sintattico，RS）所示。

句法性叠音规则是意大利中部与南部方言的一条音系规则，该规则延长 word$_1$ word$_2$ 序列中 word$_2$ 的首辅音。然而，句法性叠音规则并非在任意两个单词序列中都能使用，它需要满足两个音系条件。这些条件因不同的意大利语区域变体呈现出了较大的差异。在此，我们先来讨论托斯卡纳（Tuscan）地区所使用的变体，这是一种传统文献中描述最多的意大利语变体（见 Fiorelli，1958；Camilli，1965；Pratelli，1970；Lepschy 和

Lepschy，1977）。对于 word$_1$ 的音系条件是，该词必须以一个重读元音结尾。据此，该规则应用于（19a）但不适用于（19b）。[5]

（19） a. La scimmia aveva appena mangiato metä [b:]anana.
'The monkey had just eaten half a banana.'
（那只猴子刚刚吃了半个香蕉。）
b. Il gorilla aveva appena mangiato quättro [b]anane.
'The gorilla had just eaten four bananas.'
（那只大猩猩刚刚吃了四个香蕉。）

对于 word$_2$ 的音系条件要求，第一个音节的首音应为单辅音，抑或后面跟除 *s* 以外的另一个辅音的辅音丛。故句法性叠音规则应用于（20a）和（20b），但不适用于（20c）。

（20） a. Il ragno aveva mangiato metä [f:]arfalla.
'The spider had eaten half a butterfly.'
（那只蜘蛛刚刚吃了半个蝴蝶。）
b. Il ragno aveva mangiato metä [g:]rillo.
'The spider had eaten half a cricket.'
（那只蜘蛛刚刚吃了半个蟋蟀。）
c. Il ragno aveva mangiato metä [s]corpione.
'The spider had eaten half a scorpion.'
（那只蜘蛛刚刚吃了半个蝎子。）

然而，对给定序列中两个独立单词的这些条件要求还不足以保证句法性叠音规则的应用。所以，即便以下（21）中的 word$_1$ 和 word$_2$ 都满足了上述音系条件，该规则依然不能应用。

（21） a. La volpe ne aveva mangiato metä [p]rima di addormentarsi.
'The fox had eaten half of it before falling asleep.'
（那只狐狸刚刚吃了一半就睡了。）
39 b. Il gatto aveva catturato un colibri [m]olto pregiato.
'The cat had caught a highly valued hummingbird.'
（那只猫抓住了一只稀有的珍贵蜂鸟。）

（21）中的示例表明，为了使句法性叠音规则得以应用，word$_1$ 和 word$_2$ 不仅要满足上述所提到的音系要求，彼此之间还必须具备某种特定关系。

对此，如果仅仅依照句法成分来表达这种关系的话，这种解释便会出现问题。其中的最大问题表现为，某个给定音系规则对于相同类型的句法成分的处理不同。很明显，这是一种无法通过纯句法分析来解决的问题。

首先，我们来看一看以下例句，这些例句表明，按照句法性叠音规则，不同姊妹节点的表现形式有所不同。

（22） a. Ha appena comprato un colibrí $_{w_1}$ [b:]lú $_{w_2}$ [k]on $_{w_3}$ le ali sottilissime.

'He just bought a blue hummingbird with very thin wings.'

（他刚刚买了只翅膀薄薄的蓝色蜂鸟。）

b. Caccerá $_{w_1}$ [k:]aribú $_{w_2}$ [k]ol $_{w_3}$ fucile e cervi con l'arco e le frecce.

'He will hunt caribous with a rifle and deer with a bow and arrow.'

（他将使用步枪猎北美驯鹿，用弓箭猎鹿。）

c. Un levriero costerá $_{w_1}$ [s:]uppergiú $_{w_2}$ [m]ezzo $_{w_3}$ milione.

'A greyhound will cost about half a million (lire).'

（一只格雷伊猎犬将花掉约 50 万里拉。）

d. Disegnó $_{w_1}$ [b:]alene $_{w_2}$ blú $_{w_3}$ [k]on $_{w_4}$ inchiostro di lapislazzuli.

'He draw blue whales with lapislazuli ink.'

（他用杂青金石画各种蓝鲸。）

虽然（22a—c）的句法结构有所差异，但每个句子中与本讨论相关的 3 个单词之间都具有某种相同的抽象关系（如图（23a）所示），其中“H”代表短语的中心语（head），“C”代表补语。此外，（22d）中的 4 个关键单词之间的抽象关系可表示为（23b）。

（23）

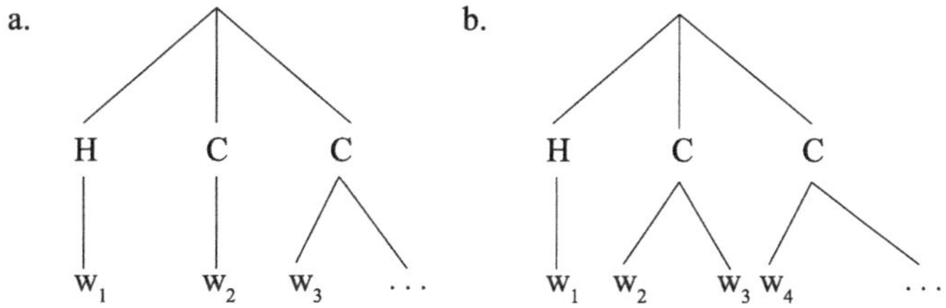

40 在以上 4 个例句中，句法性叠音规则的音段语境分别在句中的两个位置得到了满足，即（22a—c）中的 w_1 与 w_2、w_2 与 w_3，以及（22d）中的 w_1 与 w_2、w_3 与 w_4 之间，但该规则仅作用于第一个位置。然而，在（22a—c）中，短语中心词没有办法跟第一个补语（w_2）组合成一个句法成分，但对于第二个补语则不同，后者的首单词为 w_3。同理，在（22d）中，句法成分不允许我们把短语（w_1）的中心词跟其第一个补语（w_2 和 w_3）加以组合，但第二个补语有所不同，后者的首单词为 w_4。由于中心词和各补语为姊妹节点，所以无法组成一个仅由中心词跟第一补语构成的单位。故句法性叠音规则的应用范域无法在这一例句中与现有任何句法成分相互一致。

句法成分无法解释句法性叠音规则的应用范域还可以通过以下例句给予进一步印证。尽管其中存在着适合的音系条件，但右分支元素序列并没有表现出整齐划一的句法性叠音规则的适用语境。

（24） a. Ho visto tre [k:]olibri [b:]rutti.
'I saw three ugly hummingbirds.'
（我看见了三只丑蜂鸟。）
b. Ho visto tre [k:]olibri [k]osi [b:]rutti.
'I saw three such ugly hummingbirds.'
（我看见了三只这样丑的蜂鸟。）

在（24a）中，句法性叠音规则作用于两个语境，其中对各独立单词的音系条件均得到了满足，即在 *tré*（（数字）三）和 *colibrí*（蜂鸟），以及在 *colibrí* 和 *brutti*（丑的）之间。然而，在（24b）中，尽管有三个语境都满足了这一规则应用的音系条件，即在 *tré* 和 *colibrí*、*colibrí* 和 *cosi*（这样的），以及 *cosi* 和 *brutti* 之间，但是该规则只作用于第一和第三组范例。鉴于所讨论的全部词汇均以句法结构依据平行的方式进行组合（如（25）所示），且既然句法性叠音规则在所有其他位置上均可以应用，因此我们没有理由认为这一规则在（25b）中的 w_2 和 w_3 之间不能使用。

（25） a. ...[tré [colibrí [brutti]]]
（上标：w_1 tré，w_2 colibrí，w_3 brutti）

w_1　　w_2　w_3　　w_4
b. ...[tré [colibrí [cosí [brutti]]]]

在（25a）中，句法性叠音规则的重复应用似乎表明，该规则的应用贯穿于整个成分。但从（25b）中我们发现，事实也不尽其然，因为该规则的应用并未贯穿于这个类型的相似成分。换言之，如果认为该规则的应 41
用范域是句法成分的话，还必须补充说明在（25b）例子中 w_1 和 w_2 构成了一个独立成分。然而，任何句法成分都无法将这两个单词加以组合而把 w_3 和 w_4 排除在外。

此外，还有一条规则可以从另一个角度证明把句法成分作为音系规则的应用范域是不恰当的，这就是广受关注的连读增音现象，如（26）所示。连读增音规则（Liaison）应用于法语的所有语体，但我们这里只集中讨论它在非正式话语的应用情况。

（26）　a. Les giraffes et les elephants sont ses meilleurs^amis.
　　　　'Giraffes and elephants are his best friends.'
　　　　（长颈鹿和大象都是他最好的朋友。）
　　　b. Claude a des perrochets / intolerables.
　　　　'Claude has some intolerable parrots.'
　　　　（克劳德有几只让人无法忍受的鹦鹉。）

按照句法术语，*meilleurs*（最好的）是 *amis*（朋友）的补语，正如 *intolérables*（无法忍受的）是 *perrochets*（鹦鹉）的补语一样。这也就是说，（26a）中的 *meilleurs* 和 *amis* 就像（26b）中的 *intolérables* 和 *perrochets* 一样是姊妹节点，直接受同一类节点的支配。因此，就句法成分而言，我们无法预测连读增音规则仅作用于第一例，而不是第二例。

以上所讨论的二个问题表明，我们不能把音系规则的应用范域与句法成分相等同，这是因为以上所提到的两条规则均无法前后一致地应用于给定的成分类型。换言之，我们无法依据句法成分结构来解释使用相同音系规则的相似成分却呈现出不同表现的这一语言事实。

成分的长度

如果把句法成分作为音系规则的应用范域，还会引发另一个问题，此问题恰恰与成分的长度相关。因为句法的成分是根据某给定语符串词汇之间的结构关系来界定的，所以与其中涉及单词个数的多少并不相干。就句法而言，由一个单词构成的某类成分从结构上讲与另一个由 5 个、10 个或任意个数单词构成的同类成分是相同的。如果把句法成分当成作用于词汇以上层面的音系规则的应用范域，那么就意味着，只要出现有适当的音段条件，具体的音系规则应完全一致地作用于所有同类的句法成分。换言之，一个由两个单词构成的成分（即运用于词汇以上层面音系规则应用的
42 最小成分）应该跟同一类长度不同的成分呈现出完全相同的音系表象。本文将阐明，有些音系规则事实上并不能以同样的方式作用于所有同类成分，他们对这些成分的长度极为敏感。

接下来，我们看一下意大利语的托斯卡纳喉音规则（Gorgia Toscana，GT）。传统上，这一规则被描述为托斯卡纳（Tuscan）意大利语的一种音系现象，其表现为位于两个元音间（或更确切地说，是位于两个 [–辅音性] 音段之间）的清塞音 [p]、[t]、[k] 出现不同程度的送气变化（尤见 Lepschy 和 Lepschy，1977；Giannelli 和 Savoia，1979）。由于这一规则的表现在托斯卡纳（Tuscany）的不同地区有所差异，故我们将把讨论的目标聚焦于佛罗伦萨（Florence）地区所使用的变体。如以下（27）和（28）的例子所示，该规则的最常见形式是把单词内部或跨词汇的 [p]、[t]、[k] 分别变为 [ϕ]、[θ] 和 [h]。

（27） a. lu[ϕ]o (< lu[p]o) （wolf 狼）

b. crice[θ]o (< crice[t]o) （hamster 仓鼠）

c. fo[h]a (<fo[k]a) （seal 海豹）

w_1 w_2

（28） a. Lo zoo ha appena comprato una nuova [ϕ]antera.

(<[p]antera)

'The zoo has just bought a new panther.'

（这个动物园刚刚购进了一只新的美洲豹。）

w_1 w_2

b. Ci sono tantissimi [θ]arli nella mia scrivania.

(<[t]arli)

'There are lots of wood-worms in my desk.'

（在我的桌子里有许多木头蛀虫。）

w_1 w_2

c. Sta arrivando uno stormo di [h]orvi neri.

(<[k]orvi)

'A flock of black crows is arriving.'

（来了一大群黑乌鸦。）

然而，托斯卡纳喉音规则并非跨任何两个单词都能应用。（29）中的例子表明，这一规则适用于一个 VP（动词短语）内部，但（30）的示例告诉我们，尽管出现了适当的音系条件（即辅音已出现在两个元音之间），该规则在正常情况下仍不适应于 NP 和 VP 之间。

（29） a. aveva [h]onosciuto Arcibaldo　　(<[k]onosciuto)

'(he) had met Arcibaldo'

（（他）见到了阿齐博尔德。）

b. viaggia [h]ol cammello　　(<[k]ol)

'(he) travels by camel'

（（他）骑骆驼旅游。）

c. si lamenta [h]ostantemente　　(< [k]ostantemente) 43

'(he) complains constantly'

（（他）总是抱怨。）

（30） a. Le zanne dell'elefante bianco dell'Africa orientale [k]ostano sempre di piú in Europa.

(?*[h]ostano)

'The tusks of the white elephant of eastern Africa cost more and more in Europe.'

（东非的白象牙在欧洲卖得越来越贵。）

b. Quella banda segreta di ragazzi temuta da tutti [k]accia orsi ferocissimi solo per divertirsi.

(?*[h]accia)

'That secret band of boys feared by all hunts very ferocious bears just for fun.'

（所有人都害怕的那群神秘男孩捕猎非常凶猛的狗熊仅仅是出于好玩。）

c. Certi tipi di uccelli trovati solo in Australia [k]ostruiscono nidi complicatissimi a due piani.

(?*[h]ostruiscono)

'Certain types of birds found only in Australia construct very complicated two-story nests.'

（在澳洲发现的某种鸟类会建非常复杂的两层巢穴。）

假设托斯卡纳喉音规则的应用范域是根据句法成分（如 VP）进行表征的话，那么我们可以推测该规则不仅作用于（29）中所给的 VP（动词短语），而且也作用于包括以下（31）例子在内的所有动词短语。同理，正如托斯卡纳喉音规则不能作用于（30）中的 NP 和 VP 之间那样，我们可以预测，该规则亦不能应用于（32）各例句的名词短语和动词短语之间。但结果显示事实恰恰与预测相反，即使动词短语内出现了适用这一规则的音段语境，该规则并不总是可以作用于所有位置，如（31）所示。相反，在（32）中，该规则却无一例外地跨名词及动词短语应用。（31）中的符号"_"和"⌿"分别代表在正常情况下这一规则可以跨词汇及不能跨词汇应用的具体音段。

（31） a. Osservano il rarissimo colibri peruviano con le penne azzure con un cannocchiale particolarmente adatto alla situazione.

⌿

'(They) observe the very rare Peruvian hummingbird with blue feathers with binoculars that are particularly suitable for the situation.'

（（他们）注意到了那只极其罕见的、长着蓝色羽毛的双目镜秘鲁蜂鸟，与那儿的环境十分般配。）

b. Hanno comprato un sacco di caramelle liquerizia e lattine di coca cola con i soldi che hanno guadagnato vendendo giornalini.

⌿

'(They) bought a lot of candies, licorice, and cans of coca cola with the money they earned selling comic books.'

（（他们）用卖连环画的钱买了许多糖果、甘草汁和好多听可口可乐。）

（32） a. Gli struzzi [h]orrono velocemente.　　(< [k]orrono)　　44
　　'Ostriches run quickly.'
　　（鸵鸟跑得快。）
　b. Un levriero [h]osta moltissimo.　　(< [k] osta)
　　'A greyhound is very expensive.'
　　（格雷伊猎犬价格非常昂贵。）

上述各例清晰地表明，某特定语符串的长度对于确定音系规则是否应用起着至关重要的作用，托斯卡纳喉音规则便是其中的一例。然而，（29）的示例似乎告诉我们，其应用范域至少部分上与短语节点（尤其是动词短语）相一致。但（31）的例句表明，当一个动词短语特别长时，该规则往往不能够作用于全部位置。同理，我们从（30）的例句中可以得出以下结论：托斯卡纳喉音规则在跨两个短语节点的边界应用受阻，跨名词和动词短语尤其如此。同时，（32）的例句也表明，当所涉及的名词和动词短语的长度相对较短时，该规则一般来讲的确是可以使用的。

此类情况绝不仅限于托斯卡纳喉音规则的应用，或仅限于意大利语的规则。例如，在阐释西班牙语鼻音同化规则应用范域时也出现了类似问题。

我们经常会发现，在西班牙语里，鼻音在词内或跨词界都与跟在其后的辅音发音部位相同（尤见 Navarro Tomás，1957；Harris，1969；Hooper，1976）。鼻音在词内及跨词界与跟在其后的辅音发音部位相同的例证见（33）：

（33） a. ga[m]ba　　（shrimp 虾）
　b. co[m] piedad　　（with pity 很遗憾）
　c. elefa[n]te　　（elephant 大象）
　d. si[n] tardar　　（without delaying 没有拖延）
　e. la[ŋ]gosta　　（lobster 龙虾）
　f. come[ŋ] carne　　（(they) eat meat（他们）吃肉）

然而，鼻音同化规则也并非应用于任意两个单词之间。正如上述托斯卡纳喉音规则一样，对鼻音同化规则在具体范域中是否可以应用的研究表明，这些范域并不一定与任何句法成分完全一致。尽管该规则作用于（34）的动词短语，但却不作用于（35）的动词短语。

（34） a. tiene[ŋ] cuatro gatos (< tiene[n])

'(they) have four cats'

((他们)养了四只猫)

b. canta[m] bien (< canta[n])

'(they) sing well'

((他们)唱得很好)

c. no se vea aquella especia de escorpió[n̪] (< escorpió[n])

tan frecuentemente en Brasil

45 '(one) doesn't see that species of scorpion very frequently in Brazil.'

((人们)在巴西也不能经常看到那种蝎子。)

（35） a. Coleccìona en todo el mundo plumas de tucá[n] para su sombrero preferido.

(?*tucá[m])

'(She) collects all over the world toucan feathers for her favorite hat.'

((她)为自己喜爱的帽子在全世界收集犀鸟羽毛。)

b. Estudia el sistema comunicativo de algunos tipos de delfí[n]con aparatos muy sofisticados.

(?*delfi[ŋ])

'(She) studies the communicative system of several types of dolphin with very sophisticated apparatus.'

((她)用非常精密的仪器研究各种不同种类海豚的交流方式。)

此外，诸如（36）的例句所示，鼻音同化规则的应用似乎在名词短语和动词短语之间受阻，但是（37）的例句则显示，该规则在所有名词和动词短语例句的应用均未受到阻断。

（36） a. El nuevo canario de mi amiga Carme[n] canta solo cuando está solo.

(?*Carme[ŋ])

'My friend Carmen's new canary sings only when it is alone.'

(我朋友卡门新养的金丝雀只有当没人时才鸣唱。)

b. Su nuevo sombrero con tres plumas de tucá[n] cuesta sin duda mas del sombrero de su hermano.

(?*tucá[ŋ])

'Her new hat with three toucan feathers undoubtedly costs more than her brother's hat.'

（她那顶带三只犀鸟羽毛的新帽子自然比她兄弟的帽子要贵得多。）

（37） a. Mi faisá[ŋ] corre siempre. (<faisá[n])

'My pheasant always runs.'

（我的野鸡总是跑。）

b. Eso tucá[m] parece enfermo. (< tucá[n])

'That toucan seems sick.'

（那只犀鸟看上去病了。）

此外，还有许多其他音系规则也跟托斯卡纳喉音规则和鼻音同化规则一样表现出完全相同的普遍模式，如意大利语的“元音间擦音化规则”（Intervocalic Spirantization，IS）和希腊语的“*s*- 同化规则”（*s*-Assimilation）。当某一具体成分类型较短时，上述规则可以应用，相反若当其较长时便不能应用；抑或在跨某一特定边界类型时，若其边界两侧的成分相对较长，以上规则应用将会受阻，而较短时则不然。我们将把这一问题留在后面的第 7 章予以详述，此处不再对这些规则做进一步的讨论。而与本节相关的要点是，此类规则进一步证实了，跨词汇作用的音系规则的应用范域与句法所给出各种成分的延展并不完全一致。换言之，以上论述已表明，某些音系规则的应用对所涉及语符串的长度敏感，但界 46
定句法成分的原则并未把诸如长度等一类非结构性因素考虑在内。因此，在音系规则相关范域的性质与句法成分之间存在着本质的差别。

超越句子

以上，我们讨论了各种不同音系规则的应用范域无法按照句法成分进行表征的示例，其原因有二：或者因句法未能对指定的语符串成素给出正确的成分括号标记；抑或因音系可能对长度敏感，而长度又恰恰是句法所忽视的因素。在这两种情况下，其问题的本质表现为，所讨论的音系规则皆无法始终如一地应用于句法所给出的每个成分。本节，我们要讨论的最后一个问题与前面的两个略有不同。这一问题并不在于揭示句法成分与音系规则应用范域之间的失配（mismatch），而旨在进一步阐明句法成分的广度显然不足以界定解释某些音系规则的应用范域。

首先，我们来讨论一下美式英语中众所皆知的闪音规则（Flapping）。（38）的例证表明，该规则既应用于句子的词汇内部，也可以跨句子的单词使用。

（38） a. water → wa[ɾ]er
b. capital → capi[ɾ]al
c. Wait a minute. → Wai[ɾ]a ...
d. The white rabbit escaped from its cage. → ... rabbi[ɾ]escaped...

此外，闪音规则也不仅局限于应用在一个句子的内部，还可以作用于跨句子的两个单词，如（39）各例句所示。

（39） a. Please wait. I'll be right back. → ... wai[ɾ]I'll ...
b. It's hot. Open the window. → ...ho[ɾ]Open ...
c. Don't shout. It's rude. → ...shou[ɾ]It's ...

然而，闪音规则也并不是随意跨任何两个句子都能适用。（40）中的例句表明，在某些情况下（如两个句子互无关系），即便音段语境完全与（39）中这一规则的应用语境完全一致，该规则也会受到阻断。

（40） a. They didn't wait. I'll be right back. → *... wai[ɾ]I'll ...
47 b. Where's Scott? Open the window. → *...Sco[ɾ]Open ...
c. Don't shout. Is Ed here? → *...shou[ɾ]Is ...

由于句法的最大成分是句子，因此闪音规则的应用范域无法与句法成分相一致。也就是说，我们无法超越句子找出任何句法单位让我们把如（39）中的句对（the pairs of sentences）加以组合，并据此来描述闪音规则应用范域的特征。闪音规则不能随意跨越两个句子应用的事实使问题变得愈加复杂，因为它会自动排除对这一规则应用语境界定的可能，即在最大句法成分内部或跨两个此类成分的任何位置。

在另一种英语变体中的另外两类现象也出现了类似的问题，即在标准英语发音（Received Pronunciation）中的连接音 *-r*（Linking-*r*）和嵌入音 *-r*（Intrusive-*r*）规则。两个规则皆对单词单独发音时不发音的“*r*”在某些语境下的发音情况给予了解释。第一种情况，“*r*”在正字法拼写中出现，而在第二种情况下“*r*”不出现（尤见 Gimson，1970）。这些规则与“闪音规则”一样既适应于词内，即可以在同一个句内跨词汇使用，又可以在不同的句子间跨词汇使用，如（41）所示，其中“*r̸*”表示当单词单独发音时，正字法拼音中的“*r*”不发音。

（41） a. clear̸ + est　→　clea[r]est

b. gnaw + ing　→　gnaw[r]ing

c. That type of spider̸ is dangerous.　→　...spide[r]is...

d. The giant panda eats pounds of bamboo a day.　→　...panda[r]eats...

e. There's my brother̸. I have to go.　→　...brothe[r]I...

f. Try that sofa. It's softer.　→　...sofa[r]It's...

与闪音规则相同，并不是所有的句子组合都允许连接音 *-r* 和嵌入音 *-r* 规则应用。例如，尽管上述两条规则都应用于（41e，f），但却在音段语境完全相同的句对（42）中受阻。

（42） a. There's my brother̸. I have a cold.　→　*...brothe[r]I...

b. Try that sofa. It's after midnight.　→　*...sofa[r]It's...

由于句法给出的最大成分是句子，所以我们再一次要面对如何对作用
于跨两个句子音系规则的应用范域予以形式化表征的问题。此外，这些规 48
则可以跨一些句子但不能跨另一些句子应用的事实还进一步证实了：我们所探讨的规则不仅作用于句内的不同序列，而且也作用于比句子更大的各不同语境。

最后，我们来看一下哈里斯（1969）所讨论的墨西哥西班牙语的浊音同化规则（Voicing Assimilation），该规则似乎可看作是超越句子应用音系规则的又一范例。该规则把位于浊辅音前的 *s* 变为浊音，并且在有些情况下可以跨两个句子使用，如（43）的句对所示（引自 Harris，p. 60）。

（43） Los dos. Dámelos. → ...do[s^z]Dámelos.

'Both of them. Give them to me.'

（那两个。都递给我。）

同时，哈里斯也指出，该规则并不总是跨句子使用，而且如遇到“发音活动”（phonational activity）中断，亦会受阻。尽管哈里斯没有提供更多的示例，但浊音同化规则所表征的实际上与我们前面讨论的美式英语和标准英国发音（RP）的现象极为相似。

以上讨论的所有规则表明，句法成分无法给某一特定类型的音系规则提供适当的应用范域，即一些规则可以跨一些句子使用，但却不能跨其他句子。由于最大的句法成分是句子，而此类规则的应用范域显然是不可能跟句法结构成分并行不悖的。因此，就所讨论的音系规则的应用而言，更加恰当的解释途径应当是以一种不同类型的单位为依据，且这一单位不应受到句法部分的成分结构的约束。

从上述讨论的一系列问题可以看出，许多音系规则的应用并不能完全一致地贯穿于句法成分所界定的语符串，同时我们还讨论了超越句子作用的音系规则问题。总之，这些问题都清楚地表明，句法成分作为（至少是某些）音系规则的应用范域还有失充分。换言之，在句法成分与音系规则作用的语符串之间不存在简单的一一对应关系。鉴于此，为了解释作用于词汇以上层面音系规则的运用，除了句法部分所提供的单位以外，还需要其他单位。

2.3.2 空语音句法成分与音系规则

49 许多语言学家认为，应用于两个单词之间的音系规则对那些不存在语音矩阵（phonetic matrix）的句法元素极为敏感，如各类语迹（traces）和PRO（尤见 Selkirk，1972；Chomsky 和 Lasnik，1977；Rizzi，1979；Vanelli，1979；Jaeggli，1980）。这一观点直接源于下述理论：s- 结构（表层结构）的括号标记可直接以边界的形式代入音系表征。换言之，由于 s- 结构所包含的括号标记成分可能含有空语音元素，所以此类元素会影响到作用于跨词汇音系规则的应用。具体来讲，有人认为，当毗邻被视为某个音系规则应用的必要条件时，空元素的作用便突显了出来。如果在两个单词之间存在着一个句法成分的话，这两个单词显然不能视作毗邻，因此也就不受所讨论的音系规则应用的约束了。然而，对于空语音句法成分与音系中毗邻定义的相关性问题，研究者尚未达成普遍的共识。目前，该领域的研究主要有强式假说和弱式假说两分，对此我们将在下文予以讨论。强式假说认为，所有空元素都具有词项界定毗邻关系的同等地位。这就是说，只要在两个单词之间出现了此类元素，便会阻断原本已具备语境条件的音系规则的应用（尤见 Rizzi，1979；Vanelli，1979）。而弱式假说认为，只有某类空元素（即带有格标记的）才能阻断跨词汇作用音系规则的应用（见 Jaeggli，1980；Chomsky，1981）。以下，我们将表明，在任何情况下，缺失语音表征的句法成分都无法阻断音系规则的应用。由此看来，以上两种假说都难以立足。

近期一些研究所提到的具有阻断音系规则应用效力的空元素包括：附着语素语迹、PRO 和 *wh* 语迹。其中的最后一种很明显带有格标记，第二种不带格标记，只有第一种还略有争议。有些语言学家认为第一种类别带有格标记（如 Longobardi，1980），另一些人则认为格标记并不明显（如 Jaeggli，1980；Chomsky，1981）。下面，我们将分别来讨论一下这些不同的类别。

附着语素语迹

倘若附着语素语迹恰如里奇（Rizzi，1979）所指出的那样对音系规则的应用具有影响，那么我们可以预期：1）在具体语言中，此类语迹会阻断基于毗邻单词来界定语境的所有音系规则的应用；2）此类语迹或全部皆可阻断某一特定规则的应用，抑或全部均无法阻断。让我们来 50
看一下（44）和（45）的例句，其中含有适用于意大利语句法性叠音规则（Raddoppiamento Sintattico，RS）（见上述 2.3.1）应用的音段语境。在（44）的各例中，该规则的应用受阻；但在（45）的示例中，尽管在这些例句中都存在着附着语素语迹，规则却可以使用。

（44） a. Ne voglio comprare metá t_{CL} [s]ubito.　（没有变化）
'I want to buy half of it immediately.'
（我想马上就买半个。）
b. Ne incontreró tré t_{CL} [v]enerdí.　（没有变化）
'I will meet three of them Friday.'
（我周五要见他们三位。）

（45） a. Ne compreró t_{CL} [s:]ubito.　(< [s]ubito)
'I'll buy some immediately.'
（我要马上就买一些。）
b. Lo incontreró t_{CL} [v:]enerdi.　(< [v]enerdi)
'I'll meet him Friday.'
（我周五要见他。）

在这些范例中，相对于附着语素语迹来说，句法性叠音规则[⑥]的不一致表现说明，此类语迹不能作为该规则在哪些语境受阻的决定因素，（至少）如果要对此类现象给出完整的分析便是如此。

对此，我们有必要排除一种可能的解决方式，这就是当有些音系规则应用时会出现附着语素语迹（例如里奇所提到的元音删除规则），而当另一些规则应用时却出现缺失（如句法性叠音规则），因为否则的话，我们则需要在音系部分引入一种新的规则，但这种新的规则却完全背离了音系部分其他规则的本质。换言之，所需引入新规则的唯一功用在于删除句法元素，以便使在某些情况下被认为是结构不相邻的两个单词之间形成毗邻关系。但应该注意的是，里奇在阐释标示语元音删除规则（Specifier Vowel Deletion，SVD）受到空语音句法成分阻断这一现象时所列举的多个不符合语法的句子另有其他缘故，暂且不予讨论，见内斯波和斯科雷蒂（Scorretti）（1985）。

Pro

我们现在来看一下里奇（1979）和瓦尼里（Vanelli）（1979）所提出的 PRO 的阻断效用，他们讨论了标示语元音删除规则的应用语境，这是里奇用以支持附着语素语迹有阻断效应的规则。依据意大利语的另外两条音系规则——托斯卡纳喉音（Gorgia Toscana，GT）和元音间擦音化规则，上述针对附着语素语迹的类似论证亦适用于 PRO。

正如 2.3.1 节所示，托斯卡纳喉音规则既可以作用于词内，也可以作 51
用于两个毗邻单词之间的音渡位置。根据里奇（1979）和瓦尼里（1979）的分析，由于空元素 PRO 插入在 w_1（单词$_1$）和 w_2（单词$_2$）之间，故这两个单词在结构上并非毗邻，但该规则仍然可以作用于（46）的例句。

（46） a. Tu dai da mangiare al puma australiano e io a quello PRO (w_1) [ϕ]eruviano. (w_2)

(< [p]eruviano)

'You feed the Australian puma and I the Peruvian one.'

（你喂澳大利亚美洲狮，我喂秘鲁的。）

b. Ci sono due leoni obesi e quattro PRO (w_1) [θ]utti (w_2) magri.

(< [t]utti)

'There are two obese lions and four very thin ones.'

（有两只胖狮子和四只瘦狮子。）

c. Ho visto un passero pennuto e uno PRO (w_1) [h]alvo (w_2).

(< [k]alvo)

'I saw a feathered sparrow and a bald one.'

（我看见了一只大羽毛的麻雀和一只没毛的。）

同理，在（47）的例句中，托斯卡纳喉音规则也应用于其他结构类别的 w_1 和 w_2 之间。虽然里奇和瓦尼里并没有明确提到这些例子，但普遍认为是 PRO 把两个单词分隔了开来。

（47） a. Il mio cavallo é stato tutto un mese senza PRO (w_1) [ϕ]ascolare (w_2).

(< [p]ascolare)

'My horse has gone a whole month without grazing.'

（我的马跑了整整一个月也没有食草。）

w_1 w_2

b. Il pappagallo ha trovato come PRO [θ]orturarcí con le nostre parole.

(< [t]orturarci)

'The parrot has learned how to torture us with our own words.'

（那只鹦鹉学会了如何用我们的话来折磨我们。）

w_1 w_2

c. Il mio barbagianni crede di PRO [h]antare meglio di un usignolo.

(< [k]antare)

'My barn owl thinks he sings better than a nightingale.'

（我养的仓鸮以为，它的鸣唱胜过夜莺。）

托斯卡纳（Tuscan）意大利方言的另一个音段规则是元音间擦音化规则（Intervocalic Spirantization，IS），该规则把位于两个元音之间的破擦音[ʧ]和[ʤ]变为相对应的摩擦音[ʃ]和[ʒ]（见Lepschy和Lepschy，1977）。跟托斯卡纳喉音规则一样，元音间擦音化规则同样既可作用于词内，也可跨词汇应用。

52 （48） a. cri[ʃ]eto (< cri[tʃ]eto) （hamster 仓鼠）

b. fa[ʒ]ano (< fa[dʒ]ano) （pheasant 野鸡）

（49） a. Questo dev'essere un uovo di [ʃ]efalo.

(< [tʃ]efalo)

'This must be a mullet egg.'

（这一定是胭脂鱼卵。）

b. Le [ʒ]iraffe si abbeverano al tramonto.

(<[dʒ]iraffe)

'Giraffes drink at sunset.'

（长颈鹿在日落时喝水。）

（50）的例句表明，元音间擦音化规则与托斯卡纳喉音规则的情况相似，可以跨插入的PRO发挥作用，这与里奇和瓦尼里所给出的分析并行不悖。

（50） a. Hanno trascurato l'armadillo zoppo per concentrarsi tutti su

w_1 w_2

quello PRO [ʃ]eco.

(< [tʃ]eco)

'(They) neglected the limping armadillo so all could concentrate on the blind one.'

((他们) 把精力都放在了那只瞎的犰狳身上，而忽略了那只瘸腿的。)

w_1 w_2

b. Parlava di un pinguino nano e di uno PRO [ʒ]igante.

(< [dʒ]igante)

'(He) was talking about a dwarf penguin and a giant one.'

((他) 一直在谈论那只矮子企鹅和巨企鹅。)

跟托斯卡纳喉音规则相同，元音间擦音化规则也可以跨越 PRO 的其他形式应用，如（51）所示。

w_1 w_2

（51） a. Non hanno ancora capito come PRO [ʃ]ercare l'upupa.

(< [tʃ]ercare)

'They haven't yet figured out how to locate the hoopoe.'

(他们还没有想好把戴胜鸟放在哪儿。)

w_1

b. La mia foca non puó resistere un solo giorno senza PRO

w_2

[ʒ]ocare a palla con Pierino.

(< [dʒ]ocare)

'My seal can't go even one day without playing ball with Pierino.'

(我的海豹甚至一天也不能不跟皮耶里诺玩球。)

这些例句为上述有关附着语素语迹的论述提供了进一步的佐证，即空语音元素对音系过程的应用不产生任何影响。这也就是说，当托斯卡纳喉音规则和元音间擦音化规则作用于含有相关音系特征的两个单词之间时，无论 PRO 是否存在，两个单词之间的毗邻关系都完全不受任何影响。鉴 53
于此，我们得出结论：PRO 与非空音系成分的作用不同，它无法断定两个单词是否出于音系的目的而互为毗邻。

于是，我们完全否认了强式假说。根据强式假说，包括无格标记在内的所有空语音元素都可以依照词项的方式插入在两个单词之间，以阻断词与词之间的毗邻关系。

wh 语迹

我们现在来讨论一下与弱式假说相关的研究例证：即那些句子中带有格标记的空元素，尤其是 *wh* 语迹，插入在两个单词之间，便会影响可以满足音系规则的应用条件。句法性叠音规则和托斯卡纳喉音规则都可以自由地跨带有格标记的语迹应用，分别如（52）和（53）所示。

（52） *Raddoppiamento Sintattico*

a. Cosa filmerá t_{wh} [d:]omani?

(< [d]omani)

'What will he film tomorrow?'

（他明天拍什么电影。）

b. Filippo é il cavallo che monteró t_{wh} [d:]omani.

(< [d]omani)

'Filippo is the horse that I will ride tomorrow.'

（菲利波是我明天要骑的那匹马。）

（53） *Gorgia Toscana*

a. Chi hai fotografato t_{wh} [h]ol pappagallo sulla spalla?

(< [k]ol)

'Who did you take a picture of with the parrot on his shoulder?'

（你照的肩膀上站着只鹦鹉的那人是谁？）

b. Questi sono i picchi che abbiamo comprato t_{wh} [h]ol sussidio statale.

(< [k]ol)

'These are the woodpeckers that we bought with the national grant.'

（这些啄木鸟是我们用国家项目基金购买的。）

此类跨插入格标记语迹应用的音系规则不仅见于意大利语，也见于我们考察的全部语言。下面，再以西班牙语的鼻音同化规则为例。（54）的例句表明，鼻音同化规则应用于结构上毗邻的两个单词之间，而（55）的例句显示，这一规则同样也可以自由地跨 *wh* 语迹使用。

（54） a. El faisa[m] peruano tiene la cola mas larga.

(< pavó[n])

'The Peruvian pheasant has the largest tail.'

（那只秘鲁野鸡有个大尾巴。）

b. Quisiera ver un airó[n̪] tambien. 54

(< airó[n])

'I would like to see a heron too.'

（我也想见一见苍鹭。）

c. Ha escrito un articulo sobre el sistema comunicativo del delfí[ŋ] canadiense.

(< delfí[n])

'He has written an article about the communicative system of Canadian dolphins.'

（他写了一篇有关加拿大海豚交际系统的文章。）

（55） a. Qué come[m] t_{wh} para navidad las tortugas?

(< come[n])

'What do turtles eat for Christmas?'

（乌龟圣诞节吃什么？）

b. Este es el coyote que fotografia[m] t_{wh} para la rivista.

(< fotografia[n])

'This is the coyote that they are taking a picture of for the magazine.'

（这就是他们为该杂志拍的那只丛林狼。）

为了阐明“格”特征与音系规则的不相关性，我们这里要讨论的最后一条音系规则是标准英语发音（Received Pronunciation）的连接音 -*r* 规则。通常，单词末尾的 -*r* 音往往会被删除，但如果其后紧跟的单词以元音起首，*r* 则在连贯话语中保留了下来，如（56）所示。（关于这一规则的详细分析见第8章）

（56） a. I'd prefer a monkey.

（我更喜欢猴子。）

b. A caterpillar is a wormlike larva of a butterfly or moth.

（毛毛虫是一种像蝴蝶或蛾子幼虫的小虫子。）

正如本节所讨论的其他规则一样，连接音 -*r* 规则也可以作用于带插入格标记语迹的例子，如（57）所示。

（57） a. What would you order t_{wh} instead?

b. I can't think of what I could wear t_{wh} otherwise.

以上事实（连同意大利语和西班牙语的例证）使我们得出了这样的结论：格标记空语音句法成分的出现并不影响音系规则的应用。

下面让我们再来看一下意大利语和英语重音规则的例证。意大利语的重音规则呈现出一种混合表现形式：当该规则涉及两个单词之间插入有或为关系从句结构，或为间接问句所遗留的 *wh* 语迹，规则的应用通常不会阻断；相反，如果 *wh* 语迹是直接问句结构移位的遗留成分，规则应用便会受到阻断。英语的重音规则表现出了较为一致的模式，即无论其 *wh* 语迹的来源如何，这一规则都可以跨所有 *wh* 语迹使用。

55 首先，我们来看一下标准北方意大利语的重音后缩规则（Stress Retraction, SR）。在 w_1 和 w_2 序列中，w_1 的主重音为词末音节，w_2 的主重音位于词首音节，这一规则的应用会使 w_1 的主重音后缩（见 Nespor 和 Vogel，1979）。该规则在（58a）和（58b）中可以自由跨 *wh* 语迹（t_{wh}）使用，其中的例句分别是关系从句和间接问句，但它却不能作用于直接问句（见 58c）。

（58） a. Ho giá capito quello che fáro t_{wh} dópo.

(< faró)[7]

'I've already understood what I will do afterwards.'

（我知道，我下一步要做什么。）

b. Ci si domanda cosa fára t_{wh} dópo.

(< fará)

'One wonders what he'll do afterwards.'

（他不知道，他下一步要做什么。）

c. Cosa dirá t_{wh} dópo?

(?*díra)

'What will he say afterwards?'

（他接下来要说什么呢？）

然而，抑扬格反转规则（Iambic Reversal，IR）——一种美式英语重音后撤规则（见 Liberman 和 Prince，1977）——就 *wh* 语迹而言，通常并不像意大利语那样会呈现出混合表象。这就是说，该规则可分别作用于关系从句、间接问句和直接问句的示例，依次由（59a）、（59b）和（59c）所示。

（59） a. The picture that I'm going to réproduce t_{wh} láter is the one Emily took.
(< reprodúce)
b. They asked me which company Martha répresents t_{wh} nów.
(< represénts)
c. What are they going to éxport t_{wh} néxt?
(< expórt)

正如内斯波和斯科雷蒂（1985）观察的那样，如果把（58c）中意大利语重音后缩规则的应用受阻归因于语迹的话，将会对我们所讨论且普遍接受的三种现象的一致派生造成严重的问题，这些现象分别为：关系从句的构成、间接问句和直接问句。这似乎也与抑扬格反转规则在上述三类英语的相同构式所表现出的一致性相互矛盾。根据内斯波和斯科雷蒂（1985），我们认为，谈到意大利语重音后缩规则应用直接问句的可接受性低的原因，是因为这些问句的语调模式造成的，而不是语迹的原因。确切地说，重音后缩规则在（58c）中不可以接受，因为所讨论的 *dirá* 一 56
词包含有语调调型的音峰，一般来讲该位置的元素不能出现任何形式的弱化。这一分析得到了许多英语示例的进一步印证。在诸如（59c）的直接问句中，语调调型的音峰往往不会出现在抑扬格反转规则作用的单词上，因此主重音会出现后缩。但在某些情况下，所涉及的单词也有可能成为调型的音峰，这种情况一旦出现，该规则便会受阻，亦如意大利语的重音后缩规则所示。例如，一旦单词出现了对比重音或强调时，这种情况便会出现，原本可适用的“抑扬格反转”规则的应用受到阻断，见以下例句。

（60） a. Who are they going to íntroduce t_{wh} néxt?
(< introdúce)
b. I said, who are they going to introdúce t_{wh} néxt, not who are they going to invite next.
(*íntroduce))

我们就此得出结论：重音后缩规则和抑扬格反转规则的应用与否，与所讨论的音系特征有关，与结构的句法特征无关。

假定 *wh* 语迹与上述所提及的其他类型的空语音元素一样，是基于两个单词毗邻关系的音系规则所无法感知的，我们由此得出：关于空节点对音系影响的弱式假说亦无法接受，至少如果按乔姆斯基（1981）的常规形式表征即是如此。尽管以上所讨论的两种假说明显不具有普遍的有效性，但我们仍可以认为它们对音系部分的规则子系统来说依然有效。也就是说，音系的特定子规则系统对空元素的存在反应敏感，而假定位于其后的另一子系统则对非语音要素视而不见，这也不是不可能的。若要证明事实并非如此，我们有必要证明，所有那些曾认为对空元素敏感的规则实际上仅仅对音系元素敏感。这些规则包括：美式英语中的 *to*- 缩约（*to*-Contraction）和助动词弱化（Auxiliary Reduction）规则（尤见 King，1970；Lakoff，1970；Zwicky，1970；Selkirk，1972；Kaisse，1983）及意大利语的标示语元音删除规则（Specifier Vowel Deletion）（见 Rizzi，1979；Vanelli，1979）。这里，我们不再对这些规则给予重新分析，因为那样的话将涉及对句法的讨论，结果会使我们远离本章的主题。然而，另一种不是基于语迹的音系规则分析可参见内斯波和斯科雷蒂（1985），该
57 文表明，这些规则跟所有音系规则一样，均对非音系元素不敏感。综上所述，有关空范畴影响音系规则的两种假说皆不能接受。

2.3.3 句法成分与语调调型范域之间的不对应

语调调型界线与主要句法停顿之间的不对应（noncorrespondence）是语言学文献中经常论及的现象。为了阐明这一现象所引用最常见的句型是含有限定性关系从句的句子。曾有人指出，含有限定性关系从句的复杂句常常给语调提出这样的问题："语调停顿通常会被插入到错误的位置"（Chomsky，1965：13）。在乔姆斯基的这一观点的背后潜在着这样的假设：倘若语调停顿的位置"正确"，它便可以直接反映出句子的表层句法

结构，尤其是嵌入方向。试比较（61）和（62）中句子括号标记的情况，其中（61）的括号标记为句法成分分析分段，（62）的分段标记则反映的是语调结构。

（61） This is [the cat that caught [the rat that stole [the cheese]]]

（62） [This is the cat] [that caught the rat] [that stole the cheese]

按照乔姆斯基和哈利（1968：372）的观点，这种“事物的本质如何”与“实际应该如何”之间的差异“显而易见是一种行为问题，而不是语法结构问题”。鉴于此，“音系短语”的概念便被引入了进来，而为此类短语插入边界的规则“必须把句法结构考虑在内，同时也涉及与行为相关的某些参数，如语速等”。

尽管看起来似乎已经清楚，语调停顿的出现及其所在位置在一定程度上与语速和话语长度等因素相关，但这并不一定意味着，语调停顿的出现与其他表达行为（如犹豫等）相同都不受规则支配。相反，对语调停顿出现位置的阐释亦遵循着韵律树的成分结构，因此这无疑也跟语言能力有关，详见第 7 章。[8]

语调调型延展范域的灵活性是证明语调范域不能由句法成分结构直接决定的又一领域。在 2.3.1 节，我们已阐明了连接音变规则应用范域的灵活性性质，并提出由于句法结构缺乏灵活性，所以句法成分无法构成跨词 58
汇音系规则的应用范域。在语调调型的延展范域内，这种灵活性依稀可辨，于是就进一步证明了，句法成分并不是界定语调调型范域的恰当结构。例如，尽管以下例句可以分为三个不同的语调调群，如（63a）的括号所示；也可以读成（63b）括号标记的形式；甚至还可以一口气读成没有任何内部语调停顿（只有一个单独调型）的形式，见（63c）。

（63） a. [The frog] [ate a fly] [for lunch]

b. [The frog] [ate a fly for lunch]

c. [The frog ate a fly for lunch]

尽管（63）中的现象可以根据句法成分描述为：语调停顿可选择性地出现在每个句法短语后，即位于每一个 X 范畴的最大投射（maximal projection）的末尾，但这一概括并不准确。例如，对于以下（64）中的例句，这一原则所产生的语调范域划分则难以接受，其中所标出的每一处停顿都对应于句法短语的末尾。

（64） *[Bruce] [never] [understood], [I believe], [why Paul]
[can’t see the Southern Cross] [from his home in Brittany]

总而言之，我们已举例说明，根据句法所给出的成分分析与语调调型划分的可能范域之间并不构成对应关系。这一问题将在第 7 章中再作进一步阐述。

2.4 提出音系成分的理据

至此，我们已经表明，形态—句法成分无法解释音系规则所有类型的应用范域。因此，我们以下将提出阐释这类范域音系成分的理据假设。本书所提出用于支撑音系成分理据的具体原则，部分上直接源自于普通的成分概念。这些标准亦与句法学中用于支撑成分分析的理据原则完全一致。
59 然而，也有一些其他原则是音系学所特有的。下面所提及的前两条原则便与成分这一概念相关，属于较普遍性的原则，而后两条则是音系学的具体原则，因为它们与音系成分要表征语符串声音分析的这一事实相关。

在生成语法中，用于表征句子内部结构的形式化构造即为成分的结构树形图。无论是在音系学还是在句法学，这种树形图都是语符串元素划分为各种不同成分以及这些成分由左至右排列顺序的层级类别表征。与句法学相同，语符串在音系学中也被视为成分，如果：1）特定语法的某些规则的形式化表征需要参照这一语符串；抑或 2）某些规则的应用范域恰恰就表现为该语符串。然而，在音系理论中，这绝不是提出成分的唯一理据（亦见 Nespor，1983）。即便上述的两条原则均未得到满足，如果该语符串是语音配列限制范域的话，它同样可以被视为成分。于是，在某一语言中，鼻辅音后紧跟一个流音的序列在给定 X 范域内是不合格序列，但当这两个音段分属于不同的 X 范域时便为合格序列，我们便可以提出一个 X 成分。

最后，即使出于上述所提及的某种原因而缺少需要参照 X 范域的音系语境，我们依然可以出于其他原因提出作为音系层级成分的 X 成分。换言之，与句法成分不同的是，音系成分还可以基于第 4 种原则提出存在的理据，即：语符串元素之间的相对突显关系。我们来看一看以下例证：在某具体语言中，如果基于前 3 条原则的任意一种，我们都无法提出 X^n 成分的理据。这就有可能表明，在这一语言里，成分 X^{n+1} 内的重音音峰既不是以常规的交替模式分布，也不是按句法成分所指定的位置来分布。这些重音音峰复现的周期性缺乏，以及音峰出现的位置与句法成分内的给定位置之间缺少一定关联表明，除了抽象的交替规则，或直接参照句法结构的规则以外，还必然存在着某些其他原则影响着重音的分布。于是，我们就有必要提出另一类成分来解释这种重音模式。我们认为，正是在这种情况下，我们可基于上述所提到的第四种原则——某给定语符串内的相对突显关系——提出音系成分 X^n。应该指出的是，此类成分具有界定重音模式范域的功能，且独立于用来表征实际突显关系的机制以及修正这些关系的规则。

尽管韵律成分和形态—句法成分原则上讲是不同构的，但应该注意， 60
两种成分之间偶尔出现同构的情况不足以成为否定某给定语言中的一个具体韵律成分存在的理由。事实上，就同构现象而言，使用句法成分来取代韵律成分的做法注定会导致许多不尽人意的结果。首先，由于韵律规则可参照一个以上的成分，一旦碰到其中的一个是形态—句法成分的话，那么单独一条音系规则便要参照两个不同的层级。其次，即便是所涉及的韵律规则只需要参照一个范畴，而允许某一具体层面的规则参照形态—句法成分的话将会造成多个不同情况的产生。这就是说，绝大部分韵律规则都会参照一个层级，而某一单独层面的规则有可能要参照其他层级。

综上所述，我们已经论证了，在音系层级中对于某一成分的提出存在着四种可能的理据类型。正是基于这些理据，我们将在后续的第 3 至第 8 章里提出韵律层级的各种成分。

注释

① 应当注意的是，西格尔（Siegel）实际上提出的是，*in-* 和 *un-* 均属于 I 级词缀。她也因而未能对同化模式的差异给予解释，相反艾伦（Allen）却在相同的理论框架内通过把词缀 *in-* 归为层次 I 而把 *un-* 归为层次 II 的方式，解决了这一难题。

② 有关该规则的详尽讨论见斯卡利斯（Scalise）（1983）。

③ 把出现在两个元音间 /ts/ 延长的后续规则将给出 *danna [t: s]ione* 的读音。

④ 应该指出，我们此处只关注言语的口语语体，而不是诗歌语言。在诗歌语言中，删除现象更为普遍。

⑤ 此处及本书的其他章节，主重音均使用锐音符（acute accent）标示，即使这有悖于意大利语的正字法拼写惯例。

⑥ 相同的论证亦可基于意大利语的其他音系规则，如托斯卡纳喉音规则（Gorgia Toscana）、重音后缩规则（Stress Retraction）和元音间擦音化规则（Intervocalic Spirantization）。

⑦ 在重音后缩规则所作用单词的非末尾音节上的锐音符标记不应被释为与主重音等同。例如，（58a）的 *fáro*（<*faró*）在语音上并不一定与 *fáro*（灯塔）一词等同。重音后缩规则通过去除末尾音节的重音，重读一原先的非重读音节使词内突显关系发生变化。但以下事实与本讨论无关：即它并不一定对新的重读音节给出与原单词主重音同样程度的重音。

⑧ 尽管其原因迥异，兰根登（Langendoen）（1975）也曾提出，语调间歇的位置取决于语言能力而非语言行为。

第 3 章 61

音节与音步

3.0 引言

正如第 1 章提到的那样，我们把音节视为韵律层级的最小成分，而比音节高一级的成分叫音步，后者由一个或多个音节组成。本书把音节与音步合并作为单独的一章来讲述，这并不意味着，相比起那些单独成章的其他成分来，我们对这两个成分没有太多的内容要讲。恰恰相反，由于近年来音系学领域对音节和音步的相关研究呈爆炸式攀升，因此要对二者分别给予全方位的详述所需篇幅岂止一两章所及。于是，我们的讨论只能针对具体问题，有所取舍，为此我们只好把讨论的重点放在音节和音步跟本书其他各章最为相关的方面。鉴于此，本章将不对近年来音系学文献中有关音节与音步的各种不同观点给予综述，亦不打算针对围绕这两个音系单位所展开的各种争论进行评析。本章仅立足于讨论音节与音步在韵律音系学理论中所起的作用。更确切地说，本章仅着重探讨作为音系规则范域的音节与音步，以及一些相关问题。对于本章未涉及的其他与音节和音步有关的重要问题，读者可参考相关的代表性文献。

3.1 音节

在音系学里，尽管音节已不再是一个新的概念，但它却只是在近期才被引入生成音系学理论的。在 20 世纪 70 年代初至中期，围绕音节所展开的讨论主要集中于音节是否应属于生成音系学的分支理论。在这一方面的主要研究有：胡珀（Hooper，1976）把音节引入自然生成音系学理论（另见 Hooper，1972；Vennemann，1971，1974）及卡恩（Kahn，1976）把
62 音节概念引入自主音段音系学的理论框架[1]。自音节被引入之后，对音节在音系学的性质和作用方面的研究成果有了大幅度的增加。同时，由于对诸如音节内部结构和音节模架[2]、音节内部音段之间的关系[3]、音节划分与音节重组[4]、音节的自主音段表征[5]，以及具体语言中的音节研究[6]等一系列问题的深入探讨，大大加深了我们在许多领域对音节的认识。

现有关于音节的大量研究成果可以使我们在此免除了对诸多问题的讨论，如“怎样确定音段序列的音节划分”、“构成合格音节都有哪些成分”等。但这并不是说，在这些领域里所有的问题都已经得到了解决，它只是表明，截至目前我们可以认为，对这些问题的研究已颇受关注（见文献附注 2—6）。因此，本章将从音节入手，逐一探讨与音节相关的各类语言现象。这就是说，我们假定，所有决定把音段划分成音节结构的语言普遍性和特殊性原则都已众所皆知，并且在音节层面的音系规则中把一串音段划分为音节的分界也已确立，于是我们对规则的分析便从这里展开。

3.1.1　音节的范域

尽管我们在这里将不就音节划分的原则本身加以讨论，但却有必要来讨论音节划分所应用的范域问题，因为正是基于该范域的定义我们才发现了语法中音系和形态—句法两个部分之间的交互作用。换句话说，音节划分的原则要通过一串边界必须基于非音系元素来界定的字符把音段组合成合格的音节，见以下英语和荷兰语的示例。

让我们先来看一下辅音和元音的组构序列：

（1）C_0　V　C　V　C_0

在英语中，这或许是普遍性的，音节划分的基本原则通常会把（1）

中的一串语符划分为（2）[7].

（2）$[C_O \quad V]_\sigma \quad [C \quad V \quad C_O]_\sigma$

当然，这种划分方式不仅仅只限于这里所给出的双音节语符串，其实 63
它代表了这样一条普遍性原则：把一个元音间的辅音划分给其右侧音节的起首，而不是划分给其左侧的音节末尾，这也是最大首音原则（Maximal Onset Principle）要求的部分内容。事实上，这一划分对于（3a）的例词是正确的，但对于（3b—d）却是错误的，（3b—d）中的括号是用来表音节成分，[8] 而括号中的符号则是正字法的拼写符号。

（3） a. pecan → $[\text{pe}]_\sigma[\text{can}]_\sigma$
b. brookite → * $[\text{broo}]_\sigma[\text{kite}]_\sigma$
c. pack ice (N) → * $[\text{pa}]_\sigma[\text{ckice}]_\sigma$
d. pack ice (VP) → * $[\text{pa}]_\sigma[\text{ckice}]_\sigma$

（3a）的音节划分正确，而（3b—d）的音节划分不正确的这一现象表明了以下事实：*pecan* 一词的第二音节首的舌后软腭塞音 [k]，是送气音，而其他例词的不是。换言之，如果（3）中所有词语的正确音节划分都遵循（2）的规则—— [k] 位于第二音节的起首位置——我们便可以预测，上述 4 例中的所有 [k] 都是送气音，因为每个例子的第二音节都是一个新音步的起始。[9] 相反，例（3b—d）的正确音节划分是，[k] 属于前面的音节（如（4）所示），所以此处的 [k] 处于不送气位置。

（4） a. brookite → $[\text{brook}]_\sigma\ [\text{ite}]_\sigma$
b. pack ice (N) → $[\text{pack}]_\sigma\ [\text{ice}]_\sigma$
c. pack ice (VP) → $[\text{pack}]_\sigma\ [\text{ice}]_\sigma$

pecan 与其他语项间的区别是：*pecan* 为单语素词，而其他语项均为带一个中性词缀或二级（Class II）词缀的派生词（分别见 SPE 和 Siegel（1974）术语）、复合词和句法短语 [10]。（2）除了解释单语素词的音节划分外，还要阐释那些由非中性词缀或一级（Class I）词缀派生单词里的音节划分，见（5）。

（5） a. ethnicity → $[\text{eth}]_\sigma\ [\text{ni}]_\sigma\ [\text{ci}]_\sigma\ [\text{ty}]_\sigma$
b. racketeer → $[\text{ra}]_\sigma\ [\text{cke}]_\sigma\ [\text{teer}]_\sigma$

值得注意的是，（5b）中的 [t] 为送气音，因为 [t] 不仅位于音节首，同时也位于音步首（见 3.2.2 节）。

（3）和（5）中的示例表明，音节划分并不总是以同样的方式作用于
64 所有的音段序列，因为此类划分对于所涉及语项形态结构的某些方面极为敏感。具体而言，在英语中，音节划分出现的范域为词干加任意毗邻的非中性词缀，如（3a）和（5）所示。而音节划分不能跨越词干与中性词缀间的边界（见（3b））或跨越一中性词缀和另一词缀间的边界（如（6）所示）。

（6） sleeplessness → [sleep]$_\sigma$ [less]$_\sigma$ [ness]$_\sigma$
(* [slee]$_\sigma$ [ple]$_\sigma$ [ssness]$_\sigma$)

与其他例词不同的是，（6）尽管不包含 ...VCV... 序列，但却揭示出了有关音节划分范域的一点更为普遍的认识。即：音节划分在上述所示的形态语境中不能产生 [pl] 和 [sn] 这样的辅音丛，尽管此类辅音丛在英语词的音节首是完全可以接受的（如 plea, snooze）。

最后，音节划分不能跨复合词成分应用，同时亦不能跨短语内的单词使用，分别如（3c）和（3d）所示。应该提醒的是，我们在本书的兴趣在于“正常的”口语体。因此，尽管我们并不排除音节重组在英语的其他语类（尤其是快速或随意语类）中有可能跨单词应用，但我们相信，这完全不同于此处所讨论的现象，所以本书对此不再做进一步探究。我们亦不排除类似于卡恩（1976）提出的兼属双音节规则的（部分）音节重组的低层级语音规则的可能，因为这些规则解释了讲英语的人在把某个音段语串划分成音节时所遇到的困难。然而，后一类规则似乎反映了以下事实：话语是由一组连续的语音流构成，在这些语音之间并没有明显的界线，因此它与本章所探究的音节划分类型迥然不同（亦见注 ⑰）。

与我们在英语里音节重组不能跨单词使用的观察相反，基帕斯基（1979）认为，音节重组可以跨单词出现。基帕斯基的这一观点是基于他对跨单词闪音现象（Flapping）的分析，他的解释是，在一个音步里当一

个辅音跟在[−辅音性]音段后，首先要将其松音化（此处为*t*）。循环音节重组随后把这个松音化的*t*划给它后面以元音开始的单词，由于后循环规则的作用，*t*被浊化，遂变成了语音学上所谓“闪音”的音段。尽管这一系列变化确实能产生所观察到的闪音，但这却是基于我们并不认同的假设：在正常情况下，音节重组可以跨词界应用。

为了支持自己的这一观点，基帕斯基指出，*an aim*的发音可能与*a name*相同。但该例似乎并不具有代表性，因为它似乎是基于冠词*an*特殊 65
的（弱）音系地位。而*n*在其他类型的结构中似乎不会出现音节重组，例如*Anne ate*就不具有跟*innate*一样的音渡特性。如果我们留意一下一个在音节末和音节首发音差异明显的音段，上述观点也就一目了然了。英语中的*l*便是这样的一个音段，*l*位于音节末尾时是“暗音”，在音节节首时则是“明音”（如*pa[t]*和*[l]ap*）。如果音节重组跨单词作用的话，我们应该预见，*call Andy*中的*l*是个明音，即*l*被移到音节的节首位置。但这却与我们的发现相违。相反，在*call Andy*中的*l*是个暗音，这与尤兰达语（Yolanda）中音节首毫无争议*l*的情况大相径庭。或许可以如是来解决这一问题，即认为*call*的末尾暗音*l*被移到了后一音节的节首位置，但我们却无法为这一说法找到证据。此外，在英语里似乎有一条普遍性制约条件，不允许暗音*l*出现在音节节首的位置。事实上，如果一个音节尾辅音*l*的确被移至下一音节的节首出现了音节重组的话，势必会导致由暗音向明音的转变（试比较vigi[t]和vigi[l] ant、vigi[l]ante）。注意：音节重组在二级后缀前被阻断，故暗音*l*保持不变（见vigi[t]ish）。

现在，我们回头再来讨论闪音的问题。事实是，音节重组规则的确可以跨单词应用，如在*caught Andy*中便是如此。跟认为*call Andy*中的*l*属于音节首的说法一样，说*caught Andy*中的*t*是音节首音也未见有更多的理据。所以，我们必须通过其他方式来解释闪音。（见第8章的另一种解决方案，即把闪音规则作为一种*U*范域规则，亦见3.1.2和3.2.2节中对声门化与送气等相关现象的讨论。）

在音节层面上，音系与形态之间存在交互作用的另一种语言是荷兰语，其特征与上述讨论的英语十分相似（尤见 Booij，1977；van der Hulst，1984）。举例说明，如荷兰语常见的鼻音 + 塞音序列通常要被一分为二（或许这是普遍现象），鼻音属前一音节的节尾，塞音属于后一音节的起首，即以下（7）的结构形式，其中 N 和 O 分别代表“鼻音”和“塞音”。

（7） $[C_o \quad V \quad N]_\sigma \quad [O \quad V \quad C_o]_\sigma \ldots$

此类音节划分类型见（8）：

（8） a. kompas → $[\text{kom}]_\sigma$ $[\text{pas}]_\sigma$ （compass 指南针）

b. pompoen → $[\text{pom}]_\sigma$ $[\text{poen}]_\sigma$ （pumpkin 南瓜）

66 相同的音节结构也见于以下情况：当鼻音和塞音辅音丛位于词干末尾，且该词干后面跟有一个屈折后缀或属于某特定类别的派生后缀（比如在某些情况下，尽管不是全部类似于英语的一级或非中性词缀（见 Booij，1977））。曲折变化词和带相关类型词缀的派生词（我们称为 X 类型）的例证分别见于（9a）和（9b），其中“-”表示词干与词缀之间的音渡。

（9） a. *stem* + *inflectional affix*（词干 + 屈折词缀）

lamp-en → $[\text{lam}]_\sigma$ $[\text{pen}]_\sigma$ （lamps 灯）

stamp-en → $[\text{stam}]_\sigma$ $[\text{pen}]_\sigma$ （stamp (inf.) 盖章于……（不定式））

b. *stem* + *type X affix*（词干 +X 类词缀）

damp-ig → $[\text{dam}]_\sigma$ $[\text{pig}]_\sigma$ （vaporous 多蒸汽的）

stamp-er → $[\text{stam}]_\sigma$ $[\text{per}]_\sigma$ （stamper 印章）

然而，当一个属于其他类型（我们称之为 Y 类型）的后缀出现时，音节划分则不能把 N+O 辅音丛划分给两个不同的音节，见（10a）。据观察，此类形式分别见于前缀 + 词干，以及复合词内部的相邻成分，如以下（10b）和（10c）所示。

（10） a. *stem* + *type Y affix*（词干 +Y 类词缀）

lamp-achtig → $[\text{lamp}]_\sigma$ $[\text{ach}]_\sigma$ $[\text{tig}]_\sigma$ (*$[\text{lam}]_\sigma$ $[\text{pach}]_\sigma$ $[\text{tig}]_\sigma$)

（lamplike 台灯似的）

klomp-achtig → $[\text{klomp}]_\sigma$ $[\text{ach}]_\sigma$ $[\text{tig}]_\sigma$ (*$[\text{klom}]_\sigma$ $[\text{pach}]_\sigma$ $[\text{tig}]_\sigma$)

（wooden shoe-like 木鞋似的）

b. *prefix+stem*（前缀 + 词干）

ont-erven → [ont]$_{\sigma}$ [er]$_{\sigma}$ [ven]$_{\sigma}$ (*[on]$_{\sigma}$ [ter]$_{\sigma}$ [ven]$_{\sigma}$)

（disinherit 剥夺……继承权）

ont-eigenen → [ont]$_{\sigma}$ [ei]$_{\sigma}$ [ge]$_{\sigma}$ [nen]$_{\sigma}$ (*[on]$_{\sigma}$ [tei]$_{\sigma}$···)

（dispossess 使失去）

c. *compound*（复合词）

lamp arm → [lamp]$_{\sigma}$ [arm]$_{\sigma}$ (*[lam]$_{\sigma}$ [parm]$_{\sigma}$)

（part of a lamp 台灯的部分）

lamp olie → [lamp]$_{\sigma}$ [olie]$_{\sigma}$ (*[lam]$_{\sigma}$ [polie]$_{\sigma}$)

（kerosene 煤油）

（11）中的示例表明，音节亦不能把一个短语中分属于不同单词的音段予以分离组合。

（11） *separate words*（分开的词） 67

(doe de) lamp aan → ...[lamp]$_{\sigma}$ [aan]$_{\sigma}$ (*...[lam]$_{\sigma}$ [paan]$_{\sigma}$)

（(put the) lamp on（把）灯打开）

(een) ramp aanbrengen → ...[ramp]$_{\sigma}$ [aan]$_{\sigma}$ [breng]$_{\sigma}$ [en]$_{\sigma}$

(*... [ram]$_{\sigma}$ [paan]$_{\sigma}$...)

（cause (a) disaster 引发（一场）灾难）

以上英语和荷兰语的例证均表明，音节范域的定义主要取决于某些非音系信息。但在第 4 章，我们将会看到，音节的划分范域或合格形式的音节构建范域，实际上表现为音系词，且音节划分可以被用来检验确立音系词的定义（亦见 Booij，1983；van der Hulst，1984）。

截至目前，我们仅讨论了单词内部音节划分的可能性，同时证明了英语和荷兰语在短语内均不允许音节划分跨词汇使用。但是，众所周知，某些语言（尤其是意大利语和西班牙语）的确允许音节划分跨单词作用。让我们再来看一下前面例（1）和（2）中元音间辅音及其音节划分的例子，在（12）中重新列出。

（12） C_0　V　C　V　C_0　→ [C_0　V]$_{\sigma}$　[C　V　C_0]$_{\sigma}$

如上所述，音节划分规则一般来说仅限于音系词内使用。因此，相同一组辅音和元音音段序列的音节划分，其结果取决于这些音段是否属于相同还是不同的单词，如英语（13）和荷兰语（14）的例证所示，括号中的符号为语音音标。

（13） a. pecan → [pi]$_{\sigma}$ [kæn]$_{\sigma}$

b. pique Anne → [pik]$_{\sigma}$ [æn]$_{\sigma}$ (*[pi]$_{\sigma}$ [kæn]$_{\sigma}$)

（14） a. alarm → [a]$_{\sigma}$ [larm]$_{\sigma}$

（alarm 闹钟，警报）

b. al arm → [ɑ]$_{ø}$ [arm]$_{ø}$ (*[ɑ]$_{ø}$ [larm]$_{ø}$)

（already poor 已贫穷）

与上述示例不同，意大利语（15）和西班牙语（16）的例子表明，一组具体的音段序列在词内及跨单词的音节划分方式并无二致[11]。

68 （15） a. adocchio → [a]$_{\sigma}$ [dɔk]$_{\sigma}$ [kjo]$_{\sigma}$

（(I) sight（我）观看）

b. ad occhio (nudo) → [a]$_{\sigma}$ [dɔk]$_{\sigma}$ [kjo]$_{\sigma}$... (* [ad]$_{\sigma}$ [ɔk]$_{\sigma}$...)

（with (the bare) eye 用（肉）眼……）

（16） a. alelado → [a]$_{\sigma}$ [le]$_{\sigma}$ [la]$_{\sigma}$ [ðo]$_{\sigma}$

（stupified 发呆）

b. al helado → [a]$_{\sigma}$ [le]$_{\sigma}$ [la]$_{\sigma}$ [ðo]$_{\sigma}$ (* [al]$_{\sigma}$ [e]$_{\sigma}$...]

（to the ice cream 对着冰激凌）

事实上，跨词汇音节划分的应用会导致如是结果，即很难将其与已经把辅音划归给音节首的相同音段序列的音节划分相互区别开来。下面，我们来对比一下意大利语（17）和西班牙语（18）的一对表达式。

（17） a. non ho → [no]$_{\sigma}$ [nɔ]$_{\sigma}$ (*[non]$_{\sigma}$ [ɔ]$_{\sigma}$)

（(I) don't have（我）没有）

b. no no → [nɔ]$_{\sigma}$ [nɔ]$_{\sigma}$

（no no 不不）

（18）a. las aves → [la]$_{\sigma}$ [sa]$_{\sigma}$ [βes]$_{\sigma}$ (* [las]$_{\sigma}$ [a]$_{\sigma}$ [βes]$_{\sigma}$)

（birds 各种鸟儿）

b. la sabes → [la]$_{\sigma}$ [sa]$_{\sigma}$ [βes]$_{\sigma}$

（(you) know it（你）知道它）

意大利语和西班牙语的例证似乎给出了这样一条结论：在这些语言以及允许音节划分跨词汇使用的其他语言里，音节划分的应用范域表现为比音系词更大的单位，如英语和荷兰语的音节划分范域便是如此。但是，这一结论也并非完全正确。相反，我们有必要区别两种不同类型的音节划分，一种只应用于音系词范域内，另一种则适用于更大的范域。第一种类型简称为“音节划分”，这是划分的一种普遍类型，因为所有的语言都必须拥有规则，以确保在具体层面（这里为音系词层面）的音节为合格形式（亦见 Selkirk，1978b），尽管对合格音节的定义因语言的不同而有所差异。我们把第二种类型称之为“音节重组”，它属于语言的特殊类型，即只现于某些语言而不见于其他语言，因此其应用范域必须加以进一步限定。[12] 此外，音节重组规则的详细内容，即哪些音段在什么情况下需要重 69
组则会因语言的不同而有所差异。

另外，我们还可以进一步证明，在允许跨词汇音节划分的语言里，单词层面的音节划分和更高层面的音节重组二者都是必不可少的。即当单词进入句法结构后，在这些语言里只有一个规则应用于词汇后层面，或一次性贯穿于整个话语，抑或话语中的某个小的范域，这显然是有失充分的。具体而言，这可以表明，在音节重组规则应用之前，某些音系规则的应用必须依据（音系）词层面的音节结构信息。因此，仅仅把这些规则应用于由单一的词汇后音节划分所给出的音节结构必将导致错误的结果。如西班牙语和法语所示。

在西班牙中，鼻音 + 滑音（N+G）的组合便构成了合格的音节首序列，如以 [nw] 起首的音节（见（19a，b））及以 [nj] 起始的音节（见（19c，d））。

（19） a. nuevo （new 新的）
b. nuez （walnut 核桃）
c. nieve （snow 雪）
d. nieto （grandson 孙子，外孙）

于是，根据最大首音原则，N+G 这样的词内序列往往要划归给后面的元音，而不是前面的元音，如（20）所示。其中的前两例含 [nw] 语音序列，后两例含 [nj] 序列。

（20） a. manual → $[ma]_{\sigma}\,[nual]_{\sigma}$ （manual 手工的）

b. anual → $[a]_{\sigma}\,[nual]_{\sigma}$ （annual 年度的）

c. poniendo → $[po]_{\sigma}\,[nien]_{\sigma}\,[do]_{\sigma}$ （placing 放置）

d. quinientos → $[qui]_{\sigma}\,[nien]_{\sigma}\,[tos]_{\sigma}$ （five hundred 五百）

基于上述例证，人们可能以为，鉴于西班牙语是允许音节划分跨词汇的语言，所以在毗邻单词中 N+G 序列也会按照相同的方式进行划分。但事实上，倘若应用于单词序列的词汇后音节划分规则只有一个的话，这种划分恐怕可以成立。但现实情况并不是这样（如（21）所示），其中的第一个例证为 [nw] 序列，第二个则为 [nj] 序列。

（21） a. un huevo → $[un]_{\sigma}\,[hue]_{\sigma}\,[vo]_{\sigma}$ (*$[u]_{\sigma}\,[nhue]_{\sigma}\,[vo]_{\sigma}$)

（an egg 一个鸡蛋）

70 b. un hielo → $[un]_{\sigma}\,[hie]_{\sigma}\,[lo]_{\sigma}$ (*$[u]_{\sigma}\,[nhie]_{\sigma}\,[lo]_{\sigma}$)

（an ice 一份冰激凌）

这些例子的正确音节划分形式要求鼻音和滑音分属于不同的音节，这一事实表明，作为鼻音同化的一种更为普遍现象的组成部分，鼻音的发音方式为其后滑音所同化，但这种同化仅仅出现在当两个音段不属于同一音节的情况（见 Hooper，1972，1976）。于是，我们发现（21a）例中出现的为软腭鼻音，而（21b）出现的则为龈腭鼻音，如（22a）和（22b）的音标所示，其中 [ǹ] 表示龈腭鼻音（见 Harris，1969）。

（22） a. un huevo → [uŋweβo]

b. un hielo → [uǹjelo]

然而，当鼻音和滑音同属于一个音节时，此类同化现象则不会出现。

（23） a. nuevo → [nweβo] (* [ŋweβo])

b. nieto → [njeto] (* [ǹjeto])

如果唯一的音节结构指派是通过后词汇规则应用于整个句子来实现的话，那么我们便无法解释一个独立单词内部的滑音前和不同单词中滑音前的鼻音同化模式之间的差别了。在这两种情况中，鼻音和滑音都会被划归给后面的元音做音节的节首，且在这一位置并没有出现同化现象。因此有必要允许音节划分规则作用于单个的（音系）词，把（此处的）鼻音和滑音（见（21））指派给不同音节。西班牙语允许跨词汇音节划分（如前面（16b）和（18b）所示），可以用后续的音节重组规则的应用来进行解释。[13]

法语中的连读增音规则是跨词汇应用的另一个例子。该规则与连接配音规则（Enchaînement）一起可以解释词末辅音的发音以及将其归入后面单词起首的音节重组现象，至少在非正式言语是这样：[14]

（24） a. tout ouvert　→ [tou]$_\sigma$ [tou]$_\sigma$ [vert]$_\sigma$　（completely open 完全打开）
　　　b. les îles　→ [le]$_\sigma$ [sîles]$_\sigma$　（the islands 诸岛屿）
　　　c. mes oncles　→ [me]$_\sigma$ [soncles]$_\sigma$　（my uncles 我的叔叔）

这种把音段划分成音节的方式也遵循了见于词内的同一模式。

（25） a. coutumière　→ [cou]$_\sigma$ [tu]$_\sigma$ [mière]$_\sigma$　（customary (fem.) 习惯的（阴性）） 71
　　　b. asile　→ [a]$_\sigma$ [sile]$_\sigma$　（asylum 收容所）
　　　c. maison　→ [mai]$_\sigma$ [son]$_\sigma$　（house 房子）

初看起来似乎存在着这样一种可能：使用单独的一套音节划分规则，且仅在所有单个词汇组成句子后再指派音节结构。但这种可能并不存在，因为还有另一条规则要求必须参照该词的音节结构，参照源自更大范域的跨词汇音节划分所得出的结构，这必将会产生错误的结果。在法语中，[e] 和 [ə] 都不出现在重读的闭音节。在这种情况下，这两个元音都变成了 [ɛ]（特别见 Schane，1968；Basbøll，1978；Lowenstamm，1979，1981）。因此，*sèche*（dry（阴性））的读音是 [sɛʃ]，而 *sécher*（'to dry'）的读音则为 [seʃe]；*première*（first（阴性））读 [prəmjɛr][15]，而 *premier*（first（阳性））则读 [prəmje]。在音节划分规则仅在把词汇插入句法结构后才应用的系统中，这些规则将把音节结构指派给（26）所示的短语，括号中的音标基本为音位符号。

（26） a. la première année → *...[prə]$_\sigma$ [mje]$_\sigma$ [ra]$_\sigma$ [né]$_\sigma$
　　　　'the first year'
　　　　（第一年）
　　　b. sa première idée → *...[prə]$_\sigma$ [mje]$_\sigma$ [ri]$_\sigma$ [de]$_\sigma$
　　　　'his first idea'
　　　　（他的第一个想法）

在上述例子中，*première* 中的 /e/ 位于开音节。由于把底层的 /e/ 变为 [ɛ] 这一规则仅应用于闭音节，所以不适用于（26）。然而，这却是正确的发音形式，因为 *première* 的发音带有 [ɛ]，即使在上述短语的例证里也是一样。足见，音节结构首先应该在（音系）词的层面指派，这是十分必要的。这就把我们所讨论的元音归入到了闭音节，见（27）。

（27） a. la première année → ...[prə]$_{\sigma}$ [mjer]$_{\sigma}$ [a]$_{\sigma}$ [ne]$_{\sigma}$

b. sa première idée → ...[prə]$_{\sigma}$ [mjer]$_{\sigma}$ [i]$_{\sigma}$ [de]$_{\sigma}$

现在，我们便可以使用把 /e/ 变成 [ɛ] 的规则了。然后，音节重组规则才把音节末辅音移至后面音节的音首，得出了正确的结果，见（28）。[16]

（28） a. ...[prə]$_{\sigma}$ [mjɛ]$_{\sigma}$ [ra]$_{\sigma}$ [ne]$_{\sigma}$

b. ...[prə]$_{\sigma}$ [mjɛ]$_{\sigma}$ [ri]$_{\sigma}$ [de]$_{\sigma}$

72 西班牙语和法语的例子表明，甚至在允许跨词汇音节划分的语言里，解释这一现象的音节划分过程决不是这些语言的唯一划分方式。所以有必要对以下两种音节划分加以区别：应用于句子派生相对后期的更大范域（我们称其为“音节重组”）的跨词汇音节划分和应用于早期派生且把音系词作为范域的基本音节划分。正如我们指出的那样，所有的语言都有词范域的音节划分规则，这就确保了由音系词边界所限定的音段序列整体音节的合格形式，况且并不是所有的语言都允许音节重组。但是否允许音节重组则属于音系学参数，必须视具体语言而定。这或许进一步证明了，该参数与语言的其他方面也有所关联：或许在罗曼斯诸语言（Romance languages）里存在音节重组，但在日耳曼诸语言（Germanic languages）里却不存在，这绝不是一种巧合。[17]

现在仍有待确定的是，在那些存在这种现象的语言中音节重组出现的更大范域是什么。在词层面以上，还有 4 个韵律成分，每个成分都是一个潜在的音节重组范域。在法语里，看起来，强制性连读增音规则的范域是音系短语（见以下第 5 章和 Selkirk，1978b），而在西班牙语里其范域似乎更大——为“语调短语”，或乃至音系话语（phonological utterance）。但在意大利语则更难对音节重组的范域予以划定，因为意大利语里几乎没有以辅音结尾的单词，况且这些词大部分都不属于任何主要词类（如 *non* ‘not’，*con* ‘with’，*il* ‘the（阳性，单数）’，*per* ‘for’）。这些词与后面以元音起始单词的组合需要音节重组，通常皆构成一个音系短语（见第 5 章），使其看上去构成了音节重组的范域，法语的情况亦是如此。为了更准确地评定意大利语音节重组的范域，尚需要更多的补充数据和其他类语言现象的支撑。句法性叠音规则（Raddoppiamento Sintattico，RS）便是其中的一种，这将在第 6 章予以讨论，该章将论证意大利语的音节重组范域实际上就是音系短语。然而，在普通意义上的音节重组范域问题，及其与具体语言音系其他方面的相互关系问题，未来值得我们给予更多的关注。

3.1.2　作为音系范域的音节

音节划分规则和音节重构规则必须参照诸如音系词和音系短语等更大的范域；而音节本身也可充当其他规则的应用范域。事实上，我们将证 73
明，音节是音系学可充当（音段）音系规则应用范域的最小单位。

近年来，在探究和描述音节的内部组构方面产出了丰硕的研究成果。这些研究（尤其是 Kiparsky，1979；Harris，1983 等）沿循了派克（Pike）和派克（1947）及富奇（1969）等语言学家此前所提出的研究路线，赞同（29）所给出的音节结构模架。

（29）

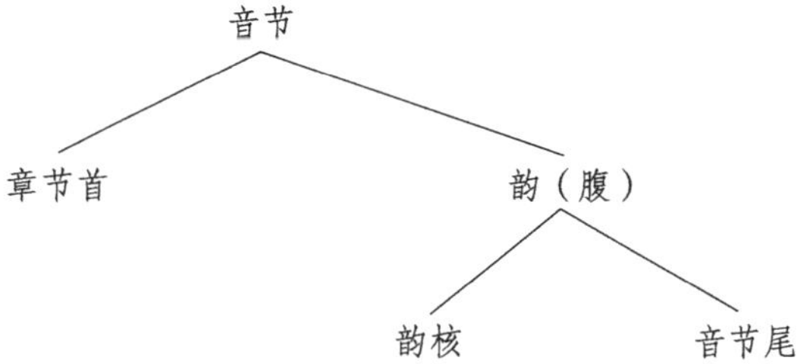

这一结构模架的大部分理据都源自对音节结构（尤指韵（腹）（thyme））

和重音指派及声调之间关系的观察（亦见 Newman，1972；Hyman，1977；Hayes，1981）。另一类理据来源于语言对音节内部的音段组合有极其严格的限制这一事实。就次音节单位（sub-syllabic units）在重音、声调赋指和音位配列限制等方面的作用而言[18]，以上这两类理据看似非常令人信服，但对于把这些单位作为音段音系规则的范域并没有给出任何理据支持。尽管也有人尝试把次音节单位的功用扩展至这一领域，如哈里斯（1983）就提出，（尤其是）韵（腹）应作为西班牙语诸多音段规则的应用范域。然而，问题是同样的规则也可被视为把音节作为音系学范域的理据，详见以下论述。

根据哈里斯的观点，描写西班牙语某些方言的软腭化规则（Velarization rule）的最好方法是：当 n 位于音节的韵（腹）位置时，则发 [ŋ] 音（p. 46）。

（30） n → ŋ
     |
     R

该规则可以解释以下例子的软腭化现象（源自 Guitart，1979，1980，引自 Harris）：

（31） a. cantan → ca[ŋ] ta[ŋ] （(they) sing（他们）唱）
74 b. instituto → i[ŋ] stituto （institute 建立，设立）
c. constante → co[ŋ] sta[ŋ]te （constant 始终的，恒定的）

按照哈里斯的观点，（30）中软腭化规则的表达式具有作用于韵（腹）任意鼻音音段的优势，无论是在音节末（如（31a）中的两个 n），还是非音节末位置（如（31b，c）第一个音节中的 n，它们在同一音节里后面都跟有一个 s）。凡具有（30）语境形式的任何规则，或具有更常见的（32）的表述形式（见 Harris，p.40）也可以使用一种直截了当、简洁明了的方式进行表征，且参照音节又不会在概括性方面有任何损失，见（33）。

（32） x → y / ____
       |
       R

（33） $x \rightarrow y / \_\_\_ C_0]_\sigma$

于是，（30）的软腭化规则可重新表征为（34）。

（34） 软腭化规则（Velarization）

$n \rightarrow \eta\, /\ \_\_\_\_ C_{0}]_{\sigma}$

对于哈里斯所提出的作为韵—范域规则的其他 6 条规则，我们亦可用同样的方式一一论证，见表 1（选自 Vogel, 1985）。

现在的问题是，上述所见的这些规则是应该被视为只把韵（腹）作为音系规则的例证呢，还是把音节作为音系规则范域的证据？一种音系系统允许使用两种方式对特定现象给予形式化描述，其解释力显然要弱于仅许可一种方式的表征。因此，有必要找出一种方式在这两类表征中做出选择。然而，截至目前，我们尚未发现这些规则有特别的证据倾向于韵（腹）表征或音节表征。下面，我们先来看一看用于解释（35c，d）例词中为摩擦音 [ž] 但在（35a，b）的例词里却为滑音 [i̯] 的滑音强化规则（Glide Strengthening）。

（35）	a. ley	→	le[i̯]	（law 法律）
	b. comiendo	→	co-m[i̯]endo	（eating 吃）
	c. leyes	→	le-[ž]es	（laws 法律（复数））
	d. creiendo	→	cre-[ž]endo	（believing 相信）

哈里斯提出了以下音节范域的滑音强化规则（p. 58）：

（36） i̯ → ž / $[_{\sigma}$____

尽管哈里斯认为前面所提到的滑音为韵（腹）的一部分，但该规则无 76
法重新表征为（32）韵—范域规则这一形式，因为该规则并不是作用于韵（腹）的任意滑音，而只是作用于同一音节内其前面没有其他音段的滑音。因此，有些音节—范域规则无法根据韵（腹）范域进行重建，而所有韵—范域规则都可以重新表征为音节—范域规则。于是，我们提出，通过彻底废除韵—范域规则的可能来解决上述问题——即如何判定一具体现象是否应表征为韵—范域规则，还是音节范域规则。这样，音段音系规则的最小范域便是音节了。换言之，即便韵（腹）仍可能在重音、声调赋指和音位配列制约的构成方面起一定作用，但它已不再是音段音系规则的范域。于

75

表 1　使用韵腹和音节组成诸规则的对照表

（只有相关的音节分界才使用“__”标示）

规则	哈里斯的序号	页码	哈里斯的规则	选择性规则表征	例证
软腭化规则	3.3a	46	n→ŋ │ R	n → ŋ / ____$C_O]_\sigma$	constante → co[ŋ]s-ta[ŋ]-te ‘constant’ cantan → ca[ŋ]-ta[ŋ] ‘(they)sing’
送气规则	3.3b	46	s→h / [+son]____ │ R	s → h / [+son]____$]_\sigma$	tienes → tiene[h] ‘(you)have’ después → de[h]-pué[h] ‘after’
流音规则	3.7	48	L→i̯ │ R	L → i̯ / ____$C_O]_\sigma$	perspectiva → pe[i̯]s-pectiva ‘perspective’ revolver → revo[i̯]-ve[i̯] ‘revolver’
边音去腭音化规则	3.15	51	L→l │ R	L → l / ____$]_\sigma$	donce/L/ → donce[l] ‘lad’ be/L/dad → be[l]-dad ‘beauty’
鼻音去腭音化规则	3.21	53	ñ→n │ R	ñ → n / ____$]_\sigma$	re/ñ/cilla → re[n]-cilla ‘quarrel’ desde/ñ/ → desde[n] ‘disdain’
r- 强化规则 (i)	3.45	63	r→r̄ / [+cons]____ │ R	r → r̄ / [+cons]$[_\sigma$____	honra → hon-[r̄]a ‘honor’ alrededor → al-[r̄]edador ‘around’
r- 强化规则 (iii)（强调式）	3.49	65	r→r̄ │ R	r → r̄ / ____$C_O]_\sigma$	mártir → má[r̄]-ti[r̄] ‘martyr’ superstición → supe[r̄]s-tición ‘superstition’

是，我们得到的是具有更强制约力、更高评测功能的系统，因为略去了一个音段规则的应用范域，并消除了在一个规则的两个不同表征中进行抉择的窘境，或许同时它也免除了出现功能的重复，比如当韵腹和音节均可能是单个现象的潜在应用范域。

如上所见，在西班牙语的不同变体中（至少）有 8 条规则需要参照音节来构建[19]。尽管所有这些规则均被表征为范域界限规则（domain limit rules）（即其作用方向与音节左或右侧的信息相关），但值得注意的是，其中的“送气规则”也可以表达为跨度规则（span rule）。这就是说，没有必要清晰地描述出 s 位于音节的右侧末尾为送气音的这一事实。因为我们所讨论的这个 s 总是位于这个位置，这是由西班牙语音节结构的普遍制约条件来决定的。换言之，这里的 s 只要它的前面是个 [+ 响音性] 音段的话，它不可能出现在任何其他位置上，这是由规则的应用语境决定的。因此，我们可以把送气规则表征为音节跨度规则，而不是表 1 中所给出的形式。

（37） s　→　h / $[...[+son]\_\_\_\_...]_{\sigma}$

由于事实上规则最右侧由“...”所示的位置不会出现任何成分，故范域跨度的规则表征与范域界限表征的结果并无二致。就此而言，我们则无需在两种可能之间进行取舍，因为我们无法确定究竟哪一类规则有更高的价值，况且它们二者的表征都至简至易。应该指出的是，谈到跨度的解释方式，其中运用了西班牙语音节结构的相关信息，在任何情况下该信息都必须在语法中得到表达，因此也就被认定是一种颇为理想的表达形式。

在本节的后续部分，我们将探究的现象表明，除西班牙语外，音节也 77
是其他语言音段规则的应用范域；而且音节层面规则除了可作为界限规则或跨度规则应用外，还可以作为范域音渡规则（domain juncture rules）作用于两个音节间的音渡。

下面我们先来看一下英语的喉音化规则（Glottalization）。众所周知，喉音化规则是解释 *t* 的主要音位变化及美式英语中其他清塞音变化的 3 大规则之一（有关其他两个规则——送气和闪音——的讨论分别见本章的3.2节和第8章）。从音段角度来讲，我们可以说，当*t*跟在一个[-辅音性]音段后便会出现喉音化，此处*t*的变化条件为：1）处于绝对末位；2）在一个（音系）词内，其后跟除*r*以外的任何辅音；3）其后的毗邻词以辅音或滑音起首。如（38）中的例子所示，这些语境条件恰恰就把*t*限制在了音节的末尾（尤见Kahn，1976，1980）。

（38） a. wait → [wai[$t^{ʔ}$]]$_{\sigma}$
b. report → [re]$_{\sigma}$[por[$t^{ʔ}$]]$_{\sigma}$[20]
c. giant → [gi]$_{\sigma}$[an[$t^{ʔ}$]]$_{\sigma}$[21]
d. atlas → [a[$t^{ʔ}$]]$_{\sigma}$[las]$_{\sigma}$
e. witness → [wi[$t^{ʔ}$]]$_{\sigma}$ [ness]$_{\sigma}$
f. wait patiently → [wai[$t^{ʔ}$]]$_{\sigma}$[pa]$_{\sigma}$...
g. wait reluctantly → [wai[$t^{ʔ}$]]$_{\sigma}$[re]$_{\sigma}$...
h. wait wearily → [wai[$t^{ʔ}$]]$_{\sigma}$[wea]$_{\sigma}$...

值得注意的是，当词末的*t*后跟的是相邻音系词的元音（无论是在复合词还是短语内），*t*都不会出现喉音化，如下所示。

（39） a. night owl → *nigh[$t^{ʔ}$] owl
b. heart ache → *hear[$t^{ʔ}$] ache
c. wait a minute → *wai[$t^{ʔ}$] a minute
d. wait eagerly → *wai[$t^{ʔ}$] eagerly

在上述例子中，我们看到的是闪音而不是喉音化的*t*。要把这一现象从喉音化的情况中加以分离的一种方式可以把词末的*t*划归给后一音节的首音进行音节重组，基帕斯基（1979）就采纳了这一方案。诚然，正如我们上文所论证的那样，这种方式并不可行。我们在这里所采取的办法是，允许闪音规则在喉音化规则前使用。于是，*t*在诸如（39）的语境中将变为闪音，这样*t*也就不受后续喉音化规则的影响，因为喉音化规则只作用于清塞音，而不作用于闪音（亦见Vogel，1981）。

78 基于上述观察，我们可以把喉音化表征为一条音节范域规则，确切地说是范域界限规则，如（40）所示。

（40） 喉音化规则（Glottalization）

t → $t^{ʔ}$ / [...[-cons]____]$_\sigma$

另一条把音节作为应用范域的规则是荷兰语某些变体的央元音插入规则（Schwa Insertion）（尤见 Booij，1981；Trommelen，1983；van der Hulst，1984）。根据此规则，央元音可插入在流音和后面非舌冠（noncoronal）塞音之间，其条件是该流音和塞音属于同一音节。[22] 试比较（41）和（42）中的例子，央元音插入规则可应用于前者，但却不能用于后者。

（41） a. park: [park]$_\sigma$ → par[ə]k （park 公园）
b. helpster: [help]$_\sigma$ [ster]$_\sigma$ → hel[ə]pster （helper (fem.) 助手）
c. helft: [helft]$_\sigma$ → hel[ə]ft （half 一半）
d. melk: [melk]$_\sigma$ → mel[ə]k （milk 牛奶）
e. melkachtig: [melk]$_\sigma$ [ach]$_\sigma$ [tig]$_\sigma$ → mel[ə]kachtig （milklike 奶样的）
f. melkauto: [melk]$_\sigma$ [au]$_\sigma$ [to]$_\sigma$ → mel[ə]kauto （milk van 运牛奶的车）

（42） a. parkiet: [par]$_\sigma$ [kiet]$_\sigma$ → *par[ə]kiet （parakeet 长尾小鹦鹉）
b. pulpig: [pul]$_\sigma$ [pig]$_\sigma$ → *pul[ə]pig （pulpy 果浆状的）
c. Margreet: [Mar]$_\sigma$ [greet]$_\sigma$ → *Mar[ə]greet （proper name 专有名词）
d. wolkig: [wol]$_\sigma$ [kig]$_\sigma$ → *wol[ə]kig （cloudy 多云的）
e. melkerij: [mel]$_\sigma$ [ke]$_\sigma$ [rij]$_\sigma$ → *mel[ə]kerij （milk farm 牛奶场）

应该注意，央元音插入规则应用于（41e，f），尽管流音和塞音序列 *lk* 后面跟的是元音，在这种环境下，我们可能认为这两个音段分属于不同的音节。试把这些例子跟（42d，e）加以比较，在后者的相似音段语境中该规则不能应用。事实是，在（41e，f）中 *l* 和 *k* 属于同一音节，但在（42d，e）中则属于不同音节，这便是二者的区别所在。我们还要注意，荷兰语的音节划分范域是音系词，通常不包括带词干的词缀。由于 *-achtig* 本身是个可自成音系词的后缀之一，故 *melk* 中的 *k* 不能跟其后面后缀以元音起始的音节划在一起。因此 *k* 仍保留在 *melk* 的末尾，与 *l* 属于同一音节，这就为央元音插入创造了适当的应用语境。类似的情况亦见于复合词 *melkauto*，由于该复合词的两个组成部分在荷兰语构成了两个不同的音系词，因此 79

*k*必须留在第一个音节的末尾，而不能划归给后面以元音起始的音节，使两者分属于不同的音系词。相反，（41d）中的后缀 *-en* 和（41e）中的后缀 *-erij* 则不构成各自独立的音系词（见 Booij，1977）。因此，在这些例子中，*k* 便成为了后面音节的首音，故没有出现央元音插入规则的应用语境。

以下音节范域规则可表征央元音插入的事实，其中“L”代表一个流音：

（43） 央元音插入规则（Schwa Insertion）

ø → ə / [... L ____ [−舌冠性] C_O]$_σ$

上述所表征的央元音插入规则属音节界限规则，该规则的应用需参照音节的右侧信息——在 [−舌冠性]（[-coronal]）音段后跟随任意一个或多个辅音，如规则中的 C_O 所示。参见（41c）。

应该注意，跟西班牙语的送气规则一样，央元音插入规则也可以视为跨度规则。换言之，鉴于荷兰语对音节结构的普遍性制约，即要求该规则应用的相关位置（在流音与后面的非舌前塞音之间）为音节右侧的末位，因此这一信息便没有必要在规则里给予明确的表征。[23] 故作为跨度规则的央元音插入可表达为（44）：

（44） ø → ə / [... L ____ [−舌前] ...]$_σ$

另一条音节范域规则是塔马塞特 · 柏柏尔语（Tamazight Berber）里的强化规则（Strengthening）（见 Saib，1978）。当 [θ] 和 [ð] 的前面为对应的咝音 [s] 和 [z] 时，该规则会把非咝音性摩擦音 [θ] 和 [ð] 分别变为 [t] 和 [d]，且只有当所论及的音段属于同一音节。下面来看一下（45）中 Saib（p. 98）所给的示例。在后面无标记括号之间的是语音音标；个别音段下的圆点为语音强调符号。

（45） a. /θafusθ/: [θa]$_σ$[fusθ]$_σ$ → [θafust] （little hand 小手）

b. /θazðusθ/: [θaz]$_σ$[ðuzθ]$_σ$ → [θazðust] （little mortar 少许砂浆）

c. /θəkkəsð/: [θək]$_σ$[kəzð]$_σ$ → [θəkkəzd] （you took off 你脱下）

d. /θəmmizð/: [θəm]$_σ$[mizð]$_σ$ → [θəmmizd] （you stretched 你拉伸）

当两个摩擦音属于不同音节时，强化规则不再适用，如上述（45b）

及以下例证中 /zð/ 的前一序列所示。

（46） a. /usθu/:　[us]$_\sigma$[θu]$_\sigma$　→　[usθu]　(*[ustu])　（yarn 纱线） 80
　　　b. /i+zðəy/: [iz]$_\sigma$[ðəy]$_\sigma$　→　[izðəy]　(*[izdəy])（he linked 他连接了）

正如上述例子所示，强化规则的应用与音节右侧末位的信息相关。故此，我们把该规则表征如下：㉔

（47） 强化规则（Strengthening）

$$\begin{bmatrix} +\text{延续性} \\ +\text{前部性} \\ +\text{舌冠性} \\ -\text{刺耳性} \end{bmatrix} \rightarrow [-\text{延续性}] \,/\, [\ldots \begin{bmatrix} +\text{延续性} \\ +\text{前部性} \\ +\text{舌冠性} \\ +\text{刺耳性} \end{bmatrix} \underline{\quad\quad}]_\sigma$$

截至目前，我们讨论的全部音节范域规则（除了一条规则外）都属于范域界限规则或范域跨度规则，而且在这些规则所有的界限规则（除了一条外）的应用都要参照音节的右侧末位信息。上述规则中唯一参照音节左侧末位信息的音节界限规则是西班牙语的滑音强化规则（Glide Strengthening），如（36）所示。另外一条参照音节左侧末位信息的音节界限规则即所谓的龈腭化规则（Alveopalatalization），这是一条把 *r* 音前 *t* 音的发音部位由齿龈音变为龈腭音的英语规则。而且，该龈腭音 *t* 要么变成非送气 [c] 音，或送气的 [c^h] 音，㉕ 其结果将取决于 *t* 是否位于惯常送气音规则应用的适当语境（见 Kahn，1976）。因此，例（48）出现了龈腭化现象，而（49）则没有出现。

（48）	a. treat:	[treat]$_\sigma$	→	[c^h]reat
	b. street:	[street]$_\sigma$	→	s[c]reet
	c. retrieve:	[re]$_\sigma$ [trieve]$_\sigma$	→	re[c^h]rieve
	d. citrus:	[ci]$_\sigma$ [trus]$_\sigma$	→	ci[c]rus
	e. destroy:	[de]$_\sigma$ [stroy]$_\sigma$	→	des[c]roy
	f. nitrate:	[ni]$_\sigma$ [trate]$_\sigma$	→	ni[c^h]rate

（49）	a. night rate:	[night]$_\sigma$ [rate]$_\sigma$	→ *nigh[c] rate
	b. rat race:	[rat]$_\sigma$ [race]$_\sigma$	→ *ra[c] race
	c. cut rate:	[cut]$_\sigma$ [rate]$_\sigma$	→ *cu[c] rate
	d. tight rope:	[tight]$_\sigma$ [rope]$_\sigma$	→ *tigh[c] rope

龈腭化规则的应用可以用（50）中的规则来解释，这是一条左侧末位音节界限规则。但需要注意，*t* 的左侧可能还有另一个辅音也遵循这一规则。鉴于英语音节结构的普遍音位配列制约，所以该辅音只能是 *s*（参见（48b，e））。

81 （50） 龈腭化规则（Alveopalatalization）

$t \rightarrow c\ /\ [(C)\ \_\_\_\_\ r\ \ldots]_{\sigma}$

最后，还要注意的是，基于对音节结构更普遍的制约，龈腭化是另一个可以表征为音节跨度而不是音节界限的规则。换言之，因为在英语的音节内部唯一出现 *(s) t* 后面接 *r* 的位置是音节左侧的词首位置，龈腭化规则另外也可以表征为跨度规则（如（51）），亦可得出正确的结果。

（51） $t \rightarrow c\ /\ [\ldots\ \_\_\_\_\ r\ \ldots]_{\sigma}$

上文唯一提到的非界限规则或跨度规则的音节范域规则是西班牙语的 *r*- 强化规则（i）。该规则最初是哈里斯（1983）作为韵—范域（rhyme-domain）规则提出的，在此可根据我们提出的废除作为音系范域的韵这一主张，将其表征为音节范域规则（见上述表 1）。正如（52）所示，*r*- 强化规则（i）是一条范域音渡规则。这就是说，该规则作用于两个音节间的音渡，即某种更大的范域 D_j（可能为音系词）。

（52） *r*- 强化规则（*i*）

$r \rightarrow \bar{r}\ /\ [\ldots[\ldots[+\text{辅音性}]]_{\sigma}\ [\ \_\_\_\_\ \ldots]_{\sigma}\ldots]D_j$

当 *r* 跟在属于不同音节的 [+ 辅音性] 音段后面时（见（53）），*r* 被强化，但是当出现在同一音节时则不会被强化（见（54））。

（53）	a. honra:	$[hon]_{\sigma}[ra]_{\sigma}$	→ hon[r̄]a	（honor 荣誉）
	b. alredador:	$[al]_{\sigma}[re]_{\sigma}\ldots$	→ al[r̄]edador	（around 在周围）
（54）	a. otro:	$[o]_{\sigma}[tro]_{\sigma}$	→ *ot[r̄]o	（other 其他）
	b. agricultor:	$[a]_{\sigma}[gri]_{\sigma}\ldots$	→ *ag[r̄]icultor	（farmer 农民）

出现在音节之间音渡位置的另一种现象是芬兰语的辅音渐变（Consonant Gradation，CG）。辅音渐变由一系列较为复杂的变化组成，具有“弱化”口塞音（oral stops）的功效：双音简化，在发音部位相同的响

音 + 塞音序列中塞音完全同化为响音，*t* 变为 *d*，*p* 变为 *v*，*k* 被删除（见 Prince，1984）。这些变化的一些例证（源自 Keyser 和 Kiparsky，1984）见以下（55）。

（55） a. halute + ten → halutten → haluten[26] 82
b. pure + ten → purten → purren
c. tule + ten → tulten → tullen
d. saa + ten → saaten → saaden

正如普林斯（Prince，1984），凯泽（Keyser）和基帕斯基（1984）指出的那样，辅音渐变不作用于词首音节的辅音，更确切地说，只作用于跟在毗邻音节 [+ 响音性] 音段后的辅音。而且，辅音渐变作用的音节必须是重音节。因为在第一个音节（至少在词干上）的外部不再有长元音或双元音，而且辅音渐变作用于除了第一个音节以外的其他音节，因此该规则唯一可应用的音节类型是含有一个短元音且末尾为辅音的音节（见 Prince，p. 241）。基于这些观察，我们可以看出，辅音渐变符合音节范域音渡规则的定义。所以，这一规则可以表征为（56），其中的 weak（弱）是个概括性术语，表示所讨论的辅音可能经历的种种变化，D_j 表示该规则可作用的更大范域，如 r- 强化（*r*-Strengthening）（*i*）规则的范域可能为音系词。[27]

（56） 辅音渐变规则（Consonant Gradation，CG）

$$\begin{bmatrix}+\text{延续性}\\-\text{响音性}\end{bmatrix} \rightarrow \text{‘弱化’} / [\ldots[\ldots[+\text{响音性}]]_{\sigma}\,[\_\_\_\_\text{V C}]_{\sigma}\ldots]D_j$$

我们在这里要讨论的最后一个规则是阿拉伯语的强调规则（Emphasis）。体现阿拉伯语强调的软腭化（velarization）或咽音化（pharyngealization）规则在其大部分方言里受音节中出现有强调辅音的制约。带此类辅音的音节里的全部音段都会获强调特征（见 van der Hulst 和 Smith，1982）。下面来看一下范 · 德 · 胡思特和史密斯（Smith）所给出的例词（见（57）），其中的强调部分使用传统的方法在音段下用黑点来表示。

（57） a. rab: [rab]$_\sigma$ → [rab] （lord 主）
b. tiin: [tiin]$_\sigma$ → [tiin] （mad 发疯的）
c. raagil: [raa]$_\sigma$ [gil]$_\sigma$ → [raagil] （man 男人）
d. bukra: [buk]$_\sigma$ [ra]$_\sigma$ → [bukra] （tomorrow 明天）
e. raaʕid: [raa]$_\sigma$ [ʕid]$_\sigma$ → [raaʕid] （military rank 军衔）

范·德·胡思特和史密斯把强调现象分析为作用于音节范域的自主音段延展规则（autosegmental spreading rule），所以它与目前为止所见到的音段规则有所差别。这就是说，强调规则属于自主音段联接规则，受制于
83 特定的音系范域，正如范·德·胡思特和史密斯指出的那样，这就表明，至少有些规则既离不开自主音段联接理论，也离不开音系范域理论。[28]

基于上述所讨论的各种规则，看来把音节作为音系规则应用范域的有效性是毋庸置疑的。事实上，我们已对把音节作为三种类型的韵律规则的应用范域予以举例说明，即：范域界限规则、范域音渡规则和范域跨度规则。其中的一些例证已表明，对于某些具体规则也可有两种表征方式，如既作为音节界限规则，又作为音节跨度规则。然而，由于这两种规则的表征方式都简约明了，而且我们在此也没有足够理由说明哪一种具有更大的优势，所以还无法在二者中择选其一。

接下来，我们将来讨论韵律层级中的另一个层面“音步”，这是个比音节争议更大的话题。

3.2 音步

在本书我们所提出的韵律音系学模式中，音节首先要组合构成中阶成分“音步”，而不是直接组构成词。在生成音系学（尤其是节律理论（metrical theory））中，支持音步的大部分论证皆基于重音指派。这就是说，音步被视为决定单词及更大语符串成分中重、轻音节位置的基本单位（尤见 Liberman 和 Prince，1977；Halle 和 Vergnaud，1978；Kiparsky，1979；Selkirk，1980b；Hayes，1981）。然而，近来这一观点却饱受一

些当初音步论支持者的驳论（尤见 Prince，1983；Selkirk，1984b），他们认为，解释一种语言重音模式的正确方式不是音步，而要依照节律栅（metrical grid）来完成。这一观点后来又得到了进一步的发展，有人进而主张，在音系学里根本不存在音步这一成分，因为“绝大多数所谓的音步敏感规则（foot-sensitive rules）都可以重构为对重—轻音差异敏感的规则”（Selkirk，1984b: 31）。就重音而言，节律栅理论（metrical grid theory）在论及音步方面比节律树理论（arboreal theory）更具令人瞩目的优势，但这是否也能免除音步作为其他类音系规则范域的作用，我们尚不清楚。其实，即使所有音步敏感规则皆可按照节律栅的构形来进行形式化表征的话，也并不意味着，音步应该从音系理论中彻底移除。其实，这种关于音步作用的研究方法使我们回忆起早期反对把音节作为音系学单位的论点（尤见 Kohler，1966；Leben，1973）。况且，类比一下有关音节的发现，人们或许会质疑，把作为某些音系规则范域的音步彻底移除的风险之一是，某些选择性的解释势必就会要求把音步的定义融入规则本身的形 84
式化表征。其结果必然是以牺牲概括性为代价。在 3.2.2 节，我们将分析几例与音步相关的音系规则的使用，并依据这些规则来论证，音步的确是音系学的一个不可或缺的重要成分。这样，在 3.2.1 节里，我们将首先来看一下几个与音步结构相关的问题。

3.2.1 音步的结构

概括地讲，音步的结构可描述为由一单个节点支配的语符串，其中包含一相对较强的音节和若干相对较弱的音节（尤见 Liberman and Prince，1977；Kiparsky，1979）。然而，正如海斯（1981）所示，基于对众多语言的分析，在具体语言中对于音节如何划分为音步有着极其严格的限制。也就是说，一种语言可能拥有偶分音步（每个音步由两个音节组成），或者无界音步（unbounded）（即音节的数目不限）。在特殊情况下，拥有偶分音步的语言也可以有三分（ternary）音步，尽管这种情况是有标记性的，且三分音步的出现位置常常极为受限。最后一种音步类型或许也是一种标记性结构，即“退变性”（degenerate）单音节音步。

此外，海斯（1981）还表明，不同的语言不仅表现在（这些语言允许）音步所含音节数量有所不同，而且还表现在音节结构与音步结构是否相关。这就是说，在某些语言中，一个音节的重轻在构建音步时必须加以考虑，于是便产生所谓的音量敏感型（quantity sensitive）音步；而在另一些语言里，音步的构建无需参及音节的重轻，故而产生所谓的音量不敏感型音步。这一参数跟偶分音步及无界音步参数予以组合后便得出了以下 4 种可能的音步类型，见（58）。[29]

（58） a. 偶分，音量敏感型（binary, quantity sensitive）
　　b. 偶分，音量不敏感型（binary, quantity insensitive）
　　c. 无界，音量敏感型（unbounded, quantity sensitive）
　　d. 无界，音量不敏感型（unbounded, quantity insensitive）

我们在此假定，海斯对各种不同类型音步的描述基本正确。但是，就音步树形图的性质而言，我们却与海斯（1981）的观点有所不同。海斯坚持认为，音步是偶分结构，与节律音系的树理论相互一致（亦见 Liberman 和 Prince，1977；Kiparsky，1979；Selkirk，1980b），但在我们所提出的
85 模式中，所有的韵律成分均为多分（n-ary）结构（见第 1 章）。音步结构的差异只表现于三分音步和无界音步之差；而偶分音步和退变性单音节音步在两个理论体系中的表征方式很明显没有差异。但偶分音步结构存在的一个问题是，这种音步包含了过多没有必要的结构形式（见第 1 章的讨论）；况且，该结构所作的预测其实亦无法得到证实。让我们来看一下（59）所给出的偶分音步结构，该图表现为一个左强音节的无界音步。

（59）

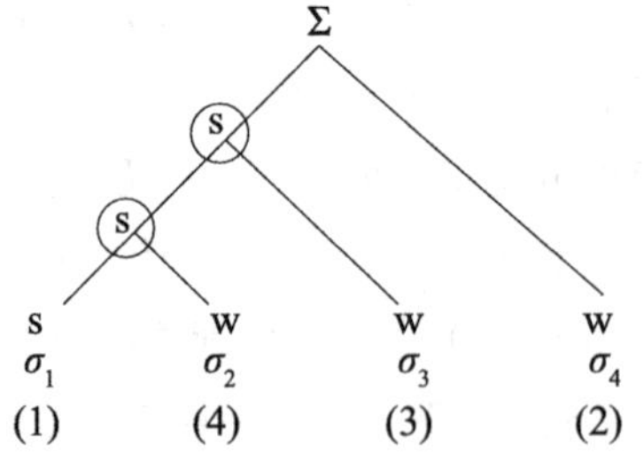

此类树形图产生的内部节点界定了整个音步树形图所含子集的各个成分，如（59）中的圆圈所示。换言之，上一层面圆圈中的节点所构建的成分包含有音节 σ_1 - σ_3，而下面圆圈中的节点所构建的成分只包含音节 σ_1 - σ_2。足见，这种附加成分结构是羡余的，因为没有哪一个规则将其作为主要参照，即便是可能存在这类规则，如果有理据支持此类规则需要参照这种成分结构。在采用偶分树形图的理论中，有必要对带有类别标记和不带类别标记的节点予以区别（见 Nespor，1983）。而在采用多分支树形图的理论中则没有必要做出此类划分，因为所有节点都带有类别标记。

偶分树的另一个问题与此类树形图所产生的重音模式有关。按照诸如（59）所示的树形图对重音模式的通常解释（基于 Liberman 和 Prince（1977）的计算方法），最强音节为最左侧的音节 σ_1，如该音节下方的重音值数字 1 所示；次重音则落在音节 σ_4 上，由数字 2 标示。音节 σ_3 和 σ_2 渐次减弱。正如莱本（1982：182）指出的那样，“我们无需使用音步内部结构来标明主、次重音之间的关系，因为就目前的假设而言，音步已被定义为包含一个且只含有一个重读音节。”这样一来，由偶分结构所预测的 86
音步内部的复杂重音关系就变得多此一举了。然而，在多分树形图中，这一问题连同上述问题皆可以避免。因为多分树形图的平铺式结构在音步和音节之间没有任何中介节点，如（60）所示。所以，在此类结构中，除了它所支配的音步和音节外便没有任何其他成分了。但就重音而言，每个音步只能有一个强音节，例（60）为左强式。所有其他音节均为弱音节，而且对于此类结构的相对突显关系亦无需给出预测。

（60）

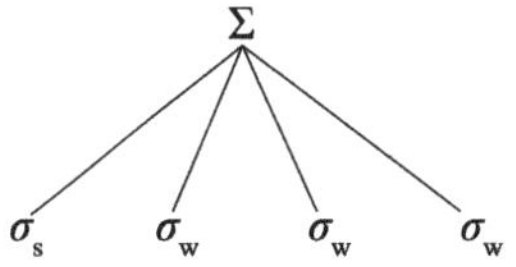

此外，莱本（1982）还表明，海斯用来构建偶分树的同类信息也可以用来构建多分树形图，后者亦可以充分体现所有同类的必要结构，同时又

排除了不必要的结构。试比较（62）中的偶分树和多分树的表征形式，它们与（61）的文字表述互为对应，（61）也是海斯在其音步构建中所使用的典型表述。请注意：音步的 *s* 和 *w* 标记表示它们在单词树形图内的相对突显关系；因此主重音的音节下方标记为 [+A]。

（61）把最大的无界右向支配音步由右至左加以指派，确保不会出现任何逆向 [即 w（弱）] 节点含有 [+A]。（Leben's（10），p. 182）

（62）a. 偶分树结构

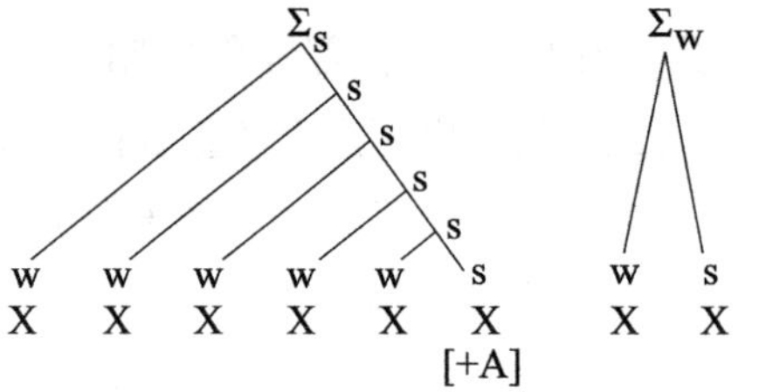

87 b. 多分树结构

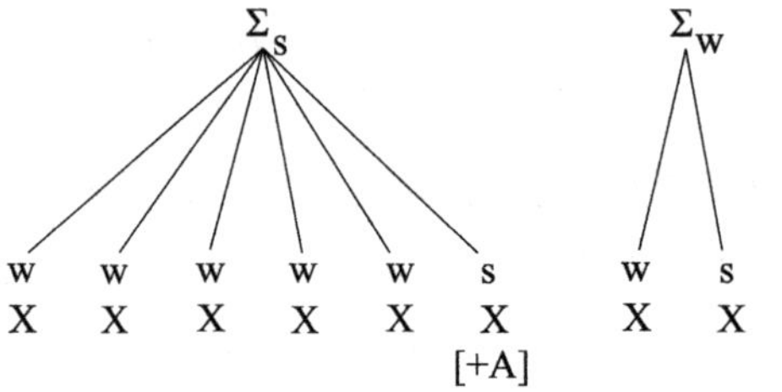

（源自 Leben's（11），p. 182，略有修改）

上述的文字表述所给出的重音模式和树结构其实跟海斯所提出的西格陵兰爱斯基摩语（Eskimo）的情况十分相似。但是，应该指出，海斯（1981：58）中所使用的文字表达指的是支配节点而非逆行节点。这就是说，海斯提出了，带有分支韵（腹）的音节为重读音节，譬如最后的音节那样。然而，按照海斯的说法，西格陵兰爱斯基摩语不用词树形图，故音步节点可能不必标注为（62）的情形。

此外，（62a）中的结构类型与海斯体系的另一结构类型非常相像，但该结构类型恰恰指出了海斯与我们解决方案的另一大差别。在喀尔喀蒙古语（Khalkha Mongolian）中，重音落在第一个长元音或没有长元音单词的第一个元音上（见 Hayes，pp. 63—64）。这种重音模式可以用如（63）给出的规则进行解释。

（63） 至于韵（腹）内 [+ 音节性] 音段的映射（projection），在词的左边界指派一最大无界右向支配音步，使支配节点为分支结构；如果没有长（即：分支）元音的话，则重读第一音节。

如果我们使用特征 [+A] 标示分支节点，我们就会把（64a）中的音步结构指派给上述（62）所见的 Xs 的相同序列。根据海斯的观点，如果没有把 X 指派给由（63）所生成的音步，那么在离散音节附接规则（Stray Syllable Adjunction）的作用下 X 便直接并入了左向支配的词（ω）树形图，如（64b）所示。

（64） a. 音步树形图 88

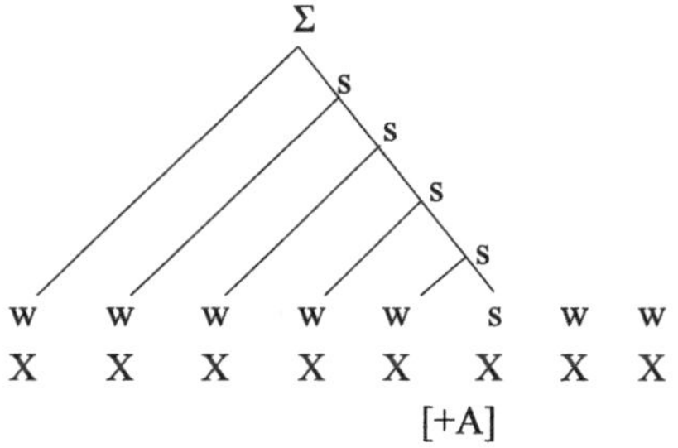

b. 词树形图

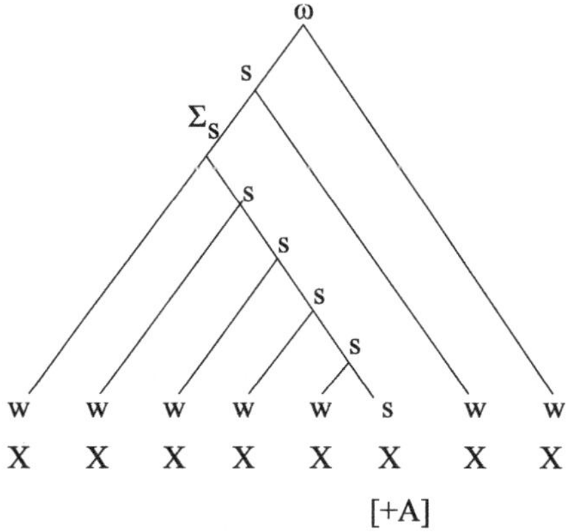

这一结构类型以及不含长（即：分支）元音所建立的结构类型的例子分别见于（65a）和（65b）（引自 Hayes，p. 64）

（65）

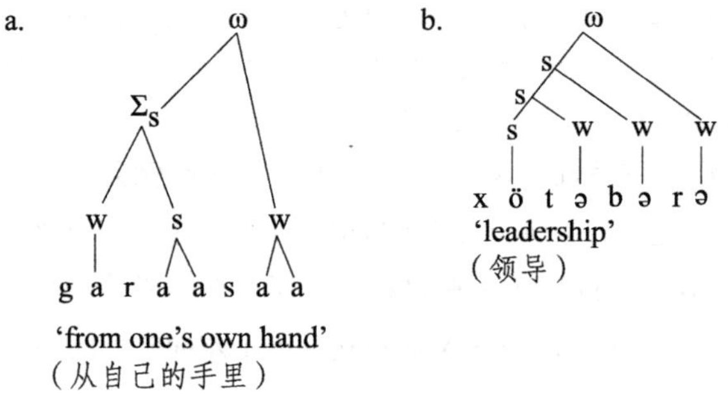

89 除了偶分树以外，这些结构在我们提出的理论体系中都不予接受，因为它们都违背了严格层级假说（Strict Layer Hypothesis），[30]在（65a）中的尾音节连同音步一起由音系词节点支配，但在（65b）中的音系词支配仅包含音节的语符串。然而，根据严格层级假说，所有的音节必须在音步划分成音系词之前先行组成音步。在海斯（1981）提出的框架里，不仅一个与音系词大小相同或小于音系词的特定音系成分在一些语言里出现而在另一些语言从不出现的现象成为了可能，而且使在同一语言中一特定成分只出现在一些单词而不出现在其他单词的情况也成为了可能。

在（66）中，我们对（65）的例子提出了以下分析：

（66）

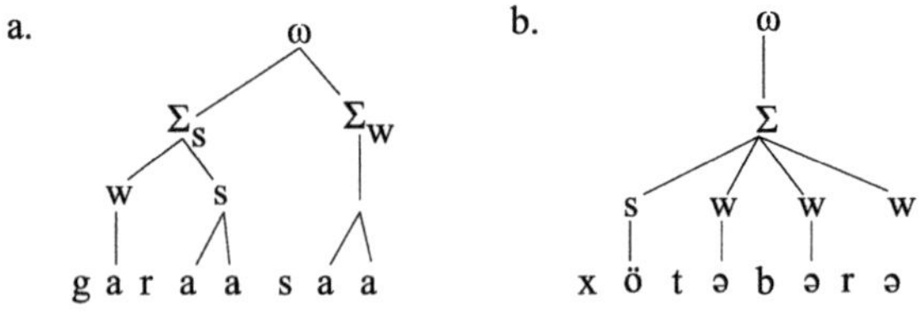

这些结构可以用构建（64）的结构相同的表述条件来构建。其中的唯一区别是，在词树形图建立之前，凡不属于音步成分的任何音节都必须归入一个（单个）音步。在含有严格层级假说的音系体系中，这一操作过程则无需予以明确说明，因为它严格地遵循着这一假说。因此，多分树形图及附加音步结构使我们已无需赘述在特定语言里，所有音步的所有支配节点都必须为分支结构（见 Vergnaud 和 Halle，1978；Hayes，1981）。与之相反，我们现在所拥有的是贯穿具体语言乃至跨语言更为整齐划一的树形结构，无需给语法增加任何负担。

最后，还应注意的是，如果我们针对如（64）中的 X 语符串提出的两个音步的分析方法将预测，该词有两个强音节，而（64b）中的“一音步 + 两附加音节”的分析所给出的预测则是，只存在一个强音节。如果语言里有这样一些词汇，我们要给每一单词指派两个音步，实际上每个词都只有一个重音而没有次重音，我们便可以使用具体语言的语音解释规约加以阐释，同样得到只有强节点才能被感知为主重音的事实，在本例的表现是重音位于最左侧。然而，从论及重音模式的近期研究来看（尤其是 90
Prince，1983；Selkirk，1984b），事实上，在一种语言里一个较长的多音节词只有一个强音节的可能性似乎很小。显然，我们还需要进一步深化对诸如喀尔喀蒙古语一类语言的研究。

简而言之，在我们所提出的模式里，音步是韵律层级的一个成分。与所有其他韵律成分一样，音步也是多分支结构。这一体系的普遍性原则将确保每个音步只有一个音节是强音节，而语言特殊性规则将决定哪个音节是强音节。就无界长音步而言，在节律栅理论框架中所讨论的普遍格律原则可能会带来其他一些格律的交替变化。这里，我们将不再进一步讨论指派音步结构的规则问题。如对音节的讨论，我们在下面的部分开始对音步范域内的音系规则进行讨论。最后，尽管有些语言允许类似于音节重构的“音步重构”（refooting）可以跨词汇应用，但我们仍旧把音步构建的基本范域视为音系词，这亦等同于音节（亦见 Selkirk，1978b；及以下的第 4 章）。

3.2.2 作为音系范域的音步

正如我们在上一节看到的那样，音步的界定与重音关系密切，但重音并不是与音步相关的唯一音系现象。其实，我们在本节将表明，还有些不同类型的现象也必须参照音步。具体而言，我们还将讨论若干音系规则、语音配列制约条件以及诗韵的定义，其形式化表征均依赖于音步形式。此外，我们还将表明，尽管音步与重音之间存在着密切的关系，但音步作为音系范域却不能为重音模式取而代之。这就是说，有些规则无法依据重音给予形式化表征，同时也有些使用重音进行表征的规则还需要更为复杂的表达形式，倘若不是如此的话便无法使用形式化的方式来表征重音与其他现象之间的关系。

我们首先来看一下英语中的送气规则。该规则作用于所有三个清塞音 *p*、*t* 和 *k*，这里我们主要讨论一下 *t*，因为 *t* 的送气规则与美式英语中作用于 *t* 的其他两个规则有交互作用。这两个规则分别为：声门化规则（Glottalization）（见上文）和闪音规则（Flapping）（将在第 8 章讨论）。送气规则的应用语境见（67）的例词，而（68）所给出的例词为该规则不适用的语境。其中亦标出了音步结构。[31]

（67）	a. time	→ [t^h]ime	[time]Σ
	b. tuna	→ [t^h]una	[tuna]Σ
91	c. toucan	→ [t^h]oucan	[tou]Σ [can]Σ
	d. typhoon	→ [t^h]yphoon	[ty]Σ [phoon]Σ
	e. terrain	→ [t^h]errain	[te]Σ [rrain]Σ
	f. detain	→ de[t^h]ain	[de]Σ [tain]Σ
	g. detention	→ de[t^h]ention	[de]Σ [tention]Σ
	h. entire	→ en[t^h]ire	[en]Σ [tire]Σ
	i. curtail	→ cur[t^h]ail	[cur]Σ [tail]Σ
	j. satire	→ sa[t^h]ire	[sa]Σ [tire]Σ
	k. reptile	→ rep[t^h]ile	[rep]Σ [tile]Σ
	l. infantile	→ infan[t^h]ile	[infan]Σ [tile]Σ
	m. longitude	→ longi[t^h]ude	[longi]Σ [tude]Σ
	n. tree toad	→ [t^h]ree [t^h]oad[32]	[tree]Σ [toad]Σ
	o. sweet tooth	→ sweet[t^h]ooth	[sweety]Σ [tooth]Σ

（68） a. sting　→ *s [t^h]ing　[sting]Σ
b. abstain　→ *abs[t^h]ain　[ab]Σ [stain]Σ
c. austere　→ *aus[t^h]ere　[au]Σ [stere]Σ
d. after　→ *af[t^h]er　[after]Σ
e. alter　→ *al[t^h]er　[alter]Σ
f. satyr　→ *sa[t^h]yr　[satyr]Σ
g. shatter　→ *sha[t^h]er　[shatter]Σ
h. hospital　→ *hospi[t^h]al　[hospital]Σ
i. night owl　→ *nigh[t^h]owl　[night]Σ [owl]Σ
j. flat iron　→ *fla[t^h]iron　[flat]Σ [iron]Σ

（67）和（68）表明，当且仅当 *t* 为音步的第一个音段时，*t* 为送气音。但当 *t* 的前面有另一个音段 *s*，或有一个或更多的音节时，*t* 则不送气（分别见于（68a—c）和（68d—h））。由于英语的音节重构不能跨音系词使用（如前所示），因此复合词的首部分的末尾 *t* 不能归入第二部分作为音节的节首。*t* 依旧保留在音步末尾，故为不送气音（见（68i，j））。于是，我们可以得出以下音步限制规则，该规则表达了送气规则仅作用于音步左侧末尾的情况（亦见于 Vogel，1981）：

（69） 送气规则（Aspiration）

$$t \rightarrow [+asp] / [\ \_\_\_\_ \ldots]_{\Sigma}$$ [33]

应该注意，严格层级假说要求所有音节都必须在音步构成音系词之前组成音步。这就意味着，如果一个轻音节在单词里是位于另一音步前的唯一音节，那么它也就有可能构成音步。因此（67e）*terrain* 一词的第一个 92
音节便可以自成一个音步，成为第二个音节所构成音步的姊妹音步。同样的情况也见于（67f—i）中 *detain*、*detention*、*entire* 和 *curtail* 等词的第一个轻音节。[34]这种对音步结构分析的结果都可以产生正确的形式：*terrain* 一词的首辅音 *t* 是送气音，尽管第一个音节为轻音节。假如 *te* 音节不是音步的话，那么（69）的送气规则便不能应用。就（67f—i）而言，我们进一步发现，一个轻音节并不是直接归入右侧的音步，因为如果这样做的话，那将意味着这些例词第二个音节起首的 *ts* 将不再是音步的首音，故

（69）不能应用。

我们对送气规则的分析表明，通过参照音步，我们可以用一种简单明了的方式用规则来解释这一现象。但如果仅参照重音的话，这一目标便无法实现。显然，重音的确与送气有关，但它绝不是唯一要素。重音和送气之间的关系与以下事实有关：音步通常以重读音节开始；因此，位于重读音节起首的 *t* 为送气音。然而，我们发现 *t* 出现在其他的位置时也有送气的情况：当 *t* 位于词首时，甚至在非重读音节里，如 *terrain* 便是例子。因此，如果从重音角度来解释送气规则的话，就需要对应用语境分别给出两种不同的表述：事实上，其一为参照重音语境；其二是参照其他情况的一些其他特点，如位于词首的这一事实。这两种语境表述的组合其实即为英语的音步定义，足见对于如是的规则表征，我们并没有得到什么更多的信息。

应该注意，在塞尔柯克（1984b）提出的英语词重音的分析中，如 *terrain* 一类词的第一个音节实际上在节律栅的构成过程已获得了重音。这一过程由首音强拍规则（Initial Beat Rule，IBR）来完成。而后，这些音节再被后续规则除去了重音。为了强调说明送气规则的应用仅参照重音，那么就有必要把送气规则放在首音强拍规则后和去重音规则之前使用。然而，这一解决方案却被塞尔柯克所提出的一条基本原则排除在外，即各音系规则（如送气规则）应用于句法—音系映射所产生的输出，也就是应用于节律栅结构确立之后，而不是在节律栅的建构过程之中。所以，仅从重音角度来解释送气并不是一种行之有效的选择。于是，我们可以就此得出结论，送气规则的最佳解释为（69）的音步—范域规则，因为它比需要对规则应用语境给予两种不同表达的选择可能更为简单明了。参照音步进而可允许我们对送气规则的语境给予普遍性概括，如果使用两种不同方式对该语境予以描述的话，这种概括将不复存在。最后，我们还发现，对于重音解释所需要的两种不同表达其实只不过是对英语音步范域的重复表述而已。

现在我们再来看一下英语的其他 4 个规则：*l*- 清化规则（*l*-Devoicing，LD）、双元音缩短规则（Diphthong Shortening，DS）、强制性 *n*- 软腭化规则（Obligatory *n*-Velarization，OV）及 *k*-*r* 互为同化规则（Mutual *k*-*r* Assimilation，MA）。正如基帕斯基（1979）所指出的，所有这些规则的应用范域均为音步。我们首先来分析一下 *l*- 清化规则。这一规则作用于清辅音后的辅音 *l*，只有当这两个辅音音段属于同一音步。因此，该规则应用于（70a）和（70b），但不作用于（70c）（见 Kiparsky，1979: 440）。 93

（70） a. Islip → Is[ḷ]ip [Islip]$_{\Sigma}$

b. eye-slip → eye s[l̥]ip [eye]$_{\Sigma}$ [slip]$_{\Sigma}$

c. ice-lip → *ice [ḷ]ip [ice]$_{\Sigma}$ [lip]$_{\Sigma}$

这些相同的例子也可以阐释双元音缩短规则的应用范域，该规则解释了在清辅音前 [aw] 和 [aj] 双元音变短的现象。因此，我们发现在（70a）和（70c）里都出现有短化双元音，其中的相关语音序列 [ajs] 见于一个单独的音步内。然而，这一规则不能应用于（70b），因为其双元音 [aj] 以及后续的清辅音 [s] 分属于两个不同的音步。由此可见，*l*- 清化和双元音缩短规则的应用范域必然要大于音节，正如 Kiparsky（p. 440）所指出的那样，*Islip* 一词无法再划分成音节（“如 *Isl*-*ip* 这一荒唐的形式”）可以使两个规则都根据音节结构来解释。同时，我们还注意到，这两个规则都不能作用于大于音步的范域。于是，我们便可以把 *l*- 清化规则和双元音缩短规则分别表征为（71）和（72）。

（71） l- 清化规则（l-Devoicing）

l → [−浊音] / [...[−浊音] ____ ...]$_{\Sigma}$

（72） 双元音缩短规则（Diphthong Shortening）

$\left\{\begin{matrix}\text{aw}\\ \text{aj}\end{matrix}\right\}$ → [−长音] / [... ____ [−浊音]...]$_{\Sigma}$ [35]

正如这些规则所示，*l*- 清化和双元音缩短规则都属于音步跨度规则，也就是说，只要在音步范域内出现了它们的音段语境，两个规则便可随时使用。[36]

现在我们再从重音（而非音步）的角度来看一下解释相同现象的可能性。基于（70）所给出的例子，唯一的相关性似乎表现在这些规则不能应用的情况，相关音段分属于两个承载较高等级重音的不同音节，重音至少对应于普林斯（1983）和塞尔柯克（1984b）节律栅的第 3 层级。因此，我们可以得出，*l*- 清化和双元音缩短规则都可以作用于除了当它们属
94 于含有两个第三层或以上等级的重音韵律模式组成部分的情况以外的所有音段。因此，这些规则可应用于：a）当特定音段为同一音节的组成部分（参见 *l*- 清化规则作用于 *eye-slip*）；b）当特定音段为不同韵律模式的组成部分（参见 *l*- 清化规则作用于 *Islip*，第二个音节为非重读音节）。然而，还应注意的是，对（b）中的“不同韵律模式”的描写尚有失充分。故有必要进一步阐明，这一模式势必表现为急剧下降重音，因为与之相反的情况——急剧上升重音也将阻止 *l*- 清化规则的应用，如 *mislead* 便是个例证，其中的 *l* 没有出现清化。所以我们不得不使我们的唯重音说对规则无法使用的语境予以阐释变得更趋复杂，或更恰当地说，对规则可以应用的语境予以阐释变得更为复杂。我们可以说，这些规则应用于无重音变化（对于同音节音段来说）的情况，或出现急剧下降模式的语境。然而，这种说法只不过是对这些规则应用于一单个音步内的可能语境所作的描述。此外，即使我们有可能根据重音来对 *l*- 清化和双元音缩短规则的应用语境予以阐释，但对于辅音 *l* 清浊与重音之间，或在所论及的元音长度现象和重音之间是否真正存在着我们所预期的某种关系（即使真的存在着与重音相关的其他元音长度现象），答案还尚不清楚。

我们以上所看到的这些问题亦见于其他两个规则——强制性 *n*- 软腭化和 *k-r* 互为同化规则。正如基帕斯基（1979：439—40）所指出的那样，在诸如 *ink*（*i [ŋ] k*）和 *increment*（*i [ŋ] crement*）等词里，*n* 在软腭塞音前被强制性软腭化，但在如动词 *incréase* 和名词 *íncreàse* 中，*n* 的软腭化仅表现为选择性的。此外，*k* 和 *r* 在 *crew*（*[KR] ew*）、*increase*（V，N）（*in [KR] ease*）和 *increment*（*in* [*KR*] *ement*）等单词中互为同化，用 [KR] 表

示；但是 *k* 和 *r* 在 *back-rub* 和 *cock-roach* 等词中则未出现此类同化。鉴于强制性 *n*- 软腭化和 *k-r* 互为同化规则作用于 *increment* 等词，因此无法从音节角度对这些规则给予阐释。这就是说，*n* 在同音节的软腭音前不能被强制性软腭化，且 *k-r* 互为同化规则也不能作用于同一音节的 *k* 和 *r* 语境，而此类音节分析要求整个 *nkr* 序列属于同一音节，这就恰恰违背了统辖英语音节结构的各种原则。然而，如果我们转而参照音步的话，以上两种现象都能用音步跨度规则给予简明的解析。为了证实音步的确是强制性 *n*- 软腭化和 *k-r* 互为同化规则的应用范域，我们再来看一下以下单词的音步结构：

（73） a. ink:　　[ink]$_{\Sigma}$　　→ i[*ŋ*]k　　*OV*
b. crew:　　[crew]$_{\Sigma}$　　→ [KR]ew　　*MA*
c. ìncréase (V):　　[in]$_{\Sigma}$ [crease]$_{\Sigma}$　　→ in[KR]ease　　*MA*[37]
d. incrèase (N):　　[in]$_{\Sigma}$ [crease]$_{\Sigma}$　　→ in[KR]ease　　*MA*
e. increment:　　[increment]$_{\Sigma}$　　→ i[ŋKR]ement　　*OV, MA*

如果我们试图从重音而不是音步的角度来阐释强制性 *n*- 软腭化规则 95
和 *k-r* 互为同化规则的应用，那么我们会遇到跟上述 *l* 清化规则和双元音缩短规则的同样困境。也就是说，我们必须分别强调这些规则的应用语境：a）当重音模式没有出现任何变化以涵盖规则在音节内部应用的情况（如 *ink*，*crew*）；或 b）当出现急剧下降的重音模式（如 *increment* 所示）。而这些规则不能作用的语境为：当所论及的音段出现在重读音节的序列（如在 *increase*，OV 规则不能应用）；或当出现急剧上升的重音模式（如在 *garden club* 和 *cotton candy* 等复合词中，非重读的第二个音节向重读的第三个音节过渡时，OV 规则不能应用）。至此，我们可以得出结论：音步分析优于其他方法，因为它不仅简单明了，而且还可以明确地表达对强制性 *n*- 软腭化规则和 *k-r* 互为同化规则所应用语境的整体概括。然而，我们尚不清楚，是否有充分的理由预期在重音和强制性 *n*- 软腭化规则或 *k-r* 互为同化规则之间存在着某种关系，尽管依据重音来建立这些规则的形式表征我们可以准确地编码这种关系。

在汉语中，音步也发挥着重要的作用（见 Yip，1980）。其实，在声调、重音、音步和一些音段音系规则之间似乎存在着某种交互作用。根据叶（Yip）的观点，音步是基于音节声调结构建立的。叶的研究发现，在汉语普通话以及一些其他方言里存在着这样的制约条件：每个音步只允许有一个带全声调的音节。在含一个以上音节的音步中，只有第一个音节带声调；而其他音节皆为轻声（如 *xǐhuan*“喜欢”和 *hǎode*“好的”）。在某些情况下，一个音步可包括两个原本带声调的音节，但遇到此类情况，声调删除规则的作用使第二个音节变成了轻声，这与音步结构的普遍制约条件表现一致，见（74）（其中对叶氏的例子（p. 97）做了些许修改）。

（74）

	连读		音步		声调	
lǎohǔ	→	láohǔ	→	$[\text{láohǔ}]_{\Sigma}$	→	$[\text{láohu}]_{\Sigma}$
‘tiger’	变调规则		构建规则		删除规则	

把重音指派给音步（和单词），于是重音亦与声调出现了交互作用，因为音步的构成首先是基于声调而来。典型的情况是，重音位于音步的第一个音节，即

1 0 0 0

落在带全声调的音节上（如 *páshanglaile*“爬上来了”），其中只有第一个音节带全声调和重音（Yip，p. 92）。因此，如果只是针对重音的话，我们
96 可能无需音步这一成分，因为节律栅所表征的抽象韵律模式足以处理重音的指派，以及叶美娜分析（p. 22）中作用于“终端 *s* 节点”的某些变调规则等问题。然而，根据叶的观点，汉语厦门方言的有些音段规则（尤其是双音化规则（Gemination）和塞音浊化规则（Stop Voicing））都把音步作为其应用范域。在汉语普通话中也存在着类似的规则。但问题在于，这些规则是否也能够仅用重音而不用音步来进行阐释呢？

在厦门方言里，其重音模式与普通话十分相似，除了一种特定后缀

前的附加标记性模式外。[38]当把后缀 a^{53}（通常为指小词缀）附加在另一词素上时，这时二者便构成了一个单独的音步，表现为标记性的 *w-s*（轻重）突显形式；其非标记形式则为左重模式，与汉语普通话相同。而其他载调词素便自身构成独立的音步。试比较后缀 a^{53} 附加后所得的结构和源自普通单词构词过程所生成的结构，如（75a）和（75b）分别给出了后缀 a^{21} 添加的情况（引自 Yip，p. 100）。

（75） a. $tshin^{21} + a^{53}$:　$[[tshin^{21}]_{\sigma w}\ [a^{53}]_{\sigma s}]_{\Sigma}$　（small scale 小规模）
　　　b. $tshin^{21} + a^{21}$:　$[[tshin^{21}]_{\sigma}]_{\Sigma}\ [[a^{21}]_{\sigma}]_{\Sigma}$　（scale box 测量盒）

当一个音节的尾辅音后接一个以元音起首的音节时，双音化规则便作用于这个辅音，但条件是这两个音节都属于同一个音步，亦参照（75）的例子。也就是说，双音化规则应用于第一个例子，但不适用于第二例，分别如（76a）和（76b）所示。

（76） a. $tshin^{21}\ a^{53}$　→　$tshin^{55}na^{53}$　　（small box 小盒子）
　　　b. $tshin^{21}\ a^{21}$　→　$tshin^{53}\ a^{21}$　（$*tshin^{53}\ na^{21}$）　（scale box 测量盒）

当一个音节的尾辅音后跟的是属于同一音步以元音起首的音节时，塞音浊化规则也作用于这个辅音。足见，双音化规则和塞音浊化规则都应用于（77a）（其中的 $khap^{21}$ 和 a^{53} 构成一单独音步），但却不应用于（77b）（其中 $khap^{21}$ 和 a^{53} 分属于不同的音步）。

（77） a. $hang^{55}\ khap^{21}\ a^{53} \rightarrow hang^{33}\ khab^{5}\ ba^{53}$　（clam 蛤蜊）
　　　b. $hang^{55}\ khap^{21}\ a^{21}\ a^{53} \rightarrow hang^{33}\ khap^{5}\ a^{33}\ a^{53}$
　　　　（$*hang^{33}\ khab^{5}\ ba^{33}\ a^{53}$）（clam box 蛤蜊盒）

双音化规则和塞音浊化规则也应用于更常见的音步类型，通常为左 97
重音节音步。分别见于（78a）（后缀 *e*"……的"）和（78b）（标类语素 e^{13}）。[39]注：*l* 代表的一种闪音类型。

（78） a. $tek^{21}\ e \rightarrow teg^{21}\ ge$
　　　b. $be^{53}\ tsit^{54}\ e^{13} \rightarrow be^{53}$ tsil-le

基于上述观察，我们可以把塞音浊化规则和双音化规则形式化表征为作用于音步范域的音节音渡规则，分别见（79）和（80），其中 [+ 长音]

特征代表辅音的双音化。

（79） 塞音浊化规则（Stop Voicing）

$C \rightarrow [+\text{浊音}] / [\ldots [\ldots \_\_\_\_]_{\sigma} [V \ldots]_{\sigma} \ldots]_{\Sigma}$

（80） 双音化规则（Gemination）

$C \rightarrow [+\text{长音}] / [\ldots [\ldots \_\_\_\_]_{\sigma} [V \ldots]_{\sigma} \ldots]_{\Sigma}$

正如叶（p. 103）指出的那样，尽管音步允许我们对所谈的这些规则进行直截了当的阐释，但倘若我们只诉诸于表面重音模式的话，情况则大相径庭，因为这些规则所作用的单词，其重音模式完全不同（如 1-0 和 3-1），但却不应用于 2-1 模式的单词。即使我们用节律栅而非数字的方式来表现重音，对于阐释双音化和塞音浊化规则的应用范域则仍然存在问题。事实上，我们碰到的恰恰是早期在英语中就已出现的同样问题。我们或许可按照对应于音节的节律栅层级对允许这些规则应用的重音模式予以形式化表征，然而其结果无非就是一系列互不相干的可能性罗列。在这种情况下，便出现一个高层重音音节后面跟一个轻音节（1-0）以及一个低层重音的音节后面跟一个高层重音音节（3-1）的情况。然而，双音化和塞音浊化规则的应用被较高层重音后紧随的更高层重音的音节构式（2-1）所阻断。这种规则的形式化表征使其应用范域显得十分另类，更谈不上对规则的应用进行任何普遍性概括了。相反，音步则允许我们对这些规则的应用（与不可应用），以及我们在此暂不讨论的其他两种现象（其一为音律删除（melody deletion）与 3-1 和 1-0 式重音模式同现，而非 2-1 式；其二为后缀 a^{53} 在韵文中表现出一种特殊的格律模式）（见 Yip，p. 103）给予前后一致的统一阐释。

音步不仅可以充当一些音段音系规则的应用范域（如目前所见），也有人提出音步也是一些自主音段联接规则的应用范域。例如，阿普尔克
98 罗斯盖尔语（Applecross Gaelic）的鼻音化规则在范·德·赫尔斯特和史密斯（1982）中被分析为应用于整个音步范域的鼻音延展规则（当受某些音段阻断时例外）。阿普尔克罗斯盖尔语的音步含有一个重音节，后

面紧随的是（音系）词内的其余所有音节。这个重音节通常为词干首音节。根据范·德·赫尔斯特和史密斯的观点，前缀和前附着语素都无法获取重音，而这些弱音节一旦出现，便会直接连在后面音步的词树形图上。这一情况也会伴随单语素词重读音节左侧的偶现性弱音节出现。因此，/k^{h}at^{h}ríanə/ “Catherine 凯瑟琳” 便呈现为（81a）的结构。然而，正如上文提到的那样，根据音系词只能支配音步而不能支配音节的原则，这种结构便违背了严格层级假说。所以，我们提出，第一个音节本身也可构成一个（减衰）音步，见（81b）。这一点我们在下文还要继续讨论。

（81）

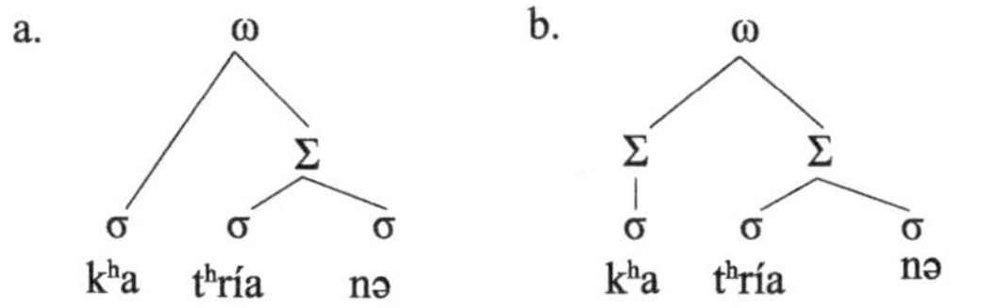

按照（81b）中对音步结构的描述，（82）中的每个例子都会被分析为只含有一个音步，而（83）中的每个例子却被看成是由两个音步组成的（引自 van der Hulst 和 Smith，p. 318）。

（82）a. /k^{h}ə́n^{y}il/:　[k^{h}ə́n^{y}il]$_{\Sigma}$　（meeting 会议）
b. /ã́jəɫ/:　[ã́jəɫ]$_{\Sigma}$　（angel 天使）
c. /mã́.r + içən/:　[mã́.riçən]$_{\Sigma}$　（mothers 母亲们）

（83）a. /γa + ɛ̃́çk^{y}ən^{y}/:　[γa]$_{\Sigma}$ [ɛ̃́çk^{y}ən^{y}]$_{\Sigma}$　（seeing him 看见了他）
b. /k^{h}ɔ + vĩ́a.t/:　[k^{h}ɔ]$_{\Sigma}$ [vĩ́a.t]$_{\Sigma}$　（how much 多少）
c. /k^{h}at^{h}ríanə/:　[k^{h}a]$_{\Sigma}$ [t^{h}ríanə]$_{\Sigma}$　（Catherine 凯瑟琳）

鼻音化规则的应用从一个词内的重读鼻元音一直延展至该词的末尾，再返回来且包括该重读音节的首辅音（见 Ternes，1973，引自 van der Hulst 和 Smith）。在该范域内唯一可以阻断鼻音化的元素（曾被 van der Hulst 和 Smith 定义为阿普尔克罗斯盖尔语的音步）为：a）该范域内的塞音；b）/e/、/o/ 或 /ə/ 中的一个元音。以下例词给出了鼻音化的应用及应 99

用受阻的语境情况。具体而言，（84a）给出了完全被鼻音化音步的例证，而（84b）和（84c）则分别表明鼻音化因左侧及右侧塞音的出现而受阻。（84d）所表现的是，该规则被一个非鼻化元音阻断的情况（引自 van der Hulst 和 Smith，p. 319）。

（84） a. /ʃɛ́nɛ. var/ → [ʃ̃ɛ̃ñɛ̃. ṽãr̃]$_{\Sigma}$ （grandmother 祖母）

b. /strá̯i. γ/ → [str̃ã̯ĩ́. γ̃]$_{\Sigma}$ （string 串）

c. /kʰ́ɔ̃ispaxk/ → [kʰ́ɔ̃ĩspaxk]$_{\Sigma}$ （wasp 黄蜂）

d. /má̯. riçən/ → [má̯. r̃ĩç̃ən]$_{\Sigma}$ （mothers 母亲们）

鼻音化延展不能跨音步边界作用的实例见（85）。

（85） /kʰɔ + ví̯a.t/ → [kʰɔ]$_{\Sigma}$ [ṽí̯ã. t]$_{\Sigma}$ （how much 多少）

应该注意，（81）中的两种结构都对鼻音化规则不能跨越音步应用给出了预测。在（81a）中，鼻音化不能延展至第一个音节，这是因为它不受支配其右侧音节音步的支配，或受任何其他音步的支配。在（81b）中，鼻音化没有延展至第一个音节，是因为它与带引发鼻音延展的鼻化元音音节分属于不同的音步。即使鼻音化规则的应用范域是音步，我们还应注意，把主重音左侧的非重读音节指派给一个单独的音步并不会造成错误的预测。但我们在此类音步中根本看不到鼻音化现象，因为这种现象只出现在有重读鼻化元音的语境。所以，主重音左侧的非重读音节不会引发鼻音化现象。

正如我们所看到的那样，范·德·赫尔斯特和史密斯把鼻音化规则解释为作用于整个音步范域的自主音段延展规则，或许我们从重音角度来阐释这一规则的应用范域也不是没有可能的。[40]换言之，我们可以说，该规则应用于由节律栅某特定层面（如第 3 层）的音节重音所界定的范域，加上单词内其右向的所有音节。然而，现在的问题是，这一形式化表征是否能尽如人意呢，尽管这一规则比我们迄今所讨论的基于重音的其他规则要简单得多。但值得注意的是，鼻音化规则应用范域的重音表征恰恰与阿普尔克罗斯盖尔语（非减衰）音步的定义完全吻合。这里，我们再一次面临着早期生成音系学历史中出现过的有关音节方面的相似问题。诚然，在不参照
100 某种特定音系成分（此处为音步而非音节）的情况下，我们也可以构建音

系规则的应用范域，但为了达到这一目的，我们就必须把这一成分的定义融入规则本身。就音节而言，这一成分本身明显优于把音节定义包括进来的形式化表征。但就音步而言，我们认为，这一成分也应该优于把音步定义包括进来的形式化表征。至于阿普尔克罗斯盖尔语的鼻音化规则，音步与重音两种解决方案都很直截了当，简单明了，但相比之下音步解决方案让我们能够作出普遍性概括，而重音方案则不然。也就是说，鉴于音步的性质因语言的不同而有所差异，假如我们仅参照音步的定义（重音）来界定规则的话，我们便无法把界定不同语言音步的跨语言规则联系起来。我们将因此而失去对应用于比音节大但比词小的范域的规则作出概括的能力。结果是，比如在其应用范域以一个重读音节起首并一直延续至词末的规则（如阿普尔克罗斯盖尔语鼻音化规则）和另一个作用于节律栅的某一具体层面重音间（而非跨重音）的规则或依据重音得出的更为复杂的形式化规则（如上文提到的英语和汉语的规则）之间，似乎不存在任何联系。相反，借助参照音步，不同语言之间的差异仅在音步的构成阶段才能有所关联。这就是说，不同语言的音步构建，其规则不尽相同，一旦音步确立之后，我们一般只参照这一层面的分析即可，而无需再考虑产生音步的规则了。

根据这样的推理路径，看来音步解决方案更为可取，甚至对单一语言的分析亦是如此。这就是说，如果在一种语言里有一个以上的规则作用于同一范域（如在节律栅的某一具体层面的重音之间），那么对这一特定结构仅做一次性参照，而无需在规则的构建中每次都需要进行重新说明更为可取。这可以使用重音信息或其他任何必要的信息通过对音步成分给予界定的方式来实现。一旦对音步的界定完成后，我们便可以直接参照作用于所界定应用范域的这些规则了。

其实，这实质上正是使海斯（1982）提出使用音步分析法来阐释伊蒂尼语诸多规则的论证方式，即使在本例中还有音段分析法可作为选择性方案。正如海斯在论及这些规则时指出的那样，因为“基于单—双音节计数来进行删除或修正音段的规则并不很常见——如果这些规则的应用都建立 101

在独立的基础上，尤其当所论及的语言出现了交替的重音模式时，在单一语言里找出 8 个此类规则那将是一种极为罕见的巧合”（p. 101）。因此，与其说把每个规则（描写这种交替重音模式）的音段或韵律结构都表述出来，还不如一次性为音步的确立构建规则，进而允许音系规则直接参照这一成分，这种做法不仅简单明了，且更具有洞悉力。此外，还应注意，伊蒂尼语的一些规则的确属于基于重音的规则类型（如音长的调整），但其中也有些规则与重音并没有明显的关联（如 *r* 类音脱落规则（Rhotic Dropping））。尽管所有这些规则都能用音步概念给予表述，但它们是否都可以或应该表述为基于重音的规则，答案尚不清楚。倘若把这些规则分为两类，一类使用重音而另一类不用重音进行阐释的话，我们将无法得出这样的概括，即它们在某种程度上都体示出基于音步的特点。

在对音步的讨论作出结论前，我们还有另外两种现象值得提及。第一种现象与纳米比亚的祖尔霍西语（Žu | 'hõasi）语音配列的各种限制条件相关。[41]在该语言里，凡含有一个 CV 单音节的词，四个声调都可能出现：高调（ ´ ）、高中调（'）、低中调（ ` ）和低调（¯）（见 Smith（撰写中），他的分析是基于 Snyman，1975）。同时，上述四个相同的声调也可能出现在含 CVV 或 CVN 结构的单词，此外还有另外两种组合：低中调后接一高中调（ ` ' ），以及低调后接一低中调（¯ ` ）。而且，事实表明，这相同的 6 种声调模式（仅此而已）也出现在含有两个音节（CVCV 或 CVVCV）序列的单词里。也就是说，尽管任何一个单独的音节都可能带 4 个基本声调的一种，但在双音节词中，我们的实际发现只有不足一半的可能组合，由不同类型的音节自由组合而成（即 16 分之 6）。史密斯把这一现象作为证据，认为此类双音节序列在祖尔霍西语中构成了一个单位，尤其是音步。颇为有趣的是，音步（如以上界定的那样）不仅为可能声调序列的制约条件范域，同时也是另一个语音配列制约条件的应用范域。换言之，音步内的元音间辅音只能为以下 4 个辅音之一（且几乎没有例外）：*b*、*m*、*r* 和 *n*。这显然是一种极其严格的限制，因为根据斯奈曼

（Snyman，1975：125）所给出的列表，该语言里共有 50 多个辅音音位。含 4 个辅音的例词见以下（86）。

（86） a. pàbu̍　（pumpkin 南瓜）
b. ta̍ma̍　（kindly 亲切的）
c. lōarà　（complete 完成）
d. nǂɔ̀anà　（tell 告诉）

对元音间辅音的限制仅作用于音步范域内（见（87）），而在这种情况下所产生的叠音现象（reduplication）会导致长词的出现，结果是在元音之间出现了上述所提的 4 种辅音之外的辅音。然而，在全部这些例词里，所讨论的辅音均位于两个音步的音渡位置，而不是音步内部。相关的辅音由以下例词的下划线表示。 102

（87） a. [gùma̍]$_{\Sigma}$ [gūmà]$_{\Sigma}$　（whisper 秘语）
b. [|xàna̍]$_{\Sigma}$ [|xanà]$_{\Sigma}$　（drill 钻孔）
c. [kx'ȕ]$_{\Sigma}$ [kx'ùnì]$_{\Sigma}$　（move 移动）
d. [ǂ'ȁa]$_{\Sigma}$ [ǂ'àmà]$_{\Sigma}$　（gather 收集）

如果不参照音步的话，我们便无法解释在祖尔霍西语中所观察到的声调跟辅音的分布现象。这就是说，如果我们只考虑两个毗邻的音节，那么任何辅音似乎都可能出现在元音之间（如（87）所示），而且任何声调序列也都有可能出现（如（87a，b）中的 ˩˥ 序列）。然而，由于对辅音和声调出现在特定语境有着极为严格的限制，如果我们不去参照由音步定义的成分，我们注定要错失得出这一语言两大重要概括的良机。

我们要讨论的最后一种现象是荷兰语的诗韵。荷兰语的韵文主要使用了以下 3 种押韵模式（引自 van der Hulst，1984: 58）：

（88） a. 阳性韵脚（Masculine rhyme）
hoog - droog　（high - dry 高的–干的）
kaal - schraal　（bald - scanty 光秃的–贫乏的）
b. 阴性韵脚（Feminine rhyme）
hoge - droge　（high - dry 高的–干的）
kale - schrale　（bald - scanty 光秃的–贫乏的）

c. 扩展韵脚（Extended rhyme）

hogere - drogere　　（higher - drier 更高的–更干的）

handelen - wandelen　　（to trade - to walk 交易–步行）

如果不参照音步的话，以上每一种韵脚的类型都必须根据音节数的多少以及第一个音节的韵或首音的构成给予分别描述。因此，我们也就无法说明如下事实：所有这 3 种押韵类型事实上都可以使用同样的方式来界定。换言之，正如范・德・赫尔斯特（1984：58）所指出的那样，它们的构成方式皆表现为单词的末尾音步减去第一个音节的首音。如果这一单
103 位内的任何一个元素出现了定义的差别，该韵脚便是不合格形式，分别如（89a）给出的不合格阴性韵脚和（89b）的扩展韵脚所示。

（89） a. *harten - parken　　（hearts - parks 心–公园）

b. *kinderen - tintelen　　（children- to twinkle 孩子们–闪烁）

诚然，我们也可以在不参照音步的情况下，根据重音来解释诗韵。换言之，我们可以把这一单位定义为：由对应于节律栅某特定层面的末位音节到该词末尾之间的所有成分（减去第一个音节的首音）组合而成。然而，对诗韵单位的这种描述比荷兰语（词末）音步的定义高明不了多少。正如我们在谈及阿普尔克罗斯盖尔语鼻音化规则所提到的那样，对于某一现象的解释，还需要在界定该现象时重新搬出这一具体成分的定义，这就不能不说是一大缺憾了。因此，我们认为，荷兰语诗韵单位的定义正是把音步作为音系范域的进一步佐证。

3.3　结语

在本章，我们对韵律层级的两个最小成分音节和音步进行了讨论。诚然，就近年来对这两个单位的总体研究数量而言，本书只用一章的篇幅显然远远不足以涵盖它们所涉及的主要问题。因此，我们只好聚焦于音节范域和音步结构的某些方面，尤其是二者作为音系规则的应用范域所起的作用，因为我们所提出的韵律音系学模式便是有关范域的理论。

就音节范域而言，我们已表明，音节划分规则必须分成两大类别：1）应用于音系词范域内部的规则系列；2）跨音系词应用的音节重构规则系列。鉴于所有语言都拥有第一类规则，这就说明了以下事实：在某一特定语言中，合格音节的界定必须在更大的音系词范域内得到满足，因为并不是所有语言都拥有第二类规则。针对这一现象，我们提出，跨音系词的音节重构可能取决于必须因具体语言而设定的音系参数。事实上，使用这一参数可以帮助我们对允许跨（音系）词音节重构的罗曼诸语言和不允许跨（音系）词音节重构的日耳曼诸语言加以区分。

音节也是音系规则的应用范域。事实上，我们已经阐明，音节是音段 104
音系规则的最小范域。尽管也有人提出，音节的韵律子部分也是某些音系规则的应用范域，我们业已举例说明，任何可以表达为韵—范域的规则也可以表征为音节—范域规则。足见，把韵作为音系规则的范域是冗余的，是没有必要的。本章讨论的所有参照音节作用的规则，大多数为范域界限规则。同时，本章也给出了范域音渡规则和范域跨度规则的若干范例。

虽然我们对音步范域的讨论至此还没有像音节范域那样详细，但我们已指出，就这一方面而言，这两个最小的音系成分之间存在着某些共性。也就是说，我们把音系词视为所有语言的基础音步的建构范域，而只有某些语言可能存在跨音系词音步重构的可能性。我们对音步结构做出了较为详细的探究，主要是依据海斯（1981）博士论文中的深刻见地。我们同意海斯对偶分音步和无界音步，以及对音量敏感型音步和音量不敏感型音步之间所作的区分。但除此之外，我们对音步结构的分析与海斯的分析也有所不同。换言之，我们认为，音步应使用多分树形图来划分音节而不是节律树理论框架的偶分树形图。这不仅是因为多分树分析法与我们理论模式的其余部分（书中所有其他韵律层面均使用了多分树划分）相互契合，而且它还具有更多的特别优势。多分树形图所产生的结构比偶分树的更为简洁明了，从这个意义上讲，它省去了一些不必要的、在音系理论中不起任何作用的音步内部成分。此外，多分树形图对于音步所有弱音节间的特定突显关系不作任何预测。尽管偶分树可以对这些突显关系给予预测，但这些关系事实上并不存在什么理据可言。最后，我们的分析与海斯不同还在于，在我们的分析中，严格层级假说要求所有的音节都应先组成音步，然后音步再构成音系词。海斯（1981）并没有使用严格层级假说，因此也就允许音节在音系词中与音步同为姊妹节点；在某些情况下，音系词也可以直接支配不含任何中介音步节点的音节序列。

由于音步的定义与重音概念存在极为密切的关系，所以就产生了这样的问题：是否确实真的有必要把音步作为一个音系成分？也就是说，如果所有其应用与音步相关的规则都可以直接参照抽象的韵律模式而得出同样
105 合理的阐释，我们也就可以不用再把音步作为音系分析的单位了。然而，我们的分析表明，与仅仅直接参照重音模式的做法相比，依据音步界定的范域使我们对诸多音系规则应用的解释更加简洁明了、更加直截了当。此外，我们还论证了，即便有可能依据重音对某些音段规则给予简明扼要的解释，但出于以下原因，我们尚不清楚这种解释是否能尽如人愿。首先，重音解释法的典型特征是，要求把音步定义融入规则的形式化表征。正如前面讨论音节的部分所示，这一点尤其表明，我们所应对的是一个成分，而非若干音段的偶然序列或这一序列中的重、轻音节。另外，鉴于音步的定义或多或少会因语言的不同有所差异，如果音系规则根据音步的定义进行形式化表征的话，我们便会丧失对跨语言音步层面规则的概括。最后，如果当一种语言不只有一条规则需要参照我们所谓之的“音步”作为范域的话，那么对音步只给予一次性定义，然后使各类规则都直接参照这一成分，不就显得更为经济有效了吗？而没有必要在音步作为音系规则的应用范域时每次都对其重复定义。在这种情况下，音步解释法还允许我们对一系列规则的应用范域作出概括，如果每个规则的应用范域都要分别表征的话，这种概括将不复存在。

除了作用于音步范域的音系规则外，我们还考证了另外两个音步依附现象：语音配列制约条件和诗韵。这些例子表明，直接参照音步使我们能

够对其作出普遍性概括，否则这种概括将不复存在。于是，我们得出：音步确实是音系分析的一个不可或缺的成分，它所起的作用与语言抽象韵律模式的作用全然不同，尽管二者间存在着密切的关系。

注释

① 围绕音节争议的讨论及有关这一话题的其他参考文献见沃格尔（1982）或该文早期的英文版（Vogel，1977）。关于音节及其结构的早期论文集，见贝尔（Bell）和胡珀（Hooper）（1978）。

② 尤见弗格诺德（Vergnaud）和哈利（1978）、基帕斯基（1979）、塞尔柯克（1980b）、哈里斯（1983）和范·德·赫尔斯特（1984）。这一研究领域的早期著作亦见派克和派克（1947）及富奇（1969）。

③ 尤见胡珀（1976）、洛温斯塔姆（Lowenstamm）和凯（Kaye）（1981）、斯泰里亚德（Steriade）（1982）和塞尔柯克（1984a）。

④ 尤见卡恩（1976）、沃格尔（1977）、弗格诺德和哈利（1978）、麦卡锡（McCarthy）（1979）、洛温斯塔姆（1981）、拉普安特（Lapointe）和范斯坦（Feinstein）（1982），以及诺斯克（Noske）（1982）。有关这一问题的早期讨论亦见库瑞洛维奇（Kurylowicz）（1948）。

⑤ 尤见卡恩（1976）、克莱门茨和凯泽（Keyser）（1983）。

⑥ 尤见卡恩（1976）、沃格尔（1977）、哈里斯（1983）和特洛麦伦（Trommelen） 106
（1983）及范·德·赫尔斯特（1984）。

⑦ 根据狄克逊（1970），澳大利亚澳尔高洛语（Olgolo）可能是一个反例，该语言倾向于把这一序列划分为 $[C_0VC]_\sigma[VC]_\sigma$。

⑧ 我们使用括号来表征音系树结构，以节省空间。凡涉及音节内容之处，这些括号均不应被释为，音节划分势必要把语符串划分成各自独立、互不重叠的单位。在许多例子里，括号对所讨论的音节结构给出了充分的表征。然而，对于兼属两个音节音段的例子，括号便不能使用，这时就有必要改用树形图的形式来表征。

⑨ 对于英语送气规则的讨论，见 3.2.2 节。

⑩ 关于哪些是中性词缀，哪些是非中性词缀，或西格尔（1974，1977）及艾伦（1978）中相对应的 I 级和 II 级词缀，抑或塞尔柯克（1982）术语中所谓之的根—层和词—层词缀在研究文献中并没有完全达成共识。因此，我们尽可能选择那些不具有争议的词缀例子。

⑪ 我们指的是正常的连贯话语。如果在（15b）和（16b）的两个例词之间插入一个停顿的话，显然就会出现差异，但这与我们此处的论点无关。

⑫ 音节重构这一术语有时也用来指作用于把词缀附加至词干相关的单词内部音节结构的循环重调（尤见 Selkirk，1984b）。但此处该术语的用法并非为上述所指。

⑬ 鼻音同化于分属不同音节（而不是在同一个音节内）的滑音的这一事实，可能是因为音节首滑音的语音特性所致，它与滑音位于非音节首形成了对比。事实上，位于音节首的 /w/ 和 /j/ 常常被强化为对应的塞音 [g^w] 和 [ŷ]（见 Hooper，1976；Harris，1983）。当这一情况出现后，所讨论的例子便可以纳入塞音前鼻音同化这一更为普遍的现象。应该注意，在本例中，有必要首先把音节结构指派给每一个单词，然后再允许音节重构。接下来的一次性音节划分过程会再把鼻音置于毗邻单词滑音前面音节的起首位置。所以，该滑音便不会成为音节的首音，故不会为塞音所强化，因此塞音前的鼻音同化语境便不会出现。

⑭ 我们必须对话语正式语体的连读增音和连接配音现象给予区别，其中可能会出现只有连读增音而没有连接配音的情况（见 Encrevé，1983）。换言之，在某些正式语体中，一个单词的尾辅音的发音，可能无需跟它后面单词的起首进行音节重构。然而，由于我们的兴趣在于口语表达，因此此类区分与本文的讨论无关。从现在开始，当我们讨论连读增音的应用时，应该注意，这同时也涉及连接配音的使用。

⑮ [ɛ] 与其他元音在音节尾的 *r* 前或在某些其他语境中表现为长元音。鉴于元音长度并不是我们讨论的重点所在，故在此将不再予以标示。

⑯ 有些语言学家提出（如 Selkirk，1978；Booij，1983），闭音节调整规则（Closed Syllable Adjustment）更确切地应分析为音步—范域规则而非音节—范域规则。由于对这一观点仍存有争议（例如，Noskef，1982），所以我们应注意，即使该规则的范域为音步，在法语里仍有必要对两种截然不同的音节划分过程加以区别。亦
107 即，*première année* 中的 /r/ 必须属于第一个词尾音节的一部分（规则应用后 /e/ 变为 [ɛ]）和第一个词音步的组成部分；而只有当该元音完成变化后，/r/ 才会被划归到第二个单词的首音形成音节重构。如果不然，音节划分的唯一过程——和音步的构建——则把 /r/ 划给 *année* 的首音，那样的话 *première* 中的 /e/ 在同一音节（或音步）里后面便不能跟有辅音了（这里为 /r/ 音），而这却是音节与音步对元音变化规则进行解释的要求。

⑰ 值得注意的是，包括日耳曼诸语言在内的所有语言都可能存有音节重构的低层语音规则（亦见 Trommelen，1983）。然而，这是一种不同类型的现象，很可能受不

同机制的制约，且跟本文当下的讨论关系不大。

⑱ 并不是所有语言学家都接受这一立场。例如，克莱门茨和凯泽（1983）就认为，无需用音韵（rhyme）来解释这些现象。

⑲ 关于西班牙语音节依附规则的讨论，亦见胡珀（1972，1976）和加西亚–贝利多（García-Bellido）（1979）。

⑳ 有关英语 *r* [–辅音性] 特征的讨论，见卡恩（1976）。

㉑ 关于英语某些鼻音 [–辅音性] 特征的讨论，见马利考特（Malécot）（1960）和卡恩（1976）。

㉒ 应该注意的是，特洛麦伦（1983）实际上提出了，韵就是央元音插入规则（Schwa Insertion）的应用范域。由于该规则跟其他所有韵—范域规则一样亦可以表征为音节—范域规则，故特洛麦伦的分析与本书的讨论并不相互矛盾。但我们应注意，按照布济（Booij）（1981）的观点，央元音插入规则也应用于流音和一个同音节内舌前塞音之间（如果该塞音是一个鼻音，如 [n]），至少在荷兰语的某些变体中正是这样。如果必要的话，以下（43）央元音插入的最终规则表达式稍加修正便可以把这种可能性考虑进来，尽管我们此处并没有如是修正。最后，还要注意，在荷兰语一些变体中，央元音插入规则也可以跨两个音节应用，只要这两个音节属于同一个音步（试比较 *balken* → *bál* [ə] *kěn*“梁”（beams）与 *balkon* → **băl*[[ə] *kón*“阳台”（balcony））。在这些变体中，央元音插入规则的应用范域不是音节，而是音步。

㉓ 我们感谢范·德·赫尔斯特给我们指出了这一点。

㉔ 其实，赛伯（Saib）并没有给出该规则的公式。

㉕ 虽然符号 [c] 在国际语音协会的音标字母表中代表腭塞音，但我们在此用它来指龈腭塞音，因为在国际音标中没有其他符号可用来指代此类发音。

㉖ 因 *e*- 删除规则排在辅音渐变规则之前应用，故词干的 *e* 被删除（见 Keyser 和 Kiparsky，1984）。

㉗ 应该注意，普林斯（1984）及凯泽和基帕斯基（1984）都赞同使用自主音段的方式来处理辅音渐变。我们并不是认为，辅音渐变一定与自主音段处理方式的某些方面相互抵触，而重要的是，我们这里要解释的是音系学自主音段子系统与韵律子系统之间的交互作用。请参见安德森（Anderson）（1982）关于音段音系规则的自主音段形式化的使用，其中包含了辅音渐变的大部分内容。就我们给出的辅音渐变规则的表征而言，我们无论如何还需注意，我们用加标注括号来表音节结构

只是对层级结构的缩略式标记。这并不意味着完全排除兼属两个音节音段的可能性，其实此类音段在对芬兰语的分析中似乎是不可或缺的。

㉘ 事实上，安德森（1982）认为，此类现象也可以且应当表征为音段规则，即反
108 复作用于音段的适当语符串。而对于该观点进行全面的评述并不在本书的讨论范围之内，因为这需要对整个自主音段理论予以全面的评述。况且，我们还要注意，对于安德森所提出的分析，尽管我们已不再需要自主音段的联结理论（autosegmental associations），但为了准确地解释哪些音段受到这一规则的影响，故范域理论依旧是必不可少的。

㉙ 音量敏感型音步可以进一步分为音量敏感型和赫尔斯特所谓之的音量决定型音步（亦见 Halle 和 Vergnaud，1978；Hayes，1981）。在这种情况下，偶分与无界音步参数的组合可以给出 6 种可能的形式。

㉚ 注意：即使音步的构成需要遵循韵的结构，其实组构为更大成分的是音节，而不是音节各组成部分。

㉛ 我们对音步的划分与塞尔柯克（1980b）对英语音步的描写完全一致。

㉜ 注意：*tree* 的送气音 *t* 在 3.1.2 节所讨论的齿龈腭化规则的作用下变成了 [c^h]。

㉝ 该规则在闪音规则前使用（见第 8 章）。

㉞ 亦见基帕斯基（1979：436），根据他的观点，*nitrate*、*agree* 和 *Montana* 都分别由两个音步组成。

㉟ 该规则很可能为一个更普遍规则的组成部分，旨在对浊辅音前出现长元音或清辅音前出现短元音给予解释（试比较 *bead*/*bee* 与 *beat*）。因此除了（72）所给出的规则外，我们将不再对双元音缩短（Diphthong Shortening）提供更加形式化的表征。

㊱ 另一种选择性的解释方法是，把 *Islip* 中的 *s* 作为兼属两个音节的音段，因此它分别与第一个音节中的 *s* 和第二个音节的 *l* 属于同一音节。于是，*l*- 清化和双元音缩短这两个规则便可以表征为音节范域规则。但我们这里并不采用这一选择性解释，这主要是因为这需要依赖于兼属两个音节的概念。也就是说，由于参照各种独立因素所触发的音系成分便可以对所讨论的全部规则作出解释，故这里再引入兼属两个音节这一额外概念则纯属多余了。相同的论证亦适用于下文要讨论的强制性 *n* 软腭化（Obligatory n-Velarization）和 *k-r* 互为同化（Mutual *k-r* Assimilation）规则。应该注意的是，尽管我们并未排除在英语里（一般而言）存在兼属两个音节现象的可能性（参见上文 3.1.1 节），但此处我们并不将其作为音系规则解释的组成部分予以考虑。

㊲ 选择性 *n*- 软腭化（*n*-velarization）的现象将使用更普遍的选择性鼻音同化这一规则来解释，该规则亦可解释跨词汇的可能鼻音同化（例如 *brown cow* $\xrightarrow{\text{opt}}$ *brow* [ŋ] *cow*）。

㊳ 在下述对厦门话的讨论里，词素上面的数字表声调。但例证中的声调变化跟我们此处的讨论无关。

㊴ 看来只有在 e^{13} 前，该规则应用才是选择性的。

㊵ 注意：根据安德森（1982）的观点，诸如鼻音化这样的规则根本无需被视为自主音段规则，而应被当作反复式音段规则。亦见注释㉗和㉘。

㊶ 就该语言而言，符号 [ǀ'] 代表齿缩气音类型。例子中的一些其他非常规符号还有：[ǀ] 代表另一种齿缩气音；[ǀx] 代表齿缩气擦音（即向内吸气产生的擦音）；[kx'] 代表软腭塞擦音；[ǂ] 和 [ǂ'] 分别代表两种类型的龈腭缩气音（见 Snyman，p. 125）。

109 # 第 4 章

音系词

4.0 引言

音系词（ω）是基于映射规则构建的韵律层级的最底部成分，而映射规则使用了大量的非音系概念。特别要指出的是，音系词代表着语法的音系与形态两大部分之间的交互作用。

音系词是直接支配音步的范畴。具体而言，根据严格层级假说（SLH）的要求（见以上 1.2.1 节），某指定语符串的所有音步都必须组合成音系词，而不能是其他音系范畴。故而，每一个音步都无一例外地被组合为音系词，也就是说，不存在一个音步下的音节分属于不同音系词的情况。

音节和音步是否早已存在于词库（正如 van der Hulst（1984）所提出的那样），或是否根据音系词范域的界定来定义，抑或是否可根据自己的定义来构建等诸如此类的问题都无法找到现成的简单答案。对于第一种情况，音节（σ）和音步（Σ）结构都必须遵循构词程序的应用加以调整，旨在建立更加完善的音节和音步。对于第二种情况，音节和音步结构的构建层面为音系词，这一过程可自动生成最为完善的音节和音步，故重新调整已经没有必要。但无论是哪一种情况，语法的音系与形态这两个部分之间的交互作用均以音系词的定义为表现形式，即把形态结构映射至音系结构。在音系词范域内，我们在必要时可以对音节和音步做进一步的重新调整，或遵循普遍性原则和可能的具体语言制约条件进行构建。

如上所述，界定音系词的映射规则体现了形态与音系之间的交互作用。也就是说，这些规则把形态结构的终端元素以此类形式予以重组，所得出的单位不一定与任何形态成分相互对应。

尽管在韵律层级和形态—句法层级的成分之间出现的非同构现象是语 110
法中存在着两个独立层级的最有力证据（见第 2 章）。但这并不排除偶尔也会有同构产生，我们将表明，在音系词和形态单位之间的同构其实是一些语言的规约所致，如希腊语和拉丁语便是如此（见以下 4.1 节）。尽管韵律音系学理论不直接参照形态—句法边界，其理论优势也不会因某些同构现象的个案而有所削弱（见 2.4 节）。

许多语言学家（尤见 Booj，1983）都曾提出，音系词范域存在着 3 种基本可能，即它大于、小于或等于句法树的终端元素。我们的看法是，只存在第二和第三种选择，下面本章将就这一观点展开讨论。

4.1 音系词范域等于句法树的终端元素

在本节，我们将先来看看音系词与句法树的终端元素具有相同范域的语言范例。这就是说，该音系词含有词干、所有词缀和复合词的两个组成部分。在此类语言里，原则上讲均为左—右两侧对称型。亦即如果在该给定语言中既有前缀也有后缀的话，音系学将以同样的方式来对待这两类词缀。但这并不意味着，这些语言缺少作用于词汇子系统的形态—音系过程。我们认为，并不存在作用于比音步更大，比（上述所界定）音系词更小的语符串的纯音系规则。

4.1.1 希腊语

我们要讨论的第一种语言是通俗希腊语（Demotic Greek），该语言的音系词与句法树的终端元素具有相同的延展范畴。在希腊语里，有两条同化规则把音系词作为应用范域。尽管这两条规则也都用于较大的范域（见 Nespor，1986 及以下第 5 章），但它们的应用只有在音系词内才表现为强制性的。这两条规则分别是鼻音同化（Nasal Assimilation，NA）和塞音浊化（Stop Voicing，SV）规则（见 Householder，1964）。正如第 2 章所见，第一条规则是鼻音的发音方式被紧随其后的非延续性辅音同化。如例（1）所示，很明显鼻音同化规则作用于非派生词（1a，b），同时也作用于派
111 生词前缀和词干之间（1c，d，e）及两个前缀之间（1f，g）。这些例子，连同（2）中的例词也体现了第二个规则（SV）的应用，即当塞音跟在一鼻音后面时，该规则强制性使塞音浊化。

（1） a. *τεμπέλης* [tembélis]
（lazy 懒惰的）
b. *τσαμπουνίζω* [tsambunízo]
（(I) shout（我）叫喊）
c. *συμπονώ* [simbonó] < [sin+ponó]
（(I) have compassion（我）有同情心）
d. *συμπίνω* [simbíno] < [sin+píno]
（(I) drink in company（我）跟……一起喝）
e. *εμπειρία* [embiría] < [en+piría]
（experience 经验）
f. *συγκαταλέγω* [siŋgataléγo] < [sin+kataléγo]
（(I) include among（我）包括在……中）
g. *συγκαταβαίνω* [siŋgatavéno] < [sin+katavéno]
（(I) condescend（我）屈就）

（2） a. *καντιλα* [kandíla]
（small lamp 小灯）
b. *συνταξιδεύω* [sindaksiðévo] < [sin+taksiðévo]
（(I) travel in company（我）跟……一起旅游）
c. *έντιμος* [éndimos] < [en+tímos]
（honored 荣幸）

为了表明音系词的范域确实也就是句法树的终端元素，我们还必须证明，复合词的两个组成部分属于同一个音系词。但是仅仅基于鼻音同化和塞音浊化这两条规则还无法做到这一点，因为没有哪一个复合词的第一部分以鼻辅音结尾。然而，这却可以基于重音指派（其范域亦为音系词）予以说明：复合词的两个成分确实属于同一个音系词成分。

首先，我们应该注意，在希腊语中有这样一个合格性制约条件，要求主重音落在一个词的最后三个音节中的一个音节。如例（3）—（5）所示。

（3） a. άλογος　[áloγoβ]　（horse 马）
　　 b. *κόκκινος*　[kókinos]　（red 红的）
　　 c. *ντρέπομαι*　[drépome]　（(I) am ashamed（我）感到惭愧）

（4） a. *πατέρας*　[patéras]　（father 父亲） 112
　　 b. γεμάτο ς　[yemátos]　（full 满的）
　　 c. *πηγαίνω*　[piyéno]　（(I) go（我）去）

（5） a. *αχινός*　[axinós]　（sea urchin 海胆）
　　 b. *πιθανός*　[piθanós]　（probable 大概的）
　　 c. αγαπώ　[aγapó]　（(I) love（我）爱）

在某些例子里，重音的位置可根据形态信息来预测。例如，在带后缀 -*άκι*（[-aki]）的指小派生词中，主重音总是落在倒数第二个音节上。但是，在其他例子里，却无法预测重音会落在哪一个音节上，这一点从（6）—（9）的最小词对（minimal pairs）中清晰可辨。

（6） a. *οπός*　[opós]　（juice 果汁）
　　 b. *όπως*　[ópos]　（like 喜欢）

（7） a. *ορός*　[orós]　（serum 血清）
　　 b. *όρος*　[óros]　（condition 条件）

（8） a. *πεινώ*　[ρinó]　（(I) am hungry（我）饿了）
　　 b. *πίνω*　[ρíno]　（(I) drink（我）喝水）

（9） a. *δευτέρι* [ðeftéri] （account book 账簿）
b. *δεύτεροι* [ðeftéri] （second pl. masc. 第二人称复数，阳性）

首先，复合词跟其他词类一样，主重音只有一个这一事实就表明，一个复合词的两个组成部分构成一个单独的音系单位。在复合词形成前，其重音位置不一定与复合词形成后的可承载重音的音节位置相符。其实，大部分情况皆是如此。其次，复合词的两个组成部分构成一个音系词的事实表明，他们二者都遵守作用于简单词重音的合格性制约条件。这就是说，重音必须落在该复合词最后三个音节之一上，如（10）—（12）所示。

（10）	a. *κουκλόσπιτο*	<	*κύκλα*	*σπίτι*
	[kuklóspito]	<	[kúkla]	[spíti]
	‘doll’s house’		‘doll’	‘house’
	（玩偶之家）		（玩具）	（屋子）
	b. *ασπρόμαυρος*	<	*άσπρος*	*μαύρο*
	[asprómavros]	<	[áspros]	[mávros]
	‘black and white’		‘white’	‘black’
	（黑白）		（白色）	（黑色）
113	c. *ξυλόκολλα*	<	*ξύλος*	κόλλα
	[ksilókola]	<	[ksílos]	[kóla]
	‘wood glue’		‘wood’	‘glue’
	（木胶）		（木头）	（胶水）

（11）	a. *νυχτοπούλι*	<	*νύχτα*	*πουλί*
	[nixtopúli]	<	[níxta]	[pulí]
	‘night bird’		‘night’	‘bird’
	（夜莺）		（晚上）	（鸟儿）
	b. *σπιρτοκούτι*	<	*σπίρτον*	*κουτί*
	[spirtokúti]	<	[spírton]	[kutí]
	‘matchbox’		‘match’	‘box’
	（火柴盒）		（火柴）	（盒子）
	c. *ψυχοπαίδι*	<	*ψυχή*	*παιδί*
	[psixopéði]	<	[psixí]	[peðí]

'adopted child'　　'spirit'　'child'
（养子 / 女）　　（精神）　（孩子）

（12） a. *νυχτοφυλακή*　<　*νύχτα*　*φυλακή*
[nixtofilakí]　<　[níxta]　[filakí]
'night guard'　　'night'　'guard'
（夜班警卫）　　（夜晚）　（守卫）
b. *φιλοφρονώ*　<　*φίλος*　*φρονώ*
[filofronó]　<　[fílos]　[fronó]
'(I) entertain'　　'friend'　'think'
（（我）招待）　　（朋友）　（认为）
c. *ξυλοθιμονιά*　<　*ξύλο ς*　*θυμονιά*
[kshiloθimonyá]　<　[ksílos]　[θimonyá]
'wood stack'　　'wood'　'stack'
（原木垛）　　（木材）　（堆）

与简单词不同，复合词的主重音位置在很大程度上是可以根据复合词最后一个元音的音质来预测的。这就是说，如果最后一个元音是后元音，该词的重音通常会落在倒数第三个音节上；如果是前元音的话，该词往往会重读倒数第二音节。复合词的重音位于词尾的情况十分少见，倘若真有这种情况出现，其重音往往可依据形态信息来预测。但无论给复合词指派重音的具体规则如何，跟本文讨论相关的是，复合词构成了一个音系词，这是因为：1）复合词跟非复合词一样只有一个主重音；2）复合词的重音位置跟非复合词一样都必须满足相同合格条件的制约。

在希腊语的音系词范域完成构建后，我们现在便可以把鼻音同化和塞音浊化这两条规则表述为：

（13） 鼻音同化规则（强制性） 114

$$[+\text{鼻音性}] \rightarrow \begin{bmatrix}\alpha\ \text{舌冠性}\\ \beta\ \text{前部性}\end{bmatrix} / [\ldots \_\_\_ \begin{bmatrix}-\text{延续性}\\ \alpha\ \text{舌冠性}\\ \beta\ \text{前部性}\end{bmatrix} \ldots]_{\omega}$$

（14） 塞音浊化规则（强制性）

$$[-\text{延续性}] \rightarrow [+\text{浊音性}] / [\ldots [+\text{鼻音性}] \_\_\_ \ldots]_{\omega}$$

正如鼻音同化和塞音浊化两条规则所示，他们均属于音系词跨度规则

（span rules）。亦即：在音系词范域内，只要音段语境存在的话，这些规则即可以使用。

通俗希腊语把音系词作为应用范域还有另一条规则，在这一语言的某些变体中可以选择性地删除位于延续性辅音前的鼻音。这就是为什么鼻音 + 延续性辅音序列在通俗希腊语中几乎从不出现，尽管该序列在纯正希腊语（Katharevousa）语里十分常见（该语 1974 年前曾为官方语言，现已不再使用）。然而，即使通俗希腊语存在鼻音 + 延续性辅音序列，鼻辅音也会被选择性删除，如（15）所示。

（15） a. *άνθρωπος* [ánθropos] and [áθropos]
'human being'
（人类）
b. *συμβιβασμός* [simvivazmós] and [sivivazmós]
'compromise'
（妥协）

鼻音删除规则（Nasal Deletion，ND）可表征如下：

（16）鼻音删除规则（选择性）

$$[+\text{鼻音性}] \rightarrow \varnothing \,/\, [\ldots \underline{\quad\quad} \begin{bmatrix}+\text{延续性}\\ +\text{cons}\end{bmatrix} \ldots]_{\omega}$$

应该注意的是，跟上述鼻音同化和塞音浊化规则一样，鼻音删除规则也是音系词跨度规则。让我们作以简要的总结，基于以上对重音位置、两个同化规则和一个删除规则的分析表明，希腊语的音系词范域与句法树的终端元素相同。也就是说，论证表明，这里所讨论的规则应用于含有一个（在复合词的情况下是两个）词干外加所有毗邻词缀所构成的范域。尽管重音指派规则仅限于音系词范域使用，但同化规则和删除规则的表现却全然不同。我们
115 在第 5 章将表明，还必须把直接支配音系词的韵律层级成分“附着语素组”（clitic group）考虑进来，才能对这些现象给予全方位的阐释。这就表明，这些规则在两种不同范域中的应用其程度是不同的。综上所述，鼻音同化和塞音浊化规则在音系词范域中的应用是强制性的，而鼻音删除规则的应用则为选择性的。在附着语素组中，这些规则的强制性表现却恰恰相反。

4.1.2 拉丁语

接下来要讨论的另一种语言是古典拉丁语（Classical Latin）。我们将举例说明，在古典拉丁语中音系词的范域等同于句法树的终端元素。拉丁语音系词的这一延展可见于以下事实：主重音规则（Main Stress Rule）作用于简单词、派生词和复合词的方式完全一样。对于多音节词，该规则把主重音指派给倒数第二音节，如果该音节是重音节；否则的话，它将会把重音指派给倒数第三个音节。简单词、派生词和复合词的例证分别见于（17）、（18）和（19）。[①]

（17） a. stratḗgus （chief 主要的）
　　　 b. pópŭlum （ people 人民 ）

（18） a. stomachṓsus （irritated 恼怒的）
　　　 b. homúncŭlus （ little man 小个子）

（19） a. virirā́dix （offshoot 分支，分流）
　　　 b. vivípărus（viviparous 胎生的）

基于拉丁语附着语素影响其所附着的词重音的这一发现，于是有人认为，拉丁语的附着语素与他们的宿主词（host）共同构成一个音系词（见 Booj，1983），但我们对此并不认同。请注意，在词 + 附着语素组成的序列里，重音指派其实并不一定遵循上述提到的重音规则。在单词 + 附着语素的序列中，主重音反而落在了紧接附着语素的前一音节，而不论该音节的轻重与否（见 Niedermann，1953；Cupaiolo，1959；Traina 和 Bernardi Perini，1977）。附着语素组重音规则（Clitic Group Strcss）（如（20）所示），其中的附着语素 *-que* 附着于词尾，尽管这些尾音节的内部结构并不相同，轻重不一，但都承载主重音。

（20） a. rosā́que （and the rose (nom.) 和那枝玫瑰（主格）） 116
　　　 b. rosámque （and the rose (acc.) 和那枝玫瑰（宾格））
　　　 c. rosā́que （and the rose (abl.) 和那枝玫瑰（离格））

只有在单词 + 附着语素组合序列的语义不再包含原有词义时，才会被视为独立词，而非“单词+附着语素”的可分析序列，主重音规则方才适用（Niedermann，1953；Cupaiolo，1959），如（21）所示。

（21） a. úndĭque （到处）

b. dénĭque （最后，最终）

c. plérăque （大部分情况）（阴性，主格）

如果这一分析正确的话，那么就一定存在着这样一些最小词对，它们只在主重音位置上存在着音系方面的差别，这取决于单词+附着语素序列是否仍为可分析序列，还是重新构成一个（独立的）新词。此类最小词对的确存在，如（22）所示。

（22） a. itǎ́que （and so 因此，接下来）

b. ítăque （therefore 因此）

我们将在第5章再对这一问题作详细讨论。其中亦将表明，（20）中所例举的重音（重新调整）规则把附着语素组作为应用范域，即直接支配音系词的韵律层级成分。

上述例证表明，主重音规则应用于包含一单个词干（或复合词的两个词干）加上所有毗邻词缀的语符串序列。我们用这一例证表明，这种与句法树终端元素相对应的语符序列便构成了一个音系单位，尤其是音系词。

4.1.3 音系词范域（*i*）

基于诸如希腊语和古典拉丁语等语言音系词的应用范域，我们现在便可以进一步来给出这些语言音系词的定义了，在这些语言中音系词与句法树终端节点所支配的成分具有同延性范域[1]，我们将其称之为Q。

（23） 音系词范域（*i*）

音系词（ω）的范域为Q。

117 如上所述，这并不是音系词的唯一可能。我们接下来要分析那些音系词的范域小于前面所界定范域的语言。

1 同延性的英语原文为coextensive，指音系词与句法树终端节点所支配的延展范域完全相同。——译者

4.2　音系词范域小于句法树的终端元素

本节，我们将对这样一些语言的音系词进行分析，其音系词的范域小于句法树的终端节点所支配的成分。在这种情况下，音系词的构建往往会出现多种可能，我们将在单独的小节里对每一种可能的形式都给予详细的举例说明。尽管它们存在差异，但所有这些音系词的构建都拥有一个共同的特点：即把一个词的形态单位予以重新划分，其最终结果与形态—句法层级的所有成分表现为非同构状态。

4.2.1 音系词范域等于词干 + 词缀

音系词的范域小于句法树的终端元素的第一个例子见于派生词或非派生词都可以构成音系词的语言。即对于所有非复合词来说，在形态—句法与韵律层级之间存在着同构关系。但对于复合词来讲，两个层级里词汇层的成分延展迥然不同。在复合词中，每个词干都与毗邻词缀共同构成一个音系词。在含有前后缀的语言中，一个音系词含有前缀跟复合词的前面一词，而另一音系词则包含复合词的第二个词和毗连后缀。显然，总体来说在词缀代表派生的复合词例证中，音系成分与形态成分的分界并不完全一致。以后缀为例，不匹配现象的例证如（24）所示。

（24） a. 形态成分　　　　　　　　b. 音系成分

在接下来的两个小节里，我们将以梵语和土耳其语为例来说明音系词范域的这种特定类型。

4.2.1.1 梵语

前面给出的音系词定义是塞尔柯克（1980a）针对梵语所提出的。基

118 于惠特尼（Whitney，1889）的观察，塞尔柯克提出了映射规则，这些规则规定每个带句法标记的词均构成一个音系词范域，除非它含有复合词词干，其中的前面一词构成第一个音系词，后面一词连同词缀共同组成另一个音系词。塞尔柯克指出，如是定义的音系词便是一些音系规则的应用范域。在这些规则中，尾音浊化规则（Final Voicing）便是其中之一，该规则只有在音系词的音渡位置才能把前面 [-响音性] 音段与后面的音段在清浊上予以同化，如（25）中的两个复合词所示。

（25） a. sat-aha → sad-aha （good day 日安）
b. tat-namas → tad-namas （that homage 那次致意）

但一个音系词词素的内部组合却不会触发尾音浊化，见（26）。

（26） a. vāc+ya → vācya （speak (ger.) 讲（动名词））
b. marut+i → maruti （wind (loc.) 风（位置格））

梵语的第二个音系词音渡规则——塞音至鼻音规则（Stop to Nasal）——在鼻音化过程中选择性地把塞音同化为其后紧随的鼻音音段，见（27）。

（27） a. tat namas → tad namas → tan namas
b. triṣṭup nūnam → triṣṭub nūnam → triṣṭum nūnam

此外，塞尔柯克还给出了另外两条规则，以表明音系词在确定某一音系现象出现的位置方面起到了至关重要的作用。这两条规则分别为词末辅音簇缩减（Final Cluster Reduction）和末尾去送气音和清音化（Final Deaspiration and Devoicing）规则。第一条规则删除音系词末尾辅音簇中除了最左侧元音后辅音以外的所有其他辅音，如（28）所示。第二条规则把位于音系词末尾的非响音性辅音变为不送气清音，如（29）及（28b, c）所示。

（28） a. bhavant+s → bhavan （being (nom. masc. sg.) 存在）
b. triṣṭubh+s → triṣṭup （type of meter (nom. masc. sg.) 韵律类型）
c. pad+s → pat （foot (nom. masc. sg.) 音步）

（29） a. agnimath → agnimat （producing fire by friction 摩擦点火）
b. labh - sye → lap - sye （I shall sieze 我会抓住）
c. vīrudh → vīrut （plant 植物）

以上我们所讨论的 4 条规则都具有相同的应用范域，该范域与形态—句法层级的任何成分皆不同构，这一事实表明，完全符合这一延展的成分 119
必须在梵语的韵律层级中得以体现。应该指出，从形式上看，前面两条规则为作用于话语（U）范域的音系词音渡规则。也就是说，在整个音系话语中，只要两个音系词边界出现了指定的音段语境，它们便可以应用。而后面的两条规则为音系词界限规则，即如果在音系词的末尾出现了符合给定音段条件的语境，二者皆可以使用。

在给出上述讨论的梵语音系词（即包含一个词干和所有毗邻词缀的音系词）的定义之前，我们再来看一下另一种语言，该语言音系词成分的应用范域与梵语的完全相同。

4.2.1.2 土耳其语

为进一步表明在音系词范域与句法层级的最低成分之间不存在一一对应的关系，我们将引证第二种语言土耳其语。尤其要指出的是，土耳其语音系词范域的延展等于词干加毗邻词缀，这与梵语的情况相似。

在土耳其语，除了为数有限的一部分词汇以外（见 Lewis，1967: 21），所有单语素词的主重音都落在最后一个音节上。因此，主重音规则给大部分单语素词指派重音的情况均如（30）所示。

（30） a. yaλníz　（alone 独自地）
b. somún　（loaf 条）
c. doğú　（fast 快）
d. çocúk　（child 孩子）
e. odá　（room 房间）

主重音规则亦作用于派生词。即无论派生词所含的后缀多少，主重音总是落在最后一个音节上，如以下 *çocúk*（孩子）和 *odá*（房间）两个派生词所示。

（31） a. çocúk　（child 孩子单数）
b. çocúklár　（children 孩子复数）
c. çocúklarimíz　（our children 我们的孩子）

d. çocúklarimizín （of our children 我们的孩子的……）

（32） a. odá （room 房间）

b. odadá （in the room 在房间里）

c. odadakí （that which is in the room 在房间里的东西）

d. odadakilér （those who are in the room 在房间里的那些人）

e. odadakilerdén （from those who are in the room 来自那些在房间里的人）

120 上述例子表明，土耳其语主重音规则的范域覆盖了整个派生词，但我们尚未证明这亦为重音指派的最大范域。也就是说，如果我们假设，音系词等于重音指派范域的话，我们也只不过表明了：音系词至少必须把派生词包括进去。要说明音系词的范域小于句法树的末端元素，我们还必须证明，复合词的两个成分与单个音系词的表现有所不同。正如利斯（Lees，1961）观察的那样，一个复合词的两个部分所独具的两个主重音，在构成复合词后，只有第一个保留了下来，而第二个词的主重音则弱化为次重音。复合词的重音模式如（33）所示。

（33） a. düğǘnçiçegì （butter cup 奶油杯）

of yesterdayflower（昨日花朵的）

b. çáy evì （tea house 茶馆）

tea house（茶馆）

诚然，除了有别于复合词两个初始单词的内部结构以外，这一模式恰恰就是独立词的形式，可组合在一个音系短语中（见第6章）。该重音模式便成为证明土耳其语复合词的每个部分分别构成不同音系词组成部分的第一证据。

另一证据源自于元音和谐（Vowel Harmony）规则，该规则表明复合词的两个组成部分不能构成一个单独的音系词。土耳其语有这样一条元音和谐规则，其作用在于，在给定范域内，把所有元音都和谐为[后位性]，同时把所有高元音和谐为[圆唇性]特征。② 在第5章里，我们将论证这一范域就是附着语素组，且该规则由左至右使用。这就是说，一个单词的第一个元音决定了“词＋附着语素”序列的所有后续元音的音质。该规则在带词缀单词的应用如以下（34）和（35）所示，其中所有后缀的元音都为词干元音所和谐。具体来讲，当跟在非圆唇前元音 *ev* 后面时，属格形式及复数词素分别为 *-in* 和 *-ler*，而当这些词素跟在 *vapur* 和 *burun* 一类词的后面时，则会变为 *-un* 和 *-lar*。

（34） a. ev-in　　　（of the house 房子的）
　　house (gen.)
　b. vapur - un　　　（of the steamer 蒸汽机的）
　　steamer (gen.)

（35） a. ev-ler　　　（houses 房子） 121
　　house (pl.)（房子（复数））
　b. burun-lar　　　（noses 鼻子）
　　nose (pl.)（鼻子（复数））

然而，复合词的两部分却不能成为和谐规则的一个单独范域，见（36）。

（36） bugün（今天）
　this day（这一天）

以上论述表明，在复合词中其实存在着两个不同的和谐范域。由于附着语素组是土耳其语元音的和谐应用范域（见上文），因此我们可以得出：复合词有两个不同的附着语素组。此外，依据严格层级假说，土耳其语的复合词必然包含两个不同的音系词。基于以上所讨论的主重音规则和元音和谐规则，我们可以得出这样的结论：在土耳其语中（与梵语一样），音系词的范域不一定与形态—句法层级的任何成分相同构。在以上两例中，（24）所给出的便是错配的范例，其中音系词只是部分上对应，而不是全部包含对应于句法层级最低成分的所有元素。

4.2.1.3 音系词范域（*iia*）

在前面的 4.1.3 节里，我们给出了第一类音系词的定义，此类音系词见于应用范域等同于句法树末端元素的那些语言。基于前面对梵语和土耳其语的分析，我们现在可给出第二类音系词的定义了。

（37） 音系词范域（*iia*）

a. 音系词（ω）范域由一个词干和所有线性毗邻词缀的语符串组成。

b. 所有未附着的元素则独立构成一个音系词（ω）。

该定义第一部分的作用为把每个非复合词都组成音系词，而无论该词是派生词还是非派生词。如果是复合词，则构成两个音系词，前者由复合词的第一部分加上（在存在此类构词的语言中）任意的前缀，而后者则由
122 复合词第二部分加上所有后缀组成。定义第二部分的作用在于确保不属于词干的元素（如连接成分和附着语素等）也要按照严格层级假说的要求构成音系词。

4.2.2 音系词范域以及其他形态和音系要素

在 4.2.1 节中所讨论的音系词范域从某种意义上讲是对称的，基本上不需要区分前缀与后缀（如参照词干位置由左至右），尽管不一定与形态—句法的任何成分表现为同构。此外，音系词的构建也没有参照除严格层级假说内在信息以外的任何其他音系信息，也就是说音系词是通过将其直接下属“音步”的各成分相加组合而成的。

我们现在要讨论的音系词，它的作用范域不仅与形态—句法的任何成分既不同构，而且也不对称。这就是说，此类音系词的定义必须对前缀和后缀给予区别对待（即右数的左侧）。此外，除了严格层级假说的内在标准外，我们还要对具体的音系标准予以考虑。以下我们将以匈牙利语为例，举例说明我们必须把具体形态因素考虑在内的第一类音系词。对于定义时需要具体音系信息的第二类音系词，我们将例举意大利语与伊蒂尼语的例子予以阐释。

4.2.2.1 匈牙利语

在本节，我们将表明，匈牙利语音系词的范域为词干加任意线性毗邻后缀的语符串。于是，一个复合词的两个组成部分便构成了两个不同的音

系词：第一个音系词只包括第一个词干，第二个则由第二个词干加上复合词的所有后缀构成。此外，一类通常被称为前动词（preverbs）的词类（此处简称作前缀），它们也构成了独立的音系词。

让我们先从元音和谐的分析（尤见 Vago，1976）来展开我们的讨论，并将证明这一规则的应用范域正是以上所描述的音系词。把音系词作为元音和谐的应用范域已不是什么新的提法，布济（1984b）就有过同样的发现，只不过他的定义有失详尽和全面而已。

在匈牙利语中，除了 *i*、*í*、*é*（其中 *í* 和 *é* 为音标 [i:] 和 [e:] 的拼音字母）以外，所有其他元音都出现有元音和谐现象。元音和谐的特征表现为 [后位性]，如（38）、（39）所示，其中可见词干加后缀便构成了和谐范域，亦即音系词（见 Booij，1984b）。

（38）　a. [ölelés]$_{\omega}$　　（embracement 拥抱）
　　　　b. [ölelés-nek]$_{\omega}$　　（embracement + (dat. sg.) 拥抱 +（与格，单数））

（39）　a. [hajó]$_{\omega}$　　（ship 船）
　　　　b. [hajó-nak]$_{\omega}$　　（ship + (dat. sg.) 船 +（与格，单数）） 123

另一方面，（40）中的例子表明，复合词的第一和第二部分分别构成了两个独立的和谐范域，自然也就构成了两个不同的音系词。

（40）　a. [Buda]$_{\omega}$ [Pest]$_{\omega}$　　（Budapest 布达佩斯）
　　　　b. [könyv]$_{\omega}$ [tár]$_{\omega}$　　（library 图书馆）
　　　　　book collection（藏书）

从（41）可以看出，当复合词的第一和第二个词干分别为两个独立的和谐范域时，该复合词的后缀便划入至第二个词干的和谐范域（参见 Vago，1980）。因而，我们有证据表明，词干加任意线性的毗邻后缀语符串便构成了一个音系词。

（41）　[lát]$_{\omega}$ [képünk]$_{\omega}$　（our view 我们的观点）　(látkép = view; ünk = our)

为了确立上述所界定的音系词范域，我们最后还需阐明，前缀不会跟它所附着的词干出现元音和谐。在（42）中，这一点基于如下事实得到了证明：动词前缀的元音与词干元音并不共同具有 [后位性] 特征的相同赋值。

（42） a. be - utazni　　　（to commute in 通勤）
　　　in commute
　　　（在……里 通勤）
　　b. fel - ugrani　　　（to jump up 跳高）
　　　up jump
　　　（向上 跳）
　　c. oda -menni　　　（to go there 去那里）
　　　there go
　　　（那里 去）

在含有严格层级假说的音系学理论中，前缀跟后面词干不出现元音和谐这一事实表明，它们在匈牙利语中必须作为构成不同的音系词加以考虑。值得注意的是，我们发现，在匈牙利语以及其他一些语言里，前缀与单词之间还存在着其他类相似之处（尤见 Tompa，1972；Strauss，1982；Scalise，1983；Booij 和 Rubach，1984）。因此，在有些语言里，这两类元素都拥有相同的音系地位也就不足为怪了。

在匈牙利语，音系词不仅仅是元音和谐的范域，也是其他现象的范域。如腭化（Palatalization）规则把位于 *j* 音前的 *d*、*t*、*l*、*n* 都予以同化，
124 产生了相应的腭化音（参见 Hall，1944）。该规则亦应用于前面所定义的音系词，如（43）所示。然而，该规则却不能在两个音系词之间使用（如（44）、（45）、（46）所示），即在复合词的两个成分之间、在前缀与其后词干之间，以及在两个单词之间的应用均受到阻断。

（43） [men+jen]$_{\omega}$　　→ me[ɲ]en　　（let him go 让他去）
　　go (Pe 3 sg. imp.)
　　（去（第三人称，单数，命令式））

（44） [alúl]$_{\omega}$ - [járó]$_{\omega}$　　→ *alú[j]áró[3]　　（tunnel 隧道）
　　under　path
　　（在……下 道路）

（45） [fel]$_{\omega}$ [jönni]$_{\omega}$　　→ *fe[j]önni　　（to come up 上来）

up come
（向上 来）

（46） $[\text{én}]_\omega[\text{jövök}]_\omega$ → *é[ɲ]övök （I come 我来了）
I come
（我 来）

在结束讨论匈牙利语这一小节之前，让我们先来梳理一下该语言音系词的一些主要特征。首先，该语言的音系词与任何形态—句法成分并不同构。复合词的两个组成部分分别构成两个不同的音系词，其后缀与第二个词干单独构成一个音系词，这一事实已充分地证明了这一点。就此而言，这与我们前面曾讨论过并使用梵语和土耳其语的示例予以阐述的音系词成分完全一致。其次，匈牙利语音系词范域的定义必须参照形态成分，其表现呈不对称状态。于是，所有后缀语符串连同前面的线性毗邻词干一起被归入同一个音系词，而前缀本身构成了单独的音系词。就这一点而言，它与前面一节所讨论的音系词范域有所不同。

4.2.2.2 意大利语

本节，我们将讨论意大利语。在意大利语中，音系词是音系分析必不可少的成分，这是因为在音系词和所有形态—句法层级的成分之间并不存在一一对应的关系。况且，音系词的组构有必要参照除了严格层级假说所表达的音系信息以外的其他音系信息。我们将基于这一分析提出，在某些具体情况下音系词的组构或许还需要参照其他一些音系概念。

以下，我们先来看一下两个元音间清辅音 *s* 浊化这一规则的应用范域。我们将表明，该范域与形态—句法层级的任何成分并不同构，相反它 125
却与音系词等同。接下来，本文还将表明，如是定义的音系词成分对于其他一些意大利语音系规则的确立亦是必不可少的（参见 Nespor，1984）。

两个元音间清辅音 s 浊化规则（Intervocalic s-Voicing，ISV）是标准北方意大利语的规则之一。该规则只作用于词内，[④] 而不能跨词汇使用，分别如（47）、（48）所示。

（47） a. a [z]ola （button hole 扣眼）

b. a [z]ilo （nursery school 幼儿园）

（48） a. la [s]irena *la [z]irena（the siren 汽笛）

b. hanno [s]eminato *hanno [z]eminato（(they) have seeded（他们）已经播种了）

此外，这一规则也不能用于单词和后附属语素成分之间（见（49）），抑或前附着语素成分和单词之间（见（50））。

（49） telefonati[s]i *telefonati[z]i

'having called each other'

（互相打了电话）

（50） lo [s]apevo *lo [z]apevo

'(I) knew it'

（（我）知道这事）

这里，触发两个元音间清辅音 *s* 浊化规则应用的语境与形态词并不等同，即便是在词的内部，这一规则的应用只现于某些语境，而不能作用于其他语境。（51）和（52）中的例子分别显示了该规则适用和不适用的形态语境。

（51） a. 在一个语素内部：

a[z]ola （button hole 扣眼）

b. 在一个词汇语素与其屈折变化语素之间：

ca[z]e (house (pl.)) （houses 房子（复数））

c. 在一个词汇语素与其派生后缀之间：

ca[z]ina (house (dim.)) （little house 小房子（指小））

d. 在一个派生前缀与一个词汇语素之间：

re[z]istenza （resistance 抵抗）

e. 在一个复合词的第二个成分与其屈折变化语素之间：

ficcana[z]i （busy bodies 爱管闲事的人）

（52） a. 在一个派生前缀与一个词汇语素之间：

a[s]ociale （asocial 不好社交的）

b. 在一个复合词的两个成分之间：

tocca[s]ana　（cure all 治疗所有的）

由此可见，两个元音间清辅音 *s* 浊化规则的适用域为以下成分：在非 126
复合词中由词干、派生及屈折后缀组成，在某些情况下也包括派生前缀；而在复合词中，该词的第二部分与后缀构成一个成分，其第一部分则构成了一个单独的成分。

我们接下来要说明的是，有些必要的成分是无法在形态层级中找到的，因此两个元音间清辅音 *s* 浊化规则的应用语境也就不能等同于任何形态范畴。例如，以 *ri[s]uddivi*[*z*]*ione*（再细分）一词为例。该词含有可附着动词但却不能附着名词的前缀 *ri-*。而 *-ione* 则是一个使动词转化为名词的后缀。[⑤] 考虑到这些词缀所要求的基本条件，*risuddivisione* 的唯一可能形态结构为（53）所示。

（53）$[[\text{PRE}[\ \ ]_V]_V\ \text{SUF}]_N$

而此处作为两个元音间清辅音 *s* 浊化规则应用范域所需要的形态成分结构则为（54），其中词干与后缀构成了一个成分，但却不包括前缀。

（54）$[[\text{PRE}[[\ \ ]_V\ \text{SUF}]_N]_N$

然而，对于 *risuddivisione* 一词来说，（53）却是一种不可能的结构，正如我们所提到的那样，*ri-* 只能作动词前缀，而不能作名词前缀。

两个元音间清辅音 *s* 浊化规则的应用范域不同于形态成分，这也见于带有形态结构的复合词，如（55）所示。

（55）$[[[\text{ficca}]_V\ [\text{naso}]_N]_N + \text{i}]_N$　ficcana[z]i　（busy bodies 爱管闲事的人）

我们在（51e）和（52b）中已表明，两个元音间清辅音 *s* 浊化规则作用于复合词的第二部分及其屈折语素之间，但却不适用于复合词的两个组成部分之间。然而，任何一个形态成分都无法完全囊括复合词的第二部分及屈折语素，见（55）。其中，复数屈折语素跟复合词 *ficcanaso* 相关，而不是其名词成分 *naso*（鼻子）。这就是说，*ficcanasi* 指的是不止一个人涉足了他人事物，而不是指一个人（一个鼻子 *nasi*）多方面插手他人事物。

两个元音间清辅音 *s* 浊化规则的应用范域与形态—句法层级的所有成分并不同构的事实，可以作为证据表明其适用域必然是一个音系范
127 域。既然该应用范域大于音步，且该规则既适用于音步内，也可以跨音步使用（见（56a，b）），同时又小于两个词的语符串（见 56c，d），因此我们可以得出以下结论，音系词便是两个元音间清辅音 *s* 浊化规则的应用范域。

（56）

a. Σ Σ
a[z]ilo　　（nursery school 幼儿园）

b. Σ
ca[z]o　　（case 实例）

c. la [s]alamandra　*[z]　（the salamander 火蜥蜴）

d. gatto [s]iamese　*[z]　（Siamese cat 暹罗猫）

我们从两个元音间清辅音 *s* 浊化规则的应用语境可清楚得知，上文所给出其他语言的音系词定义对于意大利语来说尚嫌不够充分。因此，我们下面来看一下意大利语音系词所依据的具体原则。我们已经表明：1）在非复合词里，词干加所有后缀（无论是派生或屈折后缀）均构成一个独立的音系词；2）在复合词里，第一个词干构成一个音系词范域[⑥]，第二个词干加上复合词的后缀构成另一音系词范域。从（51）和（52）可以看出，唯一尚不明确的一点跟前缀有关，因为有些前缀可以跟其后的词干共同组成音系词，但有些却不能。所以接下来的问题是，究竟是什么决定了一个前缀是否可以跟后面的词干一起构成音系词呢？

为了方便讨论，我们把（51d）区别于（52a）的一大主要特征在（57）和（58）中重复列出：（57）中的前缀 *re-* 可附着在现代意大利语非独立词的词干——即不允许词汇插入的词干，而（58）的前缀 *a-* 则可以附着于单词。

（57） re[z]istenza （resistance 抵抗）

（58） a[s]ociale　（asocial 不好社交的）

此外，还应注意，诸如（57）中的一类例词在母语者的眼中就不属于派生词。也就是说，尽管前缀 *re-* 意为“再次”（参见 *reintegrare*（重建，恢复）），但 *resistenza* 一词却没有“再次”的含义。相反，（58）的例词对所有母语者来讲却是个带否定前缀 *a-* 的派生词。其实，*asociale* 一词的含义为“不好社交的”。于是，我们由此得出，在无法做此类共时分析的传统意义上附加前缀的词汇里，前缀跟其后的词干共同构成一个音系词。128
从（59）和（60）更多的示例来看，这一结论是公允的，其中既有可进行共时分析的例词，也有不可共时分析的例词。

（59） a. bi[s]essuale　（bisexual 两性的）
b. ri[s]uonare　（to ring again 再打一次（电话））
c. ultra[s]ensibile　（supersensitive 超敏感的）

（60） a. bi[z]estile　（leap year 闰年）
b. ri[z]acca　（undertow 暗流）
c. pre[z]unzione　（arrogance 高傲）

（61）中给出的最小词对进一步印证了，可进行共时分析的前缀和不能共时分析的前缀之间存在着差异。具体而言，（61a）有可预测“提前听到”的含义，故为两个不同的音系词，因此两个元音间清辅音 *s* 浊化规则不能跨两个音系词使用。然而，（61b）则不同有其特殊所指。这就是为什么讲母语的人不会把它看作是带前缀的词，于是它只能构成一个音系词，故上述规则可以应用。

（61） a. pre[s]entire　（to hear in advance 提前听到）
b. pre[z]entire　（to have a presentiment 有预感）

下面，我们再来看一下（62）的例词。

（62） a. di[z]armo　（disarmament 解除武装）
b. di[z]onesto　（dishonest 不诚实）
c. di[z]intossicare　（disintoxicate 解毒）
d. di[z]uguale　（unequal 不平等）
e. di[z]innescare　（defuse 平息）

（62）的所有例词均为带否定前缀 *dis-* 的派生词，且形式颇为工整，其中每个词都带有可预知的否定含义，这是不争的事实。两个元音间清辅音 *s* 浊化规则适用于所有这些例词，这就表明前缀 *dis-* 的表现与上述讨论的前缀有所差异。需要注意的是，前缀 *dis-* 的这种差异表象是无法遵循针对英语所提出的既定路线，基于将其形态结构位置所划分的两种类型予以解释的（尤见 SPE；Siegel，1974；Selkirk，1982），因为 *dis-* 既可置于其他前缀前，也可置于之后，如前缀 *pre-*，但 *pre-* 却不能触发两个元音间清辅音 *s* 浊化规则的应用，见（63）。[7]

（63） a. predisintossicazione　　(pre-dis-)
　　‘predisintoxication’　　（pre-dis- 中毒）
b. dispremunirsi　　(dis-pre-)
　　‘dis-pre-arm oneself’　　（dis-pre- 武装自己）

129 *dis-* 的这种独特表现显然不可能是其在形态结构中所处位置的结果，考虑到意大利语总体音系的某些分布特征，我们认为，*dis-* 的这种表象其实是出于其辅音结尾的缘故。在标准意大利语中，除了为数不多的功能词外，如 *il*（定冠词，阳性，单数），*in*（在……内），*con*（带有……），*per*（为……）及 *non*（不，否）等，以辅音结尾单词的数量极为有限，在大多数意大利语的地域性变体中则完全没有此类词汇，因为其中各种不同音系规则的应用避免了此类现象的发生。[8] 由此可见，似乎存在着一条阻止以辅音结尾音系词产生的一般性合格条件，或至少存在着一种很强的趋向避免出现上述情况。基于以上原因，我们提出把 *dis-* 以及所有以辅音结尾的前缀（如 *bis-*，*mis-*，*in-*，*con-*，*per-* 等）都囊括进带毗邻元素的音系词范畴。[9] 这就是说，以元音结尾的前缀具有独立单词的形式，但以辅音结尾的前缀则不然。因此，前者可以构成独立的音系词，而后者不能。此外还应注意，如果一个以辅音结尾的前缀左边有一个以元音结尾前缀的音系词，而右边的为含有一个词干或另一个前缀的音系词，其方向为右向附着（即词干的方向），详见以上（63a）中两个元音间清辅音 *s* 浊化规则的应用所示。

简而言之，意大利语音系词的范域为：词干跟所有后缀，以及以辅音结尾的前缀共同构成音系词。依照严格层级假说，一个音系词的姊妹节点必须构成其他音系词，因此以元音结尾的前缀则构成独立的音系词。最后，无法构成独立音系词的前缀将依照词干方向进行附着。我们可以把两个元音间清辅音 *s* 浊化规则以最为简便的方式表述为音系词跨度规则，见（64）。而依据形态成分的表达，该规则的应用范域最多不过是一些相互各异的语境堆砌。

（64） 两个元音间清辅音 *s* 浊化规则（Intervocalic s-Voicing）

$$\begin{bmatrix} +\text{延续性} \\ -\text{浊音性} \\ +\text{舌冠性} \\ +\text{前部性} \end{bmatrix} \rightarrow [+\text{浊音性}] \,/\, [\ldots [-\text{辅音性}]\_\_\_\_[-\text{辅音性}]\ldots]_{\omega}$$

如上所述，为证明音系词不仅仅是专门针对两个元音间清辅音 *s* 浊化现象的解决方案，我们现在再来考察一下意大利语的其他音系规则，并以此来说明这些规则的应用范域亦与为两个元音间清辅音浊化所界定的音系词相一致。

我们要讨论的第一个规则是元音高化规则（Vowel Raising）。在意大利语的 7 个元音里，[ɛ] 和 [ɔ] 这两个低元音只出现在带主重音的音节 130
上，或换言之，这两个元音是一个词的最强终端成分（designated terminal element，DTE）。[10] 如果形态派生或屈折过程可以把一个词的主重音从 [ɛ] 或 [ɔ] 移至另一位置的话，那样便会产生不合格的形式。因此，就要有一条规则分别把 [ɛ] 和 [ɔ] 变为 [e] 和 [o]，以此来重新恢复词的合格形式，如（65）所示。

（65） a. t[ɔ́]lgo　　vs. t[o]gliévo　　'(I) take out / (I) was taking out'
（（我）去除 /（我）正在去除）

b. 1[ɛ́]ggo　　vs. l[e]ggévo　　'(I) read / (I) was reading'
（（我）读 /（我）正在读）

c. p[ɔ́]co　　vs. p[o]chíno　　'little / little (dim.)'
（小 / 小（指小词））

d. t[ɛ́]rra　　vs. t[e]rríccio　　'earth/loam'
（地球 / 土壤）

后缀跟前面的元素共同构成一个独立的音系词，这个音系词便是元音高化规则的应用范域，（66b）和（66c）中的最小词对为此提供了进一步的支持。其中根据这一规则可否应用，我们便可以把派生词与短语加以区别。

（66） a. s[ɔ́]lito （usual 通常的）

b. s[ò]litaménte （usually 通常）

c. s[ɔ́]lita ménte （usual mind 平常心）

（67）中的例证表明，该规则不能应用于复合词，这就表明复合词前一成分的主重音不像派生词那样会被弱化。

（67） a. t[ɔ́]sta páne → t[ɔ́]stapáne
toast bread 'bread toaster'
（土司面包） （烤面包机）

vs. t[ɔ́]sta+tóre → t[ò]statóre
'toaster'
（烤面包炉）

b. p[ɛ́]lle róssa → p[ɛ́]llerόssa
skin red 'redskin'
（皮红色） （红皮肤）

vs. p[ɛ́]lli+cína → p[è]llicína
'small piece of skin'
（一小块皮）

鉴于音系词最多只能承载一个主重音，例（65）的数据表明，后缀与词干共同构成一个音系词，而（67）的数据则显示复合词必须包含两个音系词。

我们借助音系词范域的概念便可以把元音高化规则表述为以下音系词跨度规则。其中的 [–DTE] 特征可用于解释：一旦当事元音在指定（音系词）范域内未承载主重音，规则便可以使用。

131 （68） 元音高化规则（Vowel Raising）

$$\begin{bmatrix}+\text{音节性}\\+\text{中位性}\\-\text{高位性}\end{bmatrix}\rightarrow[+\text{高位性}]\ /\ [\ldots\underset{[-\text{DTE}]}{\underline{\qquad}}\ldots]_{\omega}$$

此外，元音延长规则（Vowel Lengthening，VL）也为上述界定的音系词范域提供了进一步的支撑。该规则可延长一个词的最强终端成分（DTE）强音节的元音（即主重音元音），当且仅当该音节为非词末尾的开音节时。该规则的应用如（69）所示，这一规则在词末位置不能使用的情况见（70）。

（69） a. p[á:]pero （duck 鸭子）
b. tap[í:]ro （tapir 貘）
c. pap[á:]vero （poppy 罂粟花）
d. tartar[ú:]ga （turtle 海龟）

（70） a. carib[ú] （caribou 驯鹿）
b. colibr[í] （hummingbird 蜂鸟）

使用音系词概念可以对元音延长规则的应用范域给予最充分的阐释，证据有三：1）该规则可作用于所有类型的后缀（见（71））；2）该规则适用于双音节前缀，但不适用于以类似音节起首的非派生词（见（72）和（73））；3）当复合词的两个组成部分都给出了适当的局部音系语境时，该规则可两次应用（试比较（74a）、（75a）、（76a）跟（74b）、（75b）、（76b））；而对于带相似音节结构的非复合词，该规则只应用一次。

（71） a. gatt[í:]no （little cat 小猫） (<gatto + ino)
b. abbai[á:]va （(it) was barking（它）在叫） (< abbaia + va)
c. utilit[á:]rio （utilitarian 实用主义的） (< utile + itá + rio)

（72） a. p[á:]ramilit[á:]re （paramilitary 准军事的）
b. p[a]rametr[í:]co （parametric 参数的）

（73） a. s[ú:]pervel[ó:]ce （superfast 超快速）
b. s[u]perstizi[ó:]so （superstitious 迷信的）

（74） a. c[á:]pop[ó:]polo （chief 首领）
b. c[a]teg[ó:]rico （categoric 绝对的）

132 （75） a. d[ó:]polav[ó:]ro （afterwork 下班以后）

b. d[i]vinat[ó:]re （seer 预言家）

（76） a. div[á:]no létto （sofa bed 沙发床）

b. tav[o]linetto （very small table 非常小的桌子）

元音延长规则可形式化表述如下：

（77） 元音延长规则（Vowel Lengthening，VL）

$$V \rightarrow [+\text{长音}] \,/\, [\ldots[\ldots \underset{[+\text{DTE}]}{\underline{\quad\quad}}\,]_{\sigma}\ \ X]_{\omega}$$

其中 where $X \neq \emptyset$

以上界定的音系词亦是完全鼻音同化规则（Total Nasal Assimilation，TNA）的应用范域。在意大利语的词汇内部，鼻辅音后紧跟一个响音性辅音序列属于不合格序列，[11] 但在跨词界情况下例外，分别如（78）和（79）所示。

（78） a. *inregolare （irregular 不规则的） (cf. irregolare)

b. *inmaturo （immature 未成熟的） (cf. immaturo)

c. *conlaterale （collateral 并行的） (cf. collaterale)

（79） a. in rime （in rhyme 合辙押韵）

b. con molti （with many 带很多）

c. con loro （with them 带他们）

为了避免出现鼻音 + 响音性辅音的不合格序列，完全鼻音同化规则作用于（78）中的各词，但却不适用于（79）。足见，对完全鼻音同化规则把鼻音同化为紧跟其后的响音性辅音的限制及其后续应用，是把音系词作为其应用范域。尤其要指出的是，一旦前缀化过程中出现了不合格序列时，即当一个以鼻辅音结尾的前缀紧跟着一个以响音性辅音起首的毗邻单词时，完全鼻音同化规则即可以应用，如（80）所示。

（80） a. in+raggiungibile → irraggiungibile （unreachable 不能达到的）

b. in+legale → illegal （illegal 不合法的）

c. in+morale → immorale （immoral 不道德的）

d. con+rispondere → corrispondere （to correspond 联系）

e. con+legare → collegare （to put together 放在一起）

此外，完全鼻音同化规则也作用于以辅音结尾的前缀后接一个以元音 133
结尾的前缀的音系词内部，如（81a）所示；但却不能跨一个复合词的两个成分使用，因为它们分别构成了两个不同的音系词，见（81b）。

（81） a. $[\text{in+ri}]_\omega + [\text{producibile}]_\omega \rightarrow$ i[r:]iproducibile

（irreproducible 不能复制的）

b. $[\text{man}]_\omega\ [\text{rovescio}]_\omega \rightarrow$ *ma[r:]ovescio

（slap 拍击）

完全鼻音同化作为音系词跨度规则的恰当表征形式见（82）所示。

（82） 完全鼻音同化规则（Total Nasal Assimilation）

$$[+\text{鼻音性}] \rightarrow \begin{bmatrix}\alpha\text{鼻音性}\\ \beta\text{前部性}\\ \gamma\text{舌冠性}\\ \delta\text{边音性}\end{bmatrix} / [\ldots \underline{\quad\quad} \begin{bmatrix}+\text{响音性}\\ \alpha\text{ 鼻音性}\\ \beta\text{ 前部性}\\ \gamma\text{ 舌冠性}\\ \delta\text{ 边音性}\end{bmatrix} \ldots]_\omega$$

下面，我们来最后确认一下上述所给出的音系词定义，尤其是从音系词构成的角度来看以元音结尾的前缀和以辅音结尾的前缀表现各异的观点，即（与后者不同的是）以元音结尾的前缀可以从中提取。按照布济（1984a）的观点，如果我们假定一个元素被提取的必要条件（见 Siegel，1974）要求该成分必须是音系词的话（见以下 4.2.3.1 节），那么以下例子便可以轻而易举地阐释了。

（83） a. i pro e gli antifascisti < i profascisti e gli antifascisti

（the pro- and the antifascists 赞成-和反对法西斯主义者）

b. $\left.\begin{array}{l}\text{*in}\\ \text{*im}\end{array}\right\}$ e amorale < immorale e amorale

（immoral and amoral 不道德的和与道德无关的）

c. *dis e superintegrato < disintegrato e superintegrato

（unintegrated and superintegrated 未集成的与高密度集成的）

从（83a）可见，以元音结尾的前缀 *pro-* 可以提取出来，相反（83b）

和（83c）中的以辅音结尾的前缀则不能被提取。此外，（83b）还表明无论是在（82）同化规则应用之前还是之后，该例中以辅音结尾的前缀都不能提取（亦见 Scalise，1983）。

基于本节对意大利语各类现象的分析，我们发现所有这些现象的应用范域均为音系词，故而可以得出：上述所提出的音系词便是意大利语韵律层级中不可或缺的一个成分。

134 综上所述，在对意大利语形态树形图终端元素进行重组所必须的音系词构建规则的最终结果是，其成分不一定跟任何形态—句法成分互为同构。此外，这些规则亦对前缀和后缀给予了重要的区分。同时，分析还表明，就意大利语的前缀而言，我们还必须把一些具体的音系要素加以考虑。尤其是，只有当一个前缀原则上不能单独构成独立的音系词时（如以辅音结尾），这个前缀才跟后面的部分一同构成一个音系词。我们倾向于将此作为音系词构建规则中使用音系要素的一个普遍条件。也即是说，我们认为，一般来讲音系词的构建也遵循了使用形态—语法概念的规则。但在某些情形下，此类规则所产出的成分从音系的角度来看在某一特定语言里是不合格的形式，这时很可能需要把一些具体的音系概念加以考虑。

在下面的一节里，我们将讨论伊蒂尼语（Yidiɲ）。在伊蒂尼语中，我们在定义音系词范域时亦有必要把音系概念纳入考虑的范畴。同时，我们还会看到，前面讨论中所提到的意大利语的普遍条件也适用于这一语言。

4.2.2.3 *伊蒂尼语*

伊蒂尼语是澳大利亚昆士兰北部地区使用的一种语言，Dixon（1977b）对该语言给予了饶有兴趣的描述。在伊蒂尼语里，元音有长短之分，其音系的主要特征表现为，元音的长短与音节个数的交互关系（见 Dixon，1977a）。例如，该语言有这样一条规则：当且仅当一个词含有奇数音节时，该词倒数第二个音节的元音被延长（如第 2 章所示）。试看以下各例：

（84） a. gudá:ga （dog (abs.) 狗（通格））
b. múɖam （mother (abs.) 母亲（通格））

c. maɖí:ndaŋ　（walk up (pres.) 尚……走（现在时））

d. gáliŋ　（go (pres.) 走（现在时））

（84a）和（84b）中的名词与名词词干同界，由于通格的屈折变化（absolutive inflection）为音系短语，因此（84c）和（84d）的词形均包括了一个动词词干加现在屈折式词缀 *η*（见 Dixon，1977b）。在这两种情况中，其表层形式的音节数与词干的音节数相等。足见，倒数第二音节延长规则（Penultimate Lengthening）作用于含奇数音节的（84a）和（84c），但不适用于含偶数音节的（84b）和（84d）。

该规则似乎在改变了单词音节个数的形态操作之后也可应用，如（85）所示。

（85）a. gudaga - gu　→　gudagagu　（dog (purp.) 狗）　135

b. muɖam - gu　→　muɖa:mgu　（mother (purp.) 母亲）

第一个例子是一个带奇数音节词干和一个含偶数音节的表层形式。第二个例子恰好与其相反，为带偶数音节的词干与一个含奇数音节的表层形式。倒数第二音节延长规则作用于第二种形式，而非第一种。这就表明，要使音节计数为正确形式的话，音系词必须把后缀的音节数包括进去。然而，该规则并未把所有后缀都包括在内（见 Dixon，1977b），见（86）。

（86）gumari - daga - ɲu　→　gumá: ri dagá: ɲu

red　(inch.) (past)

红　（表起始）（过去时）

（to have become red 变红）

假定音系词是倒数第二音节延长规则的应用范域，（86）的例证表明，形态词 *gumá:ridagá:βu* 包含两个音系词，一个仅包含简单的词根，而另一个则由两个后缀组成。然而，进一步的观察发现：1）如果后缀是个单音节后缀，它便与词干共同构成一个音系词；但如果是双音节后缀的话，它便单独构成一个音系词（Dixon，1977b）；2）这些后缀无法按照他们在派生词中出现的相对先后顺序划分成不同的形态类别，因为双音节后缀既可以出现在单音节后缀前，也可以出现在它们的后面。足见，此类差异纯属音系差别，因此必须在音系范畴内给予阐释。于是我们提出，有必要将其纳入音系词范域的定义。而该定义必须明确指出，音系词包含一个词干或一个双音节后缀连同其右侧单音节后缀的所有毗邻语符串；在伊蒂尼语中没有前缀。

由于伊蒂尼语的每个词必须至少包括两个音节（见 Dixon，1977a，1977b），故音系词的定义可重新修正为：音系词或者由一个词干或者由一个可构成合格独立词的后缀连同其右侧毗邻单音节后缀的字符串共同组成。

这一情形与意大利语前缀的表象极其相似：当它们本身可以作为单个词的时候，各自均构成了独立的音系词。我们认为，只有当使用完全基于形态—句法概念界定的较为概括的音系词规则产生了不合格形式时，对音系词范域的定义才会涉及音系概念。这也同样适用于伊蒂尼语。[12]

136 #### 4.2.2.4 音系词范域（*iib*）

在前面 4.1.3 和 4.2.1.3 中，我们已分别给出了范域等于 Q 以及等于词干加所有毗邻词缀的诸语言的音系词定义。在 4.2.2.1 至 4.2.2.3 小节所分析的诸语言中，音系词范域的定义见以下（87），其中 Q 指句法树形图的终端元素。

（87） 音系词范域（*iib*）

I. 音系词范域包含：

a. 词干；

b. 具体音系和 / 或形态标准所认定的任何元素。

II.Q 内所包含的任何未连接的元素均构成邻近词干毗邻音系词的组成部分；如果没有此类音系词的话，它们则构成独立的音系词。

这一规则总括了上述各节所分析的三种语言的音系词定义。正如（37）所给出的音系词定义那样，根据严格分层假说的要求，该定义也必须为非词干成分（如附着语素、连词和补语等）提供某种形式为音系词所支配。这一规定的内容见上文（87II）的最后部分。（87）中的唯一可变项表现为，（87Ib）允许出现两种可能：1）仅有形态标准；2）形态标准与音系标准共存。匈牙利语属第一类语言的范例，其中唯一必须纳入考虑范围的额外信息是，词缀究竟表现为前缀还是后缀，这应属形态概念。而意大利语和伊蒂尼语则是第二类语言的范例。意大利语和匈牙利语一样，其中所需要的形态概念即表现在前缀和后缀的区分方面，除此之外前者还需要一条附加的音系概念，即针对可能单词结构提出的合格条件。同样，在伊蒂尼语中，也需要单词合格条件这样的附加音系概念，而需要参照的唯一附加形态概念是词缀。

4.2.3 音系词范域及附加区别特征

本节将着重讨论其规则构建必须参照具体附加区别性特征的音系词。这就是说，在前述各章节已讨论的音系词构建所需要的形态与音系概念的普遍类型，在某些语言里尚不足以区分哪些元素可构成独立的音系词，哪些元素可跟具体的毗邻元素加以组合构成音系词。以下，我们将以荷兰语 137
为例针对此类音系词给予分析。

4.2.3.1 荷兰语

荷兰语音系词是音节划分的范域（见 Booij，1983），基于这一观察，我们提出，荷兰语的复合词每个组成部分均分别构成独立的音系词范域（亦参见第 3 章有关荷兰语音节划分的讨论）。布济所提出的最小词对（见（88））恰好印证了这一论点，因为辅音 *dsp* 序列在两个例子中呈现出两种不同的音节划分形式。即：在第一例中 *dsp* 被划分为 *d-sp*，但在第二个例却被分为 *ds-p*。而后一种划分形式表明，音节重构不能跨复合词的两个组成部分，因为一旦出现这种情况，此例便可能出现 *d-sp* 的划分结果，以确保与最大首音原则相一致，（尤见 Pulgram，1970；Vennemann，1972；Kahn，1976；Vogel，1977）。

（88） a. $[[\text{lood}]_\sigma]_\omega$　　$[[\text{spet}]_\sigma]_\omega$　（drop of lead 铅滴）
　　　 b. $[[\text{loods}]_\sigma]_\omega$　　$[[\text{pet}]_\sigma]_\omega$　（sea captain's cap 船长的帽子）

（88b）的例词未出现音节重构的事实表明，复合词的两个词干是相互独立的两个音节划分范域，故构成两个不同的音系词。

布济（1985）分析的另一种与音系词相关的现象为荷兰语的并缩现象（Coordination Reduction）。在并列结构中，当前一合成词的第二部分与紧随其后的合成词第二个部分表现为同样的结构时，规则便会删除前词的第二部分，如（89）和（90）所示。

（89） a. landbouw en tuinbouw

b. land en tuinbouw

（agri (culture) and horticulture 农业和园艺）

（90） a. een elfjarige, twaalfjarige jongen

b. een elf, twaalfjarige jongen

（an eleven-, twelve-year-old boy 一个十一、二岁的男孩）

然而，语音同一性并不是删除规则应用的充分条件。这可以从以下不符合语法的例子中得到印证。（91）显示了非派生词的组成部分不能删除，（92）和（93）则表明某些派生词素不能删除。

138 （91） a. vogels and vlegels

b. *vo and vlegels

'birds and impertinent persons'

（鸟与粗鲁的人）

（92） a. blauwig en rodig

b. *blauw en rodig

'bluish and reddish'

（带蓝色和略带红色的）

（93） a. absurditeit en banaliteit

b. *absurd en banaliteit

'absurdity and banality'

（荒谬与陈腐）

正如布济所指出的那样，上述规则的使用还需要有一个附加的限制条件，即可删除的成素必须是一个韵律结构成分——音系词。因为 *-gels, -ig* 和 *-iteit* 都不是独立的音系词，故不能删除。相反，*-bouw* 和 *-jarige* 均可以构成独立的音系词，故可以删除。

另外，还要注意的是，这些可以被荷兰语并缩规则删除的成分无法表达为形态—句法层级的成分，这是因为（如上文界定所示）音系词和所有形态—句法成分之间并不存在一一对应的关系，见（94）。

（94） a. Ik heb twee en drietenigen in de dierentuin gezien.
(< tweetenigen en drietenigen)
'I have seen both two- and three-toed (ones) in the zoo. '
（我在动物园看到了有二个趾和三个趾的（动物）。）

b. $[[[\text{drie}]_{A}\ [\text{teen}]_{N}\ \text{ig}]_{A}\ \text{e}]_{N}\ \text{n}]_{Npl}$
'three-toed (ones)'
（三个趾的（动物））

从音系角度来看，*tenigen* 算作一个成分，具体来讲是个音系词；但从形态角度来说它却不是一个成分，因为荷兰语并没有 [ten+ig] 这样的形容词，此外也不存在 [tenig+e] 或假设复数形式 [tenige+n] 这样的名词。尽管并缩规则可参照韵律层级以一种简便的方式来表述，但如根据形态成分来定义它的范域，则需要对词素和边界予以特殊且复杂的关照。

在荷兰语中，支持把音系词作为成分的其他例证也见于 *r-* 色调规则（r-Coloring，RC）（见 van der Hulst，撰写中）。*r-* 色调规则旨在阐释长元音 *ee*（[e:]）、*oo*（[o:]）、和 *eu*（[ø:]）的音质变化，其变化条件是：当这些元音后面跟 *r-* 时，且当这些元音和 *r* 属于同一个音系词时，见（95）中的例词（亦见 Sassen（1979））。其中的下划线部分表示 *r-* 色调规则（RC）发生作用的元音。

（95） a. smeris　（copper 铜（币）） 139
b. vore　（furrow 沟）
c. pleuris　（pleurisy 胸膜炎）

正如赫尔斯特所指出的，像（95）中所给出的例词那样，单词是单音步的这一事实与 *r-* 色调规则的应用没有任何关系，因为这一规则也跨音步使用，如（96）所示，其中 *ro*、*ra*、*ri* 等音节都是音步首音节。

（96） a. erósie　（erosion 侵蚀）
b. doráde　（dorado 剑鱼（座））

c. pleurític （pleurisy 胸膜炎）

此外对于把复合词的两个组成部分视为独立的音系词这一观点，*r*- 色调规则也提供了进一步的支持，因为当元音位于复合词前一词末且 *r*- 位于后一词的起首时，该规则不能使用，如（97）所示。

（97） a. meereis (*meereis) （travel together 一起旅行）
b. poring (*poring) （ring of a ‘po’（po 的 ring））
c. keuring (*keuring) （ring of a ‘keu’（keu 的 ring））

截至目前，我们已经注意到，复合词的两个词干分属于各自独立的音系词，但遗留的问题是这些词缀的性质是否有所差异？此处，音节划分亦可用来表明，前缀也可以构成独立的音系词（见 van der Hulst，1984）。我们来看一下（98）中的例子：

（98） a. [ont]$_{\sigma}$ [erven] *[on]$_{\sigma}$ [terven] （to disinherit 剥夺……继承权）
b. [ver]$_{\sigma}$ [edelen] *[ve]$_{\sigma}$ [redelen] （to ennoble 使……高贵）
[her]$_{\sigma}$ [eiken] *[he]$_{\sigma}$ [reiken] （to adjust 调整）

第一纵列包含有 3 个派生词的合格音节划分；在第二列里，如果所讨论的词是独立的音系词，我们得出的则是不正确的音节划分。此外，（99）中的例子表明，每个前缀本身均构成了独立的音系词。

（99） [ver]$_{\sigma}$ [oηt]$_{\sigma}$ [schuldigen] *[ve]$_{\sigma}$ [ront]$_{\sigma}$ [schuldigen] （to excuse 原谅）

如果两个前缀只构成一个单独的音系词，那么它们的音节结构便不是我们所预期的形式。相反，两个词素之间的分界形式保持不变，尽管这其实违反了最大首音原则。

140 而就后缀而言，情况则复杂得多，其中一些后缀的表现似乎很像独立的音系词，而另一些则不然。然而，基于音节划分，这一点也就显而易见了，如下所示（见 Booij，1983）：

（100） a. [rood]σ [ach]σ [tig]σ (< rood+achtig) （red-like 红色的）
b. [roo]σ [dig]σ (<rood+ig) （reddish 带红色的）

（100）中的音节划分均为正确形式，这一点可见于如下事实：第一个例子 *rood* 的尾音 *d* 被清音化，这与荷兰语所有音节尾的口腔塞音变化相同。而第二个例子中 *rood* 的尾音 *d* 仍旧保留着浊音，因为它是音节的首辅音而非尾音。这些例证表明，后缀 *-achtig* 是一个独立的音系词，但后缀 *-ig* 却不是。鉴于目前还没有基于 *-achtig* 类型与 *-ig* 类型后缀之间差异的形态或音系原则，[13] 于是，范・德・赫尔斯特（1984：66ff）提出，使用附加区别特征 [+W] 来标记音系独立后缀。该区别特征表示，所有带这一特征的成分均构成音系词的核心，跟前缀或词干别无二致。而那些不带这一标记的后缀则构成前一音系词的组成部分。

至此，我们接下来要问的问题是，为什么在一些语言里作为独立音系词的某些元素可以从该语言的具体特征中提取，而在另一些语言里则必须标记附加区别特征呢？有一种可能是，在那些语言里必须使用区别性特征来揭示这些语言历史发展的各种变化。这就是说，由于共时语境事实上包含了反映语言早期阶段所呈现的某些形式，所以必须使用附加区别特征进行表征。

4.2.3.2 音系词范域（*iic*）

基于上述对荷兰语音系词范域的讨论，我们现在可以对最后一类音系词作如下界定（见 van der Hulst，1984 曾提出了类似的观点）。

（101） 音系词范域（*iic*）

I. 音系词范域包括：

a. 词干；

b. 特定音系和 / 或形态标准所确认的所有成素；

c. 带附加区别特征 [+W] 标记的所有成素。

II. Q 内尚未连接的所有成素将构成该词干毗邻音系词的组成部分；如果没有此类音系词的话，它们本身则构成一个音系词。

应该注意的是，这一音系词范域与（87）中范域之间的唯一差别是，141
增加了 Ic 一条，其他诸条都没有变化。尽管我们目前尚未找到语例来证实，某一语言音系词的定义既需要 *Ib* 所提到的音系原则，同时也需要附加区别特征标记，但我们在（101）并未排除有这种存在的可能，因为没有任何先决理由表明此类语言不可能存在。诚然，这只是个经验性问题，但愿我们能在未来的研究中找到答案。

4.3 音系词建构概述与结论

在本章，我们已讨论了各种不同语言的音系词的应用范域，同时也提出了定义音系词的若干选择。如上所述，音系词属于表征语法的形态和音系两个部分之间映射的韵律等级层面。然而，用于定义音系词的各种形态概念亦因语言的不同而表现各异。例如希腊语和古典拉丁语等一类语言需参照形态树形图的最大映射（maximal projection），即：句法树的末端成素（我们将其称之为Q）。但在梵语和匈牙利语等语言则必须参照词干，或参照前缀或后缀，抑或前缀和后缀。此外，还有一些语言（如荷兰语）则必须参照附加区别性特征标记。除此之外，我们还指出了，诸如意大利语和伊蒂尼语等语言还必须把基于具体语言合格条件的某些音系概念也纳入考虑的范围。

下面，我们把上述讨论的所有可能性用音系词范域的概括性定义表达为（102）。

（102） 音系词范域

A. 音系词的范域为Q

或者

B. I. 音系词范域包括

a. 词干；

b. 特定音系和/或形态标准所确认的所有成素；

c. 带附加区别特征[+W]标记的所有成素。

II. Q内尚未连接的所有成素将构成该词干毗邻音系词的组成部分；如果没有此类音系词的话，它们本身则构成一个音系词。

尽管（102）允许有若干选择，但需要注意的是，还存在着某些潜在
142 的音系词范域没有包括进来。这就是说，（102）预设了不存在音系词大于句法树末端成素的语言，即我们只能有两种可能：要么音系词等于，要么就小于句子树的末端成素。（102）的定义进而预设，在单个的词干里

不会出现一个以上的音系词。而且该预设还意味着，在音系词包括一个复合词的两个成分的语言里，不存在构成独立音系词的词缀或词缀序列。（102BII）的第一部分预示，在两个已确立的音系词之间（只有其一包含词干）尚未连接的元素总是跟包含词干的音系词合为一体。

我们还证明了，音系词的定义可以用这样的方式对形态元素加以重组，其最终结果不一定跟形态—句法成分彼此同界，这就证实了韵律与形态—句法层级的不同构特性。

当我们得出把形态结构映射到音系结构的音系词的基本定义后，接下来便可以对音系词成分的实际构建进行讨论了。根据制约韵律层级的普遍原则，音系词必须为多分结构（n-ary），且必须无一例外地支配所属的下一层级（音步）的一个或多个成分，而不是其他类成分。尽管音系词这一成分会因语言的不同而有所差异，但语言的个性差异均见于界定音系词的诸映射规则，而不是音系词本身的构建规则，这可用最简洁且概括的形式表述为（103）。

（103）　音系词的构建

把音系词范域定义所界定的语符串内的所有音步（Σ）都连接到一个多分结构的音系词（ω）。

然而，音系词内的哪一个音步标记为强音步则取决于不同语言的参数设定。根据有关重音系统的最新研究成果（尤其是 Hyman，1977；Vergnaud 和 Halle，1978；Hayes，1981），这一参数所允许的可能性数量极为有限。也就是说，在无标记情况下，强音步总是位于某具体语言音系词树形图的最左或最右侧。

最后，我们来回顾一下，音节和音步的应用范域相同，均为音系词。由于音系词的构建规则把音步组合在一起，所以无论音节和音步是否已存在于词库，抑或根据音系词的定义在所界定的语符串中首次构建，它们作为音系词层面以下的音系结构在音系词确立时必须按照音系词的构建规则呈现，这一点十分明确。也就是说，在任何情况下，音系 143

词的所有音节都必须由韵律成分构建（Prosodic Constituent Construction）的总体规则组构成多分支结构的音步。

注释

① 对于这一概括还存在一些从形态上看可以预测的反例。例如，复合动词的第二部分 *facio* 依旧保留倒数第二音节上的重音，甚至是在与重音规则冲突的情况下也是如此（见 Cupaiuolo，1959）。

② 土耳其语的元音和谐并不是没有例外（尤见 Lees，1961；Lewis，1967；Clements 和 Sezer，1982）。

③ [l] + [j] 序列在语音上体现为 [j]（尤见 Vago, 1980）。

④ 应当注意，在意大利语的其他变体中，在有些非派生词里 [s] 与 [z] 形成了对比，因此存在着两种不同的底层音段。在这里所讨论的北方意大利语变体中则没有这种对比，所以 [z] 的出现是可以预测的。但也存在着一些显而易见的例外，如 *preside*（主席）和 *presidente*（总统）。这些词至少在一些北方变体中有两个元音间的 [s] 发音，尽管它们不再分析为 *pre+side* 和 *pre+sidente*。而诸如 *residente*（居民）等许多类似的单词，在两个元音间的相同位置则发 [z] 音，这一事实表明，上述所提到的少数单词多为传统发音，与共时规则所涉及的规则读音多有不同。

⑤ 词干 *suddivis-*（源自 *suddivid-*）本身即源自派生的这一事实与本讨论无关，故我们不予讨论。

⑥ 尽管意大利语复合词的第一个词干通常没有后缀，但在有后缀的例子中，后缀通常与前一词干构成音系词（如 [*nav+i*] [*traghett+o*]“ferry boats 渡船”）。

⑦ 尽管通常在意大利语词典里找不到此类复杂词，但此类词语可能出现的语境却不难想象。

⑧ 当今意大利语里所使用的大多数以辅音结尾的单词均是外来词。为避免辅音结尾而对这些外来词进行调整往往也因地域的差异、因辅音类型和词末的音节结构不同而有所不同（见 Lepschy 和 Lepschy, 1977）。例如，在托斯卡纳（Tuscan）的各方言变体中，词末辅音 *l* 通常被删除，见（i）。

（i） a. alcool → [alko]

b. würstel → [vuste]

然而，如果一个词以 *m* 结尾，这时就要插入一个元音 *e* 以免出现词尾闭音节的情况，如（ii）所示。

（ii） reclam → [rekläme]

有时，元音 *e* 前的词末辅音还会延长，如（iii）所示。

（iii） tram → [tram: e]

此处，我们将不再对这类现象给予详细讨论，因为那样的话会使我们大大地偏离 144
了本节的主题。

⑨ 只有极少数以辅音结尾的单音节前缀（如 *sub-* 和 *ex-*）在一些较新的词汇里有不同的表现。这些词是不符合意大利语音系规则的典型例子，因此要用特殊符号加以标注。

⑩ 本书最强终端成分（Designated Terminal Element，DTF）这一术语沿用了利伯曼和普林斯（1977）的定义，用于指韵律树中由始至终为强节点所支配的终端元素。

⑪ *nr* 和 *nl* 辅音序列见诸于许多专有名词，如 *Enrico* 和 *Manlio* 等。我们认为，这些例子并不足以成为我们提出的合格条件的反证。相反，这些专有名词需标记为特例，不适用于完全鼻音同化规则。

⑫ 对倒数第二音节延长规则及伊蒂尼语音系的其他规则的形式化阐释，是海斯（1982）在节律音系学框架中提出的。我们这里暂不去讨论海斯饶有兴趣的分析，因为我们这里所关注的是倒数第二音节延长规则的应用范域，这是一个海斯尚未触及的问题。海斯在文中仅仅指出“词”（并没有给出详细的阐释）是音步的构建范域。然而，有趣的是，我们注意到，使用文中定义的音系词来替换海斯的“词”便可得到正确的结果。

⑬ 荷兰语的两类不同后缀，可参见布济（1977：72—73）。

145

第5章

附着语素组

5.0 引言

长期以来，研究者已经意识到，附着语素的问题表象源自于它们的复杂本质："附读[1]（Enclisis）既不是真正意义上的后缀附加（suffixation），也不是独立元素的并置（juxtaposition）。它既有前者的外部特征，……又有后者的内部感觉"（Sapir, 1930: 71）。换言之，附着语素是"一种类似单词的形式，但本身却不能作为正常话语单独使用……"（Crystal, 1980: 64）。后者的定义与"附着语素"这一术语的本原意思相互一致，即源自希腊语 *κλίνω*（倚靠）之义。尽管附着语素既"依附于"句法，也"依附于"音系，但本章仅关注这一术语对音系的依附。

音系学最为常见的方法是，要么把附着语素归属于音系词，在这种情况下即把它们视为词缀；要么将其归属于音系短语，即把它们作为类似于独立单词看待（尤见于 Booij, 1983; Zwicky, 1984）。在 5.1 节，我们将表明，不能一概而论地强行把附着语素归属于其中的某一类，因为它们的音系表现往往既有别于词缀，也有别于独立词。这就是说，某种音系现象仅以单词加附着语素为特征。基于这些观察，我们可以得出，一定存在着与此类延展完全相同的韵律结构成分。5.2 节将提出关于附着语素组（C）

1 "附读"指本词无重音而与前面有重音的词连读的一种语音现象。——译者这一成分的应用范域，它是海斯首先提出将其作为韵律层级成分的（待刊出）。此外，我们还将考察一个具体例证，用以表明在韵律结构这一具体层面和形态—句法层级的所有成分之间还存在着不同构现象。在 5.3 节，我们还将进一步论证，在诸多不同语言里附着语素组也是许多音系规则的应用范域。

5.1　单词加附着语素序列的混杂表象 146

兹维基（Zwicky，1977）指出，单词加附着语素的一些组合表现为“#”形式，也就是说，他们的表现很像两个独立的单词；而另一些则体现了“+”形式，即它们的表现犹如一个单词。还有一些的表现是，第一种形式跟某些音系规则相关，第二种形式却跟另外一些音系规则有关。换句话说，有些附着语素的表现很像独立的单词，有些则像词缀，还有一些或像词或像词缀则要视具体规则来定。

作为第一类附着语素的例证，兹维基例举了西班牙语的附着语素代词。这些词的外部表象证明，它们无论如何也不会影响其宿主词的重音位置。因此，当 *dándo*（给予）一词后面跟有两个附着语素时，也仍旧保留着它的原有词首重音，如在 *dańdonoslos*（把它们递给我们），尽管新语符串的主重音落在倒数第四个音节上，但这一结果并不代表它是西班牙语的一种可能的词重音。

第二个例子来自土耳其语，土耳其语的附着语素亦为单词外部表象。正如兹维基所指出的，土耳其语单词的主重音均为最后的一个音节。当附着语素出现在词尾时，宿主词的主重音位置保持不变（例如 *aliyorlársa*（如果他们把它捉到了）中的 *sa* 为表示人称的附着语素后缀）。在西班牙语和土耳其语中，附着语素对宿主词重音不会产生任何影响的这一事实（按照兹维基的观点）足以说明附着语素属于词外元素。

一方面，我们还举证了古典拉丁语中的附着语素，这种附着语素被认为是词内元素。按照兹维基的观点，这一说法的理据为由附着语素化（cliticization）所触发的重音规则（附着语素组重音规则）。这就是说，当后附着语素黏着在一个词上时，主重音便从该词的原有位置移向附着语素前的毗邻音节。试看下述例证：

（1） a. vírum （the man (acc.) 那个人（宾格））
b. virúmque （and the man (acc.) 和那个人（宾格））

（2） a. vídēs （you see 你看）
b. vidḗsne? （do you see? 你知道吗？）

（3） a. cum vóbis （with you (pl.) 跟你（复数））
b. vobíscum （with you (pl.) 跟你（复数））

有些语言学家也使用了类似的推理方式，对很多不同类型语言的附着语素情况进行了评估（尤见 Booij, 1983; Nespor, 1984, 1986）。例如，我们这里列举的另一种语言为通俗希腊语（Demotic Greek），该语言的附着语
147 素也表现出了兹维基所谓之的词内行为，当一个后附着语素附加在一个倒数第三音节为主重音的单词上时，重音重调规则（Stress Readjustment）便会生成一种新的重音模式（见 Warburton, 1970；Nespor, 1986）。该重音模式见以下（4）。①

（4） a. *ο άνθρωπος* [o ánθropos]
（the person 那个人）
b. *ο άνθρωπός μας* [o ánθropòs mas]
（our person 我们的人）

最近，兹维基（1984）指出，附着语素这一术语的使用应该更加准确且有严格的限制。为此，他提出了一系列句法和音系的测试方法，以区分附着语素和独立单词。就音系测试而言，假设是这样的：一个附着语素跟词的组合与两个词的组合之间的区别基本上表现为音系词与音系短语之间的区别。如此一来，如果一个元素（跟某个词一起）受词内音变规则影响的话，它就是附着语素；如果一个元素（跟某个词一起）受词外音变规则

影响的话，它便是一个独立的词。同理，如果一个元素从重音指派的角度认为是音系词的组成部分，那么它就会被视为附着语素，而非词。

于是，兹维基（1984）试图对附着语素这一术语加以限制，这是兹维基（1977）所没有做的。然而，就这两篇文章的音系部分而言，其主旨精髓基本相同：一个元素或为词内成分（即附着语素），或者为词外成分（即独立的词）。本章质疑的正是这一分析方法所存在问题。

让我们首先来看一下意大利语的“附着语素”代词，从句法测试的角度来看，它们属于标准附着语素。不过，根据兹维基所提出的音系测试，这些附着元素又完全符合独立词的条件。它们不仅与附着语素的惯常音系表现有所差异，而且（至少在一个例子中）表现出了独立词的典型特征。

首先，两个元音间 *s* 浊化（Intervocalic s-Voicing）这一音段规则把音系词作为其应用范域（见第 4 章），不能跨附着语素和词的音渡使用，如以下（5）所示。

（5） a. lo [s]aluto (*[z])

（(I) greet him（我）跟他打招呼）

b. essendo [s]i salutati (*[z])

（having greeted each other 互相打招呼）

这条规则也不能作用于两个附着语素之间，如（6）所示，下划线部 148
分表示附着语素。

（6） a. ci [s]i va insieme (* [z])

（we'll go there together 我们一起去那儿）

b. andandoci [s]i insieme (* [z])

（(our) going there together（我们的）一起去那儿）

按照兹维基的测试，这些事实显示，每一个附着语素均为独立单词。

第二条为句法性叠音规则（Raddoppiamento Sintattico，RS），其应用范域大于词（见第 6 章），亦作用于附着语素。正如前面 2.3 节所述，该规则的应用如（7）所示，其中两个例子里的后附着语素代词的首辅音都被延长。

（7） a. da[m:]i　　(< da mi)

（give me 给我）

b. amó[l:]o　　(<amó lo)

（(he/she) loved him（他 / 她）爱他）（archaic 古）

根据附着语素的测试分析，其结果从正面表明：意大利语的附着语素代词均为独立的音系词。基于附着语素与重音的相关表现，我们也可以得出同样的结论。这就是，他们并未显示出词内的表现行为，这一点可见于以下事实：单词 + 附着语素序列违反了意大利语的合格条件，因为合格条件要求主重音应落在一个词的最后三个音节的其中之一上。② 如以下（8）所示，其中的重音落在了倒数第 5，乃至倒数第 6 个音节（亦见 Lepschy 和 Lepschy, 1977）。

（8）　σ́σσ σσ

a. indicaglielo　（indicate it to him 指给他）

σσ́ σσσ

b. disegnamelo　（draw it for me 画给我看）

σσ́σσσ

c. portatecelo　（bring it to us 拿给我们）

σ́σσσσσ

d. caricamecelo　（put it on it for me 把它替我放在上面）

然而，应该注意的是，把这些独立的附着语素成分看作是跟该语言
149 其他词汇一样，并非没有任何问题，因为附着语素表现出一种极为明显的音系依附性，这是其他成分所没有的。尤其是，附着语素从不单独出现。换句话说，它们不可能是话语的唯一元素。因此，它们也不能拥有对比重音。

意大利语中的附着语素亦有这种混合特征。从句法角度来看，所讨论的元素很明显属附着语素；但从音系学角度来讲，它们既不是单词的组成部分，也不是完全独立的单词。对于这一问题，我们的建议是：1）一个元素是否为附着语素应取决于非音系标准；2）在音系理论中必须给予附着语素以明确的地位。

就建议的第一条而言，它与作为语法阐释部分的音系学的普遍概念并不相悖，尤其是与本研究所提出的韵律音系学理论完全一致，因为韵律成分的建立是把非音系结构投射到音系结构上来进行的。尽管事实上我们发现附着语素带有很多与其他元素完全不同的非音系特征，但截至目前还未能找到一种更好的方法来明确界定附着语素。为此，我们只能假设，一种语言在词库可能存在着一些标记为 [+CL] 特征的元素（见 Klavans, 1982）。

至于上述建议的第二部分，也就是说音系学理论应该为附着语素提供一席之地。我们的观点是，这一席之地就是要确立附着语素组这一韵律成分，这也是接下来 5.2 节要进一步详细界定和探讨的问题。

5.2　附着语素组的构建

单词跟附着语素的具体组合构成了某些音系规则的应用范域，而这些音系规则在特定语言里不能应用于其他语境，这一事实恰恰为把这些元素组合为韵律层级的成分提供了理据。于是，海斯（将刊出）提出了附着语素组（clitic group，C）这一成分，并以英语的两个音段规则和对某些诗歌节律模式的制约条件为基础进行了论证。根据海斯（将刊出）的观点，附着语素组直接支配一个或多个音系词，同时反过来又受韵律层级的另一个范畴（音系短语）所支配（见第 6 章）。附着语素的这种混合特征，即它们处于词缀与单词之间位置的特性，在语法的音系部分得到了清晰地反映，因此我们在词缀与词干加以组合的音系词和单词与单词加以组合的音系短语之间提出了另一个不同的成分。

按照海斯的观点，英语中的 *v*- 删除（*v*-Deletion）和 *s, z*- 腭化（*s,* 150
z-Palatalization）规则的应用范域均为附着语素组。*v*- 删除规则的作用表现为删除某些词项中 [−音节性] 音段前的尾音 [v]。不过，该规则的应用是有条件的，前提是只有当两个词属于同一附着语素组时方才适用。该规则

能否使用分别由以下（9）、（10）两例所示（引自 Hayes，将刊出）。

（9） [Please]$_C$ [leave me]$_C$ [alone]$_C$

↓

ø

（10） [Please]$_C$ [leave]$_C$ [Maureen]$_C$ [alone]$_C$

↓

*ø

不过，需要注意的是，*v*-删除规则与本书讨论的其他规则属于不同类规则，按照海斯的观点，此类规则只作用于快速话语。第二条规则的作用是使 [š, ž] 前的 [s, z] 变为腭化音，从另一方面来看，后一规则与本书所讨论的其他规则的特征完全相符。海斯认为，*s, z*-腭化规则的应用范域也是附着语素组，其根据是它只作用于正常口语语速中附着语素和宿主词之间，该规则的应用情况如（11）所示，（12a）是不能使用的语境。海斯还进一步指出，该规则亦应用于其他语境的“快速或草率话语”，见（12b）。不过，后一种现象并非本书所关注的要点。

（11） [is Sheila]$_C$ [coming?]$_C$

↓

[ž]

（12） a. [Laura's]$_C$ [shadow]$_C$ （normal rate of speech 正常语速）

↓

*[ž]

b. [Laura's]C [shadow]C （fast or sloppy speech 快速或草率话语）

↓

[ž]

根据这些现象的应用范域，海斯给出了构建附着语素组（C）这一成分的规则。从根本上讲，这些规则规定，附着语素组把一个附着语素跟作为其宿主词的词类加以组合。附着语素究竟选择左侧还是右侧的词作为其
151 宿主词往往取决于句法结构。这就是说，附着语素与能跟其分享更多的词

类特征的宿主词组合在一起。在本节的后续部分，我们将针对如何选取宿主词提出一种略有不同的观点。我们将论证，跟其他韵律成分的构建一样，在附着语素组的构建中，仅仅依据句法所给出的成分划分尚显不足。具体来讲，就附着语素组而言，句法结构成分无法总是能确保附着语素对音系宿主词黏附方向的预测准确无误。无疑，这再一次为句法和韵律层级的不同构表现提供了证据支持。

现在，我们再来回顾一下希腊语的重音重调规则（Stress Readjustment）。正如以上 5.1 节所述，该规则作用于单词 + 附着语素序列，即海斯所谓的附着语素组。与本文讨论相关的只是后附着语素，因为重音在希腊语中对其左侧的音节个数并不敏感。在希腊语里，后附着语素包括人称代词（直接和间接宾语）和所有格。这三类后附着语素如（13）所示。

（13） a. *γράψε το* [ɣrápse to]
　　'write it'
　　（写它）
　b. *γράψε μου* [ɣrápse mu]
　　'write to me'
　　（写给我）
　c. *το σπίτι μου* [to spíti mu]
　　'my house'
　　（我的房子）

单词 + 后附着语素序列必须遵守重音位置的合格条件（WFC）。也就是说，一个词主重音的右侧不可以有两个以上的非重读音节。一旦违反了重音合格条件（如（14）和（15）所示），规则便会把一个重音添加到原重读音节右侧的第二个音节（见注 1）。

（14） a. *διάβασε*　　[ðyávase]
　　'read'
　　（读）
　b. *διάβασὲ το*　　[ðyávasèto]
　　'read it'
　　（读它）

c. *διάβασὲ μου το* [ðyávasèmuto]
'read it to me'
（给我读它）

（15） a. *γράψε* [γrápse]
'write'
（写）
b. *γράψε το* [γrápseto]
'write it'
（写它）
c. *γράψε μοὺ το* [γrápsemùto]
'write it to me'
（给我写它）

152 此外，正如第 4 章指出的那样，希腊语单词也必需严格遵守要求主重音必须落在最后三个音节之一的合格条件。这一条件与单词 + 附着语素序列的所见条件完全一致，我们列举这一事实用以证明，在希腊语中附着语素亦属于词内要素（尤见 Nespor, 1986）。这里还需注意的是，与之相反，作用于词内的重音重调规则恰与（14）和（15）的情况大相径庭。要弄清这一点，我们再来回顾一下复合词的重音模式。

我们曾在第 4 章中表明，在希腊语中一个复合词只能构成一个音系词。复合词跟其他音系词一样，主重音通常落在后三个音节其中之一上。此外，我们还注意到，复合词的重音不一定落在复合词构成前曾承载主重音的音节上。为了方便起见，我们把前面的两例重新列于（16）和（17）。

（16） [kuklóspito] < [kúkla] [spíti]
'doll's house' < doll house
（玩偶之家）

（17） [nixtopúli] < [níxta] [pulí]
'night owl' < night bird
（夜莺）

在作用于附着语素组和作用于复合词的重音重调之间存在着实质性的差别。首先，在附着语素组中，单词的原有重音绝不会移至其他音节，这与复合词不同。其次，在附着语素组中，只有当违反合格条件的情况出现时，新的重音才会按常规方式进行添加。但复合词的情况则完全不同。以（16）为例，新重音的产生并不是违反合格条件的结果。基于这些事实，我们可以得出：单词 + 附着语素序列是重音重调规则的应用范域，这一规则也是只作用于该序列的典型规则。因此，可以说希腊语的例证亦为附着语素组成分提供了理据。

现在，我们继续来讨论一下希腊语中附着语素组的确切组成成分问题。在以上（13）所示的后附着语素元素里，第三种类型表示所有格的是唯一一种名词短语内部成素。特别是，在没有名词补足语成分的情况下，它会跟在中心语名词的后面；但如果有形容词补足语的话，所有格也会位于名词之前。由于在希腊语中形容词位于中心语名词前，故一旦有形容词出现时，所有格则可置于形容词和名词之间，如（18）所示。

（18） a. *το ωραίο μου σπίτι*　[to oréo mu spíti]

'my nice house'

（我的漂亮房子）

b. *ο δειλός σου φίλος*　[o ðilós su fílos] 153

'your shy friend'

（你的害羞的朋友）

根据海斯的附着语素组构成规则，（18）中的附着语素应与右侧中心语名词一起划归为一个附着语素组，因为所有格跟该名词组合才能够分享更多的范畴关系（category memberships）。然而，附着语素如果向左组合的话，当两个以上的非重读音节（包括附着语素在内）出现在形容词主重音右侧时，它们便会触发重音重调规则。此类重音重调的语境如（19）的例证所示。

（19） a. [*το πρόσφατὸ μου*]$_{C}$ [*άρθρο*]$_{C}$

[to prósfatò mu]$_{C}$ [árθro]$_{C}$

'my recent article'

（我最近（发的）文章）

b. [*τα υποσυνείδητὰ μου*]$_{C}$ [*αισθήματα*]$_{C}$

[ta iposiníðità mu]$_{C}$ [esθímata]$_{C}$

'my unconscious feelings'

（我无意识的感觉）

c. [*ο πιό*]$_{C}$ [*φιλόδοξὸς μου*]$_{C}$ [*φίλος*]$_{C}$

[o pio]$_{C}$ [filóðoksòs mu]$_{C}$ [fílos]$_{C}$

'my most ambitious friend'

（我最有抱负的朋友）

如果所有格跟后面的名词共同构成一个附着语素组的话，重音重调规则便不能应用（亦见于 Malikouti-Drachman 和 Drachman, 1981）。以下是基于最小词对的几组例证：

（20） a. [*ο δάσκαλὸς μου*]$_{C}$ [*το είπε*]$_{C}$

[o ðáskalòs mu]$_{C}$ [to ípe]$_{C}$

'My teacher said it.'

（我的老师说的。）

b. [*ο δάσκαλος*]$_{C}$ [*μου το είπε*]$_{C}$

[o ðáskalos]$_{C}$ [mu to ípe]$_{C}$

'The teacher said it to me.'

（那位老师跟我说的。）

在（20a）中，重音重调规则的应用表明，*μου* 是一个把 *δάσκαλος* 作为宿主词的后附着语素。而在（20b）未出现重音重调则意味着，这里的 *μου* 是一个以 *είπε* 为宿主词的前附着语素。所有这些事实显示，附着语素组成分不能仅仅由纯句法结构来决定。因为有些附着语素元素可能仅仅是后附着语素，如希腊语的所有格。而另一些附着语素则只能做前附着语
154 素，如古典希腊语和现代希腊语的冠词。对于这些附着语素而言，音系附着的附加方向则反映了这些附着语素的自身特点。恰恰也就是这些例证反映了，附着语素组的构建规则并不一定遵从句法成分，而是构建起了一种新的不完全一样的结构。这一分析与克拉万斯（Klavans，1982，1985）的观察完全一致。克氏认为，附着语素可根据句法构式从一个方向黏着，

但依照音系的要求从相反的方向黏附。由此看来，海斯所提出的附着语素组构建规则只适用于能同时充当前、后附着语素的情况，如以下（21）所给出的希腊语人称代词，或罗马诸语言中类似的人称代词。

（21） a. *οΑλέξανδ ρος μου το έδωσε*

[o aléksanðros mu to éðose]

'Alexandras gave it to me.'

（亚历山德拉把它给了我。）

b. *Δώσε μού το αμέσως*

[ðóse mù to amésos]

'Give it to me immediately.'

（马上把它给我。）

（21）中的第一示例显示，两个附着语素 *μου* 和 *το* 均为前附着语素，黏附于动词 *έδωσε* 前。假设 *μου* 和 *το* 二者为后附着语素的话，它们势必就会触发前面名词的重音重调，但这里重音重调并未出现。然而，在（21b）中重音重调规则的应用足以证明，该例中的 *μου* 和 *το* 皆为后附着语素。鉴于这两个人称代词附着语素和动词一起构成了一个句法成分，海斯所提出的附着语素组构建规则对该例的音系附着语素给出了正确解释。

概而言之，我们已经证明，对于左侧或右侧元素的音系依附是某些附着语素的内在特性。我们把此类附着语素称为方向性附着语素（directional clitics，DCL），以示区别于简单附着语素（*tout court*，CL），后者的宿主词原则上既可位于左侧，也可位于右侧。因此，我们提出的范域定义如（22I）所示；（22）的第二部分为附着语素树形图的内部结构建构规则。这一规则蕴含了与支配韵律层级的普遍原则相一致的最简操作过程。

（22） 附着语素组的形成

I. 附着语素组的范域

附着语素组（C）的范域包括一个含有一独立词（非附着语素）音系词（ω）+ 任意毗邻音系词，其中的毗邻音系词包括：

a. 一个 DCL（方向性附着语素），或

b. 一个 CL（简单附着语素），并且没有任何可以与之共享更多范畴类型的宿主词。

155 II. 附着语素组的构建

把由附着语素组（C）范域定义所界定的语符串中的所有音系词都归入一个多分支附着语素组。

应该指出的是，附着语素范域定义的 *b* 部分，主要是海斯提出的把一个附着语素向左或向右与毗连元素加以组合，并与之共享更多的范畴类型（more category memberships），遂产生了其范域在句法结构中没有对应部分的成分。然而，规则的第一部分把句法树的末端元素给予重新组合，结果是所得到的成分无需与句法结构的任何成分相互同构，希腊语的所有格便是最好的例证。

谈到附着语素组的相对突显，这里有两种选择。就我们所知，第一种选择是世界上绝大多数语言都会采用的方式，即：强节点是含有非附着语素元素的音系词。附着语素组子结点的强弱最终取决于其内在属性，而非其在附着语素组中所处的位置。附着语素组内部的这种相对突显在以下（23）和（24）中将分别以意大利语和希腊语的例证予以说明。

（23）

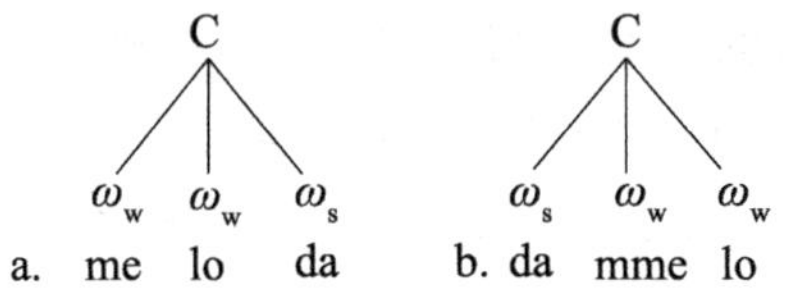

‘（he）gives it to me’ ‘give it to me’

（（他）把它递给了我）（把它给了我）

（24）

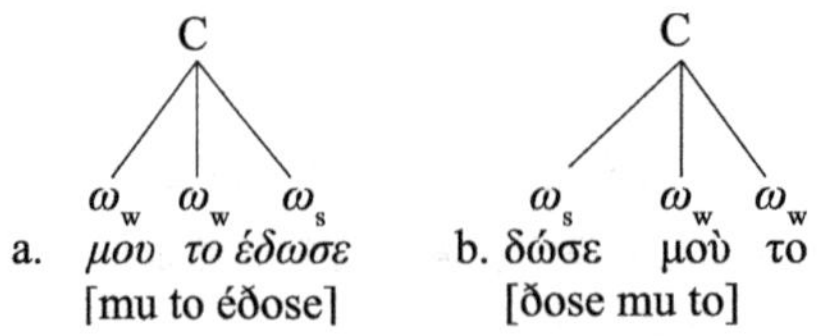

‘（he）gave it to me’ ‘give it to me’

（（他）把它给了我）（把它给了我）

应该指出，在例（24b）中，上面所给出的希腊语重音重调规则并未改变主重音的位置，主重音仍位于附着语素组的非附着语素元素上。

附着语素组相对突显指派的第一种选择亦可用拉丁语的例子给予说明。其中，尽管 5.1 节指出了附着语素组重音规则（Clitic Group Stress）会改变原重音位置，但附着语素组的强节点依旧在非附着语素音节上。应该指出，虽然该规则具有改变词内重音位置的效力，但这一规则却不受主重音规则（Main Stress Rule）的影响。也就是说，如 156
4.1.2 节所示，附着语素组重音不同于主重音规则，它对音节的轻重并不敏感。

第二种选择是附着语素组的强节点由其位置来决定，即：在附着语素组内的位置决定了音系词是否被标记为强节点。法语的情况就是这样，无论该音系词所含的具体语项如何，附着语素组最右侧的音系词被标为 *s*（强节点），如（25）所示。

（25） a.

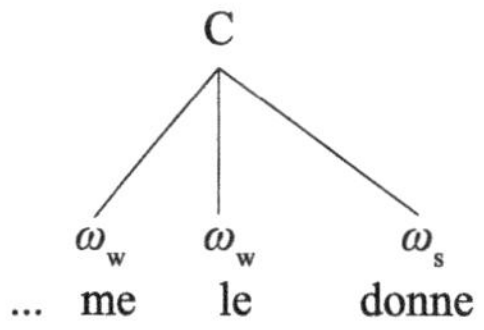

'… gives it to me'
（……把它（递）给我）

b.

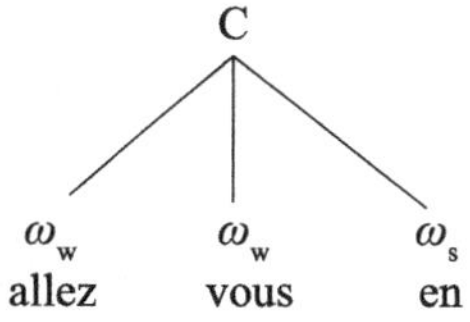

'go away'
（滚开）

c.

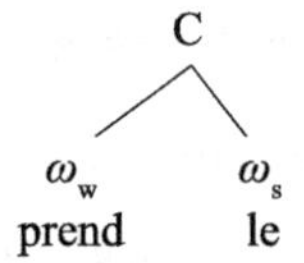

'take it'

（拿着它）

在（25a）中，*s* 节点是非附着元素，因为它位于附着语素组的最右侧。但在（25b）和（25c）中，强节点是附着语素，因为在这两个例子里最右侧的音系词节点支配着附着语素成分。

附着语素组的强节点由其所在位置决定的其他例证亦见于多个意大利语方言。在此，我们以两个方言的例子为证。第一个方言是意大利皮埃蒙特（Piedmont）北部地区的维奥泽尼语（Viozene）。该方言跟法语一样，其附着语素组的强节点成素由附着语素组重音规则指派至最右侧的音系词。该附着语素组的相对突显如（26）所示（见 Rohlfs，1949），下划线部分表示附着语素。

（26） a. vindiru　　（sell it 卖了它）
　　b. servirsi　　（to help oneself 自用，自取所需）
　　c. portamaru　　（let's take it 让我们拿着它）

157 另一方面，在卡拉布里亚（Calabria）南部地区的有些方言里，附着语素组的强节点总是位于倒数第二个音节，无论这个音节是附着语素，还是附着语素组非附着语素成分的末位音节。也就是说，存在着把主重音指派给附着语素组倒数第二个音节的重音重调规则，因此该规则具有把主重音从宿主词的原有位置移动的功能。如（27）中的范例所示，下划线表示附着语素部分（引自 Rohlfs, 1949）。

（27） a. accidətíllə　　（(you, pl.) kill him（你，复数）杀他）
　　b. mangiálu　　（(you, sg.) eat it（你，单数）吃它）
　　c. mangiarisíndi　　（(to) eat some of it for oneself（动词不定式）为了自己吃一些）

（eat + for oneself of it 吃 + 为自己）

在（27a）和（27b）中，附着语素组的强节点是含有动词的音系词，而在（27c）中，强成分则为动词后的第一个附着语素音节。上述例证具有的共同特征是，强音节均是附着语素组的倒数第二个音节。

以上分别基于不同语言的若干音系现象建立了附着语素组的范域和相对突显关系，我们接下来将在下一节给出更多的证据来证实在韵律层级里存在着这一层面。

5.3　附着语素组的其他证据

本节，我们将表明，附着语素组除了是最初所提出的英语规则及上一节所讨论的希腊语重音重调规则的应用范域外，也是许多其他规则的应用范域。接下来，我们将论证，附着语素组亦为希腊语其他4条规则的应用范域。正如英语颚化规则的情况那样，希腊语的这些规则不仅作用于附着语素组内部，同时也应用于另一韵律范域——音系词。然而，在这两个范域内，规则的应用程度却有所不同。

第一条是鼻音删除规则（Nasal Deletion，ND），这是作用于音系词内部的选择性规则（见第4章（16））。然而，鼻音删除规则不仅局限于音系词范域，还可跨隶属于同一附着语素组的两个音系词使用。但在后者的范域里，其应用是强制性的。[3] 鼻音删除规则跨附着语素组内部音系词的应用如（28a—c）所示，而（28d—e）的例证则表明，如果第二个词的音段条件未能得到满足，鼻音确实依旧存在。

（28）　a. *το θέλω* [to θélo]$_C$　　(< [ton])

　　'(I) want him'

　　（（我）想找他）

　b. *τη θέα* [ti θéa]$_C$　　(< [tin])　158

　　'the view (acc.)'

　　（这一观点（宾格））

c. *τη βλέπω* [ti vlépo]$_C$ (< [tin])

'(I) see her'

((我)看见她)

d. *τον αγαπώ* [ton aγapó]$_C$ (*[to])

'(I) love him'

((我)爱他)

e. *την αλήθεια* [tin alíθia]$_C$ (*[ti])

'the truth (acc.)'

(那个真理(宾格))

该规则把附着语素组作为应用范域，而不是什么更大的范域，这一点可见于以下事实：该规则不能作用于分属于不同附着语素组的两个音系词之间，见以下(29)。

(29) a. *πριν φάω* [prin]$_C$ [fáo]$_C$ (* [pri fáo])

'before (I) eat'

(在(我)吃之前)

b. *έχουν δεί* [éxun]$_C$ [ði]$_C$ (* [éxu ði])

'(they) have seen'

((他们)已经看见)

c. *όταν φύγω* [ótan]$_C$ [fíγo]$_C$ (* [óta fíγo])

'when (I) leave'

(当(我)离开)

依据这些事实，我们现在可以把强制性鼻音删除规则表达为作用于附着语素组的音系词音渡规则，如(30)。

(30) 鼻音删除规则(Nasal Deletion)(强制性)

$$[\text{+鼻音性}] \rightarrow \emptyset / [\ldots[\ldots \underline{\quad\quad}]_{\omega}[\begin{bmatrix}\text{+延续性}\\ \text{+辅音性}\end{bmatrix}\ldots]_{\omega}\ldots]_{C}$$

希腊语音系学中把附着语素组作为应用范域的另外两条同化规则在第4章已经讨论过，他们分别是鼻音同化(NA)和塞音浊化(SV)规则。这两条规则在音系词和附着语素组这两个范域的应用程度跟我们所见鼻音删除规则的情况恰好相反；也就是说，鼻音同化和塞音浊化是词内强制性规则，但在附着语素组内跨词汇应用时则表现为选择性规则。它们在附着语素组内的使用如（31）所示。（32）中的范例表明，这两条规则不能跨越分属于不同附着语素组的音系词使用。鉴于鼻音同化和塞音浊化二者都作用于同一语境，所以示例中的每一种形式均体现了两种不同情况。

（31） a. *δεν πειράζει*　[ðembirázi]　(< [ðen] [pirázi])
　　'(it) doesn't matter'
　　（（它）无关紧要）
　b. *τον πλέκω*　[tombléko]　(< [ton] [pléko])
　　'(I) knit it'
　　（（我）编织它）

（32） a. *όταν πάς*　[ótan pas]　(*[ótam bas])　159
　　'when (you) go'
　　（当（你）走的时候）
　b. *έχουν πάει*　[éxun pái]　(*[éxum bai])
　　'(they) have gone'
　　（（他们）已经走了）
　c. *πρίν πλύνω*　[prin plíno]　(*[prim blíno])
　　'before (I) wash'
　　（在（我）洗之前）

基于这些语言事实，我们可以把选择性鼻音同化和选择性塞音浊化规则表征为作用于附着语素组范域的音系词音渡规则，如以下（33）和（34）所示。

（33） 鼻音同化规则（Nasal Assimilation）（选择性）

$$[+\text{鼻音性}] \rightarrow \begin{bmatrix} +\alpha\ \text{舌冠性} \\ +\beta\ \text{前部性} \end{bmatrix} / [\ldots[\ldots \underline{\quad\quad}]_{\omega}[\begin{bmatrix} -\text{延续性} \\ \alpha\ \text{舌冠性} \\ \beta\ \text{前部性} \end{bmatrix}\ldots]_{\omega}\ldots]_{C}$$

（34） 塞音浊化规则（Stop Voicing）（选择性）

$$[-\text{延续性}] \rightarrow [+\text{浊音性}] / [\ldots [\ldots [+\text{鼻音性}]]_{\omega} [\ \underline{\quad\quad}\ \ldots]_{\omega} \ldots]_{C}$$

希腊语作用于附着语素组的第 4 条规则是非高元音删除规则，Kaisse（1977）把它称之为镜像删除（Mirror Image Deletion）规则。这是附着语素组内的一条音系词音渡规则，只要附着语素组内出现有两个毗邻的音系词，第一个词以元音结尾第二个词以元音起首时，该规则便可以应用。两个毗邻元音之一即被删除。具体来说，根据元音响度等级（sonority scale），两个（非高）元音中的弱者被删除，即被删除的元音等级分别是：*e* 最弱，*a* 次之，*o* 最强。该规则的应用如（35）所示。

（35） a. *τα έχω* [ta éxo] → [tá xo]
'(I) have them'
（（我）有它们）
b. *με οδιγεί* [me oðiyí] → [m óðiyí]
'(he) leads me'
（（他）引导我）

以上的例子表明，引发删除规则的不是元音的所处位置，而是元音的音质。这种现象使这一特殊的附着语素组内在规则明显区别于希腊语的其他元音删除规则（见 Kaisse，1977）。

此外，在（35a）中还可以看出，尽管被删除的元音原为重读音节，但重音本身却未被删除，而是移至原来非重读的附着语素的元音上去了。
160 由此可见，镜像删除规则更像是音系学中韵律与格栅子系统之间交互作用的又一例证，因为它必须要参照韵律理论来阐释其应用范域，同时又非常适合使用栅理论（grid theory）来阐释重音重新调整的具体情况。

用于证明附着语素组是音系规则应用范域的另一种语言是古典拉丁语。古典拉丁语的后附着语素成分包括 *-que*（和）、*-ne*（疑问标记）和 *-cum*（跟……一起）等。当其中一个后接附着语素成分附加在一个单词词尾时，便会引发重音重调规则。如以上 4.1.2 节所示，这种作用于附着语素组内的重音规则跟应用于词内的重音规则有所不同（亦参见 Wanner，1980）。这就是说，在多音节词内，主重音规则要么把主重音指派给倒数第二个音节，要么指派给倒数第三个音节。如果是一个双音节词的话，则重读倒数第二个音节（见（36））；如果一个单词含两个以上的音节，且倒数第二个音节是重音节（即该音节或者为一个长元音，或者带一个尾辅音）的话，倒数第二个音节也为重读音节（见（37））。否则的话，主重音落在倒数第三个音节上（如（38）所示）。

（36） a. rósa　　（rose 玫瑰）
　　　b. úrbe　　（city 城市）

（37） a. amī́cus　　（friend 朋友）
　　　b. moléstus　　（molest 骚扰）

（38） a. fácĭlis　　（easy 容易）
　　　b. pópŭlus　　（people 人民）

与主重音规则不同，附着语素组重音规则（CGR）对音节的重量并不敏感，而是径直把主重音指派给附着语素前的音节，如（39）和（40）所示。

（39） a. rósă　　（the rose (nom.) 那支玫瑰（主格））
　　　b. rosā́que　　（and the rose (nom.) 和那支玫瑰（主格））
　　　c. *rósaque

（40） a. fémina　　（the woman (nom.) 那个女人（主格））
　　　b. feminā́que　　（and the woman (nom.) 和那个女人（主格））
　　　c. *femínaque

上述讨论的两个不同重音规则如若以最小词对为例辅以阐释的话，无疑会更加清晰明了（参见 4.1.2 节）。下面来看一下（41）和（42）的例 161
子。每组词对里的第一个例词均为“单词 + 附着语素”的组合形式，因此重音落在倒数第二个音节上。而拥有相同结构序列的第二个例词则被词化为一个独立词，它不仅词义不同，也无法进一步划分，因此遵从主重音规则的要求。在这些例证中，重音事实上落在了倒数第三个音节上，因为倒数第二音节是轻音节（尤见 Niedermann, 1953；Cupaiuolo, 1959）。

（41） a. itā́que　　（and so 所以）
　　　b. ítăque　　（therefore 因此）

（42） a. undĭ́que （and from there 从那里）

b. úndĭque （everywhere 到处）

从上述例证，我们可以得出以下结论：单词 + 附着语素组合是一个成分，其本身也是该成分所特有重音规则的应用范域。因此，我们可以把这一规则描述如下：在一个分支的附着语素组中，即当一个词至少含两个音系词时，主重音往往落在第一个成分的最后一个音节上。

应当注意，在拉丁语中，附着语素组不一定跟任何句法成分表现为同构关系。如表疑问的后附着语素 *-ne* 便可以就单个的词进行提问（见（43）），也可就含一个以上单词的短语提问（见（44））（见 Zanoni，1948）。

（43） Solusne venisti? Non solus.

'Did you come alone? Not alone.'

（你是一个人来的吗？不是一个人来的。）

（44） Abiitne solus pater? Solus.

'Did father leave alone? Alone.'

（你的父亲是一个人走的吗？是一个人走的。）

在（43）中，问题的焦点落在了 *solus*（单独）这个词上，但（44）回答里的 *solus* 则指向被问及的是整个短语 *abiit solus*，而不仅仅只是动词 *abiit*。在最后一例中，并没有哪一个句法成分只包含动词及后附着语素 *-ne*，这恰恰就是韵律成分附着语素组的应用范域。

我们接下来要讨论的另一种语言是土耳其语，其附着语素组亦为这一语言音系规则的应用范域，该语言的元音和谐规则覆盖了整个单词加附着语素（尤见 Lewis，1967）。正如第 4 章所述，在土耳其语里 [后位性] 是所有元音的和谐特征，[圆唇性] 是所有高元音的和谐特征，规则的应用
162 方向由左至右。也就是说，一个单词的第一个元音决定了其后接元音的 [后位性] 和 [圆唇性] 的值。（45）和（46）的例词均含有表疑问的附着语素 *mu*，这表明附着语素组是和谐律的应用范域。

（45） a. doğrú （true 真的）

b. doğrú mu （true? 真的吗？）

（46） a. bügün （today 今天）

b. bügün mü （today? 今天吗？）

加泰隆语（Catalan）的 *t*- 删除（*t*-Deletion）规则是运用附着语素组给予最优表征的另一条规则，该规则在词末位置删除了辅音连缀 [*nt*] 的尾音 [*t*]，但是一旦其后跟有附着语素的话，该规则的应用便被阻断。这一现象的例证见（45）（引自 Zwicky，1977），其中的第一个例子表明，附着语素组的末尾 [*t*] 被删除；但第二个例子则显示，在附着语素组里当其后跟有另一个音系词（ω）时，[*t*] 便不能删除。

（47） a. $[\text{fèn}]_C\ [\text{əsɔ́}]_C$ （< [fènt]） （doing this 正在做这事）

b. $[[\text{purtánt}]_\omega\ [\text{u}]_\omega]_C$ （* [purtán u]） （bringing it 正在把它拿来）

我们通过把 *t*- 删除规则的应用范域表征为 $\_\_\_]_C$，上述现象便可以得到简单明了的解释，即将其描述为附着语素组界限规则。

5.4 结语

我们在本章已表明，通常所见的“宿主词 + 附着语素”序列的独特音系表象，可通过在韵律理论框架内确立一延展完全相同的成分得到完满的解释。这样一来，我们便可以避免因试图把附着语素与宿主硬性划入同一音系词，或者将其作为一个独立单位所带来的问题。也就是说，附着语素的这种混杂的音系表象这一事实把它们与词缀和单词区分了开来，恰恰可以借此将附着语素组作为应用范域来对若干规则予以阐释。

从本书所提出的韵律理论的总体观点来看，每个韵律范畴都包含着语法不同组成部分的具体信息。附着语素组是表达句法与音系两大部分之间映射韵律层级的第一层。其中，某些附着语素（原则上可能为后附着或前附着语素）都会根据句法成分的结构去选择各自的附着方向。

然而，这并不意味着，附着语素组总是与句法结构成分相互同构。其
163 实，通俗希腊语（Demotic Greek）的语例已表明，音系成分附着语素组没有必要与任何形态—句法层级的成分同构。而这种附着语素组范域与句法成分之间的不同构绝非希腊语的特有现象。例如，附着语素组与句法成分的不同构也见于含有句子或短语附着语素的其他语言，也就是说，一些元素可以附着在句法树的非末端节点。这一现象也见于拉丁语疑问后附着语素 *-ne*，附着语素 *-ne* 跟作为其宿主的单词共同构成一个韵律成分，而不是跟整个句子或短语。因此，结果就产生了一个单词加上后附着语素 *-ne* 的韵律成分，这一成分在很多情况下没有对应的句法结构成分。

注释

① 我们在给附着语素组标注重音时沿循了塞塔托斯（Setatos，1974：55）的做法，塞塔托斯认为，在非标记的发音里，主重音保持在原有位置，新重音为次重音。他还发现，在强调式发音中，可能会出现相反的重音情况。这里，鉴于强调式发音不在本研究的讨论范围内，故对于这种情况，我们暂且不予讨论。

② 在现在时直陈式（present indicative）第一人称单数形式里还存在着一组数目有限的动词，其重音为倒数第三音节。这些动词现在时直陈式的第三人称复数和虚拟式皆属于主重音必须落在一个词最后三个音节之一这一概括的例外情况，因为这些词的重音都落在了倒数第四个音节（试比较 *teléfono*“(I) call（我）打电话”）；*teléfonano*“(they) call（他们）打电话”；*teléfonino*“(that they) call,（他们）打电话”）。这些动词形式的存在并没有丝毫削弱重音的合格条件，因为它们只代表了极少数可预测的情况。

③ 尽管我们这里不会进一步讨论新近提出的对连接音变规则的栅理论阐释，根据栅理论，毗邻元素之间的“关联度（connectedness）”决定了一个规则应用的相对可能性（见 Selkirk，1984b）。应该注意，鼻音删除规则给这一分析提出了问题。因为在宿主词与毗邻附着语素之间的“关联度”远低于单个词内部音段之间的关联程度，于是我们预期，当规则作用于这两种语境时，应用于词内要比应用于词与附着语素之间更加频繁。然而，我们在鼻音删除例子中的发现恰恰与之相反：这一规则应用于更大范域（C）中的表现是强制性的，但用于较小的范域（ω）则是选择性的。

第 6 章 165

音系短语

6.0 引言

在音系层级中，音系短语（ø）是比附着语素组更高一级的成分。也就是说，音系短语是由一个或多个附着语素组构成的。正如 2.4 节所示，一个音系单位提出的理据是以它在音系规则的构成中所具有的不可或缺的地位为基础。在本章，我们将根据音系短语在界定句法性叠音规则（*Raddoppiamento Sintattico*，RS）的应用范域所起的作用提出了这一成分的概念，句法性叠音规则见于意大利中部和南部的多个方言变体。

虽然关于音系短语的初始假设只是基于意大利语的一个音系规则做出的（6.1 和 6.2 节中将讨论），但其有效性在意大利语与句法性叠音规则的应用范域相同的其他音系现象中也有所体现（见 6.3 节）。我们所提出的跟音系短语的构建相关的各种句法概念具有充分的概括性，能够解释以$\overline{X}$理论定义的基础规则类型的所有语言的音系短语构建。6.4 节将表明，音系短语在诸多其他语言中皆可以准确地界定音系规则的应用范域。6.5 节是本章的结论部分。

6.1 句法性叠音规则的应用范域与音系短语

鉴于句法性叠音规则的应用范域在意大利语的所有变体中并不是一成

不变的，所以这里有必要把我们的分析范围限定在来自佛罗伦萨受过教育的人所使用的意大利口语。原因有二：首先，该变体是意大利语语法被描写最多的变体类型；其次，更重要的是，我们已收集了这一变体的大量语料。[1]

我们在第 2 章已表明，句法性叠音规则是一条跨词界应用的规则，其应用范域有别于句法成分，因为同一类型的句法成分就这一规则而言，其表现迥然不同。

166 句法性叠音规则应用于含有两个音系词（ω_1 和 ω_2）的序列，可延长第二个音系词（ω_2）的首辅音，但条件是：1）被延长的辅音后跟有一个响音，尤其是元音或其他非鼻音性响音；2）如果第一个音系词（ω_1）以元音结尾，同时又是音系词的最强终端成分（Designated Terminal Element，DTE）（即：主重音音节）。应该注意的是，这些元音均为短元音。这种情况与非结尾音节的情况全然不同，其中开音节里的重读短元音在意大利语中都是不合格形式。其实，这在第 4 章中已做过讨论，音系词内规则的应用延长了此类元音，于是得出了合格形式。足见，这种对短元音的相同限制条件其实也适用于一些比词更大的序列。也就是说，在句内的某些位置上音系词末尾开音节里的重读短元音往往被视为不合格形式。这恰恰就是句法性叠音规则的应用语境，故该规则也被视为音节重组规则（resyllabification），该规则具有延长后面一词词首辅音以产生合格形式的功用。而句法性叠音规则的应用所产生的辅音双音化不仅占据了音系词（ω_2）的首音位置，而且还必须拆分至两个音节。于是，它既要充当音系词（ω_1）词末的节尾（形成一个闭音节），同时又要充当音系词（ω_2）首音节的音节首。这样，音系词（ω_1）末的闭音节便构成了一个合格的形式，因为重读元音现在便处于被认为是短元音的位置上了（类似的相关分析，参见 Vogel，1977）。

对句法性叠音规则给予全面分析尚有待详细说明的是，这一规则予以应用的更大范域，亦即：尽管该规则仅作用于以上所描述的局部音段语境，但它却不能应用于满足所需条件的任意两个单词之间。从（1）和

（2）中可以看出，在两个例句里都存在相同词汇（即 *perche Carlo*）构成的序列，但句法性叠音规则却仅作用于例（1），而不用于例（2）。

（1） *Perché Carlo* non é venuto? → Perché [k:]arlo …
　　'Why didn't Carlo come?'
　　（为什么卡洛没有来？）

（2） Che c'é un *perché Carlo* lo sa. → ...perché [k]arlo …
　　'Carlo knows that there is a reason.'
　　（卡洛知道，其中有个原因。）

尽管在意大利语音系学领域对句法性叠音规则的研究已取得了不少成果（尤见 Camilli 1941，1965；Fiorelli，1958；Leone，1962；Pratelli，1970），但是所有传统分析均无法准确地预测这一规则究竟适用于哪些语境。纳波里和内斯波（1979）曾提出，在生成理论的框架内使用句法方式来解释句法性叠音规则的应用范域。在这一方面，他们仅对这一规则的可应用语境给出了界定，却没能对该规则实际上何时可以应用作出明确的预测。在本章，我们将讨论后一问题，即该规则应用的实际语境（亦见 167
Nespor 和 Vogel，1982）。关于句法性叠音规则的适用语境（用“‿”标记）与不适用语境（用“//”标记）的例证分别见于（3）和（4）。

（3） a. Avrá‿trovato il pescecane.
　　'He must have found the shark.'
　　（他一定是看到了鲨鱼。）
　b. La gabbia é‿giá‿caduta.
　　'The cage has already fallen.'
　　（笼子已经掉了下来。）
　c. È appena passato con tre‿cani.
　　'He has just passed by with three dogs.'
　　（他刚刚带了三只狗走过去了。）
　d. Era venuto con tre‿piccoli cobra.
　　'He came with three small cobras.'
　　（他来时带了三条小眼镜蛇。）

e. Il tuo pappagallo é piú loquace del mio.

'Your parrot is more talkative than mine.'

（你的鹦鹉比我的更爱说。）

（4） a. Devi comprare delle mappe di cittá//molto vecchie.

'You must buy some very old city maps.'

（你必须买些非常老的城市地图。）

b. La gabbia era dipinta di giá//completamente.

'The cage was already completely painted.'

（笼子已经完全刷好漆了。）

c. Ne aveva soltanto tre//di bassotti.

'He had only three dachshunds.'

（他只有三只腊肠犬。）

d. L'entrata allo zoo costa di piú//per i turisti che per i locali.

'The entrance to the zoo is more expensive for tourists than for locals.'

（游客的动物园门票比当地人要贵。）

e. Guardó//piú attentamente e vide che era un pitone.

'He looked more carefully and saw it was a python.'

（他仔细地看了一下，发现那是只巨蟒。）

从（3a）可以看出，句法性叠音规则可作用于助动词与动词之间，而在（3b）中该规则作用于助动词和动词前副词之间，以及动词前副词和动词之间。该规则作用于量词和名词之间，以及量词和名词前形容词之间的例子分别见于（3c）和（3d）。最后，（3e）表明，这一规则既可应用于系动词与表比较的小品词 *piú* 之间，也能用于 *piú* 和形容词之间。然而，（4）中的例句则举出了该规则应用受阻的语境，即在名词短语（NP）和形容词短语（AP）之间（4a）、在两个副词之间（4b）、在量词与介词短语（PP）之间（4c）、在副词与介词短语（PP）之间（4d），以及在动词与表比较的副词之间（4e）。

由上述例证可见，句法性叠音规则在其最大投射域内应用于短语中心语的左侧，而不是右侧。该语境类似于塞尔柯克（1978b）针对英语所提出的应用语境，其中她提出音系短语应把所有标示语（specifier）跟其中心语相结合。然而（3）中的例句表明，跟句法性叠音规则应用语境相关的概念并不是标示语的概念。句法性叠音规则似乎只作用于短语中心语的左侧，而与这一位置的成分类别并无关系。通常，这是标示语的位置，但也可能是一个短语补语，如（3a）所示，其中句法性叠音规则应用于形容词补语与其名词中心语之间。如上所述，界定音系短语范域（见以下（5））的映射规则是基于音系短语范域等于句法性叠音规则的应用范域这一假设。此外，我们还提出，句法性叠音规则的应用语境为中心语的左侧而不是右侧，这一事实也绝非意大利语的专有特性，而是因为意大利语的短语中心语的左侧是短语的非递归侧这一事实。我们可以对这一发现加以概括并预测：如果语言的递归侧为中心语的左侧，那么这些语言的音系短语便会向右侧延展。也就是说，如果在该韵律层面存在音系规则的话，这些规则将作用于短语中心语与它后面的成分之间。 168

我们所提出的音系短语定义原则见于以下（5），其中树形图（5II）的实际构建遵循了韵律理论的普遍性原则。

（5）音系短语的构成（Phonological Phrase Formation）

Ⅰ. 音系短语的范域

音系短语的范域由含有一个实词中心语（X）的附着语素组以及位于其非递归侧的所有附着语素组（直至X的最大投射外含有另一个中心语的附着语素组为止）构成。[②]

Ⅱ. 音系短语的构建

把由音系短语范域的定义所界定的语符串中包含的全部附着语素组都纳入一多分支音系短语。

Ⅲ. 音系短语的相对突显

在句法树为右分支的语言中，音系短语最右侧的节点标记为*s*（强节点）；但在句法树为左分支的语言里，音系短语最左侧的节点标记为*s*（强节点）。*s*的所有姊妹节点均标记为*w*（弱节点）。

正如第1章所提到的那样，尽管有些语言学家也提出了把介词（P）作为中心语的句法理据，但对（5I）的预期解释为，认为只有V（动词）、

N（名词）和A（形容词）可充当实词中心语。至于是否应该把P视作句法部分的主要范畴，我们在此且暂不讨论。但从音系学角度来看，鉴于P的表现不像中心语，如果出于句法原因把P视作中心语的话，（5I）则需要重新表述为（5I'）：

169 （5I'） 音系短语的范域由含有一个（依据范畴特征系统至少带一个肯定赋值标记的词汇范畴）实词中心语（X）的附着语素组，以及位于其非递归侧的所有附着语素组（直至X的最大投射外含有另一个中心语的附着语素组为止）构成。

由于P被标记为[–N，–V]，故音系短语的定义便不会将其与N、V和A同等对待，后者词类的赋值标记分别是[+N，–V]、[–N，+V]和[+N，+V]。

除了此类句法考虑外，我们在此还要强调的是，从音系角度来看，P有别于N、V和A。应该注意的是，这一观点已并不新鲜。例如，早在SPE中，N、V和A就已被视为英语重音指派的词汇范畴。类似的情况也见于形态部分：P通常不能充当复合词的中心语（见Scalise，1984），同时也不像名词、动词和形容词那样有屈折和派生变化。最后，对失语症患者的语法缺失的分析表明，N、V和A构成了明显不同的词类，因为它们是布罗卡氏失语症（Broca's aphasia）患者言语中唯一明显保留下来的词类（尤见Kean，1980）。

关于（5I）中音系短语的范域定义，另外还要指出的是，它并没有提及与短语中心语共同构成音系短语的相关要素。如上所述，与之相关的要素还包括其所在位置，而不是其所属的范畴。因此，在X的最大投射域内，无论位于X非递归侧的成分是什么，即使是另一个主要类范畴，也要纳入同一音系短语。有些语言的补语处于非标记位置——即短语中心语的递归侧——但在标记情况下也允许补语出现在非递归侧。在这些语言里，音系将把第一种情况视为主要范畴，而把第二种情况视为次要范畴。例如，在罗曼诸语言（Romance languages）中，作为名词补语的形容词在非标记情况下出现在名词右侧，但在有些情况下，它们也会出现在左侧。（5I）要求，在第二种（而不是第一种）情况中，形容词可跟名词中心语一起构成音系短语。换言之，只有当主要句法范畴出现在非标记位置时，它们才能充当韵律中心语。对于句法部分来讲情况亦是如此，这一方面的证据见于埃蒙德斯（Emonds，1980）。为了解释英语中的某些提取转换（extraction transformations）的可能性及另一些不可能性，埃蒙德斯提出了“广义的左分支条件”（Generalized Left Branching Condition），根据这一条件，“一个较大短语中的词汇中心语N、A和V左侧的任何句法短语C都不能被分析为C”（p. 34）。他还明确表示，该原则不是语言的特殊原则，因此主张应使用“位于非递归 170
侧”来取代“位于其左侧”。

现在，我们再回到意大利语的音系短语结构，可得出以下结论：由于意大利语是句法右分支语言，即右侧是中心语的递归侧，音系短语的强节点为最右侧的附着语素组。（6）中给出了把句子划分成音系短语的若干示例。

（6） a. [[Aveva]$_{C_w}$ [giá]$_{C_w}$ [visto]$_{C_s}$]$_\phi$ [[molti]$_{C_w}$ [canguri]$_{C_s}$]$_\phi$
'He had already seen many kangaroos.'
（他已经见过了许多袋鼠。）

b. [[Ho]$_{C_w}$ [sognato]$_{C_s}$]$_\phi$ [[che]$_{C_w}$ [una]$_{C_w}$ [civetta]$_{C_s}$]$_\phi$
[[era]$_{C_w}$ [caduta]$_{C_s}$]$_\phi$
'I dreamed that an owl had fallen. '
（我梦见一只猫头鹰落了下来。）

c. [[Gli avevo]$_{C_w}$ [detto]$_{C_s}$]$_\phi$ [[che]$_{C_w}$ [Corinna]$_{C_s}$]$_\phi$
[[doveva]$_{C_w}$ [riceverlo]$_{C_s}$]$_\phi$
'I had told him that Corinna was supposed to receive it.'
（我告诉他，科琳娜会收到它。）

句法性叠音规则的应用范域是音系短语范畴，这一事实如（7）和（8）所示。这些例句亦分别见于上述的（3）和（4），但这里增加了音系短语结构的标记。

（7） a. [Avrá trovato]$_\phi$ [il pescecane]$_\phi$

b. [La gabbia]$_\phi$ [é giá caduta]$_\phi$

c. [É appena passato]$_\phi$ [con tre cani]$_\phi$

d. [Era venuto]$_\phi$ [con tre piccoli cobra]$_\phi$

e. [Il tuo pappagallo]$_\phi$ [é piú loquace]$_\phi$ [del mio]$_\phi$

（8） a. [Devi comprare]$_\phi$ [delle mappe]$_\phi$ [di cittá]$_\phi$ // [molto vecchie]$_\phi$

b. [La gabbia]$_\phi$ [era dipinta]$_\phi$ [di giá]$_\phi$ // [completamente]$_\phi$

c. [Ne aveva soltanto tre]$_\phi$ // [di bassotti]$_\phi$

d. [L'entrata]$_\phi$ [allo zoo]$_\phi$ [costa di piú]$_\phi$ // [per i turisti]$_\phi$ [che per i locali]$_\phi$

e. [Guardó]$_\phi$ // [piú attentamente]$_\phi$ [e vide]$_\phi$ [che era un pitone]$_\phi$

现在，我们可以把句法性叠音规则形式化表述为（9）。

（9） 句法性叠音规则（Raddoppiamento Sintattico, RS）

$$C \rightarrow [+\text{长音性}] / [\ldots[\ldots \underset{[+DTE]}{V}\ ]_\omega[\_\_\_\_ \begin{bmatrix}+\text{响音性}\\ -\text{鼻音性}\end{bmatrix} \ldots]_\omega \ldots]_\phi$$

171 该公式表明，句法性叠音规则是作用于音系短语范域的音系词音渡规则。

我们在 2.3 节已表明，句法性叠音规则的应用范域与任何句法成分并不一致，因为在同一类成分中我们既发现有这一规则可应用的情况，也有不能应用的情况。根据以上提出的音系短语构建规则把语符串划分为若干成分，但关键在于这些成分与句法层级成分并不同构，如（10）所示。

（10）

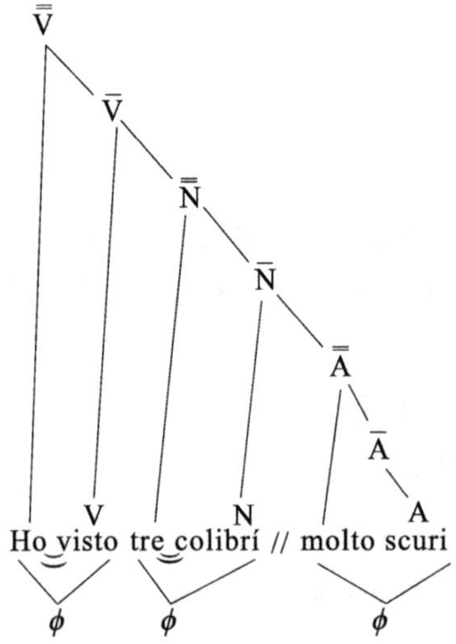

"I saw three very dark hummingbirds."
（我看见了三只颜色很黑的蜂鸟。）

尽管该例句被分成了三个音系短语，但句法性叠音规则却仅作用于前两个短语，即含有适当音段语境的音系短语，如 *ho[v:]isto* 以及 *tre[k:] olibrí*。然而，从句法角度来看，这两个语符串均不构成句法成分。其实，唯一可支配 *ho* 和 *visto* 的节点只有 $\bar{\bar{V}}$，但该节点同时也支配整个句子；而支配 *tre* 和 *colibri* 的第一个节点同时也支配着 *molto scuri*。根据句法成分的划分，没有任何办法能够预测句法性叠音规则在 *colibri* 和 *molto* 之间受到阻断，因为 *colibri* 和 *molto* 序列恰恰满足了该规则应用的局部音系语境条件。这就是说，尽管 *colibri* 和 *molto* 事实上属于同一句法成分 $\bar{\bar{N}}$ 的组成部分，但却不是同一音系短语的组成部分。如果句法性叠音规则基于句法结构的话，我们可以预期该规则必然作用于 *colibri* 和 *molto* 两个词之间，正如该规则作用于同一个 $\bar{\bar{N}}$ 的第一部分那样，即作用于 *tre* 与 *colibri* 之间。172
然而，在两者之间其实存在着实质性的差别。其区别表现为：*tre* 和 *colibri* 构成了一个单独的音系短语，而 *colibri* 和 *molto* 则分属于两个不同的音系短语。[③] 倘若采取直接参照句法概念对句法性叠音规则的应用范域予以阐释的做法，我们势必无法得出这一概括，因为其阐释充其量不过是一系列应用语境的罗列罢了。相对于句法成分而言，韵律成分的这一优势在解释句法性叠音规则的应用范域中显而易见。以下，我们还将看到，这对于其他规则来讲亦是如此。

如上所述，句法性叠音规则部分上还可以视为音节重组规则，据此单词 $_1$ 的末尾音节因单词 $_2$ 的词首出现的辅音叠音而成为了闭音节。该规则作用于音系短语范域内部的事实进一步证明，同法语一样，意大利语的音节重组范域亦为音系短语（参见前面的 3.1.1 节）。

（5）中所给出的音系短语构建规则界定了句法性叠音规则所必须作用的成分范畴，在所有其他条件都得到了满足的前提下，该规则也可以选择性地应用于其他范域。在下面的章节里，我们将主要来讨论这些其他范域的定义问题。

6.2 音系短语的重构

既然音系短语是句法性叠音规则的强制性应用范域，且该规则亦可选择性地作用于音系短语的外部，于是我们在本节提出，这种可选择性并不体现于该规则的应用，而是见于音系成分的重构过程。

句法性叠音规则在两个分属于不同音系短语单词之间的应用，如（11）所示，其中该规则选择性的应用语境使用符号‘‿’标记。

（11） a. [I caribú]$_{\phi}$‿[nani]$_{\phi}$ [sono estinti]$_{\phi}$
'Dwarf caribous are extinct.'
（矮小的北美驯鹿已面临濒危。）
b. [Se prenderá]$_{\phi}$‿[qualcosa]$_{\phi}$ [prenderá]$_{\phi}$‿[tordi]$_{\phi}$
'If he catches something, he will catch thrushes.'
（如果他抓到什么鸟，他抓的会是画眉。）
c. [Ho visto]$_{\phi}$ [qualche fagiano]$_{\phi}$ [blu]$_{\phi}$‿[chiaro]$_{\phi}$
'I've seen a few light-blue pheasants.'
（我看到了几只浅蓝色野鸡。）

从以上例句可以看出，在句法性叠音规则应用的所有其他语境中单词$_2$都无一例外地构成了单独的音系短语。此外，还应注意的是，此类无分支音系短语总是包含毗邻中心语的第一个补语成分。而（12）中的例句表明，如果第一个补语含有分支音系短语的话，句法性叠音规则便不能使用（见 Marotta（将刊出），其中的时长测量结果表明，中心语第一个补语的分支与不分支是决定句法性叠音规则是否应用的关键）。

173 （12） a. [Porterá]$_{\phi}$ // [due tigri]$_{\phi}$ [fuori dalla gabbia]$_{\phi}$
'He will take two tigers out of the cage.'
（他要把两只老虎从笼子里放出来。）
b. [Vaccineró]$_{\phi}$ // [tutte le scimmie]$_{\phi}$ [entro due giorni]$_{\phi}$
'I will vaccinate all the monkeys within two days.'
（我会在两天内给所有的猴子注射疫苗。）

c. [Venderá]$_\phi$ // [questo leopardo]$_\phi$ [in dicembre]$_\phi$

'He will sell this leopard in December.'

（他在12月会把这只美洲豹卖了。）

d. [Hanno]$_\phi$ [dei caribú]$_\phi$ // [molto piccoli]$_\phi$

'They have some very small caribous.'

（他们有几只非常小的北美驯鹿。）

因此，我们提出了一条重构音系短语的选择性规则，它具有消除不分支音系短语的功效。具体来讲，该规则提供了在满足了具体句法条件下重构只含有一个单独附着语素组的音系短语的可能。这些条件见于以下（13）。

（13）（选择性）音系短语重构规则

位于X递归侧的第一个补语为无分支音系短语，将并入含有X的音系短语。

音系短语重构对韵律加括号（bracketing）的作用见（14），从中可见w/s标记在重构后也会予以重新指派。

（14） $[\ldots C_W C_S]_\varphi\ [C]_\varphi \rightarrow [\ldots C_W C_W C_S]_\varphi$

如果重构出现的话，上述（11）所给出的例句便拥有了（15）的结构，句法性叠音规则将作用于新的语境，如'‿'所示。

（15） a. [I caribú‿nani]$_\phi$ [sono estinti]$_\phi$

b. [Se prenderá‿qualcosa]$_\phi$ [prenderá‿tordi]$_\phi$

c. [Ho visto]$_\phi$ [qualche fagiano]$_\phi$ [blu‿chiaro]$_\phi$

由于音系短语是句法性叠音规则的应用范域，当该规则作用于中心语和其后的无分支补语之间时，这便标志了重构的出现（如在（15a）的*caribú*和*nani*之间，在（15b）的*prendreá*和*qualcosa*与*prenderá*和*tordi*之间，以及（15c）的*blu*和*chiaro*之间）。此外，如果句法性叠音规则没有出现在这些语境，这就表明无分支补语仍旧保留着独立音系短语的地位。尽管我们已经表明，音系短语的重构是选择性的，但仍需注意的是：重构的应用绝不仅仅是一种偶然现象。还有一些其他非句法因素也产生着

174 一定的影响，决定着重构是否可以应用。例如，在快速话语中，重构可能会比慢速话语更加常见。这也反映出了传统语法学家的直觉语感，他们指出，为了使句法性叠音规则能够在两个词之间应用，它们必须属于同一重音群组（见 Pratelli，1970）。最后，还要强调的是：由于音系短语重构规则要参照指定中心语补语的无分支结构特质——意指其具体长度，这就直接体现出如下观察：语音的时长对句法性叠音规则是否应用起着至关重要的作用，对其他音系规则来说亦是如此（见 Napoli 和 Nespor，1979）。

在句法成分与韵律成分之间的不同构现象，借助重构所给出的音系短语比使用（5）中由映射规则所构建的音系短语更能体现得一目了然。也就是说，（13）主要是依据其韵律结构对两组短语补语进行了区分，这种区分在句法部分是无法实现的，因为句法部分没有参照成分的分支与无分支结构信息的改写规则。

6.3 意大利语音系短语层级的其他现象

在本节，我们将讨论，音系短语成分还可以使我们对意大利语的另外两种音系现象进行解释：重音后缩（Stress Retraction）和尾音延长（Final Lengthening）。

重音后缩是标准北方意大利语的规则之一。该规则在某些语境中具有去除毗邻重读音节序列的功效（见 Nespor 和 Vogel，1979）。虽然在意大利语音系中避免主重音冲突是一个相当普遍的特征，但我们此处将讨论的具体现象是一种典型的意大利北方方言。如果 ω_1 以主重音元音结尾，且 ω_2 的主重音位于第一个音节的话，重音后缩规则（SR）便作用于这两个音系词（ω_1 和 ω_2）序列之间。在这种情况下，ω_1 的词尾重音会向左移动以避免主重音冲突，如（16）所示。

（16） a. metá tórta → méta tórta

（half a cake 半个蛋糕）

b. ònoró Búdda → ónoro Búdda

（he honored Buddha 他敬仰佛陀）

c. si presènterá béne → si preséntera béne

（it will be well presented 它会被很好地陈述）

d. dèlucìderó tútto → dèlucídero tútto

（(I) will clarify everything（我）将澄清这一切）

需要注意的是，在重音后缩与句法性叠音规则的应用语境中存在着某 175
种形式的重叠。特别是，当 ω_1 的末尾重读元音后跟有一个以重读音节起首的 ω_2 时，两条规则的应用条件都得到了满足（尽管句法性叠音规则也作用于 ω_2 的第一个音节不是主重音的情况）。然而，这两条规则在语境重叠的情况下通常并不会发生冲突，因为它们所应用的意大利方言变体截然不同：前者用于意大利北方方言，而后者则作用于意大利中部和南部的方言变体（见 Nespor 和 Vogel，1979）。[4] 我们认为，重音是一种相对的突显，而不是绝对的赋值。因此，这里并不要求“新的”主重音必须跟单独 ω_1 的原有重音强度完全相同；但该重音在连续话语的 ω_1 和 ω_2 序列中应比 ω_1 的（去重读）尾音节的重音相对要强。重音“后缩”的落位音节为双音节单词的第一个音节（见（16a）），以及含两个以上音节单词的主重音左边带次重音的第一个音节（见（16b—d））。[5]

跟句法性叠音规则一样，重音后缩规则亦不能作用于满足（前面提到的）局部音系条件的任意两个单词之间。而只有当 ω_1 与 ω_2 同属于一个音系短语时，该规则方可使用。重音后缩规则是否可以应用的范例分别见于（17）和（18）。

（17） a. [Sára státa ammazzata]$_{\phi}$ la vipera　(<sará státa)

'The adder has probably been killed.'

（蝰蛇可能被打死了。）

b. Ha giá contato [véntitre rágni]$_{\phi}$　(< ventitré rágni)

'He has already counted twenty-three spiders.'

（他已经数了 23 只蜘蛛。）

c. [Le cítta nórdiche]$_{\phi}$ non mi piacciono　(< cittá nórdiche)

'I don't like Nordic cities.'

（我不喜欢北欧城市。）

d. [Péschera gránchi]$_{\phi}$ almeno, se non aragoste.　(< pescherá gránchi)

'He will fish crabs at least, if not lobsters.'

（如果没有捕虾的话，他至少也会捕蟹。）

（18）a. [Le cittá]$_{\phi}$ [mólto nordiche]$_{\phi}$ non mi piacciono.　(*cítta)

'I don't like very Nordic cities.'

（我不喜欢北欧化的城市。）

b. [Pescherá]$_{\phi}$ [quálche granchio]$_{\phi}$ almeno, se non aragoste.　(*péschera)

'He will fish some crab at least, if not lobsters.'

（如果没有捕虾的话，他至少也会捕一些蟹。）

c. [La veritá]$_{\phi}$ [sálta fuori]$_{\phi}$ quasi sempre.　(*vérita)

'The truth almost always comes out.'

（那个真理几乎总是出现。）

（17a, b）的例句表明，重音后缩规则作用于以（5）中所给出的映射规则为基础建立的音系短语内。而（17c, d）的例句则展示了该规则在重构音系短语内的应用。（18）则例举了含毗邻主重音的单词不属于相同音
176 系短语的例子，尽管其中出现了两个重音，但重音后缩规则却不能使用。我们就此得出结论，毗邻重音不一定总会引发重音冲突，而重音冲突的出现仅限于某种具体范域。这种现象绝非意大利语所独有。随着我们对意大利语第二种语音现象——尾音延长规则（Final Lengthening，FL）——的讨论，我们将在6.4节论证，音系短语同样也是其他语言节律调整规则的应用范域。

尽管通常认为尾音延长往往出现在句法成分的末尾，但我们确信，韵律短语能够准确地预测延长出现的位置，对此我们将以意大利语为例举例说明。只有当音系短语以句法概念为基础构建时，句法短语才会对尾音延长产生影响。这种差异在早期没有提出的原因主要在于两种短语往往互为

重合。（19）中的例句便是韵律短语与句法短语相互重合的例证，而（20）中的例句则给出了音系短语与句法短语二者截然不同的示例。

（19） a. Ho mangiato [dei pasticcini ripieni]$_{\phi}$

b. Ho mangiato $_{NP}$[dei pasticcini ripieni]$_{NP}$

'I ate some filled donuts.'

（我吃了几个带馅的油炸圈。）

（20） a. Ho mangiato [dei pasticcini]$_{\phi}$ [ripieni]$_{\phi}$ [di cioccolata]$_{\phi}$

b. Ho mangiato $_{NP}$[dei pasticcini $_{AP}$[ripieni di cioccolata]$_{AP}$]$_{NP}$

'I ate some donuts filled with chocolate.'

（我吃了几个巧克力甜心的油炸圈。）

（19）中 *pasticcini*（油炸圈饼）一词既不在音系短语末尾，也不是名词短语末尾；但（20）的 *pasticcini* 虽然不是名词短语末尾，也不在任何其他句法短语的末尾，但却是音系短语的末尾。由（20）可见，韵律和句法的预测大相径庭。如果跟尾音延长相关的是韵律成分的话，那么（20）中音系短语末尾的 *pasticcini* 发音就应比（19）的要长，因为后者的 *pasticcini* 位于音系短语的中部。相反，倘若句法短语跟尾音延长有关的话，那么两个句子里 *pasticcini* 的发音长短应基本相同。但事实是（20）中 *pasticcini* 一词的发音长于（19），所以我们证实了，决定尾音延长位置的是把语符串划分为成分的韵律分界而不是句法分界。因此，这也进一步证明了音系短语是韵律层级中的独立层面。在第 9 章，我们还将进一步论证，讲意大利语的听话人能够分辨音系短语结构不同的句子，这也说明音系短语的概念亦与感知有关。

最后，我们还要注意，当两个毗邻主要词重音分别见于不同的音系短语时（非重音后缩规则的应用范域）（见上述（18）），尾音延长规则应用 177
所引起的音系短语词末尾音延长具有在两个主重音之间加大间距的功效，可产生合格的韵律强弱的交替突显。在第 10 章，我们还将参照诗韵继续来探讨这一问题。

6.4 意大利语以外其他语言的音系短语

前面（5）中所提出的音系短语范域的定义参照了最普遍的句法概念，诸如短语中心语以及跟中心语相关的短语递归侧等。于是，我们不仅可以预测意大利语的音系短语范域，也可以预测所有结构语言（configurational languages）的音系短语范域，即所有句法结构可以在$\bar{X}$系统内予以表征的语言。我们在本节将论证，上述所提出的音系短语恰恰就是诸多语言变体中许许多多音系规则的应用范域。说到音系短语的重构规则，我们还将表明，除了像意大利语一类音系短语重构表现为选择性的语言外，还有一些语言的重构规则其表现是强制性的（见 Hayes，将刊出），且还有另一些语言根本就没有任何选择性存在（亦见 Nespor 和 Vogel，1982）。

6.4.1 其他一些右侧递归语言

我们要讨论的第一种语言是英语。我们将表明，音系短语是以下两个音系规则的应用范域：*抑扬格反转规则*（Iambic Reversal）（见 Liberman 和 Prince，1977）和*单音节规则*（Monosyllable Rule）（见 Selkirk，1972）。其实，这并不是什么新的提法，因为塞尔柯克（1978b）就已提出过把音系短语作为这些规则的应用范域。由于塞尔柯克提出的音系短语范域与本文所提出的多有不同，因此我们将表明，本文对音系短语的定义才真正是这两个规则应用语境的恰当描写。我们尤其要指出的是，英语音系短语的应用范域跟意大利语相同，这就预示着这两种语言均属于右侧递归语言。于是，我们将进一步指出，跟意大利语一样，英语的音系短语重构也是选择性的，故上述给出的规则是界定音系短语的正确规则。

从本质上讲，*抑扬格反转规则*与意大利语的*重音后缩规则*所具有的功效基本相同，如（21）所示。（关于这一现象的详细讨论，见 Liberman 和 Prince，1977）

（21） a. thirtéen mén　→　thírteen mén
　　　b. Tènnessé aír　→　Ténnessee aír

跟重音后缩规则一样，抑扬格反转规则并不能随意作用于含重音冲突 178
的两个词的任意序列。利伯曼和普林斯指出，该规则是选择性的，即“重音冲突的可接受度部分上取决于重音与重音的间隔在多大程度上会因停顿前的句末效应而被（单独）延长”（p. 320）。根据以上的分析，抑扬格反转规则就其语境而言并不是选择性的，而是音系短语的内部规则，如（22）—（24）所示。

（22） a. More than fífteen cárpenters are working in the house.　（< fifteén）
　　　（有十五六位木匠在房子里干活。）
　　　b. The kángaroo's life is full of surprises.　（< kangaroó）
　　　（袋鼠的生命里充满了惊奇。）

（23） a. John pérseveres gládly.　（< persevéres）
　　　（约翰快活地坚持着。）
　　　b. Given the chance, rabbits réproduce quíckly.　（< reprodúce）
　　　（一有机会，兔子就会迅速繁殖。）

（24） a. John persevéres gládly and diligently.　（* pérseveres）
　　　（约翰快活而勤奋地坚持着。）
　　　b. Given the chance, rabbits reprodúce véry quickly.　（* réproduce）
　　　（一有机会，兔子就会非常迅速地繁殖。）

正如（5）中音系短语的定义所预测的那样，（22）中的例句展现了抑扬格反转规则在音系短语内的应用；（23）的例句显示，该规则作用于根据（13）中的规则所重构的音系短语；而（24）中的例句则表明，该规则不能应用于音系短语范域之外。此外，（23）和（24）中的例句还为中心语右侧第一个补语的无分支现象是音系短语重构的恰当标准这一观察提供了进一步的证据。这也是塞尔柯克（1978b）提出的音系短语与本章所提出的音系短语之间的根本区别。塞尔柯克认为，音系短语不能延展去涵盖短语中心语右侧的任何成分。事实上，在有些情况下，这的确是必要的，本研究有必要参及实证分析的数据。

应该注意的是，像意大利语一样，英语的音系短语也是尾音延长规则的应用范域。如果两个重音之间的停顿延长的话，抑扬格反转规则便不再应用——利伯曼和普林斯的这一观察便很容易予以解释：因为延长出现在音系短语末尾，且涉及抑扬格反转规则的两个词又必须同属于一个音系短语，显然这两种现象是互为排他的。

为韵律结构的音系短语层提供了证据的另一个英语规则是，把所有不属于名词（N）、动词（V）或形容词（A）词类的单音节词给予简化的规则。正如塞尔柯克（1978b）所论述的那样：只有当该单音节词相对于位于同一音系短语内的另一个标记为强音的音节来说被标记为弱音时，单音节规则（Monosyllable Rule）方可使用。进而，这一规则作用于（25a）但不用于（25b）的事实，用我们的成分划分法来表征塞尔柯克（1978b）的例证，也得以解释。

179 （25） a. [The sluggers]$_{\varphi}$ [boxed]$_{\varphi}$ [in the crowd]$_{\varphi}$ （reduced in 减少）

b. [The cops]$_{\varphi}$ [boxed in]$_{\varphi}$ [the crowd]$_{\varphi}$ （unreduced in 不减少）

在第一个例子中，介词 *in* 位于音系短语的最左侧节点，故与支配 *crowd* 的强节点相比为弱节点。于是，*in* 亦会出现弱化。但在第二个例子中，*in* 可能未出现弱化，这是因为 *in* 位于含有 *boxed in* 这一音系短语的最右侧节点，故相对于标记为弱读的姊妹节点而言，它被标记为强音。

现在，我们要讨论的第二种语言的音系短语是法语，在法语里是没有音系短语重构的。也就是说，音系短语可能仅包括一个中心语 X，以及其非递归侧的所有元素，直到该 X 最大投射外的另一个中心语出现为止。我们要讨论的规则是连读增音规则（Liaison），它作用于所有的言语类型，其应用语境的范围会随着言语正式程度的提升而逐步扩大（见 Selkirk，1972）。这里，我们将侧重于言语的口语文体，因为连读增音规则只有在口语中才作用于纯音系环境。正如莫林（Morin）和凯（Kaye）（1982）所指出的，连读增音在严肃语体的应用语境里部分上也受形态的制约。然而，在法语的口语里，纯音系连读增音规则应用于音系短语范域，如（26）所示：

（26） a. Cette famille a [trois beaux enfants]$_\phi$

'This family has three beautiful children.'

（这家有三个漂亮的孩子。）

b. Les enfants [sont allés]$_\phi$ à l'école.

'The children went to school.'

（这些孩子上学去了。）

（27）中的例句显示，连读增音规则不能应用于分属于两个不同音系短语的单词之间；（28）的例句则表明，该规则不能应用于短语中心语和递归侧的第一个无分支补语之间。而后面的一组例句证明了，音系短语的重构并不是法语的特性。

（27） a. Jean a [des livres]$_\phi$ // [assez nouveaux]$_\phi$

'Jean has some rather new books.'

（珍有一些很新的书。）

b. Nos invités [sont arrivés]$_\phi$ // [en retard]$_\phi$

'Our guests arrived late.'

（我们的客人来晚了。）

（28） a. [Les maisons]$_\phi$ // [italiennes]$_\phi$ coûtent beaucoup.

'Italian houses are expensive,'

（意大利的房子很贵。）

b. Le garçon [les aidait]$_\phi$ // [activement]$_\phi$

'The boy helped them actively.'

（那个男孩在积级地帮助他们。）

有趣的是，我们发现，在大多数类型的言语中，一旦连读增音规则应 180
用，单词$_1$的尾辅音便会离开该音节的节尾，移至单词$_2$首音节的节首。因此连读增音规则跟意大利语的句法性叠音规则一样是一条触发音节重组过程的规则，尽管法语和意大利语的音节重组在细节上存有差异。

以上所提出的无重构可能的音系短语成分并非法语的独有特征；它

同时也是决定埃维语（Ewe）（一种在加纳使用班图语）超高声调出现的许多规则的应用范域（见 Clements，1978）。在这里，我们暂不讨论这些规则，因为它们所表征的现象与法语完全相同。我们要讨论的是另外一种情形，是一种把第一个补语强制划分给带中心语的同一音系短语的右侧递归语言。这种情况也见于奇姆威尼语（Chimwi: ni）——一种在索马里布拉瓦市（Brava）使用的班图语。基塞珀斯（Kisseberth）和阿巴谢克（Abasheikh）（1974）曾对该语言做过分析，以下所有例子均选自其中。Hayes（将刊出）也对这些例子的韵律理论相关性给予了讨论。在奇姆威尼语中，元音长度一般来讲呈对比性，尽管其中存在着可预测的具体语境：1）词末位置，如果该词的尾音恰好是音系短语的尾音，可预知该元音为短音；否则的话，元音则为长元音；2）在同一个音系短语内，若位于重读音节前的话，元音为短元音；3）在同一音系短语内，若位于至少三个音节序列前，则可以预知元音为短元音。这些现象可以使用三个缩短规则来阐释：词末缩短规则（Final Shortening）、长音前缩短规则（Pre-Length Shortening）及倒数三音节前缩短规则（Pre-Antepenult Shortening）。这些规则可形式化表征如下。

（29） 词末缩短规则（Final Shortening）

$$V: \ \rightarrow \ V\ /\ [\ldots \underline{\quad\quad}\ ]_{\phi}$$

（30） 长音前缩短规则（Pre-Length Shortening）

$$V: \ \rightarrow \ V\ /\ [\ldots \underline{\quad\quad} \ldots [C_o \begin{Bmatrix} VC \\ V: \end{Bmatrix}]_{\sigma} \ldots]_{\phi}$$

（31） 倒数三音节前缩短规则（Pre-Antepenult Shortening）

$$V: \ \rightarrow \ V\ /\ [\ldots \underline{\quad\quad} \ldots \sigma\sigma\sigma]_{\phi}$$

以上三个规则应用的示例分别见于（32）、（33）和（34）：

（32） 词末缩短规则（Final Shortening）

a. $[\text{xsoma: chuwo}]_{\phi}$ （to read a book 读一本书）

b. $[\text{xsoma}]_{\phi}$ （to read 读）

（33）长音前缩短规则（Pre-Length Shortening） 181

a. [xkała: ŋa]$_\phi$　　（to fry 炸）

b. [xkałaŋgo: wa]$_\phi$　　（to be fried 被炸）

（34）倒数第三音节前缩短规则（Pre-Antepenult Shortening）

a. [ku-reb-etł-an-a]$_\phi$　　（to stop for one another 停下来相互等一下）

（< ku-re: -b-a　　（to stop 停下来）

b. [munt^{h}u uyu]$_\phi$　　（this person 这个人）

（< mu: nt^{h}u　　（person 人）

c. [xfuŋguła xalbi]$_\phi$　　（to open one's heart 敞开心扉）

（<xfu: ŋguła　　（to open 打开）

由（32a）得知，*xsoma* 的词末元音为长元音，因为它位于音系短语内。然而，同一元音在（32b）中却为短元音，因为它恰好与音系短语的末尾同界。（33）的例子显示，动词形式 *xkała: ŋa* 的第二个音节为长元音，如果其后面跟有一重读音节的话，该元音则会变短，如（33b）所示。（34）的例子展现了倒数三音节前缩短规则的应用情况，其中显而易见的是规则依赖于音系短语音节的计数，而与其划分为较低层级的成分无关。

目前为止，我们已讨论的仅仅为：音系短语是第一和第三条规则的应用范域。而就第二条规则而言，需要注意的是，基于（33）给出的例证，这一规则也可以根据词的范域得出同样合理的阐释。（35）可以表明，长音前缩短规则的应用范域也是音系短语而不是词，其中词末缩短和重音前缩短两条规则亦可以使用。

（35）[pauzize cho: mbo]$_\phi$　[mwa: mba]$_\phi$　'he ran the vessel onto the rock'

He ran vessel　　rock　　（他开船撞上了暗礁。）

请注意，正如规则（29）所预测的那样，这里位于短语末尾的两个词均为词末短元音。但第一个词 *pauzize* 因属于短语内单词，本应为词末长元音。然而，事实并非如此，如果规则（30）的范域为音系短语，该现象便可以得到解释。也就是说，在同一个音系短语内，因 *pauzize* 的词末元音后紧跟有一重读音节，故根据规则（30），该元音将变为短音。正如海斯（将出版）所指出的，这些例证表明，奇姆威尼语的音系短语经历了重构过程，其结果是：中心语的第一个补语包含在带有中心语的单独音系短语内。（35）的例证也表明，中心语的第二个补语独自构成一个音系短语，这可以从 *cho: mbo* 一词长元音的出现得以证实。如果三个词都组合成一
182 个单独的音系短语的话，该元音将被规则（31）缩为短音。

我们由此可见，音系短语重构在意大利语和英语中都是选择性的，但在法语里却禁止使用，但（依据海斯的观点）在奇姆威尼语中却是强制性的。海斯还注意到，可能出于其他原因，奇姆威尼语的音系短语重构跟意大利语和英语的截然不同，因为前者第一个补语的不分支结构并不是重构的前提条件。这一事实的例证为：分支补语也可以归入中心语所在的同一个音系短语，如（36）所示，其中倒数第三音节前缩短规则作用于分支补语 *chuwo ichi*（这本书）之前。

（36） [somani chuwo ichi]$_{\phi}$（read this book 读这本书）（< soma: ni）
read　book this

海斯进一步指出，我们以上在奇姆威尼语所见的此类音系短语成分，并不是该语言所特有的。它也见于另一种班图语——基玛图姆比语（Kimatuumbi）（见 Odden，1980），音系短语都必须包含递归侧的第一个补语，而不去考虑是否分支。由此，我们可以得出结论：音系短语强制性地把中心语跟非递归侧的所有其他成分都予以组合，但是不同语言的音系短语是否可以重构以包括递归侧的补语，且该补语是否必须为不分支结构，这些都因语言的不同而有所差异（见 Hayes，将刊出）。

6.4.2 左侧递归语言

我们直至目前已讨论的所有规则都旨在证明（5）中给出的音系短语构建原则的有效性，所有这些规则均见于可能出现的递归内嵌新成分都位于中心语右侧的语言。然而，为了全面证实（5）中的原则，我们还需要从左侧递归语言中找到证据。（5）中给出的预测是，在这些语言里，音系短语层面的音系规则作用于范域中心语的右侧，该范域亦为我们在前面几

节所讨论过的右侧递归语言里所见范域的镜像。

宫良（Miyara，1981）分析了日语——一种左侧递归语言——在音系短语内应用的若干音系规则。她对音系短语的范域界定如下：

（37） 音系短语：日语
X（小品词）（数量词）（小品词）
（其中X指不含小品词的任意语符串）

基于这一定义和宫良的例证，似乎音系短语范域跟（5）中我们的规 183
则所预测的结果别无二致。[⑥] 也就是说，可以用我们的术语把（37）阐释为：X是中心语，跟其后的任何成分一起构成音系短语，直至X的最大投射域外的另一中心语出现为止。

正如宫良所指出的，日语的音系短语是声调赋值（Tone Assignment）、多个声调转换规则（tone-shifting rules）和若干音段规则的应用范域。让我们先来看一下声调赋值规则。在东京方言里，音系短语成分的表层声调旋律可借助中心语是否为重读音来预测。这就是说，小品词在重读词后为低声调，在非重读词后则为高声调。示例见以下（38），其中元音上方的星号表重读词汇（引自Miyara，1981）。

（38） a. $[\overset{*}{\text{i}}\,\text{noti kara}]_\phi$　（from the life 来自于生活）
life from
b. $[\text{sa kana kara}]_\phi$　（from the fish 来自于那种鱼）
fish from

星号移位规则（Star Shift Rule）是音系短语内的另一条声调规则，见于日语的松江方言（Matsue）。该规则（如（39）的表征所示）具有把一个高元音的重音位移至音系短语词末的效用（引自Miyara，1981）。

（39） $\begin{bmatrix}\overset{*}{\text{V}}\\ \text{+高位性}\end{bmatrix} C_o V \rightarrow \begin{bmatrix}\text{V}\\ \text{+高位性}\end{bmatrix} C_o \overset{*}{\text{V}} / [\ldots\_\_\_]_\phi$

最后，在随意语体中出现的减缩现象情况十分复杂，它们也无一例外地出现于音系短语内部，如（40）所示（引自Miyara，1981）。

（40） a. $[\text{kore-wa}]_\phi$ → koryaa （this top 这个顶部）
b. $[\text{ik-re ba}]_\phi$ → ik-e-ba → ikyaa （go-if go的if语句）

c. [ker-re-ba]$_{\phi}$ → ker-e-ba → kryaa （kick-if kick 的 if 语句）

按照我们的标记惯例，在左侧分支语言的音系短语中，强节点为最左侧节点。以上减缩可视为一种较普遍模式的标记，也就是减缩现象倾向作用于既定树形图的弱节点。

我们要讨论的第二种左侧分支语言是盖丘亚语（Quechua）。就中心语而言，盖丘亚语近乎无一例外地利用了短语的递归侧，而只有一些成分（如助动词、系动词和表存在词语等）出现在中心语的右侧。而仅仅只有这
184 些成分当前一词的最后音段为浊音时才会出现词首浊音同化（Word Initial Voicing Assimilation）。这一规则的应用范例见以下（41）（选自 Muysken，1977），其中 *ka*（动词 to be“是”的一种形式）当位于浊音后时出现了同化音变（41a），但当 *ka* 位于清音后时则未见音变（41b）。

（41） a. [Pedro-mi *ga*-ni]$_{\phi}$ （I am Pedro 我是佩德罗）

b. [gana-k *ka*-rka-ni]$_{\phi}$ （I used to earn 我曾是（家里的）劳力）

然而，即便出现了音段语境，该规则也不能在动词与补语之间使用，如（42）和（43）所示。这就说明，盖丘亚语不允许音系短语重构以包含递归侧的成分。

（42） a. [papa-da]$_{\phi}$ [*kara*-ni]$_{\phi}$ （I serve potatoes 我提供土豆）

b. *[papa-da]$_{\phi}$ [*gara*-ni]$_{\phi}$

potaoes serve

土豆 提供

（43） a. [sumuk]$_{\phi}$ [*gushta*-ni]$_{\phi}$ （I enjoy myself very well 我自己很开心）

b. *[sumuk]$_{\phi}$ [*kushta*-ni]$_{\phi}$

nice enjoy

好 享受

姆斯肯（Muysken）提到的另一个规则为弱化规则（Reduction Rule），这似乎是一条音系短语的内部规则（见（44））。需要注意的是，这种弱化只对弱成分产生作用，因为盖丘亚语跟其他的左侧分支语一样，音系短语的强节点为最左侧的节点。

（44） a. [Xwana-mi a-ni] $\varphi\rightarrow$ [Xwana-m-a-ni]
　　'I am Juana'　　（I'm Juana 我是胡安娜）
　b. [Pedro-chu a-ngi] $\varphi\rightarrow$ [Pedro-ch-a-ngi]
　　'Are you Pedro?'　（Are you Pedro? 你是佩德罗吗？）

这些示例进一步证实了，跟右侧递归语言一样，以上（5）中所定义的音系短语成分也表达了左侧递归语言音系规则的应用范域，尽管这两类语言的音系短语构建从结构上看基本上就是彼此的镜像。

6.5 结语

我们在本章已经论证了，音系短语在建构时使用了较为普遍的句法概念，这与附着语素组不同（见第5章）。具体而言，附着语素组的构建仅 185
需要参及极为有限的一类句法信息（即某指定附着语素在句法树中是否跟位于其左侧或右侧的元素共享更多类的范畴信息），而音系短语的构建规则参照的普遍概念如句法短语、短语中心语，以及构建方向的参数（即给定X-杠类型语言里句子的嵌入方向）等，这是显而易见的。在右向嵌入句的语言里，音系短语范域包括短语中心语以及同一短语内位于它前面的所有成分；而在左向嵌入句的语言中，音系短语范域则包括短语中心语及这一短语内跟在其后面的所有成分。这就是说，无需参照短语中心语前面或后面的任何具体成分而只需参及总体的结构关系。因此，所产生的音系短语为句法和韵律层级之间的非同构关系给出了又一证据。这就是说，按照短语补语跟中心语的位置关系，音系短语的构建对短语补语的处理方式不同，音系短语成分往往跟句法成分也有较大的差别。具体来讲，我们已经表明，如果补语位于中心语的一侧，补语便会同中心语一起划入一个音系短语；倘若补语位于另一侧的话，这些补语则构成单独的音系短语。

除了前面提到的音系短语构建规则外，我们还针对一些语言提出了重构规则，如果在短语递归侧含有第一个短语补语的话，重构规则将删除不分支音系短语的节点。倘若这一条件得到了满足，重组便会把上述描写的音系短语划入带短语中心语的同一个音系短语。因此，该重构的音系短语成分便为这两个不同层级提供了新的证据，即在音系学中对第一个补语和所有其他补语之间做出了重要的区分，对此句法则显得无能为力了。特别是，那些姊妹节点元素（在某种意义上与句法树类似）并不是借助构成韵律成分音系短语的投射规则给予统一处理的。

最后，还应当注意，重组的音系短语是韵律结构体现音段长度在决定韵律类别方面起重要作用这一观点的第一个成分。这就是说，由于不分支补语通常要短于分支补语，所以分支与不分支补语的相对长度似乎是决定某些语言有无重组可能性的决定因素。亦即可能存在着要避免出现特别短的（即：无分支）音系短语的普遍倾向。在后面的章节里，我们将看到，音段长度在更大的韵律范畴中扮演着更为重要的角色。

尽管本章中的音系短语是基于它在一些语言里是许多规则的应用范域
186 这一事实提出的，我们还将在第 9 章和第 10 章中进一步论证，音系短语也是其他现象的相关成分。具体而言，我们还将证明，音系短语对语言感知加工的第一层级、对诗韵某些规律的处理等方面都至关重要。

注释

① 这些数据包括 100 多个句子的磁带录音和示波器测量结果，其中包括句法性叠音规则的各种不同语境，被录音人为 6 名讲意大利语的佛罗伦萨人。

② 在有些语言里，一个节点在一些情况下延展至短语中心语的左侧，而在另一些情况下则延展至它的右侧。荷兰语便是其中的一例，见以下例证，下划线表示延展的节点。

i. Het <u>nog te lezen</u> boek ligt op tafel.

"The book that is still to be read is on the table. 仍需要读的那本书在桌子上"

ii. Ik denk dat <u>ik een boek zal lezen</u>.

"I think I will read a book. 我认为，我将要读一本书。"

（i）中的延展补语位于短语中心语 *boek*（书）的左侧，而（ii）中的补语则位于短

语中心语 *denk*（想）的右侧。对于诸如荷兰语一类语言的音系短语范域，（5）中的规则无法做出任何具体的预测。对于此类情况，音系短语的界定似乎还要更为复杂缜密。

③ 凯斯（1985）提出对句法性叠音规则应用范域的句法解释方案并非基于成分，而是基于 c- 统治这样颇为抽象的概念。凯斯分析的出发点源自纳波里和内斯波（1979）的左分支条件（Left Branch Condition）。按照凯斯的观点，当单词 $_1$c- 统辖单词 $_2$ 且单词 $_1$ 位于左分支时，句法性叠音规则可作用于单词 $_1$ 和单词 $_2$ 之间。然而，需要注意的是，尽管该原则可以正确预测（10）中这一规则的两个应用，但却未能预测出该规则在 *colibri* 和 *molto* 之间的应用受阻。遗憾的是，我们在此无法对凯斯所提出的这一有趣方案予以详细讨论，因为在我们撰写本书的时候还没有看到凯斯（1985）这部专著。

④ 贝尔蒂内托（Pier Marco Bertinetto）曾给我们建议说（亦见 Savoia，1974—75；Gianelli，1976），在有些意大利语方言中，重音后缩规则和句法性叠音规则都会出现（又见 Marotta，将刊出）。在这种情况下，由于尾重音是句法性叠音规则应用的必要条件，故重音后缩规则必须排在句法性叠音规则之后应用。

⑤ 有关意大利语次重音位置的讨论，参见沃格尔和斯卡利斯（1982）。

⑥ 在这里，我们假设日语是一种构型语言（configurational language）（尤见 Hoji，1982；Whitman，1982；Saito 和 Hoji，1983)。如果我们把日语看成是非构型语言的话（如 Hale（1980）和 Farmer（1980）所提出的那样），其音系短语范域必须以其他方式来界定。

187

第 7 章

语调短语

7.0 引言

我们既然已经确立了音系短语，接下来便可以建构韵律层级的另一个高一级的单位——语调短语（intonational phrase，简称“*I*”）了。语调短语以句法信息为基础，把一个或多个音系短语加以组合。然而，我们以下将看到的是，这一信息的本质比界定音系短语范域所需要的信息更具普遍意义。这就清晰地表明，在韵律层级中，一个成分的等级越高，其定义本身的普遍性也就越高。除了基本句法要素在语调短语形成方面起作用外，与突显和表达要素相关的语义成分也起着一定的作用，如语速和语体等，它们都有可能影响话语中语调调型的数目。因此，对语调短语范域的界定还必须把此类变化加以考虑。尽管把语符串划分成语调短语具有相对较大的可变性，这就把语调短语与其他韵律成分区分了开来，本章还将表明，对于语调短语的形成还存在着句法和语义条件的制约。作者将进一步指出，语调短语成分所划定的语符串不仅可解释“语调调型的‘延展’范域”（Selkirk，1978b: 130），而且也代表了一系列音段音系规则的应用范域。最后，还需要强调的是，虽然语调调型对于音系层级的语调短语成分的讨论至关重要，但我们还是要把讨论的范围限制在其应用范域方面。鉴于此，本文的讨论将不涉及语调调型的各种实际语音模式。①

7.1　语调短语范域的定义

在本节，我们将讨论语调短语构成的基本规则。我们将看到，该规则以其独特的方式把音系短语序列划分成语调短语，并据此不允许语调短语结构内出现任何变化。我们将在下一节讨论韵律层级中语调短语层面的变 188
化特征，并提出此类变化是完全不同类型规则（即重组规则）作用的结果。

基本语调短语构成规则的形式化表征是基于以下概念：即语调短语是语调调型的应用范域，且语调短语的末尾与句子停顿引入的位置相互一致。② 我们在下面还将论证，以语调调型和潜在停顿为基础所建立的范域跟解释一些语言中许多音段规则的应用所必须的范域完全相同。

通常跟语调调型相关的初始发现之一表现为，某些类型的结构本身似乎可以构成语调范域。这些结构包括：附加成分、非限定性关系从句、附加疑问句、称呼语、咒骂语，以及某些移位成分（尤见 Bing，1979；Downing，1970；Ladd，1980；Selkirk，1978b，1984b）。③ 这些结构的示例分别见于（1）。虽然（1）中的例句全部来自英语，但我们认为，在所有使用此类结构的语言里，同样类型的句子结构都会自行构成不同的语调短语。

（1） a. Lions [$_I$as you know]$_I$ are dangerous.

狮子 [$_I$ 如你所知]$_I$ 是危险的动物。

b. My brother [$_I$who absolutely loves animals]$_I$ just bought himself an exotic tropical bird.

我弟弟 [$_I$ 他绝对是太喜欢动物了]$_I$ 刚刚给自己买了只外国的热带小鸟。

c. That's Theodore's cat [$_I$isn't it?]$_I$

那是西奥多的猫 [$_I$（它）不是吗]$_I$

d. [$_I$Clarence]$_I$ I'd like you to meet Mr. Smith.

[$_I$ 克拉伦斯]$_I$ 我想让你见一下史密斯先生。

e. [$_I$Good heavens]$_I$ there's a bear in the back yard.

[$_I$ 天哪]$_I$ 后院里有一只熊。

f. They are so cute [$_I$those Australian koalas]$_I$.

它们好可爱 [$_I$ 那些澳大利亚考拉]$_I$。

这些强制性自行构成语调短语的各种不同类型的结构，在某种意义上讲似乎也就构成了全然不同的语项，但从另一方面来看，它们也都具有一种共同特性：即它们都代表了与根句（root sentence）相关但在某种程度上处于其外部的语符串。根据萨菲尔（Safir，1985）关于非限定性关系从句的最新论点，看来我们可能要依据如下理由来解释这一系列强制性语调短语的构建了，即：在表层结构层面，所有这些元素的表达都是线性的，而不是结构上依附于句子的树形结构。

此外，还要指出的是，当那些强制性构成语调短语的结构类型如此表达时，则无需考虑它们在句中所处的位置，如（2）所示。

（2） a. [$_I$As you know]$_I$ Isabelle is an artist.

[$_I$ 如你所知]$_I$ 伊萨贝拉是位艺术家。

b. Isabelle [$_I$as you know]$_I$ is an artist.

伊萨贝拉 [$_I$ 如你所知]$_I$ 是位艺术家。

c. Isabelle is [$_I$as you know]$_I$ an artist.

伊萨贝拉是 [$_I$ 如你所知]$_I$ 位艺术家。

d. Isabelle is an artist [$_I$as you know]$_I$.

伊萨贝拉是位艺术家 [$_I$ 如你所知]$_I$。

189 除了强制性构成语调短语的特定结构类型外，与语调短语建构相关的另一个句法概念是埃蒙德斯（1976）所提出的根句。具体来说，根句的边界划定了语调短语的界限，而非根句的句子则没有这一制约。唐宁（Downing，1970）给出的以下句对清楚地阐释了这一现象。

（3） a. [$_I$Billy thought his father was a merchant]$_I$ [$_I$and his father was a secret agent]$_I$

[$_I$ 比利以为他爸爸是位商人]$_I$ [$_I$ 其实他爸爸是个特工]$_I$

b. [$_I$Billy thought his father was a merchant and his mother was a secret agent]$_I$

[$_I$ 比利认为他爸爸是位商人，他妈妈是个特工]$_I$

值得注意的是，在有些情况下，根句不能构成单独的语调短语，即当根句被上述其本身必须强制构成语调短语的结构类型之一所阻断时。其实，此类的例证已见于（1b）、（2b）和（2c）。我们现在来看一下 *Isabelle is an artist* 这一根句，该句在（2b）和（2c）中被 *as you know* 这一插入成分阻断。因为该插入成分必须单独构成一个语调短语，所以 *Isabelle is an artist* 就不再可能构成一个单独的语调短语了。在这种情况下，与强制性语调短语相邻的任何语符串即使因个别原因而无法构成独立的语调短语，其本身也会自动组成另一个语调短语。[4] 于是，*Isabelle is an artist* 一句位于插入成分 *as you know* 前面和后面的部分就自动构成单独的语调短语（如下所示），尽管它们本身既不属于强制性构成语调短语的结构类型，也不是根句。

（4） a. [$_{I}$Isabelle]$_{I}$ [$_{I}$as you know]$_{I}$ [$_{I}$is an artist]$_{I}$

[$_{I}$ 伊萨贝拉]$_{I}$ [$_{I}$ 如你所知]$_{I}$ [$_{I}$ 是一位艺术家]$_{I}$

b. [$_{I}$Isabelle is]$_{I}$ [$_{I}$as you know]$_{I}$ [$_{I}$an artist]$_{I}$

[$_{I}$ 伊萨贝拉是]$_{I}$ [$_{I}$ 如你所知]$_{I}$ [$_{I}$ 一位艺术家]$_{I}$

基于上述对语调短语界定的不同标准，可以得出以下语调短语的基本定义：

（5） 语调短语的构成

I. 语调短语范域（*I domain*）

语调短语范域包括：

a. 在 s- 结构层面凡是结构上未与句子树形图连接的语符串内的所有音系短语，或

b. 根句中所有剩余的毗邻音系短语序列。

II. 语调短语的构建（*I construction*）

把由语调短语范域定义界定的语符串内的所有音系短语都归入一多分语调短语。

应该注意的是，尽管语调短语范域通常会跟句法成分重合，但情况并 190
非总是如此。如（5）所示，语调短语与强制构成语调短语的所有成分类型均互为同构，如果未出现被强制构成的语调短语阻断的话，它亦与句法根句同构。然而，一旦一个根句内出现了插入的强制语调短语，在通常情况下，该语调短语一侧或两侧的语符串便会出现与句法成分不同构的情

况，（4b）的例句便是最好的证明，*Isabelle is* 就不是一个句法成分，[⑤] 这一点将为（6）中的例句进一步证实。

（6） a. [$_I$They have]$_I$ [$_I$as you know]$_I$ [$_I$been living together for years]$_I$

[$_I$ 他们已]$_I$ [$_I$ 如你所知]$_I$ [$_I$ 住在一起 10 年了]$_I$

b. [$_I$He will never]$_I$ [$_I$as I said]$_I$ [$_I$accept your proposal]$_I$

[$_I$ 他永远不会]$_I$ [$_I$ 如你所说的]$_I$ [$_I$ 接受你们的提议]$_I$

c. [$_I$Charles wouldn't]$_I$ [$_I$I imagine]$_I$ [$_I$have done such a thing]$_I$

[$_I$ 查尔斯是不会]$_I$ [$_I$ 我想]$_I$ [$_I$ 做出这种事情]$_I$

d. [$_I$That's the tortoise that]$_I$ [$_I$as you know]$_I$ [$_I$inhabits the Galapagos Islands]$_I$

[$_I$ 这就是那只乌龟]$_I$ [$_I$ 如你所知]$_I$ [$_I$（它）栖息在加拉帕戈斯群岛上]$_I$

在所有这些例子里，插入成分在根句内构成了一个强制语调短语，该插入语调短语两边的语符串就自然构成了各自的语调短语。其结果是，外围的两个语调短语所划定的语符串未必与句法结构的任何成分相同构。在像英语一类的右向递归语言里，似乎跟句法成分不同构的语调短语只出现在强制语调短语的左侧，但在其他类型的语言里也可能出现不同的情况。因此，正如目前为止所见到的其他韵律成分的情况一样，在定义语调短语时，我们也运用了（形态 -）句法概念，尽管所得到的结构不一定与语法其他部分的任何成分具有一一对应的关系。

谈到语调短语中音系短语的相对突显问题，跟其他韵律成分的情况不同，语调短语的强节点位置就整体类别而言尚无法确定。这就是说，对于语调短语层级以下的任何成分，其强姊妹节点所处的位置是可以确定的，但是在语调短语层面强节点的位置则是允许变化的。语调短语下的强节点是基于诸如焦点、已知和新信息一类语义要素来决定的，而不是由结构来决定。决定哪个节点是强节点所需的信息可能存在于句子本身，例如使用不定冠词（表示新信息），而不是定冠词（表示旧信息），如（7）所示。

191 （7） a. [$_I$ [Leonard]ϕ_w [found]ϕ_w [a package]ϕ_s [on the doorstep]ϕ_w]$_I$

[$_I$ [莱纳德]ϕ_w [发现了]ϕ_w [一个包裹]ϕ_s [在门阶上]ϕ_w]$_I$

b.[$_I$ [Leonard]ϕ_w [found]ϕ_w [the package]ϕ_w [on the doorstep]ϕ_s]$_I$

[$_I$ [莱纳德]ϕw [发现了]ϕw [那个包裹]ϕw [在门阶上]ϕs]$_I$

然而，在许多例子里，语调短语内的重音指派取决于前文话语中的语言信息，或特定语境中双方的共享信息，后者在所涉及的话语语境中并不一定出现。基于这些观察，语调短语内的相对突显关系的最大化普遍规则可表征如下：

（8）语调短语的相对突显（Intonational Phrase Relative Prominence）
在语调短语内，基于语义突显把一个节点标记为 *s*，把其余节点均标记为 *w*。

这一规则允许语调短语内的重音指派具有一定的灵活性，这是韵律结构层级的其他层面所没有的。比如，在 *My sister sells fresh fruit at the market on Monday*（我姐姐星期一在市场卖新鲜水果）这句话的每个音系短语都有被标记为 *s* 的潜在可能（如（9）所示），它取决于哪一个音段是语义上最突显的要素，或代表了句子的焦点。

（9）a. $[_{I}$ [My sister]$ø_{s}$ [sells]$ø_{w}$ [fresh fruit]$ø_{w}$ [at the market]$ø_{w}$ [on Monday]$ø_{s}]_{I}$
$[_{I}$ [我妹妹]$ø_{s}$ [卖]$ø_{w}$ [鲜水果]$ø_{w}$ [在市场]$ø_{w}$ [星期一]$ø_{s}]_{I}$
b. $[_{I}$ [My sister]$ø_{w}$ [sells]$ø_{s}$ [fresh fruit]$ø_{w}$ [at the market]$ø_{w}$ [on Monday]$ø_{s}]_{I}$
$[_{I}$ [我妹妹]$ø_{w}$ [卖]$ø_{s}$ [鲜水果]$ø_{w}$ [在市场]$ø_{w}$ [星期一]$ø_{s}]_{I}$
c. $[_{I}$ [My sister]$ø_{w}$ [sells]$ø_{w}$ [fresh fruit]$ø_{s}$ [at the market]$ø_{w}$ [on Monday]$ø_{s}]_{I}$
$[_{I}$ [我妹妹]$ø_{w}$ [卖]$ø_{w}$ [鲜水果]$ø_{s}$ [在市场]$ø_{w}$ [星期一]$ø_{s}]_{I}$
d. $[_{I}$ [My sister]$ø_{w}$ [sells]$ø_{w}$ [fresh fruit]$ø_{w}$ [at the market]$ø_{s}$ [on Monday]$ø_{s}]_{I}$
$[_{I}$ [我妹妹]$ø_{w}$ [卖]$ø_{w}$ [鲜水果]$ø_{w}$ [在市场]$ø_{s}$ [星期一]$ø_{s}]_{I}$
e. $[_{I}$ [My sister]$ø_{w}$ [sells]$ø_{w}$ [fresh fruit]$ø_{w}$ [at the market]$ø_{w}$ [on Monday]$ø_{s}]_{I}$
$[_{I}$ [我妹妹]$ø_{w}$ [卖]$ø_{w}$ [鲜水果]$ø_{w}$ [在市场]$ø_{w}$ [星期一]$ø_{s}]_{I}$

尽管（8）中的相对突显规则使用了最大化普遍形式予以表征，且（9）中的所有发音方式都有存在的可能，但语调短语内的相对突显指派却并不是完全自由的；还存在必须依据其他成分进行标记的各种可能。例 192
如，从（9）的各种突显形式可见，前两者为对比重音模式，因此与最后一例（最少标记模式）相比较是有标记的。语调短语层面相对突显规则的更精确版本毫无疑问必须对这种标记性的各种差异予以阐释。

谈到语调短语内强音元素位置的灵活性问题，还需要注意的是，本书所提出的多分韵律树，在许多方面都优于早期韵律音系学著作中提出的偶分树形图（Selkirk，1978b，1980a；Nespor 和 Vogel，1982）。在偶分树音系理论中，相对突显的指派通常与树形图本身的几何结构并行不悖。即偶分树中重音元素的位置取决于树的分支方向和一系列原则，这些原则旨在规定：1）在一对“姊妹节点”N_1N_2 中，N_1 和 N_2 哪一个是强节点？2）该选择是否取决于节点的分支状况。这些原则大大减少了给定语符串中强音元素可能出现位置的数目；然而，就语调短语而言，这一结果并不尽如人意，因为在许多例子中，*s* 所在的节点无法用普遍认可的任何相对突显标记规约来进行标记。请看一下由 5 个音系短语构成的左向和右向分支语调短语的抽象序列，分别如（10a）和（10b）所示。

（10）

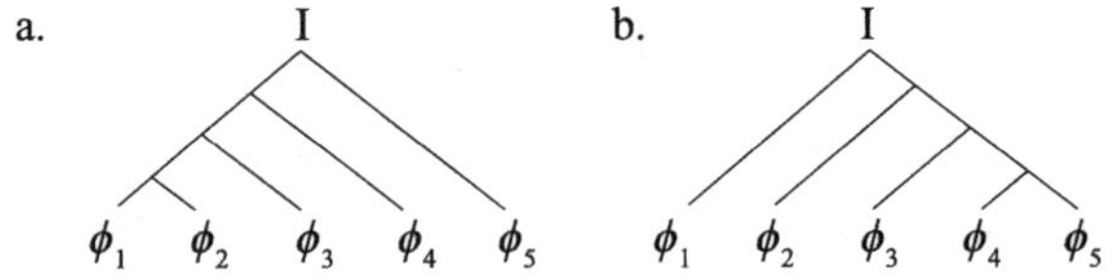

在左向分支树形图中，通常的标记规约既可以把 *s* 指派给 ϕ_1（音系短语$_1$）（即已知 N_1N_2，N_1 为 *s*），也可以指派给 ϕ_2（音系短语$_2$）（如已知 N_1N_2，当且仅当 N_1 为母节点，N_1 为 *s*）。在右分支树形图中，标记规约会把 *s* 指派给 ϕ_5（音系短语$_5$）（如已知 N_1N_2，N_2 为 *s*），或指派给 ϕ_4（音系短语$_4$）（如已知 N_1N_2，当且仅当 N_2 为母节点，N_2 为 *s*）。但却无法把 ϕ_3（音系短语$_3$）标为强节点。由此可见，这种标记规约无法处理如（9c）*My sister sells fresh fruit at the market on Monday*（我姐姐每个星期一在市场卖鲜水果）的发音类型。概而言之，除了最左或最右侧的两个节点以外，它无法把重音指派给其他节点。然而，这种局限性在多分树形图的相对突显规约里则不会出现，尤其是语调短语，由于有明显例证表明，强节点可以占有偶分树结构所预测的四个节点以外的其他节点，因此这无疑是一个较
193 为理想的解决方案。多分树的另一个优势表现为，在几何树形图和 s/w 指

派规则之间并不存在任何理论关联。应该注意的是，这种关联的缺失并不意味着，此类树形图缺乏对重音指派的限制；其实，对于语调短语层级以下的所有韵律成分来说，我们业已指出，重音一向落在某一具体成分类型内部的特定位置，因此它在结构上受到了制约。在语调短语中，这些制约从本质上看多为语义方面的制约，但它们的确存在着，因为重音位置显然不是随意出现的。然而，在重音位置仅仅依照树形图结构的语言系统中，任何落在非预测位置的重音便构成了对这一语言系统原则的违反。在此类系统中，语调短语中的强节点可以出现在任何位置，可以伴随所涉及语调短语的不同发音而发生变化的这一事实就意味着，在大部分例子中，相对突显的模式与基本重音指派原则出现了冲突。而在多分结构的系统里，重音的指派不一定严格受制于树结构，这就避免了此类问题的发生。多分树还有另外一大优势，见于下一节与语调短语重构的相关讨论。

7.2　语调短语的重构

虽然某一特定类型的成分总是指派给句法的同一结构，而不去考虑其长度或其他语言及超语言因素，但音系的情况迥然不同。在论及音系短语时，我们已经看到，至少在一些语言里，某些音系成分的长度在决定音系短语的最终划分方面起着一定的作用。我们特别注意到，在诸如意大利语一类语言里，短小（即非分支）的音系短语在某些情况下，可能要跟毗邻的音系短语重构为一个较大的音系短语。本节将表明，语调短语也会经历重构的过程。[6] 然而，就语调短语而言，长度只是在决定重构方面起一定作用的若干因素之一。本节还要讨论的其他三个因素是：语速、语体和对比突显。由于语调短语的重构在很大程度上取决于总体语境的方方面面，因此我们无法确切地预测重构究竟在何时出现。鉴于此，我们的以下讨论旨在考察各因素对于提高或降低重构出现的可能性方面所起的作用。

由于语调短语的基本定义规定，根句的所有音系短语构成一单独的语调短语，如果根句所支配的成分较长，所得出的语调短语自然也会变长。194 在此类情况中，语调短语的重构通常会得出稍短些的成分，这或许是与呼吸能量有关的生理原因所致，抑或跟语言处理的最优组块等原因相关。因此，当没有在必须把语速、语体或强调等相关要素加以考虑的情况下，很可能会把诸如（11a）中的长语调短语划分成（11b）或（11c）中的较短的语调短语。

（11） a. [$_I$My friend's baby hamster always looks for food in the corners of its cage]$_I$

[$_I$我朋友的小仓鼠总是在笼子的角落里觅食]$_I$

b. [$_I$My friend's baby hamster]$_I$ [$_I$always looks for food in the corners of its cage]$_I$

[$_I$我朋友的小仓鼠]$_I$[$_I$总是在笼子的角落里觅食]$_I$

c. [$_I$My friend's baby hamster]$_I$ [$_I$always looks for food]$_I$ [$_I$in the corners of its cage]$_I$

[$_I$我朋友的小仓鼠]$_I$[$_I$总是觅食]$_I$[$_I$在笼子的角落里]$_I$

从结构上讲，把一个给定的语调短语分解成若干较短的语调短语是可行的，很显然，原有的语调短语越长，它就越有可能会被分解成较短的语调短语。通过对比（11）和（12）（后者的原有语调短语很短）中的语调短语划分，我们便一目了然了。

（12） a. [$_I$The hamster eats seeds all day]$_I$

[$_I$那只仓鼠整天都在吃种子]$_I$

b. [$_I$The hamster]$_I$ [$_I$eats seeds all day]$_I$

c. [$_I$The hamster]$_I$ [$_I$eats seeds]$_I$ [$_I$all day]$_I$

虽然（12b）和（12c）或许代表了该句语调短语的可能划分形式，但与（11b）和（11c）的类似结构相比，二者的划分似乎难以让人接受。

长度因素在决定一个较长的语调短语应分解成多少个较短的语调短语中也发挥了一定作用。尽管有人曾提出原则上一个语调短语可以被分解为若干较短的语调短语，这就要看语符串有多少音系短语（见 Selkirk，1978b），但事实上情况似乎并非如此。除了下面将要讨论的对语调短语重构的句法限制外，似乎还存在着一种趋向，以避免出现一连串过短的语调短语及语调短语长短不一的情况。换言之，语调短语的建立倾向于长短大体相当（较为“均衡”），尽管在这一方面我们还无法对这一理想长度给出精确的描述。然而，长度的重要性在（13）中足以窥见一斑。虽然原则上讲（13a）中的语调短语可以分解为（13b）和（13c）较短的语调短语，但（13d）和（13e）的划分更容易为人们所接受。

（13） a. [$_{I}$Jennifer]$_{\phi}$[discovered]$_{\phi}$[that her attic]$_{\phi}$[had been invaded]$_{\phi}$[last winter]$_{\phi}$[by a family]$_{\phi}$[of squirrels]$_{\phi}$]$_{I}$

b. [$_{I}$ [Jennifer]$_{\phi}$]$_{I}$ [$_{I}$ [discovered]$_{\phi}$]$_{I}$ [$_{I}$ [that her attic]$_{\phi}$]$_{I}$ [$_{I}$ [had been invaded]$_{\phi}$]$_{I}$ [$_{I}$ [last winter]$_{\phi}$]$_{I}$ [$_{I}$ [by a family]$_{\phi}$]$_{I}$ [$_{I}$ [of squirrels]$_{\phi}$]$_{I}$

c. [$_{I}$ [Jennifer]$_{\phi}$]$_{I}$ [$_{I}$ [discovered]$_{\phi}$[that her attic]$_{\phi}$[had been invaded]$_{\phi}$[last 195
winter]$_{\phi}$[by a family]$_{\phi}$[of squirrels]$_{\phi}$]$_{I}$

d. [$_{I}$ [Jennifer]$_{\phi}$[discovered]$_{\phi}$]$_{I}$[$_{I}$ [that her attic]$_{\phi}$[had been invaded]$_{\phi}$[last winter]$_{\phi}$]$_{I}$ [$_{I}$ [by a family]$_{\phi}$[of squirrels]$_{\phi}$]$_{I}$

e. [$_{I}$ [Jennifer]$_{\phi}$ [discovered]$_{\phi}$ [that her attic]$_{\phi}$]$_{I}$ [$_{I}$ [had been invaded]$_{\phi}$ [last winter]$_{\phi}$ [by a family]$_{\phi}$ [of squirrels]$_{\phi}$]$_{I}$

在决定对给定语调短语划分为若干较短的语调短语的重构方面，与长度因素关系十分密切的当数语速了。说话的语速越快，被切分成多个语调短语的可能性就越小。因此，语速越快，某给定话语的语调短语就越长；相反，语速越慢，语调短语的长度就越短。于是，以计时（timing）或节奏（rhythm）为基础提出的较为抽象的“长度”概念应受到重视。即针对计时而言，一句说得较快的长语调短语在某种意义上与一句说得较慢的短语调短语的用时相等。例如，如使用相当快的语速来讲上文（11）的句子，该句子通常只出现一个单独的长语调短语，如（11a）所示。如果说该句的语速较慢，那么同一句话很可能会有两个或三个短语调短语，分别见于（11b）和（11c）。

除了长度和语速之外，言语的语体在决定把一个语调短语划分成多个短语调短语的重构过程中也起到了一定的作用。通常，讲话的语体越正式、越学术化，语调短语则越有可能被分解为一连串较短的语调短语。这显然与语速的作用密不可分，因为越正式的语体往往对应于较慢的说话语速。因此，如果（14）中的句子用非正式的口语来表达的话，该句极有可能仅包含一个单独的语调调型，如（14a）所示。相反，如果该句作为正式演讲的部分内容来表达，它可能会包含两或三个语调调型，分别见（14b）和（14c）。

（14） a. $[_{I}$The adult orangutan constructs a nest every evening out of leaves and twigs$]_{I}$

b. $[_{I}$ The adult orangutan$]_{I}$ $[_{I}$ constructs a nest every evening out of leaves and twigs$]_{I}$

c. $[_{I}$ The adult orangutan$]_{I}$ $[_{I}$ constructs a nest every evening$]_{I}$ $[_{I}$ out of leaves and twigs$]_{I}$

最后，具体话语部分对比突显的相关语义考量也会导致语调短语被划分为若干较短的短语。对此，Bing（1979）就对比重音和对比突显进行了
196 区分：前者不改变语调短语的结构，而后者会导致语符串内调型的增加。例如，（15）的例句读的时候可在 *collect* 一词上加对比重音（如句中的斜体所示），但这并不会造成一个单独的语调短语被划分成两个小的短语。

（15） $[_{I}$Our neighbors *collect* antique furniture$]_{I}$

$[_{I}$ 我们的邻居收集古家具 $]_{I}$

另一方面，如果在正常情况下没有突显的短语有了突显，那么就产生了新的语调调型。例如，代词通常是不重读的，但在特定语境中，它们会因语义的缘故而突显，这时就必须重读。在这种情况下，语调短语成分的划分就要有所修正（见 Bing，1979）。值得注意的是，我们此处所指的并不是对比重音，因为对比重音既可以落在代词上，也可以落在其他任何词类上，如 *Tell hér to wait*（告诉她等会儿）。这与（15）中所见的情形相同，对比重音并不要求对语调短语结构做出任何调整，而仅仅是确定语调短语中重读元素的位置。对比突显则指的是另一种截然不同的情形。例如，以（16a）句为例，由于该句被单个的根句所支配，故只能指派一个语调短语。（16b）的例句因具有相同的句法结构，故根据基本语调短语构成规则，也只能指派一个语调短语。然而，代词的出现则要求听话人对该句以

一种特定的方式去解读，全然不同于（16a）的阐释。因此对（16b）的解读必须在音系表达上把突显指派给代词，结果便导致一个单独的语调短语重构为三个小语调短语，见（16c）。

（16） a. $[_I$Paul called Paula before Carla called Carl$]_I$

b. $[_I$Paul called Paula before she called him$]_I$

c. $[_I$ Paul called Paula$]_I$ $[_I$before *she*$]_I$ $[_I$called *him*$]_I$

以上所看到的语调短语重构的各种不同可能性主要归因于常见的与语调调型范域相关的灵活性（尤见 Selkirk，1978b，1984b；Bing，1979）。显然，一旦在成分界定时需要这种灵活性的话，该成分便不会跟任何句法成分同构，因为句法不允许对具体语符串的组成部分进行此类重组。因此，就这一方面而言，音系层级与句法层级存在着很大差异。

诚然，在构建和重构语调短语中所表现的这种灵活性并非完全没有限制。由于*严格层级假说*要求语调短语自始至终地支配一个或多个音系短语，其结果是，语调短语的重构只能出现在两个音系短语的音渡位置。此 197
外，对于语调短语在什么位置分解以构成若干个小语调短语，也有句法条件的制约。其中最重要的因素似乎是这样一种普遍趋向：即避免在名词短语末尾以外的其他位置进行短语重构。因此，如（17）的例句包含 5 个音系短语，但根据基本语调短语建构规则对原有的单一语调短语进行重构，只有 3 种可能形式，如（18a—c）所示。

（17） $[_I$ [The giant panda]ø [eats]ø [only one type]ø [of bamboo]ø [in its natural habit]ø]

（18） a. $[_I$ [The giant panda]ø$]_I$ $[_I$ [eats]ø [only one type]ø [of bamboo]ø$]_I$ $[_I$ [in its natural habit]ø$]_I$

b. $[_I$ [The giant panda]ø] [eats]ø [only one type of bamboo]ø$]_I$ $[_I$ [in its natural habit]ø$]_I$

c. $[_I$ [The giant panda]ø$]_I$ $[_I$ [eats]ø [only one type]ø [of bamboo]ø [in its natural habit]ø$]_I$

语调短语的重构不大可能出现在动词 *eat*（吃）或名词 *type*（类）的后

面，因为它不是名词短语的末尾（即 [only one type of bamboo]$_{NP}$）。

对于“语调短语的重构只能出现在 NP（名词短语）末尾，而不能出现在 NP 中的某个名词后”的这一观点，其进一步的证据见于嵌入式的所有格结构（如（19a）所示）及意大利语的相同结构（19b）[7]。

（19） a. [$_{I}$ [My friend's]ø [neighbor's]ø [aunt's]ø [mother]ø [knows]ø [a famous writer] ø]$_{I}$

b. [$_{I}$ [La madre]ø [della zia]ø [del vicino]ø [della mia amica]ø [conosce]ø [una famosa scrittrice]ø]$_{I}$

在以上两句长语调短语中唯一可以分段的地方为（19a）mother 和（19b）amica 之后的位置。而在其他任何名词后，语调短语的重构都会阻断作为句子主语的名词短语，故需要避免。

应该注意的是，NP 后语调短语的重构原则在某些情况下也表现出了音系与句法成分之间的不同构，即：跟名词短语制约条件相一致的重构可能会产生与句法结构不同构的韵律结构。下面来看一下（20a）的例句和该句在（20b）中的重构。

（20） a. [$_{I}$I would never have believed the children of John and Mary to be able to become so ill-mannered]$_{I}$

198 b. [$_{I}$I would never have believed the children of John and Mary]$_{I}$ [$_{I}$to be able to become so ill-mannered]$_{I}$

由于（20b）的第一个语调短语不代表任何句法成分，所以从该例（及其他同类例证）中不难看出，其韵律结构必然有别于句法结构。

此外，还要指出的是，重构并不会以同样的方式作用于每个名词短语的后面。相反，在名词短语末尾对于把一个语调短语进一步切分成更小的语调短语还存在着进一步的制约，这也牵扯到谓语的论元结构问题。即：似乎存在着避免把动词跟其强制论元割裂开来的这样一种普遍倾向，尽管这样的划分并不违反名词短语的制约条件。此外，可选性论元（optional argument）似乎不受该制约条件的影响。所以，尽管（21b）与（22b）两句的句法结构完全相同，但语调短语的划分在前者动词 *buys* 的可选性论元前比在后者 *gives* 的强制论元（obligatory argument）前更易为人们所接受。

（21） a. [$_I$That kind old lady always buys fresh meat for the stray cats that live in the park]$_I$

b. [$_I$That kind old lady always buys fresh meat]$_I$ [$_I$for the stray cats that live in the park]$_I$

（22） a. [$_I$That kind old lady always buys fresh meat to the stray cats that live in the park]$_I$

b. ?* [$_I$That kind old lady always buys fresh meat]$_I$ [$_I$to the stray cats that live in the park]$_I$

我们可就此得出结论：尽管存在着在名词短语后划分语调短语的普遍倾向，但这一倾向可能会受到论元结构的制约。

除了名词短语后这一语境外，语调短语的重构还可能出现在一个新的 $\bar{S}$（小句）的语境。这就是说，长语调短语可能会在一个句子的起首处分界，但条件是这一分界不能阻断名词短语。于是，（23a）可以重构为（23b），但是（24a）却不能重构为（24b），因为那样会阻断其中的一个名词短语。

（23） a. [$_I$I thought you already knew that Gertrude was moving to southern Italy]$_I$

b. [$_I$I thought you already knew]$_I$ [$_I$ that Gertrude was moving to southern Italy]$_I$

（24） a. [$_I$I thought you knew the family that was moving to southern Italy]$_I$ 199

b. *[$_I$I thought you knew the family]$_I$ [$_I$ that was moving to southern Italy]$_I$

这些例子表明，当影响语调短语重构的两个句法要素——NP 末尾和 $\bar{S}$起首——二者发生冲突时，则 NP“优先”。

还有一些例子，其中 S 的起首可能与限制动词与其必有论元相互分离的制约条件发生冲突。如（25）和（26）的例句所示，在这种情况下，$\bar{S}$的起首“优先”。这就是说，如有需要的话，重构动词的必有论元有时可超越该制约条件，但这只能出现在当论元为句子的情况下。故而（25b）的分界比（26b）更容易为人们所接受。

（25） a. $[_{I}$ Our next door neighbor truly believes that black cats bring bad luck$]_{I}$

b. $[_{I}$ Our next door neighbor truly believes$]_{I}$ $[_{I}$ that black cats bring bad luck$]_{I}$

（26） a. $[_{I}$ Our next door neighbor truly believes the myth about black cats and bad luck$]_{I}$

b. $[_{I}$ Our next door neighbor truly believes$]_{I}$ $[_{I}$ the myth about black cats and bad luck$]_{I}$

通过比较制约语调短语重构的三要素，我们发现三者之间存在着一种层级关系。名词短语的稳定性最强，最不容易被语调短语重构破坏。居强度层级第二位的是 $\bar{S}$，在不破坏名词短语的前提下允许产生新的语调短语。而在 $\bar{S}$ 起首处构建新的语调短语可能会抵消要素三的作用，即不允许把动词与其内部论元相分离的制约。

语调短语重构往往仅出现在两种句法语境的事实表明，在韵律音系学中，名词短语成分和 $\bar{S}$ 成分在决定把语符串划分为若干语调短语的分界方面起着十分重要的作用。因为它们明显是循环的两个节点，至少在英语一类语言里是这样，那么名词短语和 $\bar{S}$ 二者在韵律方面的表现有些特殊也就不足为奇了。假设，这种循环事实上是决定其他范畴都具有循环特点的语言中语调短语重构的相关要素，那么就可以预测，这些具有循环特征的成分与语调短语重构的制约密切相关（参见 Nespor 和 Vogel，1982）。然而，
200 把 NP 和 $\bar{S}$ 视为较为特殊范域，还可以在句法和语义中找出其他独立的证据（尤见 Akmajian，1975；Bach，1977；Bing，1979）。此外，名词短语似乎对语调短语的重构具有重要影响的这一事实与宾（Bing，1979），冈特（Gunter，1974）和拉德（Ladd，1980）等人的发现相吻合：名词在某种意义上讲，是言语中最为突显或最易被“重读”（accentable）的部分[⑧]。就语调短语重构中动词的必有论元的作用而言，他们对语符串的划分具有抑制作用的这一事实直接反映了，在韵律层级语调短语层面的论元结构和音系之间的交互作用。限制把动词与必有论元分离是这里所讨论的三要素中最弱的一项。这一事实似乎表明，句法对音系的作用比论元结构的

作用更大。

虽然大多数语调短语重构的例子似乎都符合上述讨论的模式和限制条件，但也存在一些无法用相同方法进行解析的特例。我们常常看到，罗列（lists）和复杂的嵌入式结构具有特殊的语调模式。其实，这些例子的语调短语划界往往违反了上面所给出的普遍原则。我们首先来看一下含有罗列的句子（27a—31a）及其可能的重构形式（27b—31b）。

（27） a. $[_I$The big fat ugly beast scared away the children$]_I$

b. $[_I$The big$]_I$ $[_I$ fat$]_I$ $[_I$ ugly$]_I$ $[_I$nasty beast$]_I$ $[_I$scared away the children$]_I$

（28） a. $[_I$That mountain road is long narrow windy and bumpy$]_I$

b. $[_I$That mountain road is long$]_I$ $[_I$narrow$]_I$ $[_I$ windy$]_I$ $[_I$and bumpy$]_I$

（29） a. $[_I$Everyone at the party ate talked sang and danced$]_I$

b. $[_I$Everyone at the party ate$]_I$ $[_I$ talked$]_I$ $[_I$ sang$]_I$ $[_I$ and danced$]_I$

（30） a. $[_I$Ducks geese swans and coots inhabit this lake$]_I$

b. $[_I$Ducks$]_I$ $[_I$ geese$]_I$ $[_I$ swans$]_I$ $[_I$ and coots$]_I$ $[_I$ inhabit this lake$]_I$

（31） a. $[_I$They own two cats three dogs four paraeets and a turtle$]_I$

b. $[_I$They own two cats$]_I$ $[_I$ three dogs$]_I$ $[_I$ four paraeets$]_I$ $[_I$ and a turtle$]_I$

（27b）中的选择性重构违反了 NP 制约条件，因为它把跟在 AP（形容 201
词短语）而不是 NP 后面的原有语调短语进行了分段，这样一来，NP 便被割裂了开来。[9]（28b）和（29b）中的重构也违反了 NP 制约条件，因为二者分别在 AP 和 VP（动词短语）后建立了新的语调短语。从在 NP 后划分语调短语的角度而言，虽说（30b）和（31b）中的罗列重构并未违反 NP 制约条件，但由于割裂了一个单独的（复杂）名词短语，故也违反了这一制约条件。鉴于所有罗列类例句都遵循着同一韵律模式，不论其所含的成分类型如何，而关键在于它们本身都是罗列，这一点是显而易见的。除了以上提出的普遍原则外，看来把罗列分解为不同的语调短语的选择性重构尚需要一条特殊规则。该规则可表述如下：

（32） 罗列重构规则（List Restructuring）（选择性）

在一个含有两个以上的同类成分（即 $x_2, x_3 \dots x_n$）序列里，语调停顿可插在 X 节点的每一次重复之前（即 $x_2, x_3 \dots x_n$）。

需要注意的是，这一规则中“重复”一词指的并不是序列中的第一个 X，而是后面跟随的与 X 相同的节点。

当罗列被最大程度与母句相分离的话（使用正字法的冒号便是典型的例子），就会出现一种较为特殊的罗列模式。该模式见于以下（33）和（34）中的例句。

（33） a. Let's invite: Arnold, Arthur, Archibald, and Zachary.

（让我们邀请：阿诺德、亚瑟、阿齐博尔德和扎卡里。）

b. [$_{I}$Let's invite]$_{I}$ [$_{I}$Arnold]$_{I}$ [$_{I}$Arthur]$_{I}$ [$_{I}$Archibald]$_{I}$ [$_{I}$and Zachary]$_{I}$

（34） a. We were told to buy the following: milk, eggs, bread, and cheese

（我们被告知去买以下东西：牛奶、鸡蛋、面包和奶酪。）

b. [$_{I}$We were told to buy the following]$_{I}$ [$_{I}$milk]$_{I}$ [$_{I}$eggs]$_{I}$ [$_{I}$bread]$_{I}$ [$_{I}$and cheese]$_{I}$

要解决此类问题，我们只需把重复的概念加以扩展，既包括第一个 X，也包括后续 X 即可。由此一来，在 X 的第一例起首也就形成了一个新的语调短语。

现在，我们再来看嵌入结构，语调短语重构可能违反普遍制约条件的另一领域。相对于（35a—37a）所有例句的可能重构形式（见 35b—37b）皆违反了重构的 NP 普遍性制约条件。

202 （35） a. [$_{I}$The book in the bag in the box on the table in the study belongs to Albert]$_{I}$

b. [$_{I}$The book in the bag]$_{I}$ [$_{I}$in the box]$_{I}$ [$_{I}$on the table]$_{I}$ [$_{I}$in the study]$_{I}$ [$_{I}$belongs to Albert]$_{I}$

（36） a. [$_{I}$This is the cat that ate the rat that ate the cheese]$_{I}$

b. [$_{I}$This is the cat]$_{I}$ [$_{I}$that ate the rat]$_{I}$ [$_{I}$that ate the cheese]$_{I}$

（37） a. [$_{I}$The woman that represents the company that owns the stores that sell the machines that brew coffee automatically is a friend of mine]$_{I}$

b. [$_I$The woman]$_I$ [$_I$that represents the company]$_I$ [$_I$that owns the stores]$_I$ [$_I$that sell the machines]$_I$ [$_I$that brew coffee automatically]$_I$ [$_I$is a friend of mine]$_I$

在（35b—37b）的每个重构的例句中，一个 NP 被分成了多个语调短语，这有悖于上述提出的语调短语重构倾向于避免阻断名词短语的观点。然而，在以上给出的嵌入结构中，把原有的长语调短语分解成多个短语调短语的唯一方法，就是把 NP 划分为多个短的语符串，这已十分清楚。

尽管嵌入结构与（27）至（31）的罗列句在句法结构上存在着很大差异，但从某一方面来看，这两类句法结构也彼此存在关联。正如罗列句包含有相同的 X 成分序列一样，嵌入结构可以说也包含给定节点 X 的序列。在（35）中，重复节点为 PP（介词短语）节点，而在（36）和（37）中，$\bar{S}$是重复节点。然而，这些例子与罗列句迥然不同，因为此处的 X 重复在前面的 X 结束前就已经开始。我们应当注意，所讨论的每一种情况，在序列里不仅有一个多次循环的特定节点标记，而且在 X 中也有相同元素的周期性重复。

在有些嵌入结构中，重复模式内出现有多种类型的节点。在这种情况下，有必要确定究竟哪一类节点被认为是针对语调短语重构这一目标的 X 重复。在（36）的例句里，除了认为重复节点是$\bar{S}$（如（38）所示），NP 也可能是重复节点，如（39）所示。

（38） This is the cat [$_{\bar{S}}$that ate the rat [$_{\bar{S}}$that ate the cheese ...

（39） This is [$_{NP}$the cat that ate [$_{NP}$ the rat that ate [$_{NP}$ the cheese ...

然而，就此类句子的韵律结构而言，看来别无选择。语调短语的划分只能如（36）所示，它与（38）中的重复模式相对应。这再次表明，看起 203
来名词在韵律中发挥了主导作用，因为在这些例句里有一种以上的 X 类型可以视作重复节点，把语符串分解为短语调短语的结果总是表现为语调短语以名词结尾。

在结束嵌入结构重构的讨论之前，我们有必要指出，并不是所有的例句都可以作为重复来处理。例如，（40）的例句具有复杂的嵌入结构，尽管它们的重复节点模式并不像以上所讨论的嵌入结构那样非常规则。

（40） [$_I$ I know the artist that painted the picture of the woman that wrote the book that won the acclaim of many]$_I$

虽然这句话中有三个$\bar{S}$例子，但我们却不能像其他嵌入结构那样将其视为一组罗列，因为在每个例子中相同的元素并不总是呈现出周期性的重复（见（40））。事实上，对于此类情况，我们很难去判定在哪儿把与根句相对应的单个长语调短语切分成短语调短语。基于三个$\bar{S}$的分段形式，结果令人难于接受，如（41）所示。

（41） *[$_I$ I know the artist]$_I$ [$_I$ that painted the picture of the woman]$_I$ [$_I$ that wrote the book]$_I$ [$_I$ that won the acclaim of many]$_I$

罗列和嵌入结构表明，除了支配语调短语重构的基本原则以外，还有一些具体的情况需要使用某些附加原则。然而，这些附加原则与解释语言其他方面的原则绝非毫无任何关联。这就是说，就罗列和表现如同罗列的嵌入结构而言，我们发现，重复这一概念至关重要。这种重复的韵律效应体现为一系列长度大致相等的语调短语。此前我们谈到了有关把较长的典型语调短语划分成若干较短的语调短语的类似原则，其中发现，语调短语重构的一般倾向是，产出若干长度大体相等的语调短语。这些原则，连同语速等交互作用因素，似乎揭示了把言语分成大体上时长固定的语块这样一种普遍的抽象韵律组构。此外，在嵌入式结构里，在规律性重复以及其他类重复中，我们发现，名词在决定语调停顿的位置方面起着核心的作用。在嵌入结构里，我们不能套用其他重构例证所使用的原则（即在 NP
204 末引入语调停顿），但 N（名词）范畴与重构似乎具有一定相关性，况且有其他证据表明名词在韵律中扮演着特殊的角色。

最后，我们还要指出，与韵律音系学早期著作中提出的偶分树相比，语调短语重构为本书所提出的多分树提供了额外的理据（另参见以上 1.2.1 节）。在偶分结构中，中间节点通常建构于 X^n 层面的给定节点（如语调短语）和 X^{n-1} 层面的节点（如音系短语）之间，见（42）。

（42）

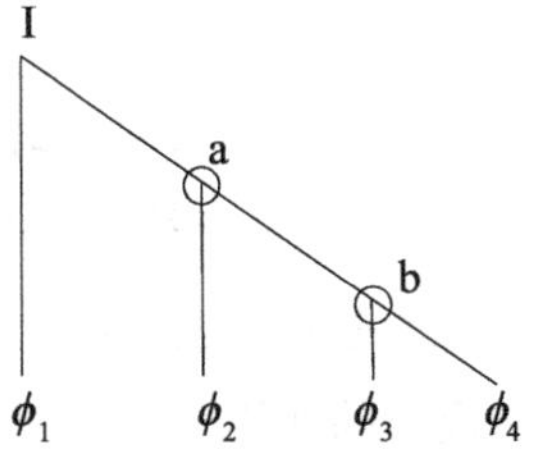

附加节点（如（42）中的圆圈所示）亦代表着附加成分结构。也就是说，节点 *a* 统辖含有 ϕ_2 至 ϕ_4 的音系短语成分，节点 *b* 统辖含有 ϕ_3 至 ϕ_4 的音系短语成分。语调短语内在的此类成分似乎进一步表明，在语调短语的重构过程中这一结构理应得到重视。事实上，早在内斯波和沃格尔（1982）就已经提出，只有当从较大的语调短语中划分出来的新语调短语表达了原有树形图的一个成分时，语调短语的重构才有可能。只有在表强调的特殊例句中，才允许其他形式的划分。按照这一要求，针对（42）的树形图所提出的预测为，含有 ϕ_1 至 ϕ_4 的语调短语的划分形式只能如（43）所示。

（43）

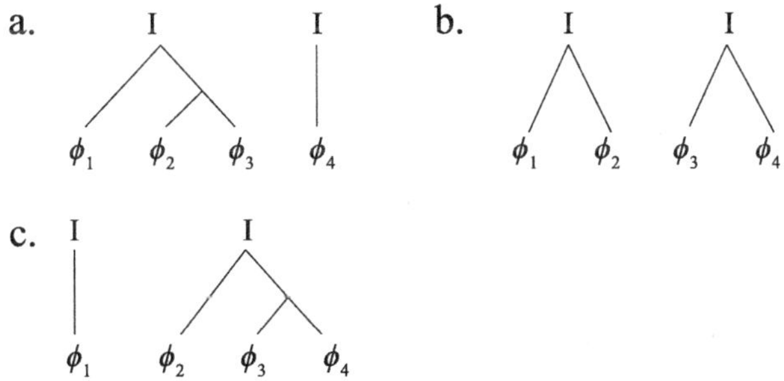

在音系短语 ϕ_2 和 ϕ_3 之间不可能产生新的语调短语。然而，却明显存在着这种组合代表着正确重构形式的情况，如（44）所示。

（44） a. [$_I$ [European wild cats]$_{\phi 1}$ [often make]$_{\phi 2}$ [their winter dens]$_{\phi 3}$ [in dead tree trunks]$_{\phi 4}$]$_I$

205 b. $[_I$ [European wild cats]$_{\phi 1}]_I$ $[_I$ [often make]$_{\phi 2}$ [their winter dens]$_{\phi 3}]_I$ $[_I$ [in dead tree trunks]$_{\phi 4}]_I$

上述（18a）也出现了类似的问题，其中对 5 个音系短语（ϕ）的重构由音系短语 ϕ_2 至 ϕ_3 生成了一个新的语调短语，该语符串在偶分树中无法构成一个成分。这些例句连同许多其他类似的例子是无法基于其表示特殊强调这一说法予以解释的（譬如当初所提出的那样），因为事实上它们代表了极其中性的发音形式。诚然，我们可以忽略语调短语重构的内部成分结构，但是这样做恰恰会破坏这种结构的一大功能。

使用多分树便避免了偶分树所带来的问题。即由于语调短语和音系短语之间不存在其他附加成分结构，所以只要这种划分符合句法和论元结构条件以及前面所讨论的普遍计时条件的话，重构便可以把任何音系短语序列划分为较小的语调短语。（44）和（18a）所给出的重构示例都符合这些条件。

直至目前，我们只是从语调调型、潜在的停顿位置和相对突显模式的角度探讨了语调短语。虽然这些现象本身就足以构成音系学语调短语成分的理据，但在语调短语的内部还存在有其他现象。具体来讲，在以下各小节中，我们将表明，还存在着把语调短语作为应用范域的音段音系规则。

7.3　语调短语中的音段规则

就目前为止所讨论的每个韵律成分而言，我们发现所谓之的韵律规则见诸于各种语言。语调短语成分亦不例外，以下我们还将基于意大利语、西班牙语和希腊语的若干规则给予进一步阐述。鉴于语调短语颇为灵活的特性，因此语调短语层面规则的应用范域也必然颇具灵活性。相关的表现将体现在以下讨论的每一条规则中。

7.3.1 意大利语

我们这里要讨论的第一个连接音变规则是托斯卡纳喉音规则（Gorgia

Toscana，GT）[1]，一种见于意大利托斯卡纳（Tuscan）方言的语音规则。如前面（2.3.1 节）所述，该规则的主要作用是把词语内及词语间的两个 [−辅音性] 音段之间的清塞音 /p，t，k/ 变为对应的摩擦音 [ϕ，θ，h]。⑩ 基于对佛罗伦萨及其邻近周边地区的 5 位讲意大利托斯卡纳方言的说话人所录 206
制的 900 多个句子的分析，我们发现托斯卡纳喉音规则应用于由上述讨论的语调短语建构和重构规则所界定的语调短语的整个范域，但不能跨语调短语边界应用。（45）中的例子便证明了这一点，其中“_”表示该规则可以应用，“∤”则表示不能应用。下面我们将集中讨论托斯卡纳喉音规则作用于 /k/——该规则的最常见表现形式。

（45） a. [$_I$Hanno catturato sette canguri appena nati]$_I$
'They have captured seven newly born kangaroos.'
（他们捉住了七只新生的袋鼠。）

b. [$_I$ I canarini congolesi costano molto cari in America]$_I$
'Congolese canaries are very expensive in America.'
（刚果的金丝雀在美国的售价很贵。）

c. [$_I$Certe tartarughe]$_I$ [$_I$ come si sa]$_I$ [$_I$ vivono fino a duecento anni]$_I$
∤
'Certain turtles, as you know, live up to two hundred years.'
（某些乌龟，你知道，可一直活到两百岁。）

d. [$_I$Almerico]$_I$ [$_I$ quando dorme solo]$_I$ [$_I$cade spesso dall'amaca]$_I$
∤
'Almerico, when he sleeps alone, often falls out of the hammock.'
（阿尔梅里科，当他自己独自睡觉时，经常从吊铺上摔下来。）

在这些句子里，语调短语结构是由上述（5）中所给出的基本语调短语组构规则来决定的。然而，正如 7.2 节所示，还存在着一些其他条件，它们可以使语符串划分为语调短语的原有分界为重构规则所修正。一旦出现了此类情况，决定托斯卡纳喉音规则适用范域的便是最后重构的语调短语结构。因此，当（46）的例句由基本语调短语建构规则指派了一个单独的语调短语时（如（46a）所示），它也可以重构成两个短语调短语，在

1　意大利语托斯卡纳诸方言中的一种典型语音现象。——译者

NP 后有一个停顿（见（46b））。

（46） a. [$_I$Il pericolosissimo struzzo nigeriano corre più velocemente di quello siriano]$_I$
'The extremely dangerous Nigerian ostrich runs faster than the Syrian one.'
（极其危险的尼日利亚鸵鸟跑得比叙利亚鸵鸟还快。）

b. [$_I$Il pericolosissimo struzzo nigeriano]$_I$ [$_I$ corre più velocemente di quello siriano]$_I$

第一个例子的读法使用的是一种语调。托斯卡纳喉音规则作用于单词 *corre*（跑），因为该词起首的 /k/ 在同一语调短语中前后均为 [−辅音性] 音段。然而，在第二例中，出现了两种语调调型，这表明语调重构已将长语调短语分解成了两个短语调短语，于是位于 /k/ 前的 [−辅音性] 音段与音段 /k/ 已不再属于同一个语调短语了。鉴于托斯卡纳喉音规则只适用于当规则所涉及的整个音段语境位于一个语调短语内，故此它已不再作用于（46b）的 *corre* 一词。

207 同样的调型亦见于出于不同原因进行重构的其他类句子。例如，如果把（47）中的罗列读成一个单独的语调短语，那么托斯卡纳喉音规则便可以应用，见（47a）；如果经过重构，被读成了四个语调短语的话，托斯卡纳喉音规则在某些位置会受到阻断，如（47b）所示。

（47） a. [$_I$Quel giardino ha una gabbia piena di corvi canarini colibrìe pellicani]$_I$
'That garden has a cage full of crows, canaries, hummingbirds, and pelicans.'
（那个花园有满满一笼子乌鸦、金丝雀、蜂鸟和鹈鹕。）

b. [$_I$ Quel giardino ha una gabbia piena di corvi]$_I$ [$_I$ canarini]$_I$ [$_I$ colibrì]$_I$ [$_I$ e pellicani]

同理，如果嵌入结构被分解为一连串的语调短语，当语调短语的分界位于规则的语境内部，托斯卡纳喉音规则便会受阻。通过对比（48a）的例句和（48b）同一句子的重构形式中托斯卡纳喉音规则的应用情况，便一目了然了。

（48） a. $[_I$Questo è il gatto che ha mangiato il topo che ha mangiato il formaggio$]_I$

'This is the cat that ate the mouse that ate the cheese.'

（这是那只吃了吃了奶酪的老鼠的猫。）

b. $[_I$Questo è il gatto$]_I$ $[_I$ che ha mangiato il topo$]_I$ $[_I$ che hamangiato il formaggio$]_I$

托斯卡纳喉音规则作用于整个语调短语成分，但不能跨语调短语使用，这一事实表明，该规则是一条把语调短语视为其应用范域的音系跨度规则。[11] 这一现象可通过如下规则来表征，该规则解释了 /p, t, k/ 变为 [ϕ, θ, h] 一类最为常见的语音变化。

（49） 托斯卡纳喉音规则（Gorgia Toscana）

$$\begin{bmatrix} -\text{延续性} \\ -\text{浊音性} \\ -\text{延迟除阻} \end{bmatrix} \rightarrow [+\text{延续性}] \,/\, [_I \ldots [-\text{辅音性}] \underline{\quad\quad} [-\text{辅音性}] \ldots]_I$$

如上所见，语调短语的灵活性跟语调停顿的位置及调型的范域相关，同时也反映在语调短语层面托斯卡纳喉音这一音段规则中。即我们已注意到，语调短语重构的各种可能性也许会导致托斯卡纳喉音等一类规则的应用变化。显然，对这一规则应用范域给予纯句法的阐释是行不通的，因为我们无法基于诸如原句子的长度和诸如罗列等特殊语境一类因素把是否可以应用等 208
所有的可能性都考虑进去。因此，第 2 章 2.3 节所提出的问题，即托斯卡纳喉音等一类规则的应用并不能总是跟所给定的句法结构类型相一致，恰恰是借助于音系的语调短语成分得以解决的。这就是说，托斯卡纳喉音规则经常作用于 NP 和 VP 之间，但也并非总是如此，分别见（50a）和（50b）。

（50） a. $[_I$Gli uccelli costruiscono i nidi$]_I$

'Birds construct nests.'

（鸟儿做窝。）

b. $[_I$Certi tipi di uccelli trovati solo in Australia$]_I$ $[_I$ costruisconodei nidi complicatissimi a due piani$]_I$

'Cértain types of birds found only in Australia construct very complicated two-story nests.'

（有些鸟类（仅仅见于澳大利亚）建构起极为复杂的两层楼鸟窝。）

应该注意的是，尽管（50b）的句子比（50a）在句法上更为复杂，但这并不是导致两句韵律成分不同的决定因素。而长度才是真正的相关要素，这在（51a）和（52b）中清晰可辨，其中前者跟后者相比在句法上更加复杂:（51a）中主语 NP 既有一个标示语，也有一个含并列连词的补语，相反（51b）的主语 NP 只有一个中心词。由于（51a）比（52b）短，因此一般倾向为第一个句子构成一个单独的语调短语，而不是第二句，如以下托斯卡纳喉音规则的应用和不能应用所示。

（51） a. [$_I$La gru rossa e bianca cade sempre]$_I$
'The red and white crane always falls.'
（那只红白相间的鹤总是落下来。）
b. [$_I$Giovanbattista Leonardo Confalonieri]$_I$ [$_I$ colleziona fenicotteri]$_I$
'Giovanbattista Leonardo Confalonieri collects flamingos.'
（乔万巴蒂斯塔·莱奥纳多·孔法洛涅里收集火烈鸟。）

同时还要指出的是，托斯卡纳喉音规则常常可以作用于 VP 内部，但也绝非总是如此，分别如（51a）和（51b）所示。

（52） a. [$_I$Osservano i cardellini col cannocchiale]$_I$
'(They) observe the goldfinches with the binoculars.'
（（他们）用望远镜观察金翅雀。）
b. [$_I$Osservano il rarissimo colibrì peruviano con le penne azzure]$_I$
[$_I$ con un cannocchiale particolarmente adatto alla situazione]$_I$
'(They) observe the very rare Peruvian hummingbird with blue feathers with binoculars particularly suitable for the situation.'
（（他们）用望远镜观察极为稀有的秘鲁蓝翅蜂鸟，用望远镜观测特别适合。）

按照语调短语韵律成分来表征托斯卡纳喉音规则，在（50）至（52）
209 中该规则的应用与否的问题便迎刃而解了。即在诸如（50a）和（51a）这样的短句和（52a）这样的动词短语短句中，通常只有一个单独的语调短语，故托斯卡纳喉音规则作用于整个语符串。而在诸如（50b）和（51b）的长句及（52b）的长 VP 中，存在着把长语调短语重构成若干短语调短语的可能。在这种情况下，托斯卡纳喉音规则的应用语境可能会中止，因此该规则也被阻断。

托斯卡纳意大利方言的另一条规则也跟托斯卡纳喉音规则的表现完全相同。这便是元音间擦音化规则（Intervocalic Spirantization，IS），该规则把词内及跨词界的 [−辅音性] 音段之间的塞擦音 /tʃ/ 和 /dʒ/ 分别变为相应的 /ʃ/ 和 /ʒ/。正如（53）的例句所示，这一规则只作用于语调短语内部，不能跨语调短语使用。（“_”表示该规则作用于所涉及的音段，而“⁄”则表示不能应用。）

（53） a. $[_{I}$Il mio criceto cerca il suo cibo negli angoli della gabbia$]_{I}$
　　'My hamster looks for its food in the corners of the cage.'
　　（我养的仓鼠在笼子的角落里找食吃。）

b. $[_{I}$Temevano che la nuova giraffa ci avrebbe disturbato durantela cena$]_{I}$
　　'(They) were afraid the new giraffe would have disturbed us during dinner.'
　　（（他们）害怕新的长颈鹿会在晚餐的时候打扰我们。）

c. $[_{I}$Eleonora$]_{I}$ $[_{I}$ giudice da anni$]_{I}$ $[_{I}$ gioca spesso a carte$]_{I}$
　　'Eleonora, a judge for years, often plays cards.'
　　（埃莉奥诺拉，一位从业多年的法官，常常打牌。）

d. $[_{I}$Santo cielo$]_{I}$ $[_{I}$ c'è un verme in questa ciliegia$]_{I}$
　　'Good heavens, there's a worm in this cherry.'
　　（天啊，这个樱桃里有条小虫。）

在这些句子中所标注的语调短语成分都是依据基本语调短语组构规则得出的。只要语调短语重构规则可以使用，我们便发现元音间擦音化规则与托斯卡纳喉音规则的情况相同都出现有同样的应用变化，也就是说，如果一个语符串读成单个语调短语时，元音间擦音化规则便作用于整个语符串序列。相反，如果一个长语调短语被分解成若干短语调短语时，该规则仅作用于短语调短语内部，而不能跨越边界使用。通过对比这一规则在长语调短语中是否可以应用，这一点便不解自明了，见（54a—57a）。

（54） a. [$_I$Il vecchio orso che vive in quella tana gira spesso intorno alle case di notte]$_I$
'The old bear that lives in that den often wanders around the houses at night.'
（住在洞里的那只老熊常常在夜里出来在房子周围游荡。）
b. [$_I$Il vecchio orso che vive in quella tana]$_I$ [$_I$ gira spesso intorno alle case di notte]$_I$

（55） a. [$_I$Hanno scoperto un rarissimo tipo di tartaruga circa tre annidopo che era stata dichiarata la sua estinzione]$_I$
'They discovered an extremely rare type of turtle about three years after it had been declared extinct.'
（在宣布这一物种灭绝的三年后，他们发现了一只极为珍稀的乌龟种类。）
210 b. [$_I$Hanno scoperto un rarissimo tipo di tartaruga]$_I$ [$_I$ circa tre anni dopo che era stata dichiarata la sua estinzione]$_I$

（56） a. [$_I$Hanno citato cinque recensioni cinquanta libri cento articolie duecento lavori inediti]$_I$
'They cited five reviews, fifty books, one hundred articles, and two hundred unpublished works.'
（他们引用了 5 篇评论、55 部著作、100 篇论文和 200 篇未发表的论著。）
b. [$_I$Hanno citato cinque recensioni]$_I$ [$_I$ cinquanta libri]$_I$ [$_I$ cento articoli]$_I$ [$_I$e duecento lavori inediti]$_I$

（57） a. [$_I$Gli ho detto ciò che pensavo dell'affare circa il quale Cinzia mi ha parlato ieri]$_I$
'I told him what I thought about the affair about which Cinzia spoke to me yesterday.'
（我告诉他，我对辛齐亚昨天跟我说的那件事是怎么看的。）
b. [$_I$Gli ho detto ciò che pensavo dell'affare]$_I$ [$_I$ circa il quale Cinzia mi ha parlato ieri]$_I$

在前面两例（（54）和（55））中，根据与语符串长度和语速等因素相关的一般原则，重构皆可以出现。在两个例句中，原有的语调短语被重新划分，语调停顿出现在了 NP 的末尾。在（56）和（57）的罗列句和嵌入结构里，短语调短语的划分与具体重构规则和语调短语以名词结尾的趋向完全相符。即分界往往位于重复节点的起首（见 56b），于是新语调短语的分界便出现在名词之后（如 57b），尽管（还要注意）最后一句的划分或许还存在着一定的难度，因为嵌入成分并不代表同一结构的一连串重复。

基于元音间擦音化规则的应用范域，我们可以得出以下规则来阐释这一现象：

（58）元音间擦音化规则（Intervocalic Spirantization）

$$\begin{bmatrix}+\text{延迟除阻}\\ -\text{前部性}\end{bmatrix} \rightarrow [+\text{延续性}] \,/\, [_{I} \ldots[-\text{辅音性}] \,\underline{\quad\quad}\, [-\text{辅音性}]\ldots]$$

正如该规则所示，元音间擦音化规则是一条跨度规则，只要语调短语内出现了相应的音段语境，它便可以使用。

正如我们在本节所看到的那样，托斯卡纳喉音规则和元音间擦音化规则的数据进一步证实了本章所提出的语调短语定义，以及这一成分具有的灵活性本质。因此，本章所讨论的规则为与任何句法成分表现不同构的不 211
同音系成分提供了理据，因为在句法层级中不存在这样的成分：1）可为托斯卡纳喉音规则和元音间擦音化规则的应用提供必要的范域，或 2）允许上述灵活性出现在这些规则的应用之中。

7.3.2 西班牙语

正如本书 2.3.1 节的所述，西班牙语的鼻音同化规则在应用中表现出了一定程度的灵活性，这与上述意大利语两条规则的应用相近。由于语调短语重构的各种可能性，它无疑是可以带来最大灵活性的音系成分，故该成分看来是表达鼻音同化规则应用范域的最恰当选项。事实上，以下例句表明，语调短语是这一规则应用的适当范域，该规则可以在西班牙语的词内及跨词界应用，发音时把鼻音同化给其后的塞音。[12] 鼻音同化其后的辅音者用‘_’标记，而未同化者则标记为‘/’。

（59） a. [$_I$Tenían diez canguros en un parque muy cerca de acquí]$_I$

'(They) used to have ten kangaroos in a park very near here.'

（（他们）曾经在离这里很近的公园里养了 10 只袋鼠。）

b. [$_I$Las plumas de faisán cuestan tantísimo hoy día]$_I$

'Pheasant feathers are very expensive nowadays.'

（目前雉鸡羽毛卖的非常昂贵。）

c. [$_I$Un gran balcón]$_I$ [$_I$como saben]$_I$ [$_I$puede ofrecer mucho placer]$_I$

'A large balcony, as they know, can offer much pleasure.'

（大包厢（他们知道）可以提供很多乐趣。）

d. [$_I$Carmen]$_I$ [$_I$cántanos una nueva canción]$_I$ [$_I$por favor]$_I$

'Carmen, sing us a new song, please.'

（卡门，请给我们唱首新歌。）

在以上例句中，有些是词内鼻音同化，如 *canguros*（袋鼠）、*cántanos*（唱给我们），也有一些是语调短语内跨词界同化，如 *tienen diez*（"他们"有十个）、*un parque*（一家公园）、*faisán cuestan*（雉鸡的价格）。我们还注意到，鼻音同化不能跨分属于两个不同语调短语的单词使用，如 *balcon como*（作为……的阳台）、*saben puede*（（他们）知道可以）、*canción por favor*（请唱歌）等。

对于某特定类型的成分而言，鼻音同化规则的应用也并非是一成不变的，这要取决于具体语符串的长度等因素，可进一步参见以下（60）和（61）中的例句。这些例句表明，鼻音同化规则通常作用于动词短语内，以及一个句子的主语和谓语之间，分别如（60a）和（60b）所示。而
212（61a）和（61b）的例句则表明，该规则不适用于较长的动词短语和句子，因为其中重构的出现阻断了鼻音同化规则的应用语境。

（60） a. [$_I$Dicen que el delfín es muy inteligente]$_I$

'(They) say that the dolphin is very intelligent.'

（（他们）说，海豚非常聪明。）

b. [$_I$Mi faisán come tres veces por día]$_I$

'My pheasant eats three times a day.'

（我养的雉鸡每天要吃三顿。）

（61） a. $[_I$Usa su sombrero carísimo con seis plumas de tucán$]_I$ $[_I$ cuando desea crear la impresión que es una persona muy importante$]_I$

‘(She) wears her very expensive hat within six toucan feathers when she wants to create the impression that she is a very important person.’

（（她）戴了顶价格昂贵的帽子，上面插有六根犀鸟羽翎，一心想把自己扮成一位身份显贵的夫人模样。）

b. $[_I$Muchos estudios sobre el comportamiento del delfín$]_I$ $[_I$concluyen que algunos tipos de delfines son más inteligentes que otros$]_I$

‘Many studies about the behavior of dolphins conclude that some types of dolphins are more intelligent than others.’

（许多关于海豚行为的研究得出，一些海豚比其他海豚要聪明得多。）

值得注意的是，（61）中语符串的划分并不是唯一的可能形式。如果讲同一个句子的语速更快，或者使用更口语化的方式来表达，那么就可能不会出现此类重构。在这种情况下，语调短语结构必然是基本语调短语组构规则所指派的形式。前面讨论的这两个句子每个也只能包含一个语调短语了，鼻音同化规则的应用如（62）所示。

（62） a. $[_I$Usa su sombrero carísimo con seis plumas de tucán cuando desea crear la impresión que es una persona muy importante$]_I$

b. $[_I$Muchos estudios sobre el comportamiento del delfín concluyen que algunos tipos de delfines son más inteligentes que otros$]_I$

除了旨在解释语调短语重构分界的一般原则外（见以上（61）），在西班牙语中，我们还有必要涵盖对罗列和嵌入结构进一步划分成短语调短语的同类特殊原则。通过对比（63a）和（64a）中鼻音同化规则在未重构语调短语的应用及（63b）和（64b）例句中相应的重构语调短语中未能应用的情况，我们便一目了然了。

（63） a. $[_I$Quería invitar a Juan Carmen Carlos y Beatriz$]_I$

‘I would like to invite Juan, Carmen, Carlos and Beatriz.’

（我想邀请胡安、卡门、卡洛斯和比特丽斯。）

b. $[_I$Quería invitar a Juan$]_I$ $[_I$Carmen$]_I$ $[_I$Carlos$]_I$ $[_I$y Beatriz$]_I$

213 （64） a. $[_{I}$Eso es el escorpión que espantó al tucán que espantó al faisán que se paseaba en el jardín$]_{I}$

'That is the scorpion that frightened the toucan that frightened the pheasant that was taking a walk in the garden.'

（这就是那只蝎子，它吓跑了吓跑了正在院子里走的雉鸡的犀鸟。）

b. $[_{I}$Eso es el escorpión$]_{I}$ $[_{I}$que espantó al tucán$]_{I}$ $[_{I}$que espantó al faisán$]_{I}$ $[_{I}$que se paseaba en el jardín$]_{I}$

本节所分析例句的数据表明，与句法成分不能被作为意大利语中托斯卡纳喉音规则与元音间擦音化规则的应用范域同理，它们在西班牙语中也不能作为鼻音同化规则的应用范域。显然，鼻音同化规则的应用很容易受到某具体语符串长度等因素的影响，因此对于不同长度的同类成分而言，其应用结果不尽相同。此外，借助重构规则和基本语调短语构形规则可以使用多种形式对指定的语符串进行语调短语切分，这种可能性在某种程度上为鼻音同化的应用提供了变化的空间。也就是说，根据言语的语速、风格以及具体语符串的长度等因素，当一个句子用一种方法来读时，鼻音同化可应用于某指定位置，但若改变了说话方式，该规则便不再适用。在句法中，成分只能基于其结构的性质来定义，某具体类型的所有成分都会被赋予相同的结构，而不去考虑其长度和其他（如语速和言语风格等）非结构因素。根据上述理由，我们提出了以下西班牙语的鼻音同化规则：

（65） 鼻音同化（Nasal Assimilation）[13]

$$[+\text{鼻音性}] \rightarrow \begin{bmatrix} \alpha\ \text{前部性} \\ \beta\ \text{舌冠性} \end{bmatrix} / [_{I} \ldots \underline{\quad\quad} \begin{bmatrix} -\text{响音性} \\ \alpha\ \text{前部性} \\ \beta\ \text{舌冠性} \end{bmatrix} \ldots]_{I}$$

7.3.3 希腊语

我们要讨论的最后一种语言是希腊语。希腊语的 *s*- 浊化规则（s-Voicing, SV）既适用于词内，也可以跨词界使用，跟我们本章已经讨论过的其他规则别无二致。具体而言，根据 s- 浊化规则，当 /s/ 后跟有一

个 [+ 辅音性] 的浊音段时即发生浊化（见 Setatos，1974），如（66）所示，其中音标（即每例第二行）中的‘_’表示 /s/ 为后面的浊音段同化，而‘/’表示 /s/ 未出现同化。

（66） a. *κόσμος* 214

[kósmos]

‘people’

（人们）

b. *άσβεστος*

[ásvestos]

‘inextinguishable’

（压不住的；不能消灭的）

c. *Θέλεις να πάς;*

[θélis na pas]

‘Do you want to go?’

（你想去吗？）

d. O *πατέρας μας είχε πολλες δουλειές*

[o patéras mas íxe polés ðuliés]

‘Our father had many jobs to do.’

（我们的父亲有好多活要干。）

然而，一旦 s- 浊化规则的应用音段语境出现时，该规则的应用只能跨同一语调短语内的单词使用，而不是跨任意两个单词，如（67）中的例句所示，其中每例第二行的方括号表示语调短语结构。

（67） a. O *δάσκαλός μας* λέει ότι πρέπει να *διαβάσεις δύο βιβλία για τις εξετάσεις.*

[$_I$ o ðáskalòs mas léi óti prépi na ðyavásis ðío vivlía yá tis eksetásis]$_I$

‘The teacher tells us that you must read two books for the exams.’

（老师告诉我们说，你们必须读两本书备考。）

b. O Πέτρος *δεν είναι μαθημένος να τρώει αχινούς με ψωμί.*

[$_I$o pétros ðen íne maθ iménos na trói axinús me psomí]$_I$

‘Petros is not used to eating sea urchins with bread.’

（彼得罗斯不习惯把海胆跟面包一起吃。）

c. O *άνδρας αυτός, μου φαίνεται, είναι πολύ έξυπνος.*

[$_I$ o ánðras aftós]$_I$ [$_I$mu fénete]$_I$ [$_I$íne polí éksipnos]$_I$

'This man, it seems to me, is very bright.'

（这个男人，在我看来，非常聪明。）

d. Ε*κείνος ο άνδρας, μάρτυςμου ο θεός, δεν θα μπεί ποτ έ στο σπίτι μου.*

[$_I$ekínos o ánðras]$_I$ [$_I$mártis mu o θeós]$_I$ [$_I$ðen θa bi poté sto spíti mu]$_I$

'This man, God be my witness, will never enter my house.'

（这个男人，上帝作证，再也不要进我家的大门。）

需要注意的是，这些例子中的语调短语结构也是按上文提出的基本语调短语的组构规则建立的。这就表明，与英语语调停顿和调型相关的分界以及意大利语、西班牙语的一些音段规则都跟希腊语 s- 浊化规则应用范域的分界形式完全相同。因此，我们可以把 s- 浊化规则表述如下，这也说明该规则也是语调短语跨度规则，即当语调短语内出现了这一规则应用的音段语境时，该规则即可使用。⑭

215 （68） s 浊化规则（*s-Voicing*）

$$\begin{bmatrix}+\text{浊音性}\\+\text{刺耳性}\\+\text{延续性}\end{bmatrix} \rightarrow [+\text{浊音性}]\ /\ [_{\text{I}}\ldots \underline{\qquad} \begin{bmatrix}+\text{辅音性}\\+\text{浊音性}\end{bmatrix}\ldots]_{\text{I}}$$

就其他音系规则而言，正如本章前面各节所讨论的那样，应用于语调短语层面诸规则的典型特征是，它们在应用上都表现出了某种程度的可变性。这正是语调短语成分本身灵活性的直接体现。正如（69）和（70）的例句所示，s- 浊化规则亦不例外。这就是说，倘若该语调短语的读速较快，该规则可作用于一个长语调短语，但是当该语调短语在慢读速中被重构的话，其分界便会破坏这一规则的音段语境，此时该规则的应用受阻。

（69） a. Το *σπίτι τιςμητέρας της* Μ*αρία ς μου αρέσει πολύ.*

[$_I$to spíti tis mitéras tis Marías mu arési polí]$_I$

'The house of the mother of Mary pleases me a lot.'

（玛丽母亲的房子令我很愉快。）

b. [$_I$to spíti tis mitéras tis Marías]$_I$ [$_I$mu arési polí]$_I$

（70） a. Σ*την* Ε*λλάδα ο κόσμος δεν είναι μαθημένος να πίνει καφέμετά το φαγητό.*

[$_{I}$stin eláða o kósmos ðen íne maθiménos na píni kafé metá to fajitó]$_{I}$

'In Greece people are not used to drinking coffee after meals.'

（在希腊人们不习惯饭后喝咖啡。）

b. [$_{I}$stin elaða o kósmos ðen íne maθiménos]$_{I}$ [$_{I}$na píni kafé metá to fajitó]$_{I}$

上述的两个示例表明了语调短语重构的一般原则。在（69b）中，原有的语调短语在 NP 后被一分为二；而在（70b）中，原有的语调短语则在一个新句子前被分开，这个新句并不是 NP 的组成部分，因此不会中断 NP。正如所预期的那样，基于上述在 s- 浊化规则和其他规则表现之间的共性，s- 浊化规则的应用也同样受到了罗列和嵌入结构中语调短语重构特殊情况的影响。于是，该规则只作用于（71a）和（72a）中的未重构语符串，而不适用于（71b）和（72b）中的重构语符串。

（71） a. *Θα μου άρεζε να αγοράσω αχινούς μπακαλιάρους μπαρμπούνια και χταπόδια.*

[$_{I}$θa mu áreze na aγoráso axínus bakaljárus barbúnja ke xtapóðja]$_{I}$

'I would like to buy sea urchins, cod, mullets, and octopus.'

（我想要买海胆、鳕鱼、梭鱼和章鱼。）

b. [$_{I}$θa mu áreze na aγoráso axínus]$_{I}$ [$_{I}$bakaljárus]$_{I}$ [$_{I}$barbúnya]$_{I}$ [$_{I}$ke xtapóðja]$_{I}$ 216

（72） a. Έχω *δει τους αστακούς μισοφαγωμένους από τουςποντικούς δυναστ ευμένους από τους γάτους διαλυμένους από τους σκύλους λιγδιασμένους από το λίπος.*

[$_{I}$éxo ðí tus astakús misofaγoménus apó tus pontikús ðinastevménus apó tus γátus ðjaliménus apó tus skílus liγðjasménus apó to lípos]$_{I}$

'I have seen the lobsters half eaten by the mice destroyed by the cats dispersed by the dogs soiled with grease.'

（我看到龙虾被老鼠吃了一半，那只老鼠又被猫毁了，猫又被狗赶跑了，狗又弄了满身的油污。）

b. [$_{I}$éxo ðí tus astakús]$_{I}$ [$_{I}$misofaγoménus apó tus pontikús]$_{I}$ [$_{I}$ðinastevménus apó tus γátus]$_{I}$ [$_{I}$ðjaliménus apó tus skílus]$_{I}$ [$_{I}$liγðjasménus apó to lípos]$_{I}$

s- 浊化规则适用于一些语境但不适于另一些语境的事实，为本章前面所提出的语调短语定义提供了进一步的支撑。在本节，我们已表明，s- 浊化规则作用于根句内，作用于构成强制语调短语的各种形式内，以及此类语调短语姊妹节点的语符串内部，但却不能跨两个语调短语间的音渡使用。此外，我们还表明，跟本章所讨论的语调短语层面的其他现象一样，当语符串长度和发音速度对给定语符串重构成为短语调短语产生影响时，s- 浊化规则很容易受这一类非句法因素的影响。罗列和嵌入结构的特殊语调特性亦与 s- 浊化规则的应用相关。最后，使用基本语调短语组构规则和重构规则把语符串划分为若干语调短语通常会产生如下结果：即产生跟语法中任何其他成分都不同构的成分，这一事实连同句法成分无法为解释 s- 浊化规则的应用范域提供必要的灵活性这一事实为提出把语调短语作为音系层级中的一个成分提供了进一步的佐证。

7.4　结语

在本章，我们提出了另一个韵律成分——语调短语，同时也提出了其构建规则和可能的重构规则。语调短语范域的初始定义是基于英语语调调型延展的范域和规则所支配的潜在停顿位置。同时，我们还表明，除了要
217 解释此类非音段现象外，语调短语还能准确地界定多种语言音段规则的应用范域，如意大利语、西班牙语和希腊语等。正如音系短语的情况一样，语调短语的构建也需要参照句法信息。然而，定义语调短语范域所需的句法信息的本质十分普遍，因此有人曾提出语调短语的构建规则其实就是普遍性规则。况且，这两条基本的句法概念，即树的附着结构和根句，皆为韵律成分构建的一般原则提供了支持，据此在层级中的成分等级越高，其定义原则的普遍性也就越高。可以回想一下，作为层级中语调短语的直接下属成分，音系短语范域的定义还需要某些更加具体的句法概念，如短语的中心语及其递归侧等信息。

此外，本章还指出了，语调短语在特定情况下也会出现重构，该过程与音系短语相关，这一过程在下一章讨论音系话语时还将出现。尽管对音

系短语的重构具有极其严格的限制，但语调短语重构却拥有较大的灵活性。我们还曾特别说明，语调短语重构通常要基于一些非句法因素，如具体语调短语的长度、语速、言语风格，以及特殊的语义突显等。就像论元结构那样，句法对语调短语重构也有很大关系，但仅就此而言，语调停顿出现的位置可能受特定语符串结构的制约。也就是说，例如在特定语调短语长度为重构提供保证的同时，停顿的插入往往要基于这样一些因素，如在某个具体位置是否为NP的末尾或新$\bar{S}$的起首，抑或是否某给定成分为某个指定动词的强制性论元或选择性论元。换言之，这些相关概念为循环节点和论元结构概念。除此之外，由于跟（另一个循环节点）$\bar{S}$的起首相比，NP的末尾对重构有更强的限制，同时跟选择性论元相比，强制性论元也表现出了更强的限制，故两个相对较强的影响因素的组合结果导致了最强的限制类型。

除了普通语调短语的重构现象以外，由于罗列和嵌入结构这两种特殊形式就语符串划分为语调短语的分界而言带来了种种问题，故我们也对其进行了探究。有人曾提出，运用不同的重构规则来处理此类问题，该规则主要使用重复的概念，或许作为一种计时和节奏更抽象的概念映像。就特别重构的示例而言，名词在其中也起到了核心作用。这并不令人诧异，事实便是如此：在普通的重构规则里，NP和$\bar{S}$成分都发挥着核心作用，因为名词（正如前面指出的那样）一向被认为是言语中最容易被强调而“重 218
读”的部分，所以对韵律现象来讲具有极其重要的意义。在重构（NP和$\bar{S}$）中所涉及到的两个句法成分，在句法与语义的其他方面表现得多少有些特殊，这也是实际情况。

本章中所论述的基本成分构建规则和附加重构规则之间的分界与前面音系短语一章讨论的分界相似，亦与后面一章将要讨论的音系话语分界类似。此类分界表明，音系成分的组构包含有本质上截然不同的两类规则。每一种情况中都存在着一种强制性应用于所有语言的基本规则，它决定了基本的韵律结构。此外，还存在着一些也可以应用或不应用的其他规则，它们的应用与否则要取决于诸多句法与非句法因素。当这些规则应用时，它们便产生了派生的韵律结构。

无论是基本韵律结构，还是派生韵律结构，所有语调短语都会呈现出相对突显的各种内部模式，这与其他韵律成分的表现相同。然而，在语调短语内部，重读元素的位置呈可变态势，这就使其区分于其他成分。而这种可变性恰恰就是决定语调短语内重音位置的类型标准作用的结果。也就是说，由于重音从本质上讲是基于语义突显原则（如焦点或已知 / 新信息等）予以指派的，我们由此得出，具体语符串的发音重音模式亦因语言或非语言语境的不同而有所变化。这一事实连同有关重构的其他事实均为本书所提出的多分树结构提供了证据支持，这与韵律音系学早期著作中所提出的偶分树结构形成了对照。

最后，有许多证据表明：语调短语这一音系成分能够对本章所讨论的音段与非音段现象给予阐释，对此句法成分则无能为力。其中尤其表明了，在某些情况下，构成语调短语同时亦构成音系规则应用范域的语符串，跟句法中所现的任何成分均不同构。另外，我们还指出，语调短语灵活性的这一本质显然与句法成分结构并不一致，根据该句法成分结构某一具体语符串基于这一语符串内部词汇之间的结构关系被指定了一种独特的分析方式。而语符串的长度和语速等因素对于最终把语符串划分成语调短语则起到了至关重要的作用，对此句法就显得爱莫能助了。

注释

① 关于实际调型（intonation contours）的分析，参见博林格（Bolinger，1965）一书所收录的多篇论文，以及克里斯特尔（Crystal，1969）、莱德（1980）、宾（1979）与彼埃尔亨伯特（Pierrehunber，1980）的著作。

219 ② 此处仅指与语法相关的停顿，而不是仅仅取决于表现行为因素的，因此还不能说它们是规则所支配的（参见 Bierwisch，1966；Downing，1970；Bing，1979）。

③ 尽管塞尔柯克（1984b）曾根据语义而不是句法的标准对强制性语调短语进行了阐释，但她所提出的建构标准本质上讲与句法标准别无二致。

④ 宾（1979）依据 R 成分所做的分析得出了极其相似的结果。

⑤ 埃蒙德斯（1976）中有某种类似例证的对比，虽说其中不是没有问题，但仍旧有可能把 *Isabelle is* 序列看成是一个成分（即：一个句子（S））。然而，应当注意，即使是埃蒙德斯（1976：45）加括号规则的表征中，也没有提出任何要求——括号元素左侧的语符串必须是一个成分，如该规则的变量 X 所标示：

$$[_S\, X - \left(\begin{matrix}NP\\AP\\S\\VP\\PP\end{matrix}\right)]_S - \left\{\begin{matrix}S\\PP\end{matrix}\right\} \rightarrow 1-\emptyset-3-2$$

⑥ 尽管长度概念和重构过程在句法和音系中都具有一定的关联，但二者对句法和音系最终结构的影响则大相径庭。在句法中，长度起一定的作用，如重名词短语转换（Heavy NP Shift）就是一个例子，其中“重”意即“长”。在句法中，重构作用的典型表现是，把多个元素并入一个单独的长元素，正如里奇（1976）所讨论的意大利语动词重构的例子那样。然而，在音系中，重构也可以把给定的元素一分为二，这在本节里还将讨论。

⑦ 应该指出，*mother* 一词左侧的属格首先将依据音系短语构建规则（见第 6 章）与中心语名词归在一起构成一个单独的音系短语，因为他们位于中心语的非递归侧。然而，在此类带有前中心语修饰词的语符串中，似乎出现了某种类型的重构，于是这些修饰语本身便构成了若干音系短语，如（19a）所示。

⑧ “可重读”（Accentable）指名词的内在属性，而不是重音用于对比或强调目的的特殊情形。在这种情况下，很明显任何一类词都有承载重音的可能，例如：*Don't invite that unbéarable egotist*（别邀请那个让人难以忍受的小气鬼）或 *Put the magazine únder the book*（把杂志放在书底下）。

⑨ 注意：此类句子也会带来涉及音系短语的问题，因为名词短语中心语 *beast* 左侧的形容词根据基本音系短语建构规则，将与 *beast* 一起构成一个单独的音系短语。这与前面（19a）中所见的前中心语所有格的问题类似（亦参见注 ⑦）。重构将会把音系短语指派给句子的形容词，如（27）所示，正如指派给前中心语所有格的情况一样。

⑩ 其实，所得到的音段部分也存有变化。例如，/k/ 可能被发成 [x]、[kx] 或甚至不发音，乃至发为 [h] 音。然而，这种语音变化跟当前的讨论并没有太大关系。

⑪ 应该注意的是，托斯卡纳喉音规则的应用出现了很多变异，而且在意大利语里还

颇有争议（尽管在佛罗伦萨方言中有所不同）。基于其他的非正式观测，看来至少有些讲话人允许托斯卡纳喉音规则跨语调短语使用。在这种情况下，托斯卡纳喉音规则应当是U范域规则而不是语调短语范域规则，这将是后面一章讨论的现象。
220 考虑到托斯卡纳喉音规则应用存在着较大的变异空间，为了公正地对待这一规则，我们有必要对超出本书所讨论范围的一些因素加以控制，比如说话人的年龄、性别和社会地位，言语速度和风格等。我们对托斯卡纳喉音规则的讨论完全是基于本书所描写的数据。

⑫ 虽然鼻音同化在西班牙语的各种变体中极为普遍，但此处的观察主要跟布宜诺斯艾利斯所使用的一种西班牙语变体波特尼奥方言（Porteno）相关，因为该变体是我们访谈中当地人所讲的方言。

⑬ 对这些特征的准确阐释或许还需要作些许的修正，以便于解释发音的细微差别，如齿音和齿龈音之间的差异（参见Harris，1969）。但是特征的最终选择并不影响我们此处的论点，因此这里就不再详细讨论。

⑭ 关于希腊语区别特征的讨论，参见马利考蒂（Malikouti，1970）和康托（Kontou，1973）。

第 8 章 221

音系话语

8.0 引言

我们要讨论的最后一个音系成分是音系话语（phonological utterance, *U*），它是韵律层级中的最大成分。一个音系话语由一个或多个语调短语（韵律层级中排在音系话语下面的成分）组成，长度通常会延展至句法树最高节点所支配的字符串，我们将其称之为 X^n。但这并不是说，音系话语只是 X^n 的音系对应，而引入该音系成分的目的只是为了避免在音系规则的构建过程中直接参照句法信息。事实上，正如作用于音系话语范域（而不是 X^n 范畴）内的若干音系规则所显现的那样，X^n 和音系话语并非总是完全一致。很明显，正是这种类型差异，为音系学的音系话语成分提供了最强有力的理据，我们再一次面对这样的音系现象，其应用范域无法严格地按照句法所给出的成分结构进行表征。本章还将表明，跟其他韵律成分一样，音系话语在界定时也参照了句法信息，尽管其最终结果并不一定与任何句法成分同构。在某些情况下，音系话语也要经历重构过程，这与它的下级韵律类别的表现大体相同。然而，谈到音系话语层面的重构，饶有趣味的是，它不仅要取决于音系和句法要素，而且还取决于逻辑—语义本身的相关因素。因此，在音系分析的最高层级，我们发现在语法多个组成部分之间存在着交互作用，这种交互作用不仅对音系组构具有启示意义，同时对广义的语法组构也有一定影响。

8.1 音系话语范域的定义

在本节，我们将重点讨论基本音系话语成分的定义。我们首先假设，
222 音系话语是由句法成分 X^n 的起点和终点来划定界限的。换句话说，即假定，音系话语是由句法树同一节点 X^n 所支配的若干语调短语所组成。我们将在接下来的章节里证明这一成分在音系学中的相关性，其中将举述若干音变规则并表明它们即作用于如是界定的范域。在 8.2 节，我们还将举例讨论 X^n 和音系话语之间的非同构现象。

在基本音系话语的定义里所参照的唯一句法信息是，相关 X^n 节点的左右边界信息。这并不像初看上去那么无足轻重，因为语调短语的语符串可能（或不可能）由单一的 X^n 节点或音系单位来支配。例如，我们必须把（1）中的一系列语调短语组合为两个不同的音系话语，而这又必须以（2a）中括号标示的方式来完成，而不能使用其他方式（见（2b）和（2c））：

（1） [My cousin]$_I$ [collects snakes]$_I$ [Gertrude]$_I$ [prefers butterflies]$_I$
[我的表兄]$_I$ [集蛇]$_I$ [而格特鲁德]$_I$ [则喜欢蝴蝶]$_I$

（2） a. [My cousin]$_I$ [collects snakes]$_I$]$_U$ [[Gertrude]$_I$ [prefers butterflies]$_I$]$_U$
b. *[[My cousin]$_I$ [collects snakes]$_I$ [Gertrude]$_I$]$_U$ [[prefers butterflies]$_I$]$_U$
c. *[[My cousin]$_I$]$_U$ [[collects snakes]$_I$ [Gertrude]$_I$ [prefers butterflies]$_I$]$_U$

于是，我们可以得出以下音系话语的基本定义：

（3） 音系话语的构成（Phonological Utterance Formation）
I. 音系话语范域（U domain）
音系话语（U）范域包含与句法树中 X^n 对应的所有语调短语。
II. 音系话语的构建（U construction）
把由音系话语（U）范域定义界定的语符串所包含的全部语调短语都归入至多分结构的音系话语。

就重音指派而言，如果相对突显用于指它在音系词一类较小的单位中的表现，那么它便与传统的“更强的重音”这一概念相对应，但在音系话

语层面，此类区别似乎没有什么意义。除了在带有特殊强调的句子里（如（4）所示，其中的斜体字部分表示额外重音），通常情况下不能说，一个语调短语比另一个“更加突显”。①

（4） [$_U$[Clarence]$_{I_w}$ [stop *complaining*]$_{I_s}$]$_U$

除了特殊强调的情况外，把 w（弱）和 s（强）值赋指派给音系话语 223
的各不同语调短语还另有其他依据。如宾（1979：145）提出，尽管普通句重音本身并不存在，但却存在着“表现在语调短语末的句末语调，它表明该话语已经结束”。这一发现，连同句法成分末（特别是在句末）元素（如元音、音节等）往往会被延长的发现（尤见 Klatt，1975，1976；Cooper and Paccia-Cooper，1980），似乎表明，音系话语的最后一个语调短语往往重读。因此，相关的音系话语成分规则表征如下：

（5） 音系话语：相对突显（Phonological Utterance: Relative Prominence）

音系话语（*U*）所支配的最右侧节点为强节点，所有其他节点均为弱节点。

基本音系话语的构成及相对突显规则分别以英语（6）和意大利语（7）的句子为例予以说明。然而，需要注意的是，此处所提出的方案适用于所有语言，因为末尾语调调型及尾音延长效应看来是一种普遍现象。

（6） [$_U$ [Our next door neighbor]$_{I_w}$ [Mr. Jones]$_{I_w}$ [bought an ocelot last week]$_{I_s}$]$_U$

[U [我们隔壁的邻居] $_{I_w}$ [琼斯先生]$_{I_w}$ [上周买了只豹猫]$_{I_s}$]$_U$

（7） [$_U$ [Due biologici]$_{I_w}$ [finora sconosciuti]$_{I_w}$ [hanno fatto una scoperta importantissima]$_{I_s}$]$_U$

‘Two biologists, unknown up until now, have made an extremely important discovery.’

“两位生物学家，至今还不知道姓名，做出了极其重大的发现。”

至此，我们仅仅是提出了假设但还没有证明，跟句法成分 X^n 对应的单位也具有音系相关性。现在，我们就来讨论一下以上所界定的作用于音系话语范域的若干音系规则，用以表明此类成分的有效性。

8.1.1 美式英语的闪音

美式英语中的闪音规则（Flapping）便是作用于音系话语范域的音系

规则之一（见 Vogel，1981）。然而，在讨论该规则的韵律范域之前，让我们先来扼要地梳理一下有关闪音的音段事实。

从本质上讲，闪音规则以同样的方式作用于 /t/ 和 /d/，在某些语境中
224 将其变为 /ɾ/ 音。② 尽管本书对规则的排序问题没有给出详细讨论，但我们认为送气规则，更确切地说是作用于英语音步首音位置的紧音化规则常常要在闪音规则前应用（见 3.2.2 节）。因此，（8a）中的所有 *t* 和 *d* 均为 [+紧音性]，而（8b）中的 *t* 和 *d* 则为 [−紧音性]。

（8） a. [+ 紧音性]

atone adore a tissue I describe

b. [− 紧音性]

atom adder at issue I'd ascribe

我们现在可以把闪音规则的音段部分大致表达为（9），接下来将讨论韵律的范域问题。

（9） t, d → ɾ / [−辅音性] ______ V

[− 紧音性]

该规则解释了为什么（8b）有闪音出现，而（8a）却没有闪音，见（10）：

（10） a. 无闪音

a[t]one a[d]ore a[t]issue I[d]escribe

b. 闪音

a[ɾ]om a[ɾ]er a[ɾ]issue I'[ɾ]ascribe

需要注意的是，在（9）的规则中的 [−辅音性] 音段不仅考虑到闪音在最明显的语境（即元音间的位置）出现，而且也考虑到了位于 *t* 或 *d* 前的音段为滑音（如 *loiter*）或非辅音性发音的流音或鼻音（如 *hardy, winter*）的情况。由于并不是所有的美式英语变体在后面的两个语境中都会表现为闪音，为了阐释不同的地域性发音，在表征闪音规则的音段方面或许还存在着一些细微的差别。但我们此处将不讨论这些地域性差别，相反，我们只专注于使用（9）中所给出闪音规则的语境表征。

就闪音的应用范域而言，（11）中的示例表明，该规则不仅作用于形态简单词汇，也作用于复杂形态的词汇。

（11） a. water → wa[ɾ]er 225

b. rider → ri[ɾ]er

c. whitish → whi[ɾ]ish

d. headache → hea[ɾ]ache

闪音规则也可以作用于句子的词汇之间，更确切地讲，是一个由 X^n 所支配的语符串，如（12）的例证所示，该规则也可以跨任何句法或音系成分使用，而不去考虑这些成分的长度。④

（12） a. a hundred eggs → a hundre[ɾ] eggs

b. should ask → shoul[ɾ] ask

c. the white owl → the whi[ɾ] owl

d. invite Olivia → invi[ɾ] Olivia

e. at eleven → a[ɾ] eleven

f. My brother bought a parrot last week. → ...bough[ɾ]...

g. A very dangerous wild cat escaped from the zoo. → ...ca[ɾ] escaped...

h. Some children recently discovered a rare type of newt underneath some rocks in their yard. → ...new[ɾ] underneath...

i. Just the other night a raccoon was spotted in our neighborhood. → ...nigh[ɾ]a...

j. Ichabod, our pet crane, usually hides when guests come. → Ichabo[ɾ] our...

k. Although that was not the first camel he rode, it was most certainly the last one. → ...ro[ɾ]it...

闪音规则可作用于以上示例中所有标注的位置。只有当该规则的音段语境内出现有停顿或其他干扰时，才会出现应用受阻。例如，如果（12）中的最后四个例句在说话时赋予了特殊强调或采用某种特别腔调发音的话，停顿很可能会分别出现在 *newt, night, Ichabod* 和 *rode* 这些词，结果发音仍为 *t* 或 *d* 而不是闪音。然而，这并不一定是发音的必然结果，倘若这些句子没有停顿用正常语速说出的话，我们听到的便是带闪音的形式。由于我们在本书已明确表明将聚焦于口语和（不快不慢的）正常语速话语的 226
音系现象，故本文不再进一步讨论导致发塞音而不发闪音 [ɾ] 的语体及语速变异问题，见（12）中后面的示例。

（12）中闪音规则的各示例表明，只要出现了适当的音段语境，该规则便可作用于相应 X^n 成分的任何位置，即各种句法内及跨句法成分，以及韵律层级的所有层面。于是，我们可以由此得出：音系话语是闪音规则应用的韵律范域，因为以上所给的基本定义要求——音系话语与 X^n 的最大投射同界（coextensive）。若把范域考虑在内的话，（10）中的闪音规则可重构为（13）：

（13） 闪音规则

$$\underset{[-\text{紧音性}]}{\text{t, d}} \rightarrow ɾ\,/\,[\ldots[-\text{辅音性}]\,\underline{\quad\quad}\,\text{V}\ldots]_U$$

以上规则表明，闪音规则属于范域跨度规则，它作用于整个话语成分。因此，该规则至少为长度是句法中 X^n 的音系单位提供了理据。[⑤]

8.1.2 英式英语的两种 *r* 现象

把音系话语作为音系单位的进一步理据来自于英式英语不发 *r* 音变体中的两种现象，即在这些变体里元音后面的 *r* 不发音（参见 Wells，1982）。这些现象传统上称之为"连接音 *-r*"（Linking-r，LR）和"添加性 *-r*"（Intrusive-r，IR），它们都决定着连续语流中 *r* 的发音，决定着当单词孤立发音时它所不能出现的位置，正如 2.3.1 节所提及的那样。在第一例中，连接音 *-r*——*r* 在拼写中实际上是存在的（如：fa*r* 但读作 fa [r] away），但在第二例里，添加性 *-r*——*r* 在拼写中并不出现（如：Anna 但读作 Anna [r] arrived）。在探究这些现象的韵律范域之前，让我们先来看一看它们的音段语境，并说明二者皆可以使用单一音系规则给予解释。[⑥] 此处讨论的英语变体为琼斯（Jones，1966）所描述的标准英语（RP）。

当以 [ɔ]、[*a*] 或 [ə] 结尾的单词后面跟有以元音开始的一个后缀或另一个单词时，便会出现添加性 *-r*，分别见于（14a—c）。

（14） a. [ɔ]: gnaw *vs.* gnaw[r]ing

b. [*a*]: spa *vs.* the spa[r]is...

c. [ə]: Canada *vs.* Canada[r]is ...

当一个单词的正确拼写形式以 *r* 结尾，后面跟有一个以元音起始的后缀或单词时，出现的则是连接音 -*r*，如（15）所示，其中“*r̸*”表示正确拼写形式中不发音的 *r*。 227

（15） a. bea*r̸* *vs.* bea[r]ish

b. otte*r̸* *vs.* the otte[r] is...

值得注意的是，就目前所讨论的现象而言，在以 *r* 结尾的单词和 *r* 后跟有一个“不发音的 *e*”的单词（参见 *hair/hare, bear/bare, soar/sore, hear/here* 等）之间其实并没有多大差别。因此，我们把这两种形式都称为正字法以 *r* 结尾的拼写形式。

为了更加精确地确定连接音 -*r* 的音段语境，我们首先有必要来看一看究竟哪些元音在正字拼写里会出现词末 *r* 音。从（16）可见，词末 *r* 音可以出现在 6 个元音和 5 个双元音之后。[⑦]

（16） a. [i]: deer

[ɛ]: bear

[u]: lure

[ɔ]: boar

[*a*]: spar

[ə]: fir

b. [ei]: layer

[ai]: fire

[ɔi]: foyer

[au]: sour

[ou]: mower

当诸如（16）中的那些例词单读时，在不同的元音语境中，读音有以下差异：1）跟在 [ɔ]、[*a*] 及 [ə] 之后，*r̸* 在正字拼写位置上无语音形式；2）跟在 [*i*]、[*ɛ*] 和 [*u*] 元音后（含 [i] 和 [u] 结尾的双元音），在正字拼写 *r̸* 的位置会出现一个央元音。[⑧] 所以，*deer* 和 *idea* 两个单词的结尾读音完全相同（即 [iə]），且 *mower* 和 *boa* 的结尾读音也完全相同（即 [ouə]）。[ə] 出现在 [i，ɛ，u] 之后的事实表明，以正字拼写 *r̸* 结尾的词末出现的元音只能是 [ɔ，*a*，ə]，现归纳如下，见（17）。

（17） a. [ɔ], [*a*], [ə] （未变化）

b. [i] → [iə]　　　[ei] → [eiə]

[ɛ] → [ɛə]　　　[ai] → [aiə]

[u] → [uə]　　　[ɔi] → [ɔiə]

[au] → [auə]

[ou] → [ouə]

连接音 -*r* 的音段语境可扼要描述如下：连接音 -*r* 出现在 [ɔ，*a*，ə]
228 和另一个元音之间的位置。足见，连接音 -*r* 和添加性 -*r* 规则的音段语境完全相同。其实，上述两种现象完全可以并入一条单独的 *r-* 插入规则（r-Insertion，RI），见（18）。

（18）

$$\emptyset \rightarrow r / \left\{\begin{matrix} \text{ɔ} \\ a \\ \text{ə} \end{matrix}\right\} \_\_\_ V$$

然而，上述 *r-* 插入公式却仅给出了这一规则的音段语境。我们接下来要讨论的是该规则的应用范域问题。

前面已经提到，当表达式中的 V（元音）是后缀或另一个单词的首音时，在适当的音段语境便会出现 *r-* 插入现象，但在单语素词汇里不会出现这样的语境。因此，我们发现，不论是派生还是复合的复杂词里都会出现 *r-* 插入现象，如（19）所示。

（19） a. wate~~r~~　*vs.*　wate[r]y

b. bea~~r~~　*vs.*　bea[r]ish

c. law　*vs.*　law[r]abiding

d. ea~~r~~　*vs.*　ea[r]ache

此外，*r-* 插入规则也跟闪音规则一样，作用于 X^n 支配下的语符串的词汇之间，而不用去考虑这些词汇之间的句法关系及其成分的长度，如（20）所示。

（20） a. fou~~r~~ ostrich feathers　→　fou[r] ostrich feathers

b. neve~~r~~ again　→　neve[r] again

c. some raw oysters　→　some raw[r] oysters

d. saw Ellen　→　saw[r] Ellen

e. fo~~r~~ eight → fo[r] eight

f. I'd love to hea~~r~~ a nightingale sing. → ...hea[r] a...

g. A rare type of grasshoppe~~r~~ invaded our yard last year. → ...grasshoppe[r] invaded...

h. We're trying to teach our new Siamese cat not to claw at the furniture. → ...claw[r] at...

i. Just last yea~~r~~, over a hundred dinosaur tracks were discovered in the Arizona desert. → ...yea[r] over...

j. The giant panda, as you know, is an endangered species. → ...panda[r] as...

k. Even though they're protected by law, a lot of migratory birds are killed 229
by hunters every year. → ...law[r] a...

就停顿的插入而言，以上有关闪音规则的观察也适用于 *r-* 插入规则。这就是说，在用正常口语讲话时，假设该语符串能够一口气说完，只要其音段语境出现的话，*r-* 插入规则便适用于（20）中的所有示例，以及 X^n 下的所有语符串。运用以上给出的音系话语的基本定义，我们便可以得出以下 *r-* 插入规则：

（21） *r-* 插入规则（*r-Insertion*）

$$\emptyset \rightarrow \mathrm{r} \,/\, [\ldots \begin{Bmatrix} \text{ɔ} \\ a \\ \text{ə} \end{Bmatrix} \_\_\_ \, \mathrm{V}\ldots]_U$$

r- 插入的形式化规则表明，跟闪音规则一样，这一规则也属于音系话语跨度规则，因此只要出现有适当的音段语境，该规则便可以作用于音系话语内的任何位置。

8.1.3 其他语言音系话语层面的若干现象

由于大多数音系学文献仅涉及诸如音段和音节等一类较小的单位，甚少涉及词层面以上现象，因此在现有的音系学文献中对作用于由 X^n 所定义的较大范域或者说是韵律理论的音系话语规则的应用鲜有涉及。但其中的两大显著例外是：塞尔柯克（1980a）所讨论的一系列梵语规则和哈里斯（1969）讨论的一系列西班牙语规则。

在塞尔柯克（1980a）对梵语的分析中，她提到了一些适用于音系话语范域的规则。她尤其列举了作为音系话语跨度规则的 5 种现象：滑音构成（Glide Formation）、元音紧缩（Vowel Contraction）、鼻音 m 同化、鼻音 m 随韵（Anuṣvara of *m*），以及塞音丛清浊同化（Obstruent Cluster Voicing Assimilation）。我们首先来看一下最后一条规则，其形式化表征如下。

（22） 塞音丛清浊同化（Selkirk 的规则（12））

$$[-\text{响音性}] \rightarrow [\alpha\ \text{浊音性}] / [\ldots \underline{\qquad} \begin{bmatrix} -\text{响音性} \\ \alpha\ \text{浊音性} \end{bmatrix} \ldots]U$$

该规则阐释了以下事实：在两个塞音序列里，第一个塞音的清浊往往由第二个塞音的清浊来决定。以下（23）的示例引自塞尔柯克（p. 141）：

230 （23）

（23）	ad + si	→	atsi	（you throw 你投）
	ad + thas	→	atthas	（you eat 你吃）
	ap – jaḥ	→	ab – jaḥ	（water born 水性的）
	dik – gadaḥ	→	dig – gadaḥ	‘constellation in certain direction’（某方位的星座）
	jyok jīva	→	jyog jīva	（long-lived 长寿的）
	parivrāṭ gacchati	→	parivrāḍ gacchati	‘he goes wandering around’（他四处闲逛）

鉴于塞尔柯克已明确地把塞音丛清浊同化规则及前面所提到的其他规则称之为音系话语跨度规则，故我们可以理解为，这些规则的表现与英语的闪音规则和 *r*- 插入规则没有什么不同。也就是说，我们认为，只要出现了适当的音段语境，梵语的这些规则便适用于 X^n 或音系话语所支配的整个语符串；只有当语境因语体或其他原因出现停顿时，规则的应用才会受阻。

作为把音系话语作为音系单位的进一步理据，我们发现，一些梵语规则只要属于音系话语的范域便可以作用于两个音系词的音渡位置（见 4.2.1 节）。塞尔柯克（p. 125）把以下规则列为音系话语范域内的音系词音渡规则（ω juncture rules），尽管实际上她并没有给出它们的公式并举例说明：如尾音浊化（Final Voicing）、塞音至鼻音（Stop to Nasal），as > o， s>ø，r- 删除和 ɑ- 删除等规则。作为此类规则的示例之一，我们来看一下塞尔柯克（p. 115）所给出的尾音浊化规则，见（24）。

（24）尾音浊化（Final Voicing）（Selkirk 的规则（23））

$$[-\text{响音性}] \rightarrow [+\text{浊音性}] / [\ldots [\ldots \_\_\_\_]_{\omega} [[+\text{浊音性}]\ldots]_{\omega}\ldots]_{U}$$

塞尔柯克（p. 115）给出的尾音浊化规则的例证见于（25）。

（25）sat-aha → sad-aha （good day 日安）
samyak uktam → samyag uktam （spoken correctly 说得正确）
tat namas → tad namas （that homage 那种敬意）

最后，塞尔柯克还提到了作为音系话语界限规则（*U* limit rule）的停顿止韵（Visarga at Pause），它是一个仅作用于音系话语范域末尾的规则，其表达式见（26）。

（26）停顿止韵规则（Selkirk 的规则（35））

$$\begin{bmatrix} \text{s} \\ \text{r} \end{bmatrix} \rightarrow \text{ḥ} / [\ldots \_\_\_\_]\text{U}$$

（27）为塞尔柯克所给出该规则的例证。

（27）devas → devaḥ （god 神） 231
punar → punaḥ （again 再一次）

我们前面所看到的各种梵语的示例展示了三类不同类型的规则，它们的表征形式都参及了音系话语范域：即音系话语跨度规则、音系话语范域内的音系词音渡规则和音系话语的界限规则。[⑨] 这些规则进一步印证了，为了对某些音系规则的应用予以解释，我们需要一种延展至 X^n 所支配的语符串长度的范域。

尽管以上的梵语示例均为塞尔柯克给出的，但其意图十分明确，旨在提出把音系话语作为音系规则的应用范域，这里我们在哈里斯（1969）对墨西哥西班牙语的音系分析中发现了（尽管是间接的）作用于音系话语范域的音系规则的进一步证据。尽管哈里斯并没有对音系规则的应用范域问题予以详细讨论，但他确实给出了一些与这一问题相关的发现。请不要忘记，哈里斯的音系研究是基于早期的 SPE 理论框架，后者除了使用各式各样的边界符号外，还不允许任何大于词的音系单位。让我们先来回顾一下哈里斯的观点，在一系列音系规则应用的某一点，全部词界或“界标”（termini）均被抹除，所有后续规则皆可作用于整个语符串。具体而言，哈里斯（1969：59）提出，“在抹除界标（或许是所有其他边界符号）后，所有后续规则的应用便可以‘畅通无阻’了：即扫描全部话语，只要符合应用条件……每一个规则 R_i 均可以使用”。尽管哈里斯曾审慎地指出，边界抹除的位置取决于说话的语体，但他在没有进一步调查的前提下进而认为，当一个规则作用于两个词之间时，它即可自动作用于一个“话语”中的任意两个词之间，而不用考虑两个词之间的相互关系。正如我们在前面几章所见到的，跨词汇应用的音系规则存在着不同的类型，而这些规则之间的主要区别显然是它们所应用的范域有别。尽管一些规则的应用贯穿于整个句子，正如我们本章中所讨论的音系话语层级的规则，但也有一些规则仅限于在较小的范域使用，如音系短语和语调短语规则。

在哈里斯给出的贯穿于整个“话语”的所有规则中，只有一个浊音同化规则（Voicing Assimilation）有额外证据显示其应用范域必须是音系话语（见 8.2.1 节）。但这并不是说，其他规则都不是音系话语—范域规则，而是因为没有必要信息来确定它们确切的应用范域，所以我们只好把这些
232 规则列在这里，把实证研究的证据留给未来。具体来讲，哈里斯是根据以下过程来构建规则的，在其语境中留出了一个选择性词界，这就表明这些规则不仅可作用于词内，同时也可以跨词界使用：鼻音同化规则（Harris 规则总括里的规则（69f）），边音同化规则（Harris 的规则（69g）），擦音化规则（Spirantization）（Harris 的规则（69h）），滑音 /r 强化规则（把滑音变为阻塞音，把闪音 [r] 变成颤音 [R] 的规则）（Harris 的规则（69j）），浊音化规则（在某些情况下，把清辅音 [p，t，k] 变为浊音的规则）（Harris 的规则（69l）），以及浊音同化规则（Voicing Assimilation），即把某些浊音音段（指那些带 [-高升声门下压力]（[-heightened subglottal pressure]）特征同化给其后的音段）（Harris 的规则（69m））。[10] 前三条规则在（Harris 所描述的）稍快话语（Allegretto speech）中可跨词汇使用，该语体似乎正

好符合作为本书基础的话语语体，但却不适用于较为审慎的缓慢语体，而最后三条规则均可以跨词界作用于这两种语体。

作为西班牙语跨词汇作用规则的例证之一，我们首先来看一下浊音同化规则（Voicing Assimilation，VA），该规则提供的进一步证据（将在 8.2.1 节中讨论）表明，哈里斯用于指作为应用范域的“话语”实际上跟我们的音系话语定义不谋而合。哈里斯（1969：57）把浊音同化规则形式化表述如下（其中 h. s. press = 高升声门下压力（heightened subglottal pressure））[11]：

（28）
$$\begin{bmatrix} +\text{塞音} \\ -\text{高升声门压力} \end{bmatrix} \rightarrow \left\{ \begin{array}{l} [\alpha\text{浊音}] / \_\_(\#) \begin{bmatrix} +\text{辅音性} \\ \alpha\text{浊音} \end{bmatrix} \\ [-\text{浊音}] / \_\_\| \end{array} \right\}$$

该规则的第一部分是当清辅音 [p, t, k, s] 后跟某些浊辅音时则变为浊音；而当浊辅音 [β, δ, γ] 后跟清辅音时会变为清音。规则的第二部分把纯词尾位置的 [β, δ, γ] 变为清音。我们下面将对该规则的两部分予以分别讨论。

规则的第一部分表明，浊音同化规则不仅可作用于词内（即在没有选择性词界的情况下），或在有词界时跨词汇使用。（29a）和（29b）分别给出了两种不同类型的示例（选自 Harris，1969: 38，40，44，60）。

（29） a. atmosfera → a[t^{d}]mosfera （atmosphere 气氛）
isla → i[s^{z}]la （island 岛屿）
absurdo → a[β^{ϕ}]surdo （absurd 荒唐的）
Agfa → A[γ^{x}]fa （Agfa 爱克发）
b. los dos → lo[s^{z}]dos （both of them 他们两人）
Beatriz babea → Beatri[s^{z}]babea ‘Beatriz slobbers’ （比特丽斯情不自禁地说）

该规则的第一部分（28）可重新表征为规则（30），这样该规则就包 233
含了“其应用范域为音系话语”的信息。

（30） 清浊同化规则
$$\begin{bmatrix} +\text{塞音性} \\ -\text{高升声门下压力} \end{bmatrix} \rightarrow [\alpha\text{浊音性}] / [\ldots \_\_\_ \begin{bmatrix} +\text{辅音性} \\ \alpha\text{浊音性} \end{bmatrix} \ldots]_U$$

应该指出的是，这一规则已不再使用哈里斯表征公式里的选择性词界符号了。该规则可直接作用于整个音系话语中音段语境所出现的任何位置。事实上，（30）给出的规则与美式英语、英式英语及梵语所见的其他音系话语跨度规则的形式完全相同。

（28）中浊音同化规则的第二部分代表了另一类规则，即韵律理论中的范域界限规则（domain limit rule），这就是为什么我们要在此予以单独阐释，尽管哈里斯试图将其与浊音同化规则的第一部分合二为一。哈里斯在其形式表征里用“‖”符号来表示，只有当该规则后跟有“静音音段——完全不发音”时才可以应用（p. 59）。因此，我们可以说，把浊音同化规则的第二部分称为词末清音化规则（*Final Devoicing*）更恰如其分，该规则只作用于音系话语的右侧边界，它与另一条规则（即 Harris 规则的（69j）滑音 /r 强化规则的第二部分）别无二致。（31）中给出了韵律理论对尾音清化规则的重新修正。

（31） 尾音清化规则（Final Devoicing）

$$\begin{bmatrix} +\text{塞音性} \\ -\text{高升声门下压力} \end{bmatrix} \rightarrow [-\text{浊音性}] \,/\, [\ldots \underline{\quad\quad}]_U$$

哈里斯并没有给出完整句子的范例用于表明尾音清化规则可作用于句末，他唯一给出的是单词后跟有静音时方才呈现出清音化现象。诚然，我们不难想象出此类词出现在句末的示例。以下便是若干例词（选自 Harris，1969：40）：

（32）	club	→	clu[β^{ϕ}]	（club 俱乐部）
	sed	→	se[$ð^{\theta}$]	（thirst 渴望）
	zigzag	→	zigza[γ^{X}]	（zigzag 锯齿形）

我们基于对西班牙语的考察可以得出这样的结论：这些数据也为把音系话语作为音系单位提供了支持。也就是说，尽管哈里斯的分析事实上代
234 表着一种全然不同的理论框架（因为其中使用了诸如界符等一类完全不同的机制），但要阐释跟前面所描述的韵律模式相一致的观察结果依旧是可行的。我们发现，在西班牙语里有两类音系规则，它们都把音系话语作为应用范域：音系话语跨度规则和音系话语界限规则。此外，更值得注意的

是，使用我们这里所讨论的韵律模式来重新表征这些规则事实上比哈里斯的 SPE 规则在某些方面更具优势。

首先，我们把浊音同化规则分解为两个独立的韵律规则。尽管这在 SPE 的理论框架中被认为是有违规范的，但很显然确实存在着两种迥然不同的过程：其一为，在整个话语中把 [浊音] 特征同化给后面的音段；其二为，仅在话语的句末把浊音音段变为清音。而声称后者也属于同化（为清音）过程其实无助于强化这一规则的普遍性，因为正如我们所知，在 [– 浊音] 音段前清音化适用于话语内的任何位置，而（根据定义）浊音清化在静音前仅作用于话语的句末位置。使用两类不同的韵律规则便可以清晰地揭示这一差别，即其一为范域跨度规则，其二为范域界限规则。

其次，通过把哈里斯浊音同化规则的第一部分修改为音系话语跨度规则，我们便可以对这一规则加以简化，删除选择性界符“(#)”。这一简化不仅省去了边界符号，同时还解决了哈氏所提出与其所使用的选择性边界的相关问题。即哈里斯曾指出，规则中的符号“(#)”意为，边界符的出现并没有任何关联，同时该符号也不能正确地反映出真实的语境。“假如我们书写规则时使用了带括号的界符，我们又没有意识到界符并无多大关系（因为只是必须在规则里提及界符），这些毫不相关的界符便无法使规则得以简化”（p. 58）。因此，在浊音同化的韵律规则构式中不出现选择性界符便可以更加准确地表明，词界事实上跟这一规则毫无相干。就西班牙语而言，由于这些规则全部都可以重新表述为范域跨度规则（尽管我们在此不会一一予以描述），其优势显然是哈里斯所使用“(#)”符号所无法比拟的。

8.2　句法与音系层级中最大范域间的不同构现象

基于在本章截止目前我们所讨论的现象，可以认为，确实没有必要提出把“音系话语”作为单独的音系单位，因为我们的定义把音系话语等同 235

于句法树中 X^n 所支配的语符串序列，且我们讨论的全部规则似乎都可以精确地运用于这一单位的限定范围或末尾。换言之，即可以认为，音系话语作为语言学的分析单位是没有必要的，因为语法已经包括了一个与其范畴一模一样的成分。因此我们便可以只提出一个单独的句法 X^n 成分，作为句法和音系相关现象的应用范域。然而，这一解决方式不仅不简约美观，而且也不可行（这一点还要进一步论证），因为还有一些例证的音系规则的应用范域与 X^n 范域迥然不同。

需要注意的是，X^n 所界定的音系话语的范域与通常认定的“句子”相互一致。但在口语里，我们常常会碰到这样的话语：*At five*（在 5 点）和 *Near by*（就在附近）。（33）的例子表明，一旦出现了适当的音段语境，前面所述的各类话语层面的规则亦用于下列简短的结构。

（33） a. At eight → A[*ɾ*] eight

b. Nea~~r~~ Athens → Nea[r] Athens

c. Law and order → Law[r] and order

d. Los dos → Lo[s^z] dos （Both of them 他们两人）

虽然这些结构通常都不被认为是句子，根据某些分析（见 Shopen，1972）这些结构更无法用删除规则从句子中进行派生，然而它们却可以作为句法树中 X^n 所支配的语符串使用音系话语的基本定义进行处理。如果我们确实认为这些结构源自于底层句式，那么 X^n 便代表了最高的 S 节点。相反，如果我们认为，这些结构从开始便是如此的话，那么 X^n 则代表了所涉及结构的最高节点：如（33a）和（33b）中的$\bar{\bar{P}}$，以及（33c）和（33d）中的$\bar{\bar{N}}$等。

在这些例子中，以上音系话语的基本定义体现得并不充分的示例表现为：具体音系规则跨句子应用的例子，或（更确切地说）是跨不同 X^n 节点予以界定的语符串的例子。事实上，这些例子恰恰提供了重要的证据表明：音系话语作为一个独立的音系单位在语法中是必不可少的，对此我们将在下一节给予详细讨论。

8.2.1 跨句子作用的音系规则

尽管 X^n 所支配的语符串通常为根句（正如 Emonds（1976）所定义的），有时可能会包含一个以上的根句，有时会少一些，故而假定句法树的最高节点可能为句子（S）以外的某种类型（如前所述）。在本节，我们一般会把重点放在 X^n 为单一（根）句的例子上，因为这是一些倾向于 236
允许音系规则跨界应用的 X^n 结构。因此，我们在此仅称之为“句子”，同时还将明确指出不同结构的使用情况。

我们很难在文献中找出贯穿于整个句子作用于词与词之间的音系规则，也几乎不可能找到跨句子应用规则的相关文献。就这一点而言，卡恩（1980）有关美式英语的观察及哈里斯（1969）关于墨西哥西班牙语的发现都是十分有趣的示例。

卡恩（1980：102）在关于美式英语闪音的讨论中提出，该规则在某些情况下作用于句与句之间。他还列举了如下例句：

（34） Have a seat. I'll be right back. → ...sea[*r*] I'll...

按照卡恩的说法，这一现象表明，像闪音一类规则对任何句法信息并不敏感。也就是说，当它们作用于话语时（如上例所示），所应用的语境受“所谓的最强句法界符的干扰”（p. 102）。

哈里斯（1969：60）对墨西哥西班牙语浊音同化的应用给予了较为详细的讨论。他对比了双句序列 *Los dos. Damelos*（Both of them 它们两个 . Give them to me 把它们都递给我）的两种可能发音形式，见（35）。其中符号‘‖’代表话语的句末静音，‘↓’则表示降调的语音学特征。

（35） a. Los dos. Dámelos. → [los^{z} ðós^{z} ↓ dámelos↓]
　　　b. Los dos. ‖ Dámelos. → [los^{z} ðós ↓ dámelos↓]

（35a）和（36b）的语调模式相同，两个例句的末尾均为降调。符号‘‖’并不一定要与末尾语调调型同现，同时我们也发现，当句子之间没有停顿的话，浊音同化规则其实还可以跨句子应用，见示例（35a）。一旦发音完全缺失，该规则便受到阻断，如（35b）所示。[12] 哈里斯（1969：

60）曾指出，这些例证表明，"诸如浊音同化一类规则音系过程的范域并不受'音系短语'或'短语单位'（*Phrasierungseinheiten*）边界的限制，这是普遍的共识"。

无论是卡恩还是哈里斯，都没有提到此类音系规则是否可以跨所有句子应用的问题，也没有针对每个规则都给出一个以上的例子。然而，有趣的是，他们的观察表明，X^n 所界定的并不是某些音系规则的最大应用范域。

237 卡恩和哈里斯所引证的并不是孤立的个案；进一步的观察显示，它们是系统现象的代表。例如，让我们来看一下（36a—c）的一组例句，其中可分别找到闪音、连接音 *-r* 和添加性 *-r* 音规则应用的例子。

（36） a. It's late. I'm leaving. → ...la[*r*] I'm...
b. Where's Esthe~~r~~? I need her. → ...Esthe[r] I...
c. Call Anna. It's late. → ...Anna[r] It's...

需要注意的是，跨句子的规则应用并不仅仅局限于两个句子的序列。在（37），其实连接音 -r 规则既现于第一和第二个句之间，也见于第二和第三个句之间。

（37） I hea~~r~~. I hea~~r~~. I hea~~r~~. → I hea[r] I hea[r] I hea~~r~~.

同样的规则作用于由成分 X^n 所界定的音系话语内同时也适用于跨此类成分的事实表明，以上所给出的音系话语的定义存在不足。根据定义，X^n 是 X 句法的最大成分，所以十分明显，音系话语这一音系单位不会跟任何句法成分相同构。

其实，班菲尔德（Banfield）（1973）曾提出，存在着一个非递归节点 *E*（expression），该节点不仅涵盖了各种句子同时也包括未嵌入 S（句子）的其他成分。尽管这一观点颇有吸引力，但却不能解决眼前所面临的问题，因为由单个 E 所支配的结构类型并不包括（36）和（37）中 $\bar{S}$ 序列的一类句子。恰恰相反，E 主要是用来处理诸如感叹词一类要素，以及在某种意义上讲是具体语句外部的其他内容。在前一章，许多此类要素其实都被当作构成语调短语的强制性成分。但如何把两个不同的 $\bar{S}$ 结构结合起来仍然是个亟待解决的问题。

最后，由于跨句子应用的音系规则并不能随意跨任何两个句子应用（这一点在下面还看到），所以还不能仅仅简单地使用 X^n 节点所支配的一系列未定语符串对规则的应用加以解释。相反，我们必须为音系学定义出一个清晰的单位，用以表达此处所讨论的这类规则的应用范域。

8.2.2 音系话语的重构

为了解释跨句子音系规则的应用，我们需要找出某种方法把这些句子加以组合，使规则作用于一个独立的单位。闪音规则通常作用于（38a） 238
的两句之间而不是（38b）的事实表明，把两个句子序列合并为一个音系单位也不是一件随意的事情。

（38） a. Turn up the heat. I'm freezing.　→　...hea[ɾ] I'm...

b. Turn up the heat. I'm Frances.　→　*...hea[ɾ] I'm...⑬

由于上述两例含有闪音规则应用的相同音段语境，并具有相同的音节数和相似的句法结构，这就必然存在着某些其他原因用以解释闪音规则为什么只作用于一个例句，而不作用于另一个。因此，在哪些情况下音系规则可以跨句子使用，在哪些情况下不能使用，显然需要有一条原则性的条件来决定。

有一种可能，规则的跨句子应用取决于句子本身的语法特性。然而，我们从（38）可以看出，至少在有些例子里，句子特性本身似乎并不是决定因素。也就是说，同样是祈使句后接陈述句结构，序列之一的闪音规则受到阻断，但在另一个完全相同的序列里却未受阻断。通过对各种句子结构序列的可能组合给予更加系统的研究后发现，其中所涉及的句子类型并不是相关的标准。也就是说，闪音规则可以跨所有类型的句子应用，正如 *r*- 插入规则（*r*-Insertion）一样，分别如（39）（i）和（ii）中的例子所示，其中 DEC= declarative（陈述句），INT= interrogative（疑问句），IMP = imperative（感叹句），以及 EXC = exclamatory（祈使句）。

（39） a. DEC-DEC i. It's late. I'm tired. →

...la[ɾ] I'm...

ii. It's the~~r~~e. I saw it. →

...the[r] I...

b. DEC-IMP i. It's Dad. Open the door. →

...Da[ɾ] Open...

ii. It's Anna. Open the door. →

...Anna[r] Open...

c. DEC-INT i. That's a nice cat. Is it yours? →

...ca[ɾ] Is...

ii. That's a nice ca~~t~~. Is it yours? →

...ca[r] Is...

d. IMP-DEC i. Wait a minute. I'm coming. →

...minu[ɾ] I'm...

ii. Don't sta~~r~~e. It's rude. →

...sta[r] It's...

239 e. IMP-IMP i. Stop that. Ask nicely. →

...tha[ɾ] Ask...

ii. Don't sta~~r~~e. Ask him in. →

...sta[r] Ask...

f. IMP-INT i. Leave it shut. Are you crazy? →

...shu[ɾ]Are...

ii. Have anothe~~r~~. Aren't they good? →

...anothe[r] Aren't...

g. INT-DEC i. Where's Annette? I'm leaving. →

...Anne[ɾ] I'm...

ii. Where's the saw? I need it. →

...saw[r] I...

h. INT-IMP i. Why did you wait? Open it. →

...wai[ɾ] Open...

ii. What are you waiting fo~~r~~? Open it. →

...fo[r] Open...

i.INT-INT	i.	Where's Ed? Is he gone? →
		...E[ɾ] Is...
	ii.	Where's Paula? Is she late again? →
		...Paula[r] Is...
j. EXC-DEC	i.	What a sight! I'm shocked. →
		...sigh[ɾ] I'm...
	ii.	What a boot! I'm shocked. →
		...boo[r] I'm...
k. EXC-IMP	i.	How odd! Ask someone else. →
		...o[ɾ] Ask...
	ii.	What a liar! Ask someone else. →
		...lia[r] Ask...
l. EXC-INT[14]	i.	How odd! Are you sure? →
		...o[ɾ]Are...
	ii.	What a nice sofa! Is it new?
		...sofa[r] Is...

决定两个（或多个）句子能否构成一个独立的音系单位的关键不是所及句子本身的特性，而在于句与句之间关系的性质。然而，在讨论可以构成一个独立音系单位的句与句之间的关系之前，我们首先有必要确立音系话语重构可能出现的若干语用和音系条件，先暂且不去考虑这些句子之间的相互关系。

为了使音系话语的重构得以实现，我们还必须满足以下两个语用条件：

（40） 语用条件 240

a. 两个句子的说话人必须为同一人。

b. 两个句子的说话对象也必须为同一人。

需要注意的是，这些条件仅与音系规则有关，具体而言，仅与纯音系规则相关。此外还有诸如省略（ellipsis）和回指规则（anaphora）等其他类型的规则，也适用于跨说话人及针对不同说话对象的情况（见Williams，1977）。此外，一些非纯音系的音系规则可能会违反（40）所给出的条件。事实上，法语的连读增音规则（*Liaison*）部分上也属于形态—音系规则，也可以跨说话人使用，例如当一位说话人犹豫不决时另一位就会接下去，如（41）所示（见 Y.-C. Morin，作者的私人邮件交流）。

（41） 说话人 1：

Je cherchais des̸...

（I was looking for some... 我正在找……）

说话人 2：

...[z]allumettes.

（...matches. ……火柴）

要使音系话语的重构得以完成，除了语用条件外，我们还必须满足以下两个音系条件：

（42） 音系条件

a. 两个句子必须相对较短。

b. 两个句子之间不能有停顿出现。

鉴于目前尚无法对所涉及句子的长度进行比较精确的标注，所以（42a）的条件显得颇为模糊。然而，可以明确指出的是，一旦句子较长，音系重构便不会出现。正如前一章已谈到的语调短语重构一样，语速在此似乎也起了一定的作用，平衡了与长度的关系。对于语调短语和音系话语重构而言，看来起关键作用的是以计时为单位的某种平均长度，这可能最终要归结为生理因素。音系话语重构和跨句音系话语层级规则的应用往往因停顿受阻，这也不足为怪。因为我们会经常发现，在音系规则语境中由于停顿的介入通常会破坏语境的格局，故而导致音系规则应用受阻。然而，还应注意，这一观察似乎只适用于纯音系规则，尽管可能也不一定符合这一类的所有规则。因此，连读增音规则也可以跨停顿应用，如出现在某个犹豫的后面（见（43））（Y.-C. Morin，作者的私人邮件交流）。

241 （43） Le...[z]enfants

'The children 孩子们'

其实，以上语用和音系两个条件完全可以合并为一个单独的条件，尤其是第二个音系条件（42b）。也就是说，以上所提到的全部条件的效果最终完全相同，即只有当所有句子在某种意义上恰巧互为毗邻时，才会出现重构。而任何因说话人和听话人的变化而引起的间断，在讲长句时的换气停顿，抑或其他类停顿，都足以妨碍两个句子重构为单一的音系话语，于是便阻断了两句结合部的音系话语层面音系规则的运用。

除了以上谈到的音系话语重构的若干基本条件外，这些句子还必须以某种特定方式互为关联。基于讲美式英语和英式英语（RP）母语者的几组例句，我们发现，只有当这些句子之间存在着某种特定的句法和 / 或语义关系时，闪音规则和 r- 插入规则（*r*-Insertion）才能跨句子应用。⑮

构成一个独立音系单位的这些句子之间所形成的特定句法关系表现为，对一个句子内容的解释取决于它前面的句子。以闪音和 r- 插入规则为例，这种情况在省略和回指的例句中表现得尤为突出（分别见于（44）和（45））。

（44）省略

a. Martha didn't invite Todd. I did. → ...To[ɾ] I...

b. I can't help her. Arnold can. → ...he[r] Arnold...

（45）回指

a. Where's Pat? I need him. → ...Pa[ɾ] I...

b. What a nice sofa! Is it new? → ...sofa[r] Is...

除了上述的两种句法关系外，还存在有允许音系话语层级规则跨句子应用的三种语义关系。亦即，以下三种逻辑—语义连接词之一势必使所涉及的句子拥有某种暗含的关联：它们分别是 *and*、*therefore* 和 *because*，见（46）—（48）。

（46）*And*（和）

a. You invite Charlotte. I'll invite Joan. →
...Charlo[ɾ] I'll...

b. Isabelle's a lawyer. I'm a doctor. →
...lawye[r] I'm...

（47）*Therefore*（因此） 242

a. It's late. I'm leaving. →
...la[ɾ] I'm...

b. I'm shorte~~r~~. I'll go in the back. →

...shorte[r] I'll...

（48） *Because*（因为）

a. Take your coat. It's cold out. →

...coa[*r*] It's...

b. Hide the vodka. Alvin's coming. →

...vodka[r] Alvin's...

如果两个句子之间存在着构成一个独立音系单位的句法或语义关系，就已经足够了。然而，所涉及的句子有时的确同时存在着这两类关系，如下图所示：

（49） a. *Anaphora-And*

You ask Ed. I'll ask his sister. →

... E[*r*] I'll...

b. *Anaphora-Therefore*

This coffee's too bitte~~r~~. It needs some sugar. →

...bitte[r] It...

c. *Ellipsis-Because*

Don't call Anna. I want to. →

...Anna[r] I...

还要注意的是，就音系话语的重构而言，*or*、*but* 的连接关系跟 *and*、*therefore* 和 *because* 的表现迥然不同。也就是说，*or* 和 *but* 的特点是，它们不允许音系话语层级规则跨句子应用。此外，也很难找到 *or* 和 *but* 的关系在句间隐含表达的例子，即使真的出现了这种情况，也会伴随有复杂的语调模式。因此，*or* 和 *but* 二者的关系如（50）和（51）所示，常会伴有 *otherwise* 和 *though* 这样的辅助词，在第二句末尾用于明确标识这种相关联的关系。

（50） *Or*（或者）

a. Stop that. I'll leave otherwise. →

*...tha[*r*] I'll...

b. Finish your pasta. I'll eat it otherwise. →

*...pasta[r] I'll...

（51） *But*（但是） 243

a. It's late. I'm not leaving though. →

*...la[*r*] I'm...

b. I didn't invite Pete~~r~~. I should have though. →

*...Pete[r] I...

以上示例表明，如果两个句子用 *or* 或 *but* 的概念联系，即使它们之间存在着回指或省略关系，音系话语重构也会受到阻断，闪音规则和 r-插入规则无法跨句子应用便是最好的例证。

那么为什么只有 *and*、*therefore* 和 *because* 三个连词允许音系话语重构呢？原因尚不十分清楚。然而，似乎存在着这样的可能，即这三个连词有别于 *or* 和 *but* 在于它们从某种意义上讲都具有“积极”意义，而 *or* 和 *but* 则截然相反。就这一点而言，库珀（Cooper）和帕西亚-库珀（Paccia-Cooper）（1980）的观察似乎为上述两组连接之间的不同表现提供了某种解释。他们这样写到，“的的确确存在着至少一种语义元素——‘否定’，它似乎影响到了言语计时……”（p. 163）。虽然他们指的是联合形容词（conjoined adjectives），而非一系列句子，但其模式看起来却极其相似。也就是说，当形容词跟消极连词（*yet* 或 *but*）连用时，更有可能在连词前插入停顿，而当形容词跟积极连词（*and*）连接时，情况则全然不同，如以下库珀和帕西亚-库珀（1980：163）（1a, b）的例句所示。

（52） a. The tall yet frail student flunked chemistry.

（那个高个子且有点虚弱的学生考砸了化学。）

b. The tall and frail student flunked chemistry.

（那个高个子并有点虚弱的学生考砸了化学。）

正是由于两句话之间的停顿阻断了音系话语的重构，所以极有可能是因为跟消极关联相关的不同语速模式导致了带有 *or* 和 *but* 关联的两个句子之间未出现音系话语重构，即便是它们并没有明显地出现在所涉及的句子里。

基于上述有关音系话语层级的音系规则何时可以跨句子应用，何时不能应用的诸多发现，我们现在可以对音系话语的定义加以必要的修正，以便在必要时覆盖一个以上的句子。为了解释这些现象，所要做的就是，允许先前所定义的由句法树 X^n 支配语符串的原音系话语在某些具体情况下
244 进行重构。但重构出现的语境则由上述所见的句法和语义关系来决定。于是，我们便可以把音系话语重构规则表述如下：

（53） 音系话语重构规则（U restructuring）

当符合基本语用和音系条件时，当所讨论的音系话语之间存在着某种句法关系（省略，回指）和/或积极语义关系（*and, therefore, because*）时，毗邻的音系话语便可以结合在一起构成一个单独的音系话语。

上文已经指出，只有在没有干预性停顿出现时，语用和音系条件才可以简化为允许进行重构的单独条件。同时还应指出，两句之间的消极语义关系阻断重构的原因可能与此类例证中倾向于插入停顿的趋向有关。因此，我们可以对音系话语重构规则加以简化，使停顿的作用更具有概括性。然而，鉴于这一观点仍存在着某种推测的成分，还需要进行更深入系统的研究，所以我们暂不会做出如是简化。但需要注意，不管怎样，（53）的规则并未表明，音系话语在上述所提及的情况下必须重构，而只是说它们可以重构。最后，音系话语是否会出现重构还将取决于诸如语体和语速等附加因素。就此而言，音系话语的重构现象与第 7 章的语调短语重构极为相似。第 7 章显示，许多非句法因素也是导致一语符串最终划分为若干语调短语的成因。

8.3 结语

我们在本章已表明，有些音系规则的应用不仅贯穿于句法（X^n 所支配语符串）的最大成分，同时还跨这些成分使用。此类规则（如美式英语的闪音规则、标准英式英语的 r- 插入规则、墨西哥西班牙语的浊音同

化规则等）为最大的音系成分（音系话语）的存在提供了重要依据。换言之，此类规则的应用范域跟任何句法成分并不同构的这一事实，使得把音系话语确立为独立的韵律单位作为这些规则的应用范域成为了必要。音系话语跟层级中位于它下面的其他韵律成分一样，在界定使用范域时也要借助于句法概念，尽管最终的结果并不一定与任何句法成分同构。

在音系话语的构建与重构过程中，我们发现，在音系跟语法的另外两个组成部分（句法和语义）之间存在交互作用。这就是说，只要这些语调 245
短语与句法树中单个的 X^n 节点所支配的成分互为对应的话，音系话语的构成规则就会把语调短语一类音系成分归并为一个独立的多分树形图。就重构的情况而言，其他句法信息皆为相关信息，特别是当事的音系话语所对应的句子是否跟回指或省略有关，因为这样的音系话语的阐释往往取决于前面音系话语的内容。而就重构而言，音系话语之间的语义关系也不无关系，因为只有当某些积极关系（如 *and*、*therefore*、*because*）隐现于当事音系话语之间时，重构才会出现。此外，要使重构得以实现，一些基本音系和语用条件也必须得到满足。

在音系话语层级，音系与语法其他部分之间交互作用的一个颇为有趣的现象是，所涉及到的信息类型具有极其普遍的特点。这就是说，为应对音系层级最高单位的构建，我们仅借用了句法概念 X^n，而无需弄清 X 所代表的究竟是 S、N，还是 V 等。但我们必须清楚，重构所涉及的成分之间是否存在着某种语义关系，但却无需弄清每个单词的相关意义或语义特征。我们还必须清楚，所论及的成分是否跟停顿或某个具体的语调模式相关，但却没有必要弄清楚构成这些成分的音段或音节特性。因此，音系话语进一步证明了，越是靠近韵律层级的顶点，我们用于界定韵律成分所需的具体信息就越少，直到最后仅剩下诸如“句法树的最高节点”一类抽象信息了，以及两个句子之间语义关系的性质亦成为了相关要素。

最后，为了说明某些音段规则的应用范域，我们有必要把语义信息也考虑在内，这就给生成理论惯常所假设的语法模式提出了严峻的挑战。音系话语表明，音系部分不仅需要借助句法信息，而且也需要参及某些类型的语义信息。尽管有人提出允许音系部分“触及”逻辑式，但是音系话语重构所需要的某些类型的语义信息往往不包含在逻辑式部分。把跨句子作用的音系规则划归给语法中的语篇或语篇音系子系统部分进行处理，并不是可行的解决方案，因为跨句子应用的同一规则也适用于句内，乃至词
246 内。如果说闪音等规则是语篇音系规则的话，这种说法只能使此类规则的性质及其广泛适用于美式英语所有音系层面的这一事实变得模糊不清。同时，在音节—范域规则（如声门化）之前使用语篇规则，其结果显然是不尽人意的，因为（正如 3.1.2 节所示）闪音规则必须在声门化规则前使用。相反，我们需要的是一种相对而言更加复杂的语法模式，其中包括语法各部分之间更多的交互作用（而不仅仅是现有的类型）。这一点，我们在最后一章还将进一步讨论。

注释

① 然而，我们这里不会再进一步探讨强调或对比语调的具体例子，尽管（如上所述）这些例子可能从事实上讲一个语调短语成分确实比另一个的重音更强。

② 就闪音而言（见 Kahn，1976），*t* 和 *d* 之间的差别只是细微的，这些差别跟本文的讨论并无太大关系。

③ 关于美式英语中的非辅音性鼻音和流音的发音，可参见马利考特（1960）和卡恩（1976）的讨论。

④ 这里我们所指的成分均为“正常”长度。显然，特别长的句子无法用一口气来读完，中间就一定会有停顿，如果停顿出现在闪音（或者其他音系）规则的语境里，它便会阻断这一规则的应用。但此类现象已超出了本书的讨论范畴，故在此不再作深入的探究。

⑤ 在内斯波和沃格尔（1982）中，我们曾错误地认为，闪音规则的应用范域是语调短语。导致这一错误的原因在于，我们所使用的测试例句在闪音的语境中总是有停顿出现，要么是因为句子太长，要么是因为这些句子有强调重音或其他特殊发音。只要其条件是非标记性发音的话，闪音规则作用于整个音系话语并跨语调短

语边界使用，这已十分清楚。

⑥ 接下来的讨论主要是基于沃格尔（1986）的分析。亦参见韦尔斯（Wells，1982）。

⑦ 我们在这里与琼斯（1996）不同，不标记元音的长度用以区分松紧元音和重读非重读元音等，因为事实上形成对比的并不是元音的长度。例如，*feet* 跟 *fit* 之间的对比（Jones 分别用 [fi:t] 和 [fit] 表示），本文则用 [fit] 和 [fɪt] 表示；而 *offer* 和 *fir* 两个词末元音间的区别，琼斯用 [ə] 和 [ə:] 来表示，而本文则表征为二者重音的差异。此外，我们亦不区分如高元音被缩短为滑音 [ĭ，ŭ] 的情况，琼斯曾针对某些发音（如 happier [hæpĭə] 与 hear [hiə]）做了这样的区分。

⑧ 在有些发音里，[ə] 可能会出现在 [ɔ] 音后，如单词 sore 的发音 [sɔə]。这一组合序列此处不予讨论，因为这一发音远不及不带央元音的情况普遍，即把 sore 发成 [sɔ]（见 Jones，1966），因为在任何情况下无论 [ɔ] 后的央元音存在与否都不会影响本文所讨论的要点。

⑨ 应当注意的是，尽管音系话语的范域规则在音系文献中鲜有提及，我们偶尔也会碰到参及最后一类规则（音系话语界限规则）的情况。事实上，利斯（1961）在 247
对土耳其语音系描写时就提到过音系话语的界限规则，其中我们发现一条词末流音清化规则（*Final Liquid Devoicing*），该规则就是在音系话语的末尾位置把 /*r*/ 和腭音 /*l*/ 清音化。

⑩ 哈里斯并没有给出所有规则的名称，因此我们只好在必要的情况下对所涉及的规则给出描述性命名。

⑪ 需要注意的是，哈里斯（1969）把单个词界符作为较为复杂表征的概括符号，跟 SPE 以及这一传统研究的其他著作一样，他并没有说明一个或多个边界之间的差别。相反，就所讨论的规则而言，哈里斯更倾向于保留，“……所有拼写单词的边界使用 # 准确表征的简化版”（p. 17）。

⑫ 哈里斯认为，所讨论的序列均由两个句子组成，尽管第一个元素事实上可能为 X^n 代表的除 S（即 $\bar{\bar{N}}$）以外的一个节点，但这取决于所选择的分析类型，或者为左向移位（Left Dislocation）的情况。然而，根据给出的降调模式，我们假定，哈里斯意在排除最后一种可能性，认为例句中的两个部分分别源自不同的句子。无论如何，我们应注意，浊音同化规则（Voicing Assimilation）的跨句子应用十分普遍，如以下较少争议的例句所示：

(i) Quiero los dos. Damelos. → ... do $[s^z]$ Damelos

“I want both of them. Give them to me.”

“两个我都想要。都给我吧。”

(ii) Oigo su voz. Donde está? → ... vo [s^z] Donde ...

"I hear his voice. Where is he?"

"我听到了他的声音。他在哪？"

⑬ 这是可能的句子序列，例如在快速变换话题或说话人转向不同的说话对象时。

⑭ 感叹句通常以 *how* 或 *what* 起始，因此当它们处于序列的第二句话时，便无法为闪音规则和 *r*- 插入规则提供恰当的音段语境。

⑮ 此前的文献（Vogel，1981，1986）曾提到第三种关系：语用关系。但现在看来，这似乎没有多大必要，因为如果我们认可某特定语境的共有知识在解释句子之间此类关系方面发挥着一定作用的话，那么相关例证其实可划入语义关系的范畴。

第 9 章 249

韵律成分与消解歧义

9.0 引言

目前为止，我们对韵律层级各不同成分的讨论均为严格意义上的音系现象。这就是说，每个音系成分都是基于特定音系规则的应用提出来的。由此可见，韵律音系学是音系学的一种范域理论。音系成分的定义包括形态、句法，乃至语义的概念，因此韵律音系学也是语法各组成部分和音系之间的一种交互作用的理论。在本章里，我们将表明，韵律层级的成分也为言语感知的第一级加工提供了各种相关的结构，因此可以说韵律理论对语言感知理论也做出了贡献。也就是说，我们还将表明，韵律成分所表达的内容远远超出了各种音系规则及更微妙的表达现象应用的各种范域。除了界定言语产出的单位以外，这些成分在言语感知方面也起到了一定的作用，因为正是各种音系和语音现象作用的结果，才使听话人能够识别所听到的声音语符串的内部结构。对输入言语信号处理的第一阶段——即初步把给定的语符串划分为韵律层级的各不同成分——为听话人对该语符串的句法结构予以重构奠定了基础，最终有助于他对这一语符串所传递信息的理解。

对于不应把言语声音仅仅视作一系列松散的线性语音（或乃至词汇）序列的这一说法，似乎看起来已没有什么争议，但从听话人的角度来讲，在言语感知和组织方面哪些较大的单位更为密切相关却仍留有疑问。目前已有很多言语感知的研究旨在表明，这些相关单位表现为句法层级的不同成分。事实上，这正是早期许多“点击”（click）实验研究的
250 范围（如 Fodor 和 Bever，1965；Garrett，Bever 和 Fodor，1966；Fodor，Fodor，Garrett 和 Lackner，1975），另外还有一些近期著述，如莱希斯特（Lehiste，1973）和库珀（Cooper）和帕西亚-库珀（1980）等。其他一些研究则旨在更具体地表明，一些韵律现象作用于由句法结构所划定的范域，亦可为听话人把语符串划分成适当的句法结构提供必要的依据（如 Lehiste，1972；Lehiste，Olive 和 Streeter，1976；Klatt，1975）。

塞尔柯克（1978b）提出，后来内斯波和沃格尔（1983a，1983b）基于感知数据给予了进一步论证，在具体的言语语符串处理过程的第一阶段，提供相关信息的是韵律成分，而不是句法成分。但这并不是说，句法结构毫不相干，而是说其相关性并不是那么直接，因为对句法信息的参照只见于词汇以上层面各不同韵律成分的建构，参见前面各章的论述。

根据上述观点，在信息处理的初始层面提供相关单位的是韵律成分而非句法成分，因此在韵律结构中未能得以反映的任何句法差别在感知的这一阶段也不会有所体现。为了检验这一说法，我们曾进行了一项研究，旨在测试意大利语听话人对一组 78 个句子歧义的辨识能力，其中的句法差异在韵律结构中以不同的方式加以体现，抑或完全没有体现。一般来讲，实验的预测是，听话人能够辨识那些在韵律结构上有所差异的句子含义。就此而言，我们还将讨论莱希斯特（1973）对英语歧义句所做的一项研究。由于莱希斯特曾提出，句法成分结构对消解歧义起着决定性作用，我们还将把我们的预测和实验结果跟莱希斯特的进行比对，并以此来说明跟句法结构相比，韵律结构能更好地预测哪些句子能消解歧义。

然而，在对预测和消解歧义测试予以详细讨论之前，我们先来讨论一下歧义的定义，并对它们的不同类型加以梳理。从这些类型中，我们将选取那些与本研究相关的类型，即考查在处理过程的第一层面韵律与句法成

分的功用、听话人开始把结构指派给所听到的言语串的第一层面，以及可以消解句子歧义的第一阶段。

9.1　歧义

对歧义现象的研究历史由来已久，最初是由亚里士多德（Aristotle）明确提出的[2]。“歧义”这一术语一直以来其所指涵盖甚广，常常被作为 251
是“误解”（misunderstanding）的同义词。然而，比较准确的定义是，歧义（至少在口语里）指某个独立语音音段序列包含多重含义的现象。

在最“典型地”例子（通常被称为“同音异义”（homophony）或“一词多义”（polisemy））里（见 Ullmann，1962），“歧义”是某个词具有一个以上词义所产生的结果，如意大利语例证所示，见（1）：[3]

（1） Geltrude l'ha attaccato

a. ‘Geltrude has attacked it.’

（格尔特鲁德袭击了它。）

b. ‘Geltrude has attached it’

（格尔特鲁德把它附上了。）

例（1）中的句子可以有两种解释，这是因为动词 *attaccare* 本身有两种含义：其一为“攻击”（*attack*），其二为“附加”（*attach*）。然而，在口语中，一个单词含有两个意思并不是问题的关键，而重要的是在这两句话里其声音的序列完全相同。

因此歧义与这些音段的序列相关，而不是诸如单词等其他单位，这从以下（2）中的两个序列的发音对比便可窥知一二：

（2） a. del lago（湖泊的）

b. dell'ago（指针的）

尽管（2a）与（2b）中的单词有所区别，但两者的发音却完全相同。这就是为什么当听话人在听到 [dellá: go] 这个语音形式时，无法断定它的意义是否对应于（2a）还是（2b）的词形。这里的问题在于，我们无法给这一具体的语音音段序列指派具体词义。

9.1.1 歧义类型

正如我们经常看到的那样，歧义也表现为若干不同的类型（见 Kooij, 1971）。在这些类型中，我们可根据它们的结构将其分为以下 3 种类型，见（3）。

（3） a. Non lo conosco
'I don't know him.'
（我不认识他）
b. La sua influenza è preoccupante
(i) 'His flu is worrisome.'
（他的流感让人担心）
(ii) 'His influence is worrisome.'
（他的权势叫人担心）
252 c. La vecchla legge la regola
(i) 'The old lady is reading the regulation.'
（那位老妇人正在看规章）
(ii) 'The old law regulates it.'
（旧有法律对这有限制）

可以说，像（3a）这样的句子在不清楚人称代词 *lo*（*him*= 他，宾格）的具体所指时，便是个歧义句。例如，在该例中，其解释既可以为 *Non Conosco Michele*（我不认识 *Michele*），也可以是 *Non conosco Arturo*（我不认识 *Arturo*）等。我们这里所讨论的可称为语用层面的歧义。然而，在（3b）中，歧义产生于以下事实，即单词 *influenza* 有两个含义，因此该句既可以被解释为"疾病"，也可以释为"权势"。这个例子（跟（1）的例子一样）体现了词汇层面的歧义。最后，在第三个例句里，其情形相对更为复杂，因为对应于两种解释的句法结构有所不同。其中对（3c）的一种解释是：*vecchia* 为名词（old lady（老夫人）），*legge* 是动词（is reading（正在读）），*la* 是定冠词（the），*regola* 是名词（regulation（规章））。而另一个解释则为：*vecchia* 作形容词（old（老的）），*legge* 为名词（law（法律）），*la* 作附着语素（it（它）），而 *regola* 是动词（regulates（调整，管控））。对于此类情况，我们将其归类为句法层面的歧义。但值得注意的是，最后一类歧义往往也蕴含了词汇层面的歧义。例如，如果在一个例子里 *legge* 作名词，而在另一个例子里作动词，结果是，在两个句子中 *legge* 的含义势必有所差别。

以上给出的把歧义分为 3 类的做法，当然不是歧义分类的唯一分法。乌尔曼（Ullmann，1962）提出了一种略有不同的分类，其中区分了语音、词汇和语法 3 个层面的歧义。按照他的分类，语音歧义这一术语用于指一个相同的语音序列可以用多种方式划分为不同的词，故而产生了一种以上的含义（如以上（2）所示）；或者如 [lakjú:za] 序列所示，该词既可指“*lock*（锁）”（*la chiusa*），也可指“*(he) has closed it*（他）关上了”（*l'ha chiusa*）。[4] 然而，值得注意的是，这一类的大部分例证均可以划归到上述给出的句法层面的歧义类型里，因为语音结构成分的不同划分形式往往会导致不同的句法结构。例如，以 [lakjú:za] 为例，我们可得出以下两种不同的结构：[[la]$_{ART}$ [kjú:za]$_{N}$]$_{NP}$ 和 [[l]$_{PRO}$ [a]$_{AUX}$ [kjú:za]$_{V}$]$_{VP}$。[5] 乌尔曼所援引的两种其他类型在大多数情况下分别对应于上述所讨论的句法与词汇层面的歧义类型。

另一种全然不同的分类方法见于恩普森（Empson，1930）。其中，我们看到的是 7 种歧义类型，而不是 3 种。需要注意的是，这种分类方法并 253
不是基于不同的结构，而是建立在歧义表达的不同含义之间所存在的各种逻辑—语义关系上。

在本书里，我们将集中讨论结构类型的歧义，尤其是（3b）和（3c）所呈现的类型。即我们将只关注词汇和句法歧义的案例，换言之，即只关注那些严格意义上的“语言学歧义”的例子，而不考虑语用歧义（如类型（3a））和恩普森所讨论的基于句子所表达的各种其他关系而非结构诱因的歧义类型。

9.1.2 消解歧义

在正常的交际语境下，当听话人听到一串声音时，很可能会有多种理解方式，这时便出现了歧义问题。通常，在具体语境里有些语言或非语言因素能帮助听话人分辨出潜在歧义句的表达意图。例如，（4）中的例句如果会话的主题（或明确，或隐含）讲的是 drinks（酒）的话，结果是一种理解；但如果话题为 ships（船运）的话，结果又是另外的解读。

（4） Mi piace quel porto
'I like that port'
（我喜欢那个波特酒 / 港口）

当语境信息不足或完全缺失时，消解歧义有时也是可能的，尽管在这种情况下消解歧义必须依赖其他信息来实现。具体而言，它将取决于构成某特定表达各单独音段以外的某类音系信息。例如，见以下（5）中的歧义示例。

（5） Federico andava solo quando pioveva.
a. 'Federico went alone when it was raining'
（下雨的时候，费德里科一个人走了。）
b. 'Federico went only when it was raining'
（每当下雨的时候，费德里科才去。）

尽管音段序列对应于（5）的两种解释完全一致，但两例的韵律结构却大相径庭。当说话人的意图为（5a）时，通常会在单词 *solo* 的语调调型上出现一个音节峰标示，而（5b）则没有音节峰出现。[⑥] 此类韵律信息能帮助听话人去理解说话人的真实用意。

然而，并不是所有的歧义句都可以借助韵律结构来消除歧义，如例（6）所示。

254 （6） Carlotta preferisce le penne rosse.
a. 'Carlotta prefers the red feathers.'
（卡洛塔更喜欢红色的羽毛。）
b. 'Carlotta prefers the red pens.'
（卡洛塔更喜欢红色的钢笔。）

此例中，在没有上下文背景的情况下，说话人是无法通过韵律来区分 *feathers*（羽毛）和 *pen*（笔）的含义的。换句话说，对应于这两个解释的韵律模式一模一样，所以此类句子对于听话人来说存在歧义。

正如我们在前文把语用歧义跟严格意义上的语言学歧义加以区分一样；另一方面，我们这里还要对消解语用或语境歧义及消解语言或韵律歧义之间的差异加以区别。此外，正如我们把研究范围限定为严格意义上的语言学类型歧义，把语用或逻辑—语义类型排除在外，我们本文将仅侧重讨论对严格意义上的语言学歧义的解析。

9.1.3 句法结构与韵律结构

综上所述，一些句子可以从韵律角度来消解歧义，但另一些却不行。由此引发的问题是：究竟是哪些标准决定了歧义句是否能够得以消解呢？

一种观点（可称作“句法说”）认为，一个句子的韵律结构直接由句法结构来决定（尤见于 Lehiste，1973；Lieberman，1977；Cooper 和 Paccia-Cooper，1980）。换言之，不同的韵律模式都对应于不同的句法结构。就歧义句而言，句法说预示着，我们能够消除不同语义对应于不同句法结构所产生的句子歧义。然而，当句法结构对应的两个意义完全相同时，其韵律模式也将完全一样，于是此类句子对听话人来说便无法消除歧义了（见 Lehiste，1973）。

然而，根据我们本书所提出的“韵律说”来看，正如本书前面几章所示，一个句子的韵律结构只是间接地由句法结构来决定。这就是说，尽管词汇以上层面的韵律范畴的构建参照了某些句法要素，但由此得出的韵律结构并不一定对应于句法成分结构。就歧义问题而言，韵律说预示着，可以消除歧义的句子指的是那些不同意义对应于不同韵律结构的句子。相 255
反，那些意义不同但韵律结构相同的句子，无论句法结构如何，歧义均无法消除（见 Nespor 和 Vogel，1983a，1983b）。

9.2 消解歧义的两种方案

如上所述，在缺乏足够语境信息的情况下，无论是语言信息还是非语言信息，听话人面对话语歧义的唯一提示是韵律模式。这种韵律模式显然要取决于说话人所说出话语的表现形式。本节里，我们将根据所涉及的两种不同方案，分别探讨句子的韵律模式是以怎样的方式由说话人决定的，也就是说，其表现行为是基于句法结构还是基于音系（韵律）结构。在 9.3 节，我们将讨论用以从实证的角度来检验这两种方案效度的测试。

9.2.1 句法说

根据句法说的观点，一个句子的句法结构与其韵律结构之间存在着一一对应的关系。具体而言，即认为，句法成分的两个端点亦为韵律现象的两个端点，例如末尾单位（音段、音节、单词）的延长等，同时还存在一些不大常见的现象，如末尾单位的停顿，和 / 或喉化现象（*laryngealization*）等（见 Lehiste，1973 ；Cooper 和 Paccia-Cooper，1980）。这就是说，句法成分的边界在很大程度上决定了一个句子的韵律模式。进而，该理论认为，在某一特定位置上的边界数目越多，该位置的韵律标记性就越高。下面来看一下在两个（无歧义）句子中对 *fermata*（车站）这个词理解：

（7） a. [La prossima [fermata] $_{N}$] $_{NP}$ è davanti alia stazione.
'The next stop is in front of the station.'
（下一站就在车站的前面。）
b. [La [fermata] $_{N}$ principale] $_{NP}$ è davanti alia stazione.
'The main stop is in front of the station.'
（总站就在车站的前面。）

根据句法说，在（7a）中 *fermata* 一词的发音与（7b）相比应延长了很多，因为它含有更多的成分末尾韵律信息。这种差异反映了以下事实：

（7a）中的 *fermata* 末尾表达了两个成分"N 和 NP"的末端信息，而在（7b）中只表现出了一种信息：N。

按照句法说，我们便可直接得出，当一个歧义句的两种解释都具有同一成分结构时，无论该成分的句法标记如何听话人都无法对两种不同含义 256
予以区分（Lehiste，1973: 112）。相反，当对应于两种不同含义的句法成分不同时，就应该能够对两种不同意义加以区分。

根据以下的一项测试，请 30 位受试人解释重复数次的 15 个带歧义的英语句子，并从所给的每个句子的多个解释中进行选取，莱希斯特声称已确认找到了我们称之为句法说的证据："被成功消解歧义的句子序列正是那些意义差别与表面成分结构的差异互为关联的句子。而那些一般来讲未能消除歧义的句子则仅有一种括号形式[1]，尽管这些成分也许会带有不同的标签"（p. 112）。

通过对莱希斯特在文中所给出数据的仔细核对显示，其中不乏互为矛盾之处，这就使我们对基于这一测试所得出结论的怀疑。例如，莱希斯特指出，在 15 个测试句中，有 10 个句子的结果高出了机会水平（chance level）（$p<0.25$），因此消解了歧义。然而，在这 15 个句子里，对于每句的两种不同解释，只有 8 个句子的句法括号有别。提出句法结构直接决定句子的韵律模式，而后者反过来又为消除口语的句子歧义提供了必要的信息——如果说这种情况确切无误的话，这就意味着只应该有 8 个句子被消除了歧义。此外，还应该指出，在 10 个消除歧义的句子中，7 个句子只有单个括号。因此，说所有带双括号的（8 个）句子都消除了歧义，这也与事实不符。

另外，还要指出，在所有测试项目里，尽管这些句子事实上都具有相同的括号形式，但它们的表现并不完全一致。我们来看一下（8）中的几个例句，它们的两个含义只有一种括号表现形式，每句话后面的表达为测试给出的两种不同解释。

1　指只有一种成分结构。——译者

（8） a. The [[shooting] [[of] [the hunters]]] was terrible.

（Lehiste 的例（8））

i. The hunters shot badly.

（猎人疯狂地射击。）

ii. The hunters were shot.

（猎人被击中了。）

b. The [[feeding] [[of] [the tigers]]] was expensive.

（Lehiste 的例（12））

i. The tigers were fed.

（那些老虎喂完了。）

ii. The tigers did the feeding.

（那些老虎自已吃完了。）

c. The [[screaming] [[of] [the victims]]] was terrible.

（Lehiste 的（Lehiste 的例（13））

i. The victims screamed.

（受害人尖叫。）

ii. ?? Somebody screamed ‘the victims’.

（有人尖叫着“受害人”。）

257 根据测试的结果，只有第一句（8a）才是真正的歧义句；而对其他两句的回答明显高于了机会水平。正如莱希斯特所指出的，（8b）和（8c）句子的高显著性很可能是一种实验假象（an experimental artifact）的结果，即测试中句子选择的结果。这就是说，尽管歧义的界定是基于每个歧义句的两个含义都同样可能存在的这一基本假设，但事实上这两个含义并不总是合理可靠的，这就是莱希斯特选择使用当代语言学文献中已经讨论和分析过的句子，而不是为测试其理论专门设计的句子的结果。具体而言，在（8b）和（8c）的例句里，所给出的第一个解释较为合理，所以常被多数人选择。而测试结果所显示的，并不是受试者消除上述句子歧义的显著能力，相反它反映的只是对两种含义有一种明显的选择偏好。从这个意义上讲，这些句子并不是真正的歧义句，尽管其解释反映出来的是语义考量，而不是句法或韵律结构。

鉴于上述观察，我们不可能就此得出跟莱希斯特一样的结论，即认为歧义句消解歧义的可能性取决于句法结构。相反，对于那些可以从韵律角度消除歧义的句子是否就是语义不同句法结构就会不同的句子呢，目前还没有定论，还必须依据更可靠的数据给予深入研究。

9.2.2 韵律说

早期生成理论的文献中就已经注意到，即使没有对照实验（controlled experiments），句法与韵律之间并不存在一一对应的关系，这在句法说早已申明。事实上，如上所述，乔姆斯基和哈利（1968）就曾提出，某些句子的韵律模式（尤其是停顿的分布）不总是跟句子成分的结构相互对应。尽管（9a）给出了（9）中（非歧义）句普遍接受的句法括号标注，但该句从韵律角度却可以分为（9b）的形式，其中“] [”表示语调停顿位置。

（9） a. This is [the cat that caught [the rat that stole [the cheese]]]

b. [This is the cat] [that caught the rat] [that stole the cheese]

为了使句法与韵律之间的此类差异突显性最小化，乔姆斯基和哈利（1968）把这一问题归因到语言运用方面。然而，兰根登（1975）对这一 258
问题给予了更多的关注，他提出：明显存在着一个专门负责指派恰当韵律模式的语法部分，如例（9）所示，其中韵律结构和句法结构截然不同。

在韵律音系学的理论框架中，句法与韵律结构之间的这种差异，与其说是带来了问题，不如说它是音系部分内部组构的基本动因之一。根据歧义消解韵律说，决定句子韵律模式的是音系结构或韵律成分（在词汇以上层面尤其如此），而不是句法成分。不同于句法说所认为的不同的韵律结构对应不同的句法结构，韵律说认为，不同的句法结构可能会产生相同韵律模式。此外，由于韵律说主张句子的韵律模式由音系结构来决定，因此可能会存在句法结构不同但韵律结构相同的歧义句。这些歧义句的歧义则无法消解。

因此，韵律说预测，那些能够从语言学（即韵律）角度消除歧义的句子，正是不同韵律结构对应于不同解释的句子。下一节，我们将对笔者所进行的实验进行讨论，该实验旨在检验韵律说和句法说对意大利语一系列歧义句作出的各种预测是否正确。

9.3 消解歧义的一项实验

为了检验上述两种消解歧义说的预测是否正确，我们设计了一项感知测试，以考察哪些句子的歧义听话人可以仅凭借韵律进行消解。[7] 首先，我们来讨论一下两种方案的具体假设（见 9.3.1 节），然后再对测试本身及其结果给予讨论（见 9.3.2 节）。

9.3.1 假说

我们在基于对上述两种歧义消解方案进行对比并提出具体假说之前，有必要对不同类型的歧义句给出更为系统地分析。

就歧义句的句法结构而言，它们在以下两个维度的表现有所不同：句
259 法成分结构和句法标注（labels）（见 Lehiste，1973）。换句话说，对于任何带双重含义的歧义句，与两个不同解释相对应的句法成分结构既可以相同，也可以不同。同理，句法标注也是如此。通过改变两个维度的值，我们便得出了以下 4 种逻辑的可能组合，见图 1：

		句法成分	
		相同	不同
句法标注	相同	a	b
	不同	c	d

图 1 歧义句的句法标注与成分

就歧义句的韵律结构而言，歧义句（至少）也可以在两个维度上表现出了各自的差别：音系短语（φ）和语调短语（I）。[8] 图 2 给出了我们所讨

论的两个韵律维度的 4 种逻辑上的可能组合。

<table>
<tr><td colspan="2"></td><td colspan="2">音系短语</td></tr>
<tr><td colspan="2"></td><td>相同</td><td>不同</td></tr>
<tr><td rowspan="2">语调短语</td><td>相同</td><td>a</td><td>b</td></tr>
<tr><td>不同</td><td>c</td><td>d</td></tr>
</table>

图 2　歧义句的音系短语与语调短语

然而，由于句法和韵律两个维度并非彼此完全独立，因此韵律成分的构建只能间接地基于句子的句法结构。当一个歧义句两个解释的句法结构完全相同时，其韵律结构也必然相同。然而，在其他例子里，音系短语（φ）和语调短语（I）结构可能会因这两个句法因素而有所变化。由此，与歧义句的两个不同解释相应的句法和韵律结构之间存在有 10 种可能的关系，如图 3 所示（选自 Nespor 和 Vogel，1983b：134）。

260

<table>
<tr><td colspan="3" rowspan="3"></td><td colspan="4">句法</td></tr>
<tr><td colspan="2">成分相同</td><td colspan="2">成分不同</td></tr>
<tr><td>标记相同</td><td>标记不同</td><td>标记相同</td><td>标记不同</td></tr>
<tr><td rowspan="4">韵律</td><td rowspan="2">音系短语相同</td><td>语调短语相同</td><td>1</td><td>2</td><td>3</td><td>4</td></tr>
<tr><td>语调短语不同</td><td></td><td></td><td>5</td><td>6</td></tr>
<tr><td rowspan="2">音系短语不同</td><td>语调短语相同</td><td></td><td></td><td>7</td><td>8</td></tr>
<tr><td>语调短语不同</td><td></td><td></td><td>9</td><td>10</td></tr>
</table>

图 3　歧义句的句法与韵律结构之间的关系

最后，还存在一种歧义句的两个释义可能全然不同的情况。这种情况常见于逻辑式层面，当涉及不同的主题关系时尤其如此。例如，在句子

Volevo farlo suonare “I wanted to make him play (an instrument)”（我想让他演奏（一种乐器））和“I wanted to have it played”（我想看这种乐器的演奏）一句中，*lo* 要么可作动词 *suonare*（演奏）的主语，要么作它的宾语。尽管前文曾提到，我们主要侧重于歧义不同结构类型的讨论，但为了对比基于逻辑—语义因素所产生的歧义结构类型，我们在测试中还是增加了一个类别 1'，其中两个释义之间的唯一差别表现为主题关系层面的不同。这么做的目的在于对“此类关系从韵律角度来讲并不显著”这样一种极为常见的假设加以验证。但值得注意的是，新的 1' 类型与 1 类别在结构上完全相同，在这两种情况中，句法成分、句法标注以及音系短语和语调短语结构对于所论及歧义句的两个不同释义也完全一致。

测试中所使用的不同歧义句类型分别列于表 1，其中的数字与图 3 一一对应。需要注意的是，在列表中类别 2 没有出现，这是因为在意大利语并没有发现这一类型的实际例证。[9] 然而，类别 1' 包括在了列表内。对于每一个例句，均给出了对应于两个不同释义且标注有韵律括号的形式，在每一个含义下方都提供有测试里所使用的释义。英语翻译见表 2。

261 **表 1　歧义句不同类型的例证**

句子类型	例句
1	a. [[[Non ho mai visto]$_{\phi}$ [tanti ricci]$_{\phi}$]$_{I}$]$_{U}$ ‘Ricci di mare’ b. [[[Non ho mai visto]$_{\phi}$ [tanti ricci]$_{\phi}$]$_{I}$]$_{U}$ ‘Capelli ricci’
1'	a. [[[É stato trovato]$_{\phi}$ [da Antonio]$_{\phi}$]$_{I}$]$_{U}$ ‘Era a casa di Antonio’ b. [[[É stato trovato]$_{\phi}$ [da Antonio]$_{\phi}$]$_{I}$]$_{U}$ ‘Antonio l’ha trovato’
3	a. [[[Marco]$_{\phi}$]$_{I}$ [[ha guardato]$_{\phi}$ [la ragazza]$_{\phi}$ [col canocchiale]$_{\phi}$]$_{I}$]$_{U}$ ‘La ragazza ha in mano il canocchiale’

b. [[[Marco]$_\phi$]$_I$ [[ha guardato]$_\phi$ [la ragazza]$_\phi$
[col canocchiale]$_\phi$]$_I$]$_U$[10]
'Marco ha in mano il canocchiale'

4 a. [[[Luca]$_\phi$]$_I$ [[fa]$_\phi$ [la foto]$_\phi$]$_I$ [[e Carlo]$_\phi$]$_I$
[[la stampa]$_\phi$]$_I$]$_U$
'Carlo fa la stampa'

b. [[[Luca]$_\phi$]$_I$ [[fa]$_\phi$ [la foto]$_\phi$]$_I$ [[e Carlo]$_\phi$]$_I$
[[la stampa]$_\phi$]$_I$]$_U$
'Carlo stampa la foto'

5 a. [[[Quando Giorgio]$_\phi$]$_I$ [[chiama]$_\phi$ [suo fratello]$_\phi$]$_I$
[[è sempre nervoso]$_\phi$]$_I$]$_U$
'Giorgio è nervoso'

b. [[[Quando Giorgio]$_\phi$]$_I$ [[chiama]$_\phi$]$_I$ [[suo fratello]$_\phi$]$_I$
[[è sempre nervoso]$_\phi$]$_I$]$_U$
'Suo fratello nervoso'

6 a. [[[Quando Giorgio]$_\phi$]$_I$ [[va]$_\phi$ [al ristorante]$_\phi$]$_I$ [[con Luisa]$_\phi$
[e Manuela]$_\phi$]$_I$ [[è sempre felice]$_\phi$]$_I$]$_U$
'Giorgio è felice'

b. [[[Quando Giorgio]$_\phi$]$_I$ [[va]$_\phi$ [al ristorante]$_\phi$]$_I$ [[con Luisa]$_\phi$]$_I$
[[Emanuela]$_\phi$]$_I$ [[è sempre felice]$_\phi$]$_I$]$_U$
'Emanuela è felice'[11]

7 a. [[[Ho visto]$_\phi$ [in svendita]$_\phi$]$_I$ [[degli sgabelli]$_\phi$ 262
[per pianoforti]$_\phi$ [antichi]$_\phi$]$_I$]$_U$
'Gli sgabelli sono antichi'

b. [[[Ho visto]$_\phi$ [in svendita]$_\phi$]$_I$ [[degli sgabelli]$_\phi$
[per pianoforti antichi]$_\phi$]$_I$]$_U$[12]
'I pianoforti sono antichi'

8 a. [[[Ho visto Marco]$_\phi$ [dal monaco]$_\phi$]$_I$]$_U$
'É a casa del monaco che l'ho visto'

b. [[[Ho visto]$_\phi$ [Marco Dal Monaco]$_\phi$]$_I$]$_U$
'Il cognome di Marco è Dal Monaco'

9	a. [[[Ha parlato naturalmente]$_{\phi}$]$_{I}$]$_{U}$ 'É ovvio che ha parlato' b. [[[Ha parlato naturalmente]$_{\phi}$]$_{I}$]$_{U}$ 'Ha parlato in modo naturale'
10	a. [[[Lì]$_{\phi}$]$_{I}$ [[[suonano insieme]$_{\phi}$]$_{I}$]$_{U}$ 'Laggiù stanno suonando' b. [[[Li suonano insieme]$_{\phi}$]$_{I}$]$_{U}$ 'Suonano gli strumenti'

表 2：消解歧义测试例句的翻译

句子类型	例句
1	a. I have never seen so many sea urchins. （我从未见过这么多的海胆。） 'Sea urchins' （海胆） b. I have never seen so many curls. （我从未见过这么多的卷发。） 'Curly hair' （卷发）
1'	a. It was found at Antonio's. （在安东尼奥的房子里找到的。） 'It was at Antonio's house' （它在安东的房子里。） b. It was found by Antonio. （它是安东尼奥找到的。） 'Antonio found it' （安东尼奥找到了它。）
3	a. Marco looked at the girl with the binoculars. （马尔科用双筒望远镜看着那女孩。） 'The girl is holding the binoculars' （那女孩正举着双筒望远镜）

b. Marco looked at the girl with the binoculars.

（马尔科用双筒望远镜看着那女孩。）

'Marco is holding the binoculars'

（马尔科正举着双筒望远镜）

4 a. Luca makes the picture and Carlo the print. 263

（卢卡作画，卡洛印刷。）

'Carlo makes the print'

（卡洛印刷）

b. Luca takes the picture and Carlo prints it.

（卢卡拿着画，卡洛印刷。）

'Carlo prints the picture'

（卡洛印刷那幅画）

5 a. When Giorgio calls his brother he is always nervous.

（乔治叫他兄弟的时候，他总是很紧张。）

'Giorgio is nervous'

（乔治很紧张）

b. When Giorgio calls his brother is always nervous.

（乔治来电话时，他兄弟总是很紧张。）

'His brother is nervous'

（他兄弟很紧张）

6 a. When Giorgio goes to the restaurant with Luisa and Manuela he is always happy.

（每当乔治跟路易莎和曼努埃拉一起去餐馆，他总是很高兴。）

'Giorgio is happy'

（乔治很高兴）

b. When Giorgio goes to the restaurant with Luisa Emanuela is always happy.

（每当乔治跟路易莎一起去餐馆，埃马努埃拉总是很高兴。）

'Emanuela is happy'

（埃马努埃拉很高兴）

7 a. I saw on sale some antique piano stools.

（我在打折售卖上见到了一些古董钢琴凳。）

'The stools are antique'

（那些凳子是古董）

b. I saw on sale some stools for antique pianos.

（我在打折售卖上见到了一些配古董钢琴的凳子。）

'The pianos are antique'

（那些钢琴是古董）

8 a. I saw Marco at the monk's.

（我在修道士处见到了马尔科。）

'It was at the monk's place'

（那是在修道士处）

b. I saw Marco Dal Monaco.

（我见到了马尔科·达尔·莫纳科。）

'Marco's last name is Dal Monaco'

（马尔科姓达尔·莫纳科）

9 a. He spoke naturally.

（他当时讲得很自然。）

'It's obvious that he spoke'

（显然，他当时讲话了）

b. He spoke naturally.

（他当时讲得很自然。）

'He spoke in a natural way'

（他以一种自然的方式讲话）

10 a. There they are playing together.

（他们在那儿一起玩耍。）

'Over there they are playing'

（在那边，他们一起玩耍）

b. They are playing them together.

（他们正一起演奏乐器。）

'They are playing the instruments'

（他们正一起演奏乐器）

现在，我们再回过头来看一下上述两种消解歧义说的若干具体假设。句法说预测，对应于不同含义的句法结构不同，歧义可以消解（见类型 3—10）。而另一方面，韵律说认为，由于韵律结构的不同，歧义可以消解（见类型 5—10）。因此，对于两种含义句法结构不同但韵律结构相同的类型 3 和 4，两种歧义消解假说的预测迥然不同。

两种歧义消解方案之间存在的另一区别是，句法说只允许两种可能类 264
型的结果，而韵律说则允许更多可能。换言之，根据句法说，其两种可能分别为：（1）句法结构不同，故歧义可以消解；（2）句法结构相同，故歧义无法消解。而韵律说则允许以下更多可能性出现：（1）在音系短语（ϕ）和语调短语（I）层面的韵律结构都不同，故歧义可以完全消解；（2）在音系短语和语调短语层面的韵律结构都相同，故歧义无法消解；（3）在音系短语或语调短语层面之一的韵律结构不同，故歧义可部分消解。至于可能性（3），尽管没有任何先决理由表明有必要对音系短语及语调短语层面存在的不同差异做出区分，但我们可以假设语调短语层面的差异更为“显著”，毕竟语调短语的末端自然就代表了音系短语层面的区别，而音系短语的边界却不一定与语调短语的边界相吻合。换言之，我们可以想象，在语调短语（同为音系短语）末尾的韵律边界标记比仅为音系短语末尾的要多。因此，当语调短语层面出现差异时，歧义更容易消解。于是，可能性（3）其实可以再分为两种不同的情况：（3'）仅出现在音系短语层面的不同韵律结构，故可消解部分歧义；（4）仅出现在语调短语层面的不同韵律结构，可消解更多的歧义。

下面我们将从可以给出更多具体预测的韵律说谈起，我们提出了以下假说，这些假说以我们在下一节描述的感知实验为基础进行了测试（参见 Nesper 和 Vogel，1983b: 135）。

（16）　歧义消解假说

1. 对于两种解释来说，音系短语和语调短语的结构完全相同，即使它们的句法结构不同，这些句子均未见歧义消除。

2. 对于两种解释来说，音系短语和语调短语结构都不同时，歧义最容易消除。
3. 对于两种解释来说，语调短语的结构不同（音系短语的结构相同）比音系短语的结构不同（而语调短语的结构相同）更容易消解歧义。
4. 对于两种解释仅表现为主题关系不同的句子，则无法消解歧义。

恰恰是假说 1 对两种歧义消解说给出了一清二楚的区别，至于假说 2
265 和假说 3 尽管也对两种方案进行了区分，但却不那么直接。换言之，因为只有韵律说才给出了假说 2 和假说 3 中的预测类型，因此沿循这样的思考听话人做出反应的差异，也为韵律说提供了支持。最后，尽管假说 4 不能区分两种歧义消解假说的差别，但它的存在却证实了这一假说：题元角色对一个句子的韵律不产生任何影响。

9.3.2 消解歧义测试

受试对象

此项除歧测试的受试对象是 36 位成年人，他们都来自意大利北部，讲标准的意大利语，为大学毕业生或测试时为在读大学生。

测试材料

该测试包含由 78 个歧义句组成的句子系列，囊括了上述 10 种类型。录音人内斯波讲标准意大利北方方言。测试时使用 Uher（乌厄）2000 型录音机给受试者进行播放。测试录音准备有两个版本（试题一和试题二），36 位受试者被分为两组，一组听试题一，另外组听试题二。

在两套试题录音的制作中，每个句子都有意在一个版本给出句子的一种含义，在另一个版本里给出另一种含义。因此，只有把两种测试合二为一时，才能得出 78 个句子全部的 156 种含义。为了确保录音中所录入的句子能读出正确的意思，每个歧义句前都会加上一个非歧义句，其结构与歧义句所要表达意思的结构相同。但非歧义句没有录音；这些句子只是用来“导入”后续歧义句的发音。这种引导句的音节数和重音位置都尽可能与目标句接近，如（17）所示。

（17） a. 试题一

引导句（*primer*）: Marco ha guardato la ragazza col neo grande.

'Marco looked at the girl with the large mole.'

（马尔科看着那个带大痣的女孩。）

目标句（*target*）: Marco ha guardato la ragazza col canocchiale.

'Marco looked at the girl with the binoculars.'

（马尔科用双筒望远镜看着那女孩。）

b. 试题二

引导句'（*primer'*）. Marco ha guardato la ragazza con interesse.

'Marco looked at the girl with interest.'

（马尔科颇有兴趣地看着那女孩。）

目标句（*target*）: Marco ha guardato la ragazza col canocchiale.

'Marco looked at the girl with the binoculars.'

（马尔科用双筒望远镜看着那女孩。）

受试者在列出每个均含有两种释义的句子的答题纸上标出他们自己的 266 选择。答题纸也使用了两个版本。在一个版本里，每个句子的两种释义以一种排列顺序出现，在另一个版本中则以相反的顺序出现。因此，对于每个测试（I 和 II），一半的受试者拿到的是两种解释的一种顺序，另一半拿到的是另一种排序。这样做的目的，是为了避免受试人始终倾向选择第一或第二个答案而带来的潜在的影响，抑或运用某种其他非语言学策略来选择答案。例如，在（17）例句的答题纸上所给出的释义见（18）；如前所述，半数的受试者拿到的是（18）所列顺序的答题纸，而另一半拿到的答题纸则是相反的顺序。

（18） a. La ragazza ha in mano il canocchiale.

'The girl is holding the binoculars.'

（那个女孩正端着双筒望远镜。）

b. Marco ha in mano il canocchiale.

'Marco is holding the binoculars.'

（马尔科正端着双筒望远镜。）

测试步骤

每位受试者只能听一种测试题，即只回答 78 个句子的一种排列顺序。每个句子的录音播放两遍。在听第一次时，受试者先听句子并思考其含义，然后再看答题纸上给出的两种解释。然后，再重放该句的录音，这时受试者要标出两个释义中哪一个与录音的内容最为吻合。期间，鼓励受试者以“快速自然”的方式答题，而无需对句子思考太久。如果他们确实无法对两种可能的释义进行取舍的话，受试者可在答题纸的问题旁标一个大写的“A”，表示其含义无法确定。

测试结果

我们在对实际的测试结果进行讨论之前，还应该指出，我们的分析（跟莱希斯特的分析一样）是基于每个歧义句的两种解释都同样合理可行的这一假设。由于我们还没有基于所有测试例句的独立评估对这一假设加以检验，因此我们的研究也有可能遭到同样的质疑，正如我们此前对莱希斯特的批评一样。然而，我们跟莱希斯特的试验之间存在的明显区别是：所使用刺激语句数目的区别。莱希斯特的测试只用了 15 个句子，且有些
267 例句的两个释义之间的可接受度存在着较大差异，对测试结果产生了很大影响。而在我们试验中所使用的 78 个测试句里，虽出现了少数非典型的例子，但对整体结果影响不大。

在对所得结果的分析中，与录音中讲话人旨在表达的含义相匹配的答案记作“+”；而那些对应于另一种释义的答案则标记为“–”。对于那些受试人认为两种答案皆有可能标记 A 的句子，则在“+”和“–”两个值中间予以平均分配。但事实上这样的情况近乎没有。

表 3 给出了测试中每一类句子答案为“+”的百分比。同时，对两种消解歧义假说所预测的每一种类型的例句也给予了标注（“+”表示预测歧义消除，“–”表示未能预测歧义消除）。

表 3　对应于歧义句预期含义回答的百分比

句子类型	倾向意义的选择 %	预期的歧义消除	
		句法说	韵律说
1	50.0	–	–
1'	51.4	–	–
3	59.1	+	–
4	52.6	+	–
5	86.1	+	+
6	94.9	+	+
7	67.8	+	+
8	75.8	+	+
9	90.2	+	+
10	90.2	+	+

理想的情况是，一个无法消解歧义（nondisambiguable）的句子在意在表达意义上的选中机率应为 50%，而完全可消解歧义的句子在意在表达意义上的命中率应为 100%。考虑到这些模式，让我们来看一下测试所得出的实际结果，及其跟以上（16）中所列假设的相关启示。

首先，应该注意的是，对于 1 和 1' 两个类别，两种消解歧义假说均预测无法消歧，实际结果对意在表达含义的命中率极为接近 50% 的理想比值。

就第一个（即能直接区分两种消歧说的）假说而言，我们发现，例句 268
类型 3 和 4（两种释义的句法结构不同但韵律结构相同）的表现与前面两种（无法消解歧义）类型极为相近。这就是说，尽管类型 3 和 4 的百分比略高于类型 1 和 1'，但却离标示歧义消解的理想比值 100% 还相距甚远。

由此，我们可以得出结论：假说 1（见（16））已得到了证实，就两个释义而言，韵律结构相同的歧义句基本上是无法消解歧义的，即使它们的句法结构不同。

而假说 2 只是部分上得到了证实。事实上，在类型 9 和类型 10 中，测试得出了最高的消歧比（±90%），这些例句的两个释义在音系短语和语调短语结构层面均有所不同。而当只有语调短语结构不同时，也会得出极为相似的结果（见类型 5 和 6），这亦为事实。这就意味着，在没找到比这两种句型（其中音系短语和语调短语都不同）的除歧程度更高的句子类型之前，假说 2 也得到了证实，但是截至目前，我们还没有发现有其他类型的句子与此相比具有同样的除歧效果。

一方面，通过对比类型 5 和 6 所得出的数值；另一方面，对比类型 7 和 8 的数值，也为假说 3 提供了证实。这就是说，在前面两种类型中（只有语调短语结构不同）的除歧百分比大大高于（只有音系短语结构不同的）另外两种类型。

最后，假说 4 也得到了证实。具体而言，类型 1' 无法消歧的事实（可见于选择比值仅为意在表达含义的 51.4%）表明，仅仅在主题关系层面表现的差异不会影响听者识别意在表达含义句子的韵律模式。

9.4　结语

基于上述描述的感知测试结果，我们可以得出：消除句子歧义的可能性取决于韵律结构，而不是对应于特定句子不同释义的句法结构。因此，韵律说能对上述结果做出更准确地阐释。

具体来讲，韵律说对于阐释所观察到的模式在两个方面优于句法说。
269 首先，我们已知，第一种假说已得到了证实，这表明歧义句是否可能被消歧取决于韵律分析层面是否有差异存在。如果一个句子的韵律结构相同，那么句法层面的差别无法决定这一句子是否能消除歧义。其次，由于测试结果为三种不同程度的除歧提供了证据支持，所以韵律说（而非句法说）更有助于区分各种不同程度的除歧，这一事实也为韵律说给出了又一支撑。测试结果表明，韵律结构在语调短语层面不同的情况除歧程度最高，对意在表达含义的选取平均接近的 90%。对于只有音系短语不同的例句，除歧程度相对略低，而那些在音系短语和语调短语层面韵律结构都完全一样的例句，不论它们的句法结构如何，都无法消解歧义。句法说只允许两种可能存在：消除歧义或无法消除歧义。

最后，对最后一个假说的证实表明，仅在主题关系层面有所差异的句子也是无法消除歧义的。因此，音系差异是决定消除歧义可能性的唯一相关要素，尤其是与歧义句的不同释义相对应的韵律结构差异。

消除歧义测试的结果除了要回答本章所提出的具体问题（即影响听话人对歧义句除歧能力的究竟是句法结构还是韵律结构）以外，对普遍意义上的感知理论也具有启发意义。即其结果表明，听话人是依据音系单位来消除歧义，而音系单位在言语语音串处理过程的第一阶段并不一定与句法成分同构。因此，这些音系单位，即在本书前面诸章里已论证过应赋予独立地位的韵律成分，尤其是音系短语和语调短语，可以看作是连接语言语音和对这些语音串的语义予以阐释的纽带。也就是说，它们为听话人提供了从对音段序列的感知到最后对该序列句法分析过程的必要桥梁。实际上，这亦是韵律成分本质的使然。也就是说，由于这些成分范域的构建是基于句法概念，故一旦听话人辨识出某特定句子的韵律结构后，那么这一结构便可以通过一种与最初生成韵律成分的映射过程相反的方向跟适当的
句法结构相连。因此，只有那些在韵律结构中直接反映出来的句法结构才 270
能被听话人感知，正因为这一原因，其结果恰恰是只有那些跟不同释义相对应的具有不同韵律结构的歧义句才能消除歧义。而那些跟在韵律结构中没有反映出来的不同释义相对应的句法差异则无助于句子歧义的消除。据此，我们可以得出结论，为未来言语分析第一阶段提供理据的是韵律结构而非句法结构。但这并不意味着，句法与言语感知处理的第一阶段毫不相干，只是说其相关性不是那么直接而已，它需要借助特定话语的韵律结构来实现。

注释

① 此处讨论的感知测试代表了内斯波和沃格尔（1983b）早期著作所描述的研究成

果，其中的数据既包括专门为本书的撰写所做测试的结果，也包括此前的测试结果，下面将会详细讨论。此外，9.1 和 9.2 节的研究先前已用意大利文发表，见 Vogel（1984b）。

② 参见库伊（Kooij，1971）对歧义研究的历史综述。

③ 由于我们的除歧测试是使用意大利语进行的，故我们将使用意大利语的例证贯穿于本次对歧义类型的讨论。

④ 这里所谈的是一种北方意大利语变体，其中两个元音间的 *s* 发作 [z]，且句法性叠音规则在助动词 *ha*（有）后面不能使用。

⑤ 本研究中，我们在所提出的句法歧义范畴并没有明确讨论阿尔曼（Ullmann）所提到的语音歧义这一分支类别。研究这种“音渡”现象无疑是饶有兴趣的，这在过去的韵律音系学框架内也得到了特别关注，尤见于美国结构主义语言学（如 Bloomfield，1933；Moulton，1947；Trager 和 Smith，1951）。

⑥ 与该句两个释义相对应的发音之间还存在着其他韵律差异，但此处所提及的似乎是最显著的差异。

⑦ 这里所讨论的测试是内斯波和沃格尔（1983b）报告的延伸研究。在测试里，我们使用了相同的例句，但受试者人数却从 20 增加到了 36 人。通过比对内斯波和沃格尔（1983b）与本文的结果后发现，我们事实上所讨论的是一种普遍现象，因为两个测试得出的模式极为相近。

⑧ 显然还存在着其他句法维度（如：内嵌深度）以及韵律维度（如：附着语素组），沿循着这些维度（歧义）句发生了可能的变化。鉴于当前所讨论的问题与句法和韵律这两个维度最直接相关，所以我们还是将注意力聚焦于前面两个维度。

⑨ 然而，此类句子在英语中十分普遍，如 *The French teachers met in the morning*（那些法语老师早晨碰面了）所示。

⑩ 该句子的两个释义从韵律结构来讲完全相同，这正是第 7 章所讨论的影响短语调
271 短语重构规则应用的结果。事实上，重构之前，*b* 中释义的韵律结构有所不同：[[[Marco]$_{\phi}$]$_{I}$ [[ha guardato]$_{\phi}$ [la ragazza]$_{\phi}$]$_{I}$ [[col canocchiale]$_{\phi}$]$_{I}$]$_{U}$。但应该注意，该句的正常发音是发生了重构。

⑪ 还应该注意，测试句子的两个版本之间偶尔也会出现拼字差异，但音段序列则保持不变，这也是我们测试的关注要点。

⑫ 在类型 *7b* 中，第 6 章所讨论的重构规则的应用产生了一个新的音系短语，这一事实导致该句的两个韵律结构产生了差异。此外，还应注意的是，类似的情况也出现在类型 9 的句子里，其中音系短语重构规则应用于 *9b*，但却不用于 *9a*。

第 10 章 273

韵律范域与《神曲》的诗律

10.0 引言

诗歌语言与普通口语语言不同，除了表现在语言层面外，其本身还具有自己的一套格律变化的抽象模式。诗律（Meter）可以被视为两个层面之间的一种现实存在，换句话说，“就是把简单的抽象模式变为词语序列的编码过程”（Halle 和 Keyser，1971：140）。[①] 这一中间环节是通过一系列作用于语言和抽象模式两个层面之间的对应规则来进行阐释的。[②]

不同流派的诗人和不同的诗歌传统或多或少都会严格地遵循这一抽象模式。在有些诗歌里，这一抽象模式必须得到严格遵守，而且在语言层面也会受到这样或那样的制约。一些词语由于无法跟这一抽象模式相互匹配，结果被事先排除在外。例如，扬抑抑格（长短短格）不能跟 *ràraménte*（很少）匹配，因为该词为扬抑格（长短格）。虽说大部分其他的词未被完全排除在外，但却只能出现在固定的位置。例如，*citta*（城市）这个词只能与扬抑抑格相配，它的第一个音节需对应于扬抑抑格音步末位，第二个音节对应于下一个音步的首位。然而，在结构更为复杂的诗歌作品里，如《神曲》（*Commedia*）（亦称 *Divina Commedia*），词语并不总是一定要屈就于抽象模式，有时这种模式本身会随着语言自然节奏的作用发生一定的变化。

为了最终能得出诗歌的节律诗行，应用于两个层面的各类对应规则在很多方面都受到了种种制约。格律理论的目的之一就在于对制约条件作出阐释。

诗歌的抽象模式最好用层级的方式予以表征（见 Kiparsky，1977；Piera，1982）。我们不妨把这种层级的终端节点称为节律位（metrical positions）。在诗歌里，诗行所包含的音节个数亦为诗律的重要组成部分，
274 诗中的节律位往往要与语言层面的单位“音节”相互呼应。然而，两个层面的对应配位并不总是那么直截了当，因为节律位跟音节并不总是表现为一一对应的关系。而格律理论必须对如何解决此类不对应现象给予阐释。我们越是接近较高层面，问题也就接踵而来了：使用哪一种语言结构才能更加有效地阐释语言和抽象节律模式两者之间的冲突问题呢?

常常有人认为，为了阐释某些节律规律，我们必须把句法结构考虑进来（尤见 Elwert，1968；Kiparsky，1975，1977；Di Girolamo，1976；Beltrami，1981）。例如，埃尔沃特（Elwert，1968）就曾指出，在诵读意大利诗歌时，必须考虑特定文本中用词的句法价值。此外，基帕斯基（Kiparsky，1975，1977）更加明确地指出，为了对某些节律现象的语境给予说明，我们还必须考虑表层句法结构成分的划分。尽管句法在格律的组织方面发挥了一定的作用，但我们相信，在决定节律规律方面跟句法概念唯一相关的是体现在韵律结构中的概念。故本文将不再直接参照基帕斯基提出的句法结构。其实，本书所提出的语法组构的预想是，在对诗律一类本质上属于音系现象的解释方面，规则不可能穿透比深层音系结构（即：韵律成分划分）更深的层面。

本章，我们将论证，在意大利语诗歌传统最为常见的诗歌类型（即：十一音节诗行）里，解释其中规律变化的恰恰是韵律结构而不是句法结构。我们的研究发现跟海斯（将刊出）的结果完全吻合，后者是率先提出韵律结构与诗律相关性的学者。他对英诗的分析主要利用了词以上层面的所有范畴，这里我们将主要侧重于音系短语层面。

构成以下讨论实证基础的数据来自于但丁（Dante Alighieri）《神曲》

三部曲的第一部《地狱》（*Inferno*）篇。但我们偶尔也会从另外两部圣诗《炼狱》（*Purgatorio*）和《天堂》（*Paradiso*）中选取一些诗行为例。

10.1　十一音节诗行的节律层级

诗律的抽象格式一般呈建筑形式组构，独立于与其相关的语言层面。在音乐里，调（tone）组成主格调（motives），主格调组成乐节（phrases），乐节再构成乐段（periods）（参见 Cooper 和 Meyer，1960：2）。同理，在抽象的节律模式里，节律步（metrical feet）组成格律单元（cola），格律单元组成诗行（lines），诗行再构成三行押韵诗句（tercets）等等，不一而足 275
（尤见 Piera，1982）。我们将这种层级称为节律层级。

在十一音节诗行的具体范例里，每一行都含有 10 个相关的节律位。第十个节律位一向为重音位，其后视情况而定跟一个或两个节律外音节（extrametrical syllables）。这些节律位便构成了节律层级的终端节点。把第十个节律位的右侧音节视为节律外音节的依据是：事实上它们不被算在诗行组构的基本节奏韵律里。诗行是否存在韵律外音节主要取决于最后一词的主重音位置。这就是说，如果最后一个词是词末重音的话，那么该诗行便没有节律外音节。相反，如果最后一个词为倒数第二或倒数第三音节重读的话，那么该诗行就分别包含一个或两个节律外音节。因此，以下（1）中所示的 3 个诗行的结尾方式从节律角度来看完全相同（见 Piera，1982），尽管节律外音节对诗行的实际节奏的的确确产生了一定的影响。

（1）　a. ...il cár　　音节
　　　　　　9 10　　位置
　　　b. ...il cáro　　音节
　　　　　　9 10　　位置
　　　c. ...il cárico　　音节
　　　　　　9 10　　位置

诗歌均具有一套体现底层格律特点的基本模式（见 Kiparsky，1975）。

就十一音节诗行而论，我们认为，10 个相关的节律位可划分成抑扬格（短长格）的节律步（见 Fussel，1965；Keyser，1969），即支配两个节点的音步，其中的左节点标记为 *w*（弱），右节点为 *s*（强）。[3] 提出这样一种底层模式的优点在于，我们提出这样的假设，十一音节诗行的诸多特征便能够得以解释。首先，十一音节诗行的绝大部分都整齐划一，皆为抑扬格律。其次，提出底层为抑扬格的假设，便可以自动地解释为什么节律重音倾向于落在偶数音节位（正如其他诗行所见）的这一现象了。最后，抑扬格模式也为跟在末尾重读音节后的节律外音节这一事实提供了佐证。这就是说，如果抽象模式为抑扬格，在末尾重音位的后面便不能再有节律位了。

在节律层级中高于音步的层级是格律单元（colon）。皮尔拉（Piera，1982）指出，格律单元可含有两个或三个节律步（metrical foot，MF），
276 在十一音节诗行里每个格律单元的最右侧位置都含有最强终端成分（即带节律重音）。其中，皮尔拉使用了工整的偶分格律单元，如（2）中十一音节诗行的抽象模式所示。我们尚不清楚在节律步和格律单元之间是否存在任何理据支持所提出的额外（划圈的）成分，即第一例的 3 至 6 和第二例的 7 与 10 中的所有音节位都不构成相关的节律单位。因此，我们选择用（3）的形式来表征十一音节诗行的两个基本模式（亦见 Hayes，将刊出）。节律树的几何表征与韵律树的完全一致。

（2） 偶分十一音节诗行（binary branching hendecasyllables）

a.

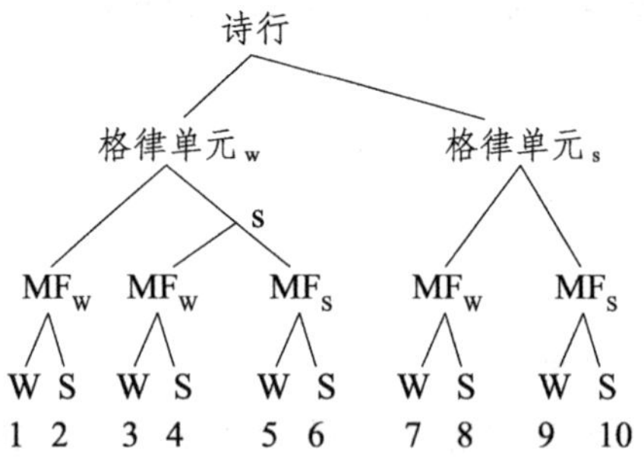

b.

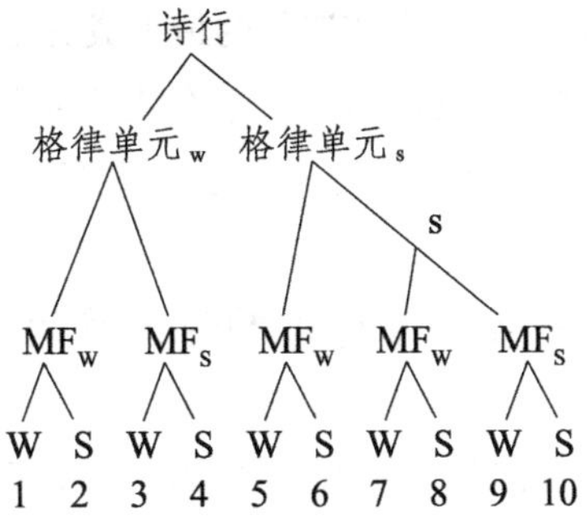

（3） 多分十一音节诗行（n-ary branching hendecasyllables）

a.

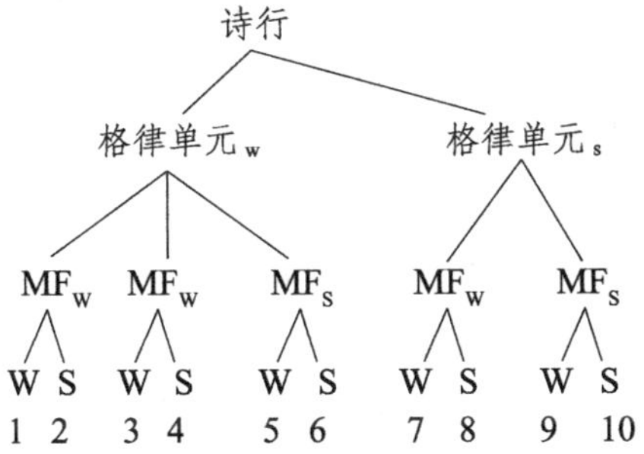

b. 277

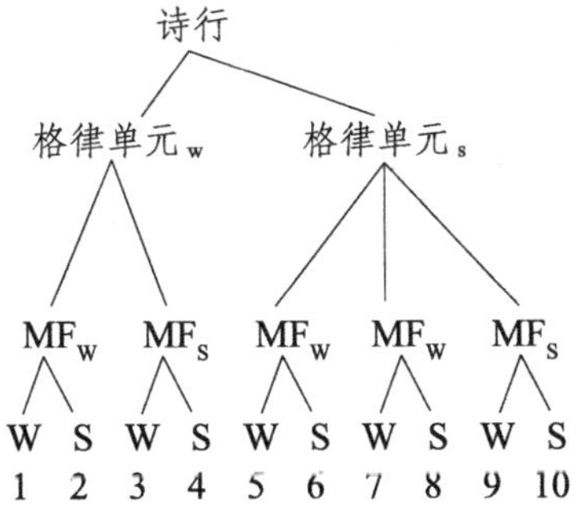

皮尔拉所给出的十一音节诗行最基本特征之一（但据我们所知，尚未给出解释）源自于格律单元成分的假定：在大多数十一音节诗行里，主重音或位于第 6 音节，或位于第 4 音节，即第一格律单元最右侧两个可能的（强）节点——而主重音落在第 10 个音节的情况总是占据第二格律单元的最右侧节点。

从（3）中可知，十一音节诗行的最大成分是包含两个格律单位的诗行。其中，右分支标记为强节点 *s*，左分支为弱节点 *w*。这就解释了，诗行中的第十个音节位比前面任何一个音节都要重的这一事实。

10.2　十一音节诗行与韵律范畴的基本对应规则

在开始讨论《神曲》十一音节诗行的重音突显位置之前，我们首先依次列出有关这些诗行特点的一些评论。首先，需要注意的是，在讨论《神曲》的节奏模式时，没有人能够肯定这部作品就是出自但丁本人之手。《神曲》是部三部曲长诗，共有 14, 233 行诗句，成稿于 14 世纪初，但原稿已不复存在。随着数百年的誊写代代相传，其原始版本在许多方面都已经历了无数次的修改，诗律亦不例外。正如贝尔蒂内托（Bertinetto, 1973: 56）所指出的那样，《神曲》的节奏形式很可能深受彼特拉克（Petrarch）[1] 已奠立完善的诗律格式的“规范化”影响。在本分析中，我们所采用的是彼得罗基（1966/67）《神曲》的评述版。

就十一音节诗行本身而论，应该注意的是，它具有一种独特的节奏模式。在该模式里，既有较突显的音节位（即节律重音位），也有
278 不突显（或非重读的）弱音节位。诗行中的节律重音通常被称为强音（ictus）。众所周知，在吟诵《神曲》时，如同大多数诗歌的吟诵一样，至于有多少强音以及哪些音实际上重读，诵读时也有一定的灵活性（亦参见 Bertinetto，1973；Di Girolamo，1976）。在诗歌的实际吟诵过程，有很多不同的因素都在起决定作用，其中包括诵读的语速。然而，我们在此不去讨论这些行为要素，因为我们的兴趣只在于诗歌的语言能力（competence）。尽管如此，需要提醒的是，对于同一诗行的两种诵读方式的差异程度也可能迥然不同。一端是基帕斯基（1975：585）所谓之的“把机械的交替节奏施予诗篇的男生模式，即按照诗的底层节律模式

1　Francesco Petrarca（1304—1374），意大利诗人，文艺复兴第一个人文主义者，被誉为“文艺复兴之父”。——译者

来吟诵”。而另一端的诵读方式为，几乎完全遵照日常语言的节奏交替模式，即按照跟散文极其相似的风格吟诵。在本章，我们讨论的焦点不是《神曲》的不同诵读方式，而是其节律的组构（尤见 Jakobson，1960；Bierwisch，1966；Halle 和 Keyser，1966；Kiparsky，1975）。哈利和凯泽（Keyser）（1966：372）曾明确表示：“一首诗的格律在很大程度上决定了它诵读的表现形式。然而，它却又不能完全决定其诵读方式，这好比一部奏鸣曲的配乐无法完全决定它的表演方式一样”。正如语言学理论的目的旨在描述语言能力，诗歌格律理论的目的则在于描述诗歌能力。考虑到这一点，我们接下来将探究，上述 10.1 节中十一音节诗行的基本格式是如何跟语言层面相互配位的？

如上所述，十一音节诗行有 10 个相关的节律位，其中的第十个一向为节律重音位。这一重音位与承载词主重音的音节互配。④ 由于意大利语的大多数词重音均落在倒数第二个音节上，因此《神曲》的大多数诗句都带有一个节律外音节（如（4）中的范例所示），诗行下的数字表示其所在的位置。如果诗行最后一词为倒数第三音节重音，那么就会出现两个节律外音节；如果最后一词为末尾重音的话，便没有节律外音节，分别由（5）和（6）所示。⑤

（4） a. Stavvi Minòs orribilmente e rínghia: 《地狱》, V, 4

1 2 3 4 5 6 7 8 9 10

'There stands Minos, horrible and snarling:'

（米诺斯伫立在那里，狰狞地咆哮着：）

b. essamina le colpe ne l'intráta; 《地狱》, V, 5

1 2 3 4 5 6 7 8 9 10

'upon the entrance he examines their offenses;'

（他守在入口处，审查着他们的罪行；）

c. giudica e manda secondo ch'avvínghia. 《地狱》, V, 6 279

1 2 3 4 5 6 7 8 9 10

'judges and dispatches (them) according as he entwines.'

（依照他自己缠绕的圈数来判决和打发他们。）

（5） Seguendo 'I cielo sempre fu durábile　　《天堂》, XXVI, 129

1　2　3　4 5 6　7　8 9 10

'durable forever...following the heavens'

（……随上天的意愿……保持经久不变）

（6） fuor vivi e però son fessi cosí　　《地狱》, XXVIII, 36

1　2　3　4 5　6　7　8 9 10

'...in their lifetime...and therefore are thus cleft'

（在他们有生之年……，因此他们都被砍成这般光景）

我们从上述例子[6]还可以看出，在第十个位置前的节律位跟音节并不总是一一对应的关系。例如，在（6）中，第三个节律位与两个音节 *vi* 和 *e* 匹配。对于这种传统上称之为元音融合（synaloepha）的现象，一个必要的条件是：第一个音节必须以元音结尾，第二个音节必须以元音开始。然而，元音毗邻在意大利语并不是元音融合的充要条件，如在（7）中诗行的第八和第九个位置则出现了相反的情况，即传统上称之为元音分离（dialoepha）的现象。

（7） come bevesti di Letè ancoi;　　《炼狱》，XXXIII，96

1　2　3 4　5 6　7 8 9　10

'how you have drunk of Lethe this very day'

（你是如何就在今天饮了莱特河的水）

这里重要的是应注意：元音融合一旦出现，其中两个音节在语音上没有多大变化——它们虽然被当作一个节律位，但其发音却保持完整。这里，我们对元音融合及其相关现象将不予详细讨论，因为那样的话会使我们大大偏离了讨论的主题。（关于意大利语诗歌此类现象的讨论，尤见 Elwert，1968；Beccaria，1970；Di Girolamo，1976。）

目前为止，我们已经讨论了节律层级的最低成分（节律位）是如何跟韵律层级的最小成分（音节）相互配位的。我们现在来讨论节律层级的第二层：节律步（metrical foot，MF）。我们提出，节律步与韵律层级的第二层（韵律步）互为匹配。这两者之间的最佳配位表现为：节律步的强节点对应于韵律步（Σ）的强音节。（应该注意：在 Σ 层级并没有对
280 词的主、次重音进行区分；这一点只见于与词本身相关的现象。）这里，

我们姑且把重音的音步层与诗篇的次强音（secondary ictus）相对应。在音步层两个层级的最佳配位结果便是工整的抑扬格律，如下所示。(8)至(16)中范例的重读标记标示出了主、次重音。所有音步层的强音都在相对应的节律位上方标有一个 x，但更高层级的节律突显则未做标记。

(8)　　x　x　x　x　x

a. Nel mézzo del cammín di nóstra víta　《地狱》, I, 1

1　2　3　4　5　6　7　8　9 10

'Midway in the journey of our life'

（就在我们人生旅程的中途）

x　x　x　x　x

b. mi rìtrovái per úna sélva oscúra　《地狱》, I, 2

1 2 3 4　5 6 7 8　9 10

'I found myself in a dark wood'

（我却发现自己置身于一片黑林之中）

x　x　x　x　x

c. Lo giórno se n'andáva e l'áere brúno　《地狱》, II, 1

1　2　3　4　5　6　7　8　9　10

'Day was departing and the dark air'

（白昼正在消逝，朦胧的黄昏）

x　x　x　x　x

d. togliéva gli ànimái che sóno in térra　《地狱》, II, 2

1　2 3　4 5　6　7　8　9　10

'was taking the creatures on earth'

（正在使大地的一切生物……解脱）

这些示例还揭示了《神曲》十一音节诗行的另一特点，即单音节词是否重读取决于它在抽象节律模式里所处的位置。因此，(8a)中的介词(加冠词)*del*(……的)便带有次强音，而(8b)中的介词*per*(为了……)则不带重音。这是所有单音节词（乃至附着语素）的一大特点，如(8c)中的附着语素 *se* 带次强音。

就强音的位置而言，单音节和多音节词的不同表现并不是意大利语诗篇的独有特征。雅柯布森（Jakobson，1960）曾指出，俄罗斯语诗歌的一个不变特点是：只有当词重音属于单音节词时，该重音才会跟抽象模式里的弱位一致。基帕斯基（1975，1977）表明，在英语五步抑扬格诗律中，只有当弱音位出现在单音节词上时，基本模式中的弱位方可以与语言层面的任意重音相对应。

直至目前，我们所给出的基本模式的节奏变化还无法完全解释十一音节诗行的格律变化，因为这五个强音突显的表现并不完全一致；也就是说，一些音比另一些要强。在节律层级中，支配节律步（韵律单元）成分强节
281 点的重音比对应的弱姊妹节点强。现在的问题是，要确定该节律强音位是以何种方式与语言层面的音节互配。具体而言，我们必须确定哪一种语言成分与这一配位相关。我们认为，韵律单元的最强终端成分（DTE）跟音系短语的最强终端成分互配便产生了主强音。这种最佳匹配或基本模式的范例见于以下（9）和（10），其中的主强音在次强音层上还标有另一个 x。

（9）

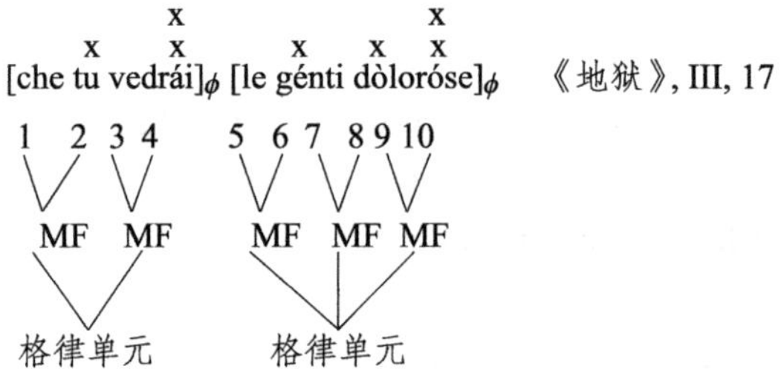

'you will see the wretched people'

（你会目睹那些悲惨的幽魂）

（10）

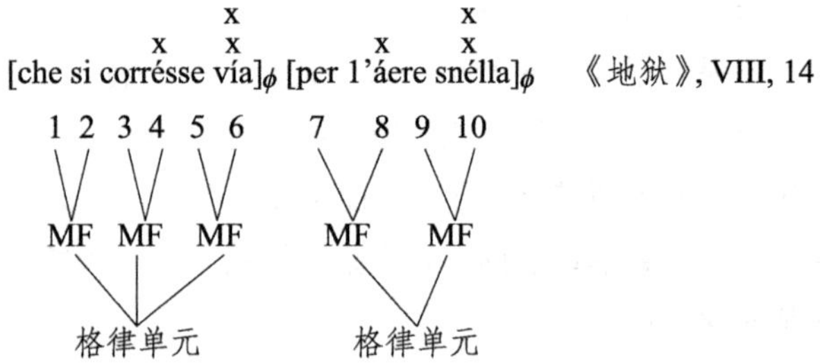

'that coursed so swiftly through the air'

（……它凌空掠过神速飞驰）

（9）中的示例便是传统上所谓的爱奥尼亚小音步（*minore*）十一音节诗行，（10）中的则为爱奥尼亚大音步（*maiore*）十一音节诗行。[1] 在本文所给出的框架内，对这种传统的划分形式以及上述两类最常见的十一音节诗行的实际情况都给予了证实，因为它们恰恰与两种基本模式相互对应。在不使用节律层级对十一音节诗行进行解释的框架里，爱奥尼亚小音步和大音步十一音节诗行之间的差异不是关注的要点，正如埃尔沃特（Elwert，1968）的观察那样，因为它只是对最常见诗行类型进行分类的一种方式，但没有任何实际证据的支撑（另见 Leonetti，1934—38）。应该注意的是，尽管（9）和（10）中的韵律单元与音系短语匹配完美，但这并不是十一音节诗行的合格性制约条件。这种匹配应为两个层级成分的最强终端成分而不是成分本身之间的匹配。因此，（11）中的诗行便是基本模式的示例，尽管第二韵律单元包含对应于最强终端成分恰好跟第一韵律单元的最强终端成分互配的音系短语的末尾音节位。

（11）　x　282

x x x x x

[cosí facé van quívi]$_{\phi}$ [d'ógne párte]$_{\phi}$　《地狱》, IX, 116

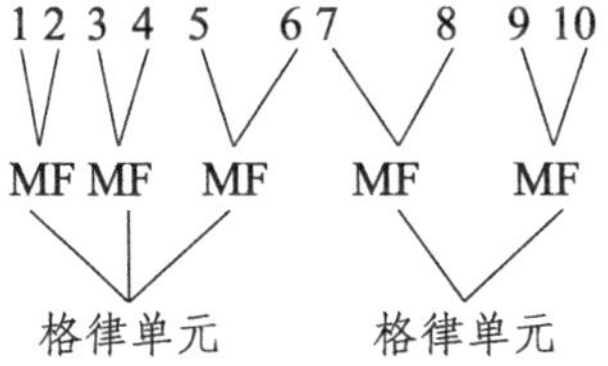

'so they did here on every side'

（这里的四周到处都是一样）

由主强音所产生的节奏模式表现为，在每个示例中位于两个强音位之间，抑或位于一个强音位和诗行末尾之间，至少有一个或两个以上的弱位。这与解释构建趋向于偶分模式这一事实的节奏交替变化的普遍性原则高度一致（尤见于 Sesini，1938，1939；Chatman，1965，1972；Savoia，

1　*maiore*（爱奥尼亚大音步）指以两个长音节起始的爱奥尼亚音步；*minore*（爱奥尼亚小音步）则指以两个短音节起始的爱奥尼亚音步。——译者

1974—75；Selkirk，1984b)，这一趋向表现为，构建规律性的强、弱元素交替变化。三分模式实属偶分模式的一种变体（尤见 Liberman，1975；Kiparsky，1975；Hayes，1980）。而四分模式被认为是两个毗邻的偶分模式之和。同理，含有四个以上元素的模式往往被视为是一个偶分加上一个三分模式的序列。考虑到爱奥尼亚大音步十一音节诗行的基本模式（重新列于（12a））以及节奏交替原则，在第二个位置上添加一个主强音后便可得到节奏感更强的效果，如（12b）所示。[7] 于是，带有三个而非两个韵律单元的诗行便由此产生，这就解释了一行十一音节诗行不一定只有一个节律停顿，在某些情况下也可以是两个（尤见 Sesini，1939；Elwert，1968）。

```
（12） a.            x       x      b.  x       x       x
          x   x   x   x   x          x   x   x   x   x
        . . . . . . . . . . .      . . . . . . . . . . .
```

其实，在《神曲》中有些爱奥尼亚大音步十一音节诗行正是这一模式的例证，如（13）所示。[8]

```
（13）          x            x
      a.        x      x     x       x    x
        [Nel mézzo]ϕ [del cammín]ϕ [di nóstra víta]ϕ
```

《地狱》, I, 1

'Midway in the journey of our life'

（就在我们人生旅程的中途）

```
             x          x          x
             x     x    x     x    x
      b. [Temp'éra]ϕ [dal princípio]ϕ [del mattíno]ϕ
```

《地狱》, I

'It was the beginning of the morning'

（这正是拂晓时分）

```
           x            x          x
           x       x    x      x   x
283   c. [e'l sol]ϕ [montáva'n su]ϕ [con quélle stélle]ϕ
```

《地狱》, I, 39

'and the sun was mounting with the stars'

（太阳跟星辰一起正冉冉升起）

需要注意的是，在第二个位置上的主强音也与音系短语中的强节点相配。在这种情况下，该诗行包含的是三个音系短语，而不是两个。

总之，直至目前，我们已经提出，在十一音节诗行的基本模式里，次强音与韵律范畴音步的最强终端成分相对应；主强音则与音系短语的最强终端成分相对应。其中对单词主重音和次重音未做任何区分，这也就意味着，在强音的基本指派方面，单词并没有多大作用。

至此，我们所讨论的所有次重音均位于主重音的左侧。在一个单词内部次重音是否会出现在主重音的右侧，目前仍是个颇有争议的问题（尤见 Camilli，1965；Di Girolamo，1976；Bertinetto，1979；Vogel 和 Scalise，1982）。就节律而言，我们始终认为，倘若次重音出现在单词主重音的右侧，交替变化的音节从最右侧算起可能会跟节律步的强节点相匹配。这就是说，这些音节可能成为诗行中的次强音，如（14）所示。其中 *vergine*（贞女）一词的主重音位于第一个音节，但最后一个音节也同样为次强音。

（14）
```
              x                 x
     x        x      x     x    x
Per cui morí la vérgine Camílla      《地狱》, I, 107
```
'for which the virgin Camilla...died'

（为此圣女卡米拉……不幸献身）

主重音右侧的交替音节（一向从最右侧算起）不仅可以在词内获得次强音，也可以在较大的附着语素组内获得，如（15）所示，如附着词素 *li* 就带有一定程度的重音。

（15）
```
   x        x                 x
   x  x     x            x    x
e vídili le gámbe in su tenére      《地狱》, XXXIV, 90
```
'and saw him with his legs held upwards'

（看到的他双腿向上伸挺着）

就主强音和音系短语在重音指派中的作用而言，我们现在要表明，在所提出的十一音节诗行的基本模式中，能够帮助我们解析主强音位置的是 284
韵律层级的音系短语，而不是句法成分。需要注意的是，音系短语范域和句法结构之间存在的主要区别是，音系短语可以出现某种形式的重构，而句法结构则不能。换言之，在意大利语中，音系短语可以通过重构把中心语的第一个无分支补语包括进来，但如果是分支结构的话，便不能包括第一个补语或任何其他补语。不同类型补语之间的此类区别是无法使用句法成分加以呈现的。从对《地狱》的分析中，我们可以得出，在中心语加无分支第一补语的结构中，主强音只能落在补语上；而在中心语加分支补语的结构中，则会出现两个主强音，一个位于中心语，另一个位于补语的右分支。两类诗行的这一对比如（16）所示，其中仅标出了相关的音系短语和主强音。

（16）

```
                x
         x      x
a. Genti [che l'áura néra]φ si gastiga?
```

a. Genti [che l'áura néra]$_\phi$ si gastiga?　《地狱》, V, 51

'People that are so lashed by the black air?'

（人们惨遭那昏暗空气的折腾？）

```
                    x              x
            x       x     x        x
b. Dico [che quándo l'ánima]φ [mal náta]φ
```

b. Dico [che quándo l'ánima]$_\phi$ [mal náta]$_\phi$　《地狱》, V, 7

'I mean that when the ill-begotten soul'

（我是说：当那生来不幸的灵魂）

在（16a）中，*nera*（黑色）一词是名词 *aura*（空气）的无分支形容词补语，重构后跟名词中心语归并为一个音系短语，其中主强音只有一个（见例句）。而在（16b）中，*mal nata*（邪恶的，非法的）一词为名词中心语 *anima*（灵魂）的分支补语，故不能重构，其中出现有两个主强音，一个位于 *anima*，另一个位于 *nata*（见例句）。这些事实从韵律范畴音系短语的角度可以给出简单明了的解释，即假定在《神曲》中音系短语重构趋向于最大限度的应用。相反，若是从句法结构出发，这些是解释不通的，因为（正如前面第 2 章所讨论的那样）分支补语与无分支补语之间的差异无法在句法成分中得以呈现。

概而言之，我们在本节提出了《神曲》基本模式的一种解释方案。这些模式正是抽象的节律层级与韵律结构之间相互匹配的结果。按照我们的方案，当节律层级两个范畴的最强终端成分（节律步和韵律单元）跟韵律
285 层级两个范畴的最强终端成分（音步和音系短语）相互匹配时，其基本模式也就建立了起来。诚然，这绝不是《神曲》诗篇所现的唯一模式，随着

我们在下一节对众多派生模式（即通过应用其他对应规则产生的模式）的讨论，这一点将会更加清楚。

10.3　其他对应规则

本节，我们将讨论这样一些规则：这些规则把 10.2 节所讨论的基本模式之一作为输入，同时把我们所谓之的派生模式作为输出（见 Kiparsky，1975）。在诗歌的语言成分跟节律层级互配构成诗行的过程中，每当这两个层面之间的突显关系出现了互配错位（mismatch）时，这时就需要应用附加对应规则了。某一诗行偏离该诗基本模式的程度标示了该诗的复杂程度（见 Halle 和 Keyser，1971；Piera，1982），又称诗的张力（tension）（见 Kiparsky，1975；Di Girolamo，1976）。因此，我们在本节将要讨论的诗行比此前的要复杂得多。

有两类对应规则的应用可以产生派生模式：一类是节律层级的调整规则；另一类为韵律层级的调整规则。于是，这两类规则也被称为节律规则和韵律规则。这里，我们并不打算对《神曲》的派生节律模式给予全面的阐释，即我们并不指望对但丁十一音节诗行的对应规则做出穷尽式的讨论。相反，我们将把重心聚焦于对这两类规则例证的讨论，亦即着重讨论可以展示韵律层级在界定这些规则作用于诗行的应用范域起着关键作用的规则。

尽管派生模式通常被视为对基本模式的偏离，但我们必须牢记，就节奏的质量而言，这并不隐含着任何贬义色彩。为了澄清这一论点，雅柯布森（1960：364）对基本格律的偏离与“政变”（*coups d'état*）企图之间给出了非常形象的对比。假如政变成功，政变的阴谋者便摇身变成了法律的化身。同理，“如果对诗律的违反占了上风，那么它们自然也就变成了节律规则”。

10.3.1　节律规则

十一音节诗行可使用一组节律规则来描述，这些规则可以在语言结构的作用下对基本的节律模式加以调整。也就是说，语言层面能把自身的节奏变换施于某些案例。这里，我们将重点分析节律倒置（Inversion）这一
286 现象（见 Fussel，1965；Kiparsky，1975；Piera，1982；Hayes，将刊出），即在抑扬格节律步中出现的重、轻音节序列的交替变化现象。该现象可用节律步中强弱节点转换的节律规则予以解释，详见（17）所示。

（17） 倒置

如果在某一诗行只出现一次节律倒置，且在诗行的第一个节律步内未出现倒置的话，该规则便会引发强音冲突，如（18）所示。这一冲突结果导致了对节奏变换原则的违反。

（18） .... x. x ... → x   x. ...

我们在第 6 章曾提到，在日常口语里，意大利语的毗邻音节主重音仅现于跨两个音系短语。在音系短语内，一些规则的应用确保了重音冲突得以消除。重音后缩规则（Stress Retraction）便是其中之一。我们从对仅含有一例倒置的《地狱》篇的许多诗行的分析中可以看出，两个毗邻的强音元素总是出现在两个不同的音系短语。换言之，倒置规则只作用于音系短语的起首。这绝不是意大利语十一音节诗行的独有特征，海斯（将刊出）表明，倒置规则亦应用于英语五步抑扬格音系短语的起首位置，尤见于莎士比亚、弥尔顿和雪莱的诗作。海斯还表明，倒置范域的句法定义（正如 Kiparsky（1975）所指出的）并不能解释所有现象，因为“倒置”似乎只是在分支和无分支补语的区别方面作用明显。正如我们指出的那样，这种区别已被音系短语的定义所涵盖，而同样的区分却无法在句法成分内得以体现。同理，在《地狱》篇中，倒置规则的示例往往现于直接跟在中心语后面的分支补语的第一个词（如（19）所示），即出现在占居 *alcun* 补语的第一个分支 *degno* 一词的位置，即 *degno di nota*。然而，在无分支补语的唯一一个单词的类似例证中却未见有倒置出现。

（19）

```
                        x   x
   x     x      x   x        x
Se tu ne vedi alcun degno di nota
```

Se tu ne vedi alcun *degno* di nota 《地狱》, XX, 104

'If you see any that are worthy of note'

（如果你看出其中还有什么值得留意）

意大利语十一音节诗行及英语五步抑扬格诗行的倒置现象均属于需要 287
参照韵律层级范畴节律规则的案例。

目前，从我们的讨论中可以看出，无论是普通语言，还是诗歌，相对于违反更普遍的节奏变换原则，跨音系短语冲突似乎是可以容忍的。然而，事实并非如此。就普通语言而言，尾音延长（Final Lengthening）这一音系短语界限规则（见第 6 章）可以阐释为，在两个重音之间留出足够的空间会使人感到两个毗邻的重音可以接受。在诗中的重音冲突似乎比普通语言里的更让人无法容忍。事实上，塞西尼（Sesini，1939）所发现的现象恰恰符合语音层面节奏变换的重建。在对彼特拉克（Petrarch）著十一音节行诗的分析中，塞西尼指出，两个强音节序列的后面总是跟有两个弱音节。事实上，这跟我们的节律层级并行不悖，除非倒置出现在不含任何节律外音节的十一音节诗行的最后一个节律步里。（需要指出的是，我们只分析那些这一规则一次应用的诗行。）倒置规则的应用语境如（20）图所示，诗行中的相关部分由下划线表示。

（20）

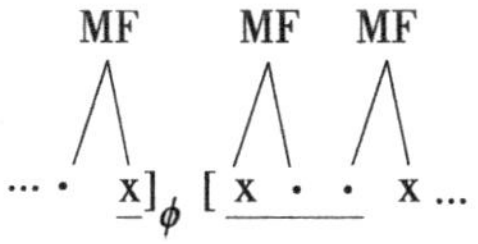

塞西尼指出：节奏变换在语音层面可以重构。首先，在两个强音之间插入一个小的停顿。塞西尼把这一停顿称之为“*silenzio musicale*”（musical silence= 音乐静音），该停顿在感知上具有诗歌中一个音位的同样长度。其次，跟在两个重读音节位后面的两个弱位会出现某种程度的缩减，弱化为一个节律位。如（21）中给出的十一音节诗行于是便拥有了由音符时值所标示的节奏模式，见（22）（引自 Sesini，1939：562）。

（21）

```
               x          x
  x    x       x  x       x
e li parenti miei furon lombardi
1 2  3 4 5     6  7 8  9  10
```

e li parenti miei furon lombardi 《地狱》, I, 68

1 2 3 4 5 6 7 8 9 10

‘and my parents were Lombards’

（我的父母祖籍伦巴第）

（22）

```
          x x · ·
1 2 3 4 5 6 7 8 9 10 11
```

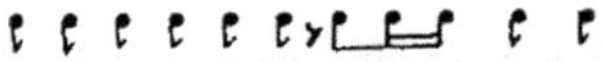

288 应该注意，本文所关注的是诗的节奏能力，而不是诗行的表现行为，正如塞西尼的分析所得“*quello che awiene nel nostro istinto ritmico*”（that which happens in our rhythmic instinct = 即在我们节奏直觉中实际所发生的）。

在韵律音系学的术语中，以上所描述的现象可以用两条参照音系短语的规则加以解释。第一条规则是*无声位插入规则*（Silent Position Insertion），即在两个音系短语之间的诗行里插入一个无声音位。[9] 第二条是*弱化规则*（Reduction），即把对应于音系短语弱节点的两个节律位弱化为一个。必要时，两条规则可同时用于重建基本抑扬格的格律模式。

塞西尼（1939）还注意到，有一种观点支持自己的论点，表现为在两个（否则会）相互冲突的强音之间所插入的位置不一定是一个无声位。在许多情况下，通常出现冲突的两个位置之一跟语言层面上的两个音节相对应，即存在着元音融合现象。这样一来，从某种意义上讲额外语音位已经存在。（23）所给出的便是这一情况的实例，[10] 其中的第七节律位与语言层面上的 *mo* 和 *o* 两个音节相对应。

（23）

```
    x            x      x          x
·   x  · x    ·  x      x  ·  ·    x
```

Rispuosemi: ‘Non omo,]$_{\phi}$ [omo già fui 《地狱》, I, 67

1 2 3 4 5 6 7 8 9 10

‘“No, not a living man, though once I was” he answered me’

（“不，不是个活人，尽管过去曾经是”他答道）

彭宁斯（Pennings，1985）曾指出，两个毗邻强音之间的元音融合

（synaloepha）只是但丁用来增加两者之间间隔的一种手段，其他用于缓和冲突的方法还有元音缩合（synaeresis）和元音删除。元音缩合与元音融合具有相似的功效，区别之处仅仅在于它只出现在没有词的情况下[1]。相反，元音删除指删除词末元音以及支配该元音的音节节点。于是，该音节的首辅音就变成了前面音节的尾音部分。该音节及其与之相关的韵律位，因此也就包含了比删除后面音节节点前更多的音段。元音融合、元音缩合和元音删除这三种现象，都具有一种共同的功效，这就是在两个强音之间产生额外的语音成分，使额外节律位的插入变得更加自然。

在本节，我们已举例说明，节律规则的应用——即对诗行基本节律模式进行调整的规则——是如何受划分成音系短语的对应语言成分的组构所制约的。我们在下一节将论证，就韵律规则而言，为确立抽象的节律模式 289
和语言结构之间的对应配位，高于音步的相关语言学层面即为音系短语。

10.3.2 韵律规则

当诗韵与语言发生冲突且诗韵“胜出”时，韵律规则在诗行的派生过程中发挥了作用。接下来，语言便开始作出一些调整，这在日常口语中并不典型，但跟抽象的节律模式联系起来看便一目了然了。在某种意义上讲，跟日常语言相比，诗歌语言更具有弹性。对《神曲》中的韵律规则——即但丁的语言为了符合十一音节诗行的节律格式所进行的各种可能方式的调整，我们在此将不再一一阐述。相反，我们将把讨论的重点集中于重音冲突及冲突的解决方法上，以期重建理想的节奏模式。本文还将表明，针对具体的诗行，在决定采用什么方式来消解毗邻的强音方面，韵律范畴的音系短语起到了至关重要的作用。

下面，我们将以节律倒置规则所诱发的毗邻强音为例（见以上 10.3 所述）开始我们对冲突的分析。由于倒置位于音系短语的起首，所以永远

1　元音融合指通过缩减，把跨词界的两个元音合并为一个音节的现象；而元音缩合指把一个单词内相邻的两个元音加以合并。——译者

不可能在音系短语内部引发重音冲突。相反，实际情况历来是：冲突的强音总是位于音系短语末尾及下一个音系短语的起首。但是这些冲突的强度并不总是一模一样；虽然音系短语末位的强音均与音系短语的最强终端成分一一对应，但其后的强音可能与接下来的无分支音系短语的主重音或分支音系短语的弱节点对应。但不论如何，该节点都必须承载音步的最强终端成分。两种结构分别由（24a）和（24b）所示。

（24） a.

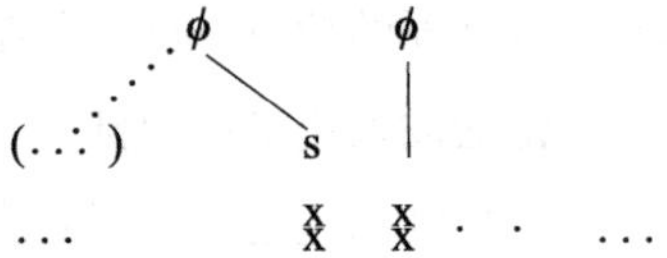

b.

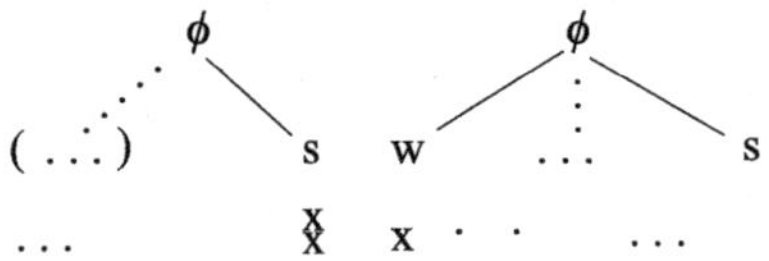

在上述两种情况中，我们可以看出，倒置规则所诱发的冲突在节律层面上其后都伴随有两个弱位（见 10.3 节）。

290 为了解释这些重音冲突得以化解的方式，我们提出以下十一音节诗行韵律规则的普遍制约条件，见（25）：

（25） 韵律规则的制约条件（十一音节诗行）

韵律规则永远不能影响主强音。

（24a）中所示的重音冲突含有两个主强音，故不可能在语言层面上化解，事实上，正是这一语境结构触发了 10.3.1 节中所给出的两条节律规则：无声位插入规则和弱化规则。然而，（24b）中的冲突表明，只有第一个强音才可能不受韵律规则的影响。而第二个强音原则上讲可能会向右移至后面的位置。因此，我们便有可能重构理想的抑扬格模式，如（26）所示。实际情况也正是如此。我们把解释重音移位的这一规则称作重音后置规则（Stress Postposing）。

（26） 重音后置（Stress Postposing）

```
     x              x
. . .x x . , . . . . . x . x . ...
```

应该注意的是，在（26）中，箭头左侧的语境结构正是触发上述两条节律规则的结构。于是，我们提出，韵律和节律两种方案皆为可行的解决方式，而选择哪一种方式则取决于我们对诗歌的理解。塞西尼（1939：559）曾指出，彼特拉克的十四行诗 *Quand'io son tutto volto...*（《当我转过身来……》）[11] 的诗行（见（27））可以有两种节律格式，见（27b）和（27c）。

（27） a. Tacito vo ché le parole morte

b. Tacito vó ché le paróle morte

c. Tacito vó ché lé paróle morte

'I go silent; for my dead words'

（我沉默不语；为我说出去的话语）

其同样的两种节奏格式皆归因于《神曲》的同类范例，如（28）和（29）所示。

```
（28） a.                 x          x
              x     x     x     x    x
           e volser contra lui tutt'i runcigli     《地狱》, XXI, 71
```

...　　...

```
                          x          x
        b.    x     x     x x        x                              291
           e volser contra lui tutt'i runcigli     《地狱》, XXI, 71
```

...　　...

'and turned all their hooks against him'

（所有人都把钢叉转过来，对准了他……）

```
              x         x          x
（29） a.     x    x    x    x     x
           La bocca mi bascio̗]φ [tutto tremante]φ     《地狱》, V, 136
```

...　　...

```
              x         x          x
              x    x    x    x     x
        b. La bocca mi basció]φ [tutto tremante]φ
```

...　　...

'... kissed my mouth all trembling'

（……全身颤抖着亲吻着我）

在上一节，我们讨论了韵律范畴音系短语在决定无声位插入和弱化这两个节律规则的应用语境方面所起的作用。这里，需要注意的是，如果前一音系短语的末位承载主强音的话，重音后置这一韵律规则便只作用于音系短语的弱节点，并将其重音向右移至该诗行后面的位置。在本书所给出的音系理论术语中，它属于音系短语音渡规则。因此，重音后置是韵律规则发挥效用以避免诗行出现强音冲突的第一个示例，其中主要使用了韵律范畴的音系短语。

现在，让我们再把目光转向与上述讨论完全不同的冲突类型，这些冲突不是节律倒置现象的使然。尽管倒置所引发的冲突表现为跨越两个音系短语，但其他类型的冲突并非如此。这就是说，我们可能遇到的其他冲突既现于音系短语内部，也跨音系短语。不同于倒置所引发冲突的第二个特征是，在诗行里冲突的后面往往跟随着两个弱位。与之相反，其他冲突的情况并非如此，他们通常是在前面有两个弱位，如（30）所示。[12] 应该指出的是，在音系短语内冲突显然不应出现在两个主强音之间。由此可见，这些冲突是主、次强音毗邻的结果，如（30）中的图形所示。

（30）
```
                x
...[... . . x x...]ø ...
```

在这种情况下，原来位置上的次强音受到了抑制（亦见 Beltramin, 1981），回缩至前面的位置（如（31）所示），结果重构了抑扬格这一模式。

292 （31） a.
```
             ⌒   x
.        .  x    x
ch'attende [ciascun uom]ϕ che Dio non teme
```

《地狱》, III, 108

'that awaits every man who fears not God'

（……等待着每一位不敬畏上帝的人）

```
             ⌒   x          ⌒   x
.          .  x  x     .    .  x  x
b. che drizzan [ciascun seme]ϕ [ad alcun fine]ϕ
```

《炼狱》, XXX, 11

'which direct every seed to some end'

（……撒下什么种子，结什么果）

该规则往往会使人联想起普通口语中出现的重音后缩规则，也是旨在避免音系短语内出现重音冲突（见 6.3 节）。在日常话语中，冲突在同一词内只能后缩至另一个音节，但这一限制却不适用于诗歌（见（32）)，其中的冲突强音位于一单音节词，但该重音却向左移至音系短语内的另一个词，见（32）。

（32） a.

x

·　·　x　x

Peró giri Fortuna]$_\phi$ [la sua rota]$_\phi$　《地狱》, XV, 95

'therefore let Fortune whirl her wheel'

（就让命运女神任意转动她的轮盘吧）

x

·　·　x　x

b. perch'i fu' ribellante]$_\phi$ [a la sua legge]$_\phi$　《地狱》, I, 125

'because I was rebellious to His law'

（因为我生前违抗过他的律法）

下面，让我们来看一下两个音系短语之间出现的冲突情况，但它们并不是“倒置”的结果。这里出现的冲突可能有两种情况：要么出现在两个主强音之间，要么出现在主强音和相邻的次强音之间。在第一种情况中，韵律规则都不能应用，因为对强音的任何调整都将违反上述（25）中所给出的韵律规则制约条件。而冲突周围的语境结构也不像 10.3.1 节所见的那样允许两条节律规则的应用，因为（正如我们所指出的）冲突往往不会出现在两个弱位之前。由此可见，在这种情况下，冲突往往会跟随在两个弱位之后。彭宁斯（1985）曾提出，在这些情况中，节律规则可以应用，这在本质上讲正是塞西尼（1939）发现规则的镜像。也就是说，在冲突前的两个弱位被弱化后，一个无声位插入了两个主强音之间。在这种情况下，其最终的结果表现为语音层面上的抑扬格节奏的重构。这些节律规则的应用见（33）。

（33）　x　x　x　293

x　x　x

Di subito drizzato gridó: 'Come?　《地狱》, X, 67

. . .　　. . .

'Suddenly straightening up he cried "How?"'

（他立马挺直了身子，吼道：“什么？”）

现在，我们再来看一下跨音系短语的主重音和次重音冲突的示例。原则上讲，这些冲突是可以使用韵律规则来解决的。应用于这些例子的具体规则为去重音规则（Destressing），如（34）所示。

（34）

```
                    Ø
          x         ↑    x
          x         x  . x
Noi veggiam,]ϕ [come quei]ϕ ch'ha mala luce
```

《地狱》, X, 100

'Like one who has had light, we see'

（我们好像那些视力出现了问题的人）

如上所述，由于此类冲突在诗行里其后面没有跟两个弱位，去重音规则删除冲突后，不会导致出现超过两个轻音弱位的错误。足见，节奏交替原则也因此得以遵守。在韵律音系学术语里，这是运用韵律规则以删除诗行中重音冲突的又一例证，但这也离不开参照音系短语。具体而言，去重音规则也是音系短语音渡规则的一个例证。

我们在上文已表明，一些韵律规则的应用范域可依据韵律层级的音系短语成分得以充分表征。接下来，我们将以《神曲》的若干诗行为例来说明，句法层级成分是无法胜任这一任务的。我们当下的讨论所依据的两条韵律规则是重音后缩和重音后置规则。这两条规则均可以作用于包含短语中心语及其第一个无分支补语范域。但当中心语的第一个补语为分支结构时，即使局部语境符合要求，该规则也不能应用。如上所述，这种区别已被融进了音系短语的定义，但它却无法在句法成分的基础上得到体现。（35）的诗行表明，当重音冲突位于短语中心语的末位和分支补语的首位之间，重音后缩规则便不能应用。

（35） Lasciáte ógni speranza, voi ch'intrate 《地狱》, III, 9

'Abandon every hope, you who enter'

（抛弃所有希望吧，你们这些进来的人）

294 此例中，由于动词 *lasciate* 的末尾音节（*te*）和 *ogni* 的首音节（*o*）之间出现了元音融合，所以下划线的冲突部分出现在了动词中心语 *lasciate* 的重音和补语 *ogni* 第一个词的重音之间。于是，重音后缩不再适用，冲突则必须通过其他方式来解决。如果我们用语调短语来描述重音后缩规则的应用范域，该规则在此无法应用的原因便一目了然了：即出现冲突的两个强音分属于不同的语调短语。相反，如果我们参照句法成分的话，则无法解释这一现象，因为同类句法节点（在本例中由$\bar{V}$表示）可支配中心词及其补语——而不论其是否分支。然而，重音后缩规则的使用条件是当补语为无分支结构，如（36）所示。

（36） a. io non ti verró diétro di gualoppo　　《地狱》, XXII, 114
'I won't follow you at a gallop'
（我不会飞奔着把你追赶）
b. Cagnazzo a cotal motto levó 'l múso《地狱》, XXII, 106
'Cagnazzo at these words raised his muzzle'
（卡尼亚佐一闻此言，便撅起了鼻子）

从中心语的分支与无分支第一个补语的表现来看，同样存在着与重音后置相关的不对称现象。正如我们上述指出的那样，如果有必要避免强音冲突，该规则可以把强音从语调短语的弱节点右移。（37）展示了重音后置的一种可能语境。需要注意的是，重音后置规则只是用于消除十一音节诗行中此类强音冲突的规则之一。

（37） di ch'ío]$_\phi$ [réndo ragióne]$_\phi$ in questo caldo.'　　《地狱》, XXII, 54
'for which I render reckoning in this heat.'
（在这沸水里煎熬，我是罪有应得。）

根据我们的观点，*rendo* 一词上的强音可向右移动，因为动词中心语 *rendo* 及其无分支直接宾语 *ragione* 构成了一个音系短语。因此，*rendo* 上的强音变成了次强音，即它与语调短语的弱节点相对应。但在（38）中，*andar* 和 *suso* 之间的强音冲突则无法用同样的方式予以解决。

（38） li occhi nostri n'andár]$_\phi$ [súso]$_\phi$ [a la cima　　《地狱》, VIII
'our eyes went upward to its summit'
（我们举目仰望着塔顶）

按照我们的观点，重音后置不能应用于这一例句的原因在于，副词中心语 *suso* 无法跟它的第一个补语构成音系短语，因为该补语为分支结构。

295 于是，*suso* 自身便构成了一个音系短语，承载着不受重音后置规则影响的主强音。此外，句法成分亦无法解释（37）和（38）中诗行所呈现的不同表现形式。

概而言之，本节的讨论表明，《神曲》十一音节诗行中的一些节奏现象可以通过一条韵律规则制约条件和三个韵律规则进行阐释。但所有这些都有必要参照节律及韵律层级，尤其是音系短语。这就表明，韵律层级（而不是句法层级）是《神曲》十一音节诗行韵律规则描写的相关语言层面。

10.4 结语

诗歌就是抽象的节律模式和语言之间进行互配的结果。在本章，我们已表明，在这一互配过程所涉及的语言层面就是音系的深层结构或韵律结构。尤其是，曾有人提出，但丁《地狱》十一音节诗行的基本格式表现为节律层级的突显节点（尤其是节律步和韵律单元的强节点）与韵律层级（特别是音步和音系短语的）突显节点的匹配。由于我们提出抑扬格为十一音节诗行的基本格式，这就是说次重音——音步的最强终端成分（DTE）——倾向于落在诗行的偶数位，亦趋向于使音系短语的最强终端成分与韵律单元的最右侧节点相互吻合。

诚然，任何著名诗人都不会在作诗时死搬硬套基本格式，因为那样做的结果会使作品节奏僵硬，索然无味。与其相反，在大多数诗行的节律模式和语言之间都存在着某种“张力”。而对这种张力的化解方式被视为力图在两个层面之间寻求某种妥协。正如所有妥协的解决方案一样，每一个参与方都必须做出某些程度的让步。一旦格律做出让步，其结果表现为对基本抑扬格模式的调整。这种有别于基本格式的可能变化正好为节律规则所描述。相反，如果语言做出了让步，结果便是对普通语言节奏变化的调整。而此类可能的节奏变化恰恰为韵律规则所揭示。

在上述例子中，我们论证了，正是韵律结构为规则是否可以应用的不同语境提供了解释。这就是说，我们分析的节律规则和韵律规则在使用中受韵律层级规定的表述所制约。正如普通口语音系规则的范例所示，我们 296
发现诗歌亦是如此，有些规则只能对韵律成分起首的节律模式给予调整，抑或只能对位于两个韵律成分音渡的节律模式进行调整。同理，十一音节诗行的某些韵律规则也势必要归于某一类具体的韵律范域，或范域界限的一种。

如上所述，海斯（将刊出）已表明，韵律层级属于旨在阐释英语诗歌众多对应规则所必须参照的语言层面；尤其是莎士比亚（Shakespeare）、弥尔顿（Milton）和雪莱（Shelley）的五步抑扬格，以及朗费罗（Longfellow）《西亚瓦萨之歌》（*Song of Hiawatha*）音节数完整的四步扬抑格诗句。海斯也把这看作是一大更为普遍的格律特征，他提出了这样的假设："仅就句法决定韵律层级的表述这一点而言，句法对格律有一定影响"，这就等于说，格律是一种纯音系现象。因此，海斯把该假说称之为"音系格律假说"（Hypothesis of Phonological Metrics）。此处，我们对《地狱》十一音节诗行的分析也为这一假说提供了进一步的证据。

鉴于我们在本书已经表明，普通口语的韵律规则只跟韵律结构发生直接关系，而不是句法结构。由此，从本书的理论可推而得知，另一种纯音系现象——格律——不应跟任何比韵律结构更深的结构发生关联。而对"音系格律假说"的进一步证实为普遍的韵律音系学理论提供了新的支撑。

注释

① 应当注意的是，在栅理论（Grid Theory）中——尤其是利伯曼（1975）、利伯曼和普林斯（1977）、普林斯（1983）、塞尔柯克（1984b）——提出了"栅"这一抽象模架用于表征自然语言的节奏变换。我们此处针对诗歌所提出的栅与抽象层面之间的根本区别表现为，节奏模式的精确特性恰恰体现为诗歌的抽象层面所固有，而非栅模架的特性。

② 尽管在节律模式（诗文中的位数）和节奏模式（节律模式中成分的轻重分布）之

间有所差异，但我们在此暂不予区分。参见巴拉塔（Baratta，1981）。

③ 皮尔拉（1982）在分析西班牙语十一音节诗行时也提出了类似的假定。此外，塞西尼（1939）和埃尔沃特（1968）也提出了意大利语十一音节诗行的基本抑扬格模式。

④ 这一概括也存在个别例外（见 Di Girolamo，1976），如有例子表明，尽管居第十个位置的音节不承载主重音，但仍表现为节律突显音节。鉴于此类诗行数量极为有限，且明显被视为复杂型节律，故对前述概括尚不构成威胁。

⑤ 《神曲》的所有诗行翻译均选自辛格尔顿（Singleton，1970，1973，1975）。

297 ⑥ 在这些以及所有的后续示例中，仅标记出那些与本讨论相关的强音。

⑦ 塞尔柯克（1984b）提出了一条功能类似的规则——*强拍增添规则*（Beat Addition），用以解释自然语言的某些节奏模式。另见普林斯（1983）所提出的*最优栅构建规则*（Perfect Grid Construction）。

⑧ 需要注意的是，通过给第二个位置添加一个主强音，该主强音便在第二层面与前一诗行的末位主强音呈毗邻关系。不过，该诗行与后面诗行之间的微小停顿就可避免将其感知为强音冲突。

⑨ 也有人提出使用无声位插入规则来解释自然语言节律的某些现象（尤见 Liberman，1975；Selkirk，1984b）。

⑩ 在本章后面的部分将使用的这一诗行和其他诗行里，主强音落在了完全不同于基本模式所规定的位置。例如，在该例中节律模式的主强音位于第八个位置，再经*倒置规则*移至第七个位置。这就表明，节律规则的应用可调整节律模式以适应具体语言。这里还可以看出，音系短语是对该规则应用范域进行描述所必须的语言成分。

⑪ 彼特拉克的英译为德林（Durling，1976）的译本。

⑫ 赫尔斯鲁特（Karijn Helsloot）使我们注意到了如下事实：当两个弱位前没有出现强音冲突时，冲突前就会出现两个弱位。

第 11 章 299

结论

口语的基本特征一方面表现为连续语流之间的相互关系，另一方面体现为这一连续语流内部存在的各种结构模式。就此而言，口语与人们周围许多其他的自然及人为现象密不可分，如海洋和乐曲的波动等，其特征不仅仅表现为这些现象的典型流动特质，同时也反映出以下事实：它们都可以划分成不同的组构单位（如波、量度等）。

韵律音系学是把言语语流组构为某种有限音系单位序列的理论。当然，它也是音系学与语法其他组成部分交互作用的理论。这种交互作用通过以形态、句法和语义概念为基础所建立的音系结构映射规则，提出了一系列必要的音系单位用于描述各种音系规则的应用范域。尽管把言语链划分为音系单位仍需要参照语法其他部分的不同结构，但韵律理论的基本观点之一是：音系成分本身并不一定跟语法的其他成分互为同构。

虽然韵律理论的主要目标是对制约音系规则的应用范域加以阐释，但事实表明，这些同样的单位在语言组构的其他领域也必不可少。例如，即使在没有音系规则的情况下，语法的韵律单位在歧义句消解歧义言语处理的第一层级也十分重要。此外，韵律音系学所提出的成分能对见诸于诗歌作品的许多节奏模式和节律规约给予很好的阐释。

把音系组构划分成韵律单位，从音节至话语共分为七个不同的结构层级。其中两个最小的单位音节和音步的建构主要是基于音系原则，而其余单位均以各自的不同方式揭示了音系与语法其他部分界面的特点。那些出 300

自不同类型交互作用的模式表现为，其所需非音系信息的抽象性和普遍性程度与等级中韵律成分的高低呈对应关系。特别要指出的是，构建音系词和附着语素组的映射规则必须参照诸如词缀和附着语素在宿主词的位置等具体概念。音系短语的建构则要参及短语中心语及内嵌方向等一类普遍的句法概念。两个最高韵律成分（“语调短语”和“音系话语”）往往要分别参照根句和句法树的最高节点等更为普遍的概念。

在韵律层级的三个最高层面，在有些情况下需要重构规则对映射规则所确立的韵律结构予以调整。虽然映射规则只参照形态和句法结构，但重构规则还需参照语义概念及当事语符串的长度、语速和言语文体等。跟基本映射规则一样，重构规则也体现了等级序列中成分的高低和作为重构基础的标准的普遍性和抽象性之间的相互联系。也就是说，就音系短语而言，短语补语概念和由分支所界定的补语长度都是主要概念。但就语调短语而言，重构的相关原则包括循环节点、有些抽象的时间长度等概念，这些都是依据具体语符串的长度和语速等要素加以定义的。最后，我们再来看音系话语，重构往往还要基于某种句法关系和毗邻句之间的隐含语义关联。大多数重构都具有选择性的特点使韵律层级的最高层增添了某种程度的可变性。由于句法本身不允许其成分结构出现任何变化，所以重构语符串的示例清楚地表明，韵律层级和句法层级代表着相互独立且往往是互不同构的结构。

鉴于词汇以上层面生成韵律成分的映射规则主要运用了具体的句法概念，并揭示了某些句法结构，因此一旦韵律成分确立以后，具体音系规则的应用与否便可以用于问题句法建构的诊断了。这就是说，根据句法标准哪些特定结构会出现一种以上的可能分析，音系规则是否可以作用于两个
301 单词之间，这些都可以作为证据用以表明这些词是否隶属于相同或不同的音系成分。反过来，这也可作为证据证明，这些词相互之间必然存在着某种形式的内在联系。

映射规则所表达的是，跟语言语音模式相关的其他语法组成部分的具

体音系阐释，同时其输出部分又给出了纯音系部分的深层结构。正是这一音系的深层结构包含了语言纯音系规则各种应用范域的表征，即那些仅参照音系存在的规则——音系规则修正的音系结构和音系规则应用的韵律范域。因此，跟那些除了要参照音系概念外，音系规则还要直接参照形态和句法概念的理论相比，韵律音系学理论具有更强的解释力，这是因为该理论使我们能够对音变规则的应用范域加以限制。也就是说，它能让我们得出这样一条普遍化概括：大多数规则只作用于音系深层结构所存在的范域。

因此，即使界定韵律成分的映射规则也需要参照一系列非音系概念，但总体而言韵律理论体现了对音系理论的实质性简化，其中映射规则的应用目的仅在于创立深层结构。所以并不是每个音系规则都有必要在形式化表达中重复使用那些非音系概念，在阐释规则的具体应用范域时只参照某些适当成分就足够了。

除了韵律理论以外，音系学还包含有其他的子系统理论，如栅理论和自主音段音系理论等。由于韵律音系学是范域理论的代表，我们便可以基于这一事实来预测：语法音系部分的内在结构也必然呈模块形式。于是，我们由此得出，那些结构变化在音系子系统内可以得到最优解释的规则，其应用范域的阐释有必要参照韵律音系理论。例如，表征栅理论和韵律理论之间交互作用的节奏规则，以及表征自主音段理论和韵律理论交互作用的和谐规则便是很好的例证。

音系部分各不同子系统的交互作用，以及音系与语法其他部分之间的交互作用，也就需要我们建立一种比目前为止生成理论提出的更为复杂的语法模式。而标准的 T- 模型理论不仅表现得过强，同时又表现得过弱。说它过强，指的是它的音系部分输入的 s- 结构（表层结构）包含了导致 302
对音系规则应用预测误判的一类信息，如语音上的空句法成分。另一方面，T- 模型又表现得过弱，这是因为 s- 结构是音系的唯一输入，因此也就不允许音系和语法其他部分之间出现任何直接的交互作用。然而，这种交互作用又恰恰是必不可少的。基于对许多不同语言音系规则的分析，本研究提出的韵律音系学模型所要求的交互作用类型可图示如下，见（图1）。

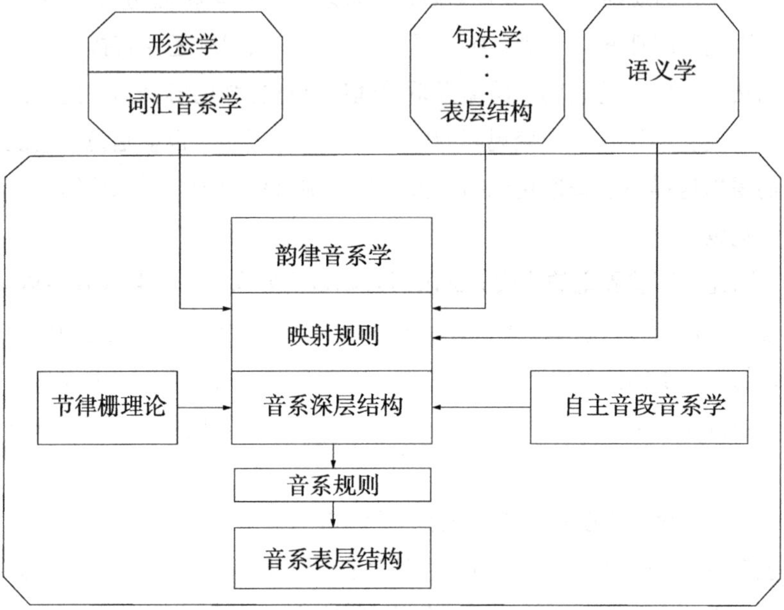

图1　韵律音系学与语法其他子系统的交互作用模式

图1中的模式完全消除了T-模型所带来的问题。首先，我们可以看出，句法学、形态学和语义学三个部分都可以为音系部分的映射规则提供
303 直接输入。其次，使用s-结构以及把没有语音内容的句法成分作为音系输入所产生的问题也得到了解决：在图1中，与音系交互作用的句法部分为表层结构，即一种采用括弧标记但不带空成分的结构。

总而言之，连续话语语流和这一语流内在结构之间的关系也体现为特定语符串的终极语音输出与（根据音系各子系统和语法部分之间的交互作用）对该语符串进行分析之间的相互关系。然而，只有当人们对语法与其他认知系统，以及人体运动机能和感知之间的交互作用有了更深入的了解，我们才能够更全面地认识人类语言的语音模式。

参考文献

Akmajian, A. (1975) More evidence for an NP cycle. *Linguistic Inquiry* 6, 115—129.

Alighieri, Dante, *La Commedia.* Secondo l'antica Vulgata. Ed. by G. Petrocchi (1966—67).

Alighieri, Dante. *The Divine Comedy.* Translated by C. S. Singleton. (1970) *Inferno;* (1973) *Purgatorio;* (1975) *Paradiso.* Princeton: Princeton University Press.

Allen, M. R. (1978) *Morphological Investigations.* Ph. D. diss.: University of Connecticut.

Anderson, S. (1982) Differences in rule type and their structural basis. In H. van der Hulst and N. Smith (eds.), *The Structure of Phonological Representations.* Part II. Dordrecht: Foris. 1—25.

Aronoff, M. (1976) *Word Formation in Generative Grammar.* Linguistic Inquiry Monograph 1. Cambridge, Mass.: MIT Press.

Bach, E. (1977) Montague grammar and classical transformational grammar. Paper presented at the Conference on Montague Grammar, Philosophy and Linguistics. Albany: SUNY.

Banfield, A. (1973) Narrative style and the grammar of direct and indirect speech. *Foundations of Language* 10, 1—39.

Baratta, G. (1981) Ritmo. *Enciclopedia.* Torino: Einaudi.

Basbøll, H. (1978) Boundaries and ranking rules in French phonology. In B. de Cornulier and F. Dell (eds.), *Études de Phonologie Française.* Paris: Éditions du Centre de la Recherche Scientifique.

Beccaria, G. L. (1970) Dialefe. *Encyclopedia Dantesca.* Rome: Enciclopedia Italiana Treccani.

Bell, A. and J. B. Hooper (eds.) (1978) *Syllables and Segments.* Amsterdam: North-Holland.

Beltrami, P. G. (1981) *Metrica, Poetica, Metrica Dantesca.* Pisa: Pacini.

Bertinetto, P. M. (1973) *Ritmo e Modelli Ritmici.* Torino: Rosemberg and Sellier.

Bertinetto, P. M. (1979) *Aspetti Prosodici della Lingua Italiana.* Padova: CLESP.

Bierwisch, M. (1965) Poetik und Linguistik. In H. Kreuzer and R. Gunzenhäuser (eds.), *Mathematik und Dichtung*. München: Nymphenburger Verslagshandlung. 49—65. Also published in English as: Poetics and linguistics. In D. C. Freeman (ed.) (1970) *Linguistics and Literary Style*. New York: Holt, Rinehart and Winston. 96—118.

Bierwisch, M. (1966) Regeln für die Intonation deutscher Sätze. *Studia Grammatica* 7: *Untersuchungen über Akzent und Intonation im Deutschen*. Berlin: Akademie-Verlag. 99—201.

Bing, J. (1979) *Aspects of English Prosody*. Ph. D. diss.: University of Massachusetts, Amherst. IULC, 1980.

Bloomfield, L. (1933) *Language*. New York: Holt.

Bolinger, D. (1965) *Forms of English: Accent, Morpheme, Order*. Cambridge, Mass.: Harvard University Press.

Booij, G. (1977) *Dutch Morphology*. Dordrecht: Foris.

Booij, G. (1981) *Generatieve Fonologie van het Nederlands*. Utrecht: Het Spectrum.

Booij, G. (1983) Principles and parameters in prosodic phonology. *Linguistics* 21, 249—280.

Booij, G. (1984) Neutral vowels and the autosegmental analysis of Hungarian vowel harmony. *Linguistics* 22, 629—641.

Booij, G. (1985) Coordination reduction in complex words: a case for prosodic phonology. In H. van der Hulst and N. Smith (eds.), *Advances in Non-Liner Phonology*. Dordrecht: Foris.

Booij, G. (to appear) Lexical phonology and the organization of the morphological component. In E. Gussmann (ed.), *Rules and the Lexicon*. Lublin: Katolicki Uniwersytet.

Booij, G. and J. Rubach (1984) Morphological and prosodic domains in lexical phonology. *Phonology Yearbook* 1, 1—27.

Camilli, A. (1941) I rafforzamenti iniziali. *Lingua Nostra* 3, 170—174.

Camilli, A. (1965) *Pronuncia e grafia dell'italiano*. Firenze: Sansoni.

Chatman, S. (1965), A *Theory of Meter*. The Hague: Mouton.

Chatman, S. (1972) Ritmo, metro, esecuzione. In R. Cremante and M. Pazzaglia (eds.), *La Metrica*. Bologna: II Mulino.

Chomsky, N. (1965) *Aspects of the Theory of Syntax*. Cambridge, Mass.: MIT Press.

Chomsky, N. (1970) Remarks on Nominalization. In R. A. Jacobs and P. S. Rosenbaum (eds.), *Readings in English Transformational Grammar*. Waltham, Mass.: Ginn and Co. 184—221.

Chomsky, N. (1981) *Lectures on Government and Binding*. Dordrecht: Foris.

Chomsky, N. and M. Halle (1968) *The Sound Pattern of English.* New York: Harper and Row.

Chomsky, N. and H. Lasnik (1977) Filters and control. *Linguistic Inquiry* 8, 425—504.

Clements, G. N. (1978) Tone and syntax in Ewe. In DJ. Napoli (ed.), *Elements of Tone, Stress and Intonation.* Washington, D. C.: Georgetown University Press.

Clements, G. N. and S. J. Keyser (1983) *CV Phonology. A Generative Theory of the Syllable.* Cambridge, Mass.: MIT Press.

Clements, G. N. and E. Sezer (1982) Vowel and consonant disharmony in Turkish. In H. van der Hulst and N. Smith (eds.), *The Structure of Phonological Representations.* Part II. Dordrecht: Foris. 213—255.

Cooper, G. and L. Meyer (1960) *The Rhythmic Structure of Music.* Chicago: University Press.

Cooper, W. E. and J. Paccia-Cooper (1980) *Syntax and Speech.* Cambridge, Mass.: Harvard University Press.

Crystal, D. (1969) *Prosodic Systems and Intonation in English.* Cambridge: Cambridge University Press.

Crystal, D. (1980) *A First Dictionary of Linguistics and Phonetics.* London: André Deutsch.

Cupaiolo, F. (1959) *Grammatica Latina.* Milano: Principato.

Di Girolamo, C. (1976) *Teoria e Prassi della Versificazione.* Bologna: II Mulino.

Dixon, R. M. W. (1970) Olgolo syllable structure and what they are doing about it. *Linguistic Inquiry* 1, 273—276.

Dixon, R. M. W. (1977a) Some phonological rules of Yidin^y. *Linguistic Inquiry* 8, 1—34.

Dixon, R. M. W. (1977b) *A Grammar of Yidin^y.* Cambridge: Cambridge University Press.

Downing, B. (1970) *Syntactic Structure and Phonological Phrasing in English.* Ph. D. diss.: University of Texas, Austin.

Durling, R. M. (trans.) (1976) *Petrarch's Lyric Poems.* Cambridge, Mass.: Harvard University Press.

Elwert, W. T. (1968) *Italienische Metrik.* München: Max Hueber. Also published in Italian as: W. T. Elwert (1973) *Versificazione italiana, dalle origini ai giorni nostri.* Firenze: Le Monnier.

Emonds, J. (1976) *A Transformational Approach to English Syntax. Root, Structure-Preserving and Local Transformations.* New York: Academic Press.

Emonds, J. (1980) Word order in generative grammar. *Journal of Linguistic Research* 1,

33—54.

Empson, W. (1930) *Seven Types of Ambiguity.* London: Chatto and Windus.

Encrevé, P. (1983) Liaison sans enchaînement. *Actes de la Rechercheen Sciences Sociales* 43, 39—66.

Farmer, A. K. (1980) *On the Interaction of Morphology and Syntax.* Ph. D. diss.: MIT.

Fiorelli, P. (1958) Del raddoppiamento da parola a parola. *Lingua Nostra* 19, 122—127.

Fodor, J. A. and T. Bever (1965) The psychological reality of linguistic segments. *Journal of Verbal Learning and Verbal Behavior* 4, 414—420.

Fodor, J. A., J. D. Fodor, M. F. Garrett and J. R. Lackner (1975) Effects of surface and underlying clausal structure on click location. *Quarterly Progress Report of the MIT Research Laboratory of Electronics.*

Fudge, E. C. (1969) Syllables. *Journal of Linguistics* 5, 253—286.

Fussel, P., Jr. (1965) *Poetic Meter and Poetic Form.* New York: Random House.

Garcia-Bellido, P. (1979) Trilled vs. flapped /r/: some remarks on the syllable structure of Spanish. Paper presented at NELS 10, Ottawa, Ontario.

Garrett, M. F., T. Bever and J. A. Fodor (1966) The active use of grammar in speech perception. *Perception and Psychophysics* 1, 30—32.

Giannelli, L. (1976) *Toscana, Profilo dei Dialetti Italiani. 9.* Pisa.

Gianelli, L. and L. Savoia (1979—1980) L'indebolimento consonantico in Toscana. *Rivista Italiana di Dialettologia* 2, 23—58; 4, 39—101.

Gimson, A. (1970) *An Introduction to the Pronunciation of English.* 2nd. ed. London: Edward Arnold.

Graffi, G. (1980) Universali di Greenberg e grammatica generativa. *Lingua e Stile* XV. 3, 371—390.

Guitart, J. M. (1979) On the true environment for weakening and deletion in consonant-weak Spanish dialects. Paper presented at the Conference on Non-English Language Variation in the Western Hemisphere, University of Louisville, Kentucky.

Guitart, J. M. (1980) Entorno a la sílaba como entidad fonemática en los dialectos del Caribe hispánico. Paper presented at the V Simposio de Dialectología del Caribe Hispánico, Caracas, Venezuela.

Gunter, R. (1974) *Sentences in Dialog.* Columbia, S. C.: Hornbeam Press.

Hale, K. (1980) Remarks on Japanese phrase structure: Comments on the papers on Japanese syntax. In Y. Otsu and A. Farmer (eds.), *MIT Working Papers in Linguistics* II. 185—203.

Hale, K. (1981) On the position of Walbiri in a typology of the base. IULC.

Hall, R. (1944) *Hungarian Grammar.* Language Monographs 21. Baltimore: LSA.

Halle, M. (1973) Prolegomena to a theory of word formation. *Linguistic Inquiry* 4, 3—16.

Halle, M. and S. J. Keyser (1966) Chaucer and the study of prosody. In D. C. Freeman (ed.), *Linguistics and Literary Style.* New York: Holt, Rinehart and Winston. 366—426.

Halle, M. and S. J. Keyser (1971) *English Stress: Its Form, Its Growth, and Its Role in Verse.* New York: Harper and Row.

Harris, J. (1969) *Spanish Phonology.* Cambridge, Mass.: MIT Press.

Harris, J. (1983) *Syllable Structure and Stress in Spanish.* Cambridge, Mass.: MIT Press.

Hayes, B. (1981) *A Metrical Theory of Stress Rules.* Ph. D. diss.: MIT. IULC, 1980.

Hayes, B. (1982) Metrical structure as the organizing principle of Yidin^{y} phonology. In H. van der Hulst and N. Smith (eds.), *The Structure of Phonological Representations.* Part I. Dordrecht: Foris. 97—110.

Hayes, B. (to appear) The prosodic hierarchy in meter. In P. Kiparsky and G. Youmans (eds.), *Proceedings of the 1984 Stanford Conference on Meter.* Cambridge, Mass.: MIT Press.

Hoji, H. (1982) X-schema in Japanese and the * parameter. Ms. University of Washington.

Hooper, J. B. (1972) The syllable in phonological theory. *Language* 48, 525—540.

Hooper, J. B. (1976) *An Introduction to Natural Generative Phonology.* New York: Academic Press.

Hoorn, H. van (1983) Cancellazione della vocale finale prima di consonante. Ms. University of Amsterdam.

Householder, F. (1964) Three dreams of Modern Greek phonology. *Word* 20.3. Special Publication 5, 17—27.

Hulst, H. van der (1984) *Syllable Structure and Stress in Dutch.* Dordrecht: Foris.

Hulst, H. van der (in preparation) Verkleuring van lange vocalen voor *r:* een woorddomein regel.

Hulst, H. van der and N. Smith (1982) Prosodic domains and opaque segments in autosegmental phonology. In H. van der Hulst and N. Smith (eds.), *The Structure of Phonological Representations.* Part II. Dordrecht: Foris. 311—336.

Hyman, L. (1977) On the nature of linguistic stress. In L. Hyman (ed.), *Studies in Stress and Accent.* SCOPIL 4. Los Angeles: USC Linguistics Department. 37—82.

Jackendoff, R. (1974) Introduction to the $\bar{X}$ Convention. IULC.

Jaeggli, O. (1980) Remarks on *to* contraction. *Linguistic Inquiry* 11, 239—245.

Jakobson, R. (1960) Linguistics and poetics. In T. Sebeok (ed.), *Style in Language.* Cambridge, Mass.: MIT Press. 350—385.

Jones, D. (1986) *The Pronunciation of English.* Cambridge: Cambridge University Press.

Kahn, D. (1976) *Syllable-based Generalizations in English Phonology.* Ph. D. diss.: MIT. IULC.

Kahn, D. (1980) Syllable-structure specifications in phonological rules. In M. Aronoff and M.-L. Kean (eds.), *Juncture.* Saratoga, Calif.: Anma Libri.

Kaisse, E. M. (1977) On the syntactic environment of a phonological rule. In W. A. Beach, S. E. Fox and S. Philosoph (eds.), *CLS* 13.173—185.

Kaisse, E. M. (1983) The syntax of Auxiliary Reduction in English. *Language* 59, 93—122.

Kaisse, E. M. (1985) *Connected Speech. The Interaction of Syntax and Phonology.* New York: Academic Press.

Kean, M.-L. (1980) Grammatical representations and the description of language processing. In D. Caplan (ed.), *Biological Studies of Mental Processing,* Cambridge, Mass.: MIT Press. 239—268.

Kenstowicz, M. and C. Kisseberth (1977). *Topics in Phonological Theory.* New York: Academic Press.

Keyser, S. J. (1969) The linguistic basis of English prosody. In D. A. Reibel and S. A. Schane (eds.), *Modern Studies in English Grammar.* Englewood Cliffs, New Jersey: Prentice-Hall. 379—394.

Keyser, S. J. and P. Kiparsky (1984) Syllable structure in Finnish phonology. In M. Aronoff and R. T. Oehrle (eds.), *Language Sound Structure.* Cambridge, Mass.: MIT Press. 7—31.

King, H. V. (1970) On blocking the rules for contraction in English. *Linguistic Inquiry* 1, 134—136.

Kiparsky, P. (1975) Stress, syntax and meter. *Language* 51, 576—616.

Kiparsky, P. (1977) The rythmic structure of English verse. *Linguistic Inquiry* 8, 189—247.

Kiparsky, P. (1979) Metrical structure assignment is cyclic. *Linguistic Inquiry* 10, 421—442.

Kiparsky, P. (1982) From cyclic phonology to lexical phonology. In H. van der Hulst and N. Smith (eds.), *The Structure of Phonological Representations.* Part I. Dordrecht: Foris. 131—175.

Kisseberth, C. and M. Abasheikh (1974) Vowel length in Chimwi: ni. A case study of the role of grammar in phonology. In A. Bruck, R. Fox and M. LaGaly (eds.), *Papers from the Parasession on Natural Phonology*. Chicago: CLS. 193—209.

Klatt, D. (1975) Vowel lengthening is syntactically determined in a connected discourse. *Journal of Phonetics* 3, 129—140.

Klatt, D. (1976) Linguistic uses of segmental duration in English: acoustic and perceptual evidence. *Journal of the Acoustic Society of America* 59, 1208—1221.

Klavans, J. (1982) *Some Problems in a Theory of Clitics*. Ph. D. diss.: University College London, 1980. IULC.

Klavans, J. (1985) The independence of syntax and phonology in cliticization. *Language* 61, 95—120.

Kohler, K. J. (1966) Is the syllable a phonologocal universal? *Journal of Linguistics* 2, 207—208.

Kontou, D. T. (1973) Fast speech rules and some phonological processes of Modern Greek: a preliminary investigation. Athens: University of Athens, School of Philosophy Publications.

Kooij, J. (1971) *Ambiguity in Natural Language*. Amsterdam: North-Holland.

Kuryłowicz, J. (1948) Contribution à la théorie de la syllabe. *Biuletyn Polskiego Towarzystwa Jezykoznawaczego* 8, 80—114.

Ladd, D. R. (1980) *The Structure of Intonational Meaning*. Bloomington: Indiana University Press.

Lakoff, G. (1970) Global rules. *Language* 46, 627—639.

Langendoen, D. T. (1975) Finite-state parsing of phrase-structure languages and the status of readjustment rules in the grammar. *Linguistic Inquiry* 6, 533—554.

Lapointe, S. G. and M. H. Feinstein (1982) The role of vowel deletion and epenthesis in the assignment of syllable structure. In H. van der Hulst and N. Smith (eds.), *The Structure of Phonological Representations*. Part II. Dordrecht: Foris. 69—120.

Leben, W. (1973) *Suprasegmental Phonology*. Ph. D. diss.: MIT.

Leben, W. (1982) Metrical or Autosegmental. In H. van der Hulst and N. Smith (eds.), *The Structure of Phonological Representations*. Part II. 177—190.

Lees, R. B. (1961) *The Phonology of Modern Standard Turkish*. The Hague: Mouton.

Lehiste, I. (1972) Timing of utterance and linguistic boundaries. *Journal of the Acoustical Society of America* 51, 2018—2024.

Lehiste, I. (1973) Phonetic disambiguation of syntactic ambiguity. *Glossa* 7, 107—122.

Lehiste, I., J. P. Olive and L. A. Streeter (1976) Role of duration in disambiguating syntactically ambiguous sentences. *Journal of the Acoustical Society of America* 60,

1199—1202.

Leone, A. (1962) A proposito del raddoppiamento sintattico. *Bollettino del Centro di Studi Filologici e Linguistici Siciliani* 7, 163—170.

Leonetti, P. (1934—1938) *Storia della Tecnica del Verso Italiano.* Napoli: Morano.

Lepschy, A. L. and G. Lepschy (1977) *The Italian Language Today.* London: Hutchinson.

Lewis, G. L. (1967) *Turkish Grammar.* Oxford: Clarendon Press.

Liberman, M. (1975) *The Intonational System of English.* Ph. D. diss.: MIT. IULC.

Liberman, M. and A. Prince (1977) On stress and linguistic rhythm. *Linguistic Inquiry* 8, 249—336.

Lieberman, P. (1967) *Intonation, Perception, and Language.* Cambridge, Mass.: MIT Press.

Longobardi, G. (1980) Remarks on infinitives: a case for a filter. *Journal of Italian Linguistics* 5, 101—156.

Lowenstamm, J. (1979) *Topics in Syllabic Phonology.* Ph. D. diss.: University of Massachusetts, Amherst.

Lowenstamm, J. (1981) On the maximal cluster approach to syllable *structure. Linguistic Inquiry* 12, 575—604.

Malécot, A. (1960) Vowel nasality as a distinctive feature in American English. *Language* 36, 222—229.

Malikouti, A. (1970) Μετασχηματιστlκή μορφολογία του *νεοελληνικού ονόματος*. Ph. D. diss.: University of Athens.

Malikouti-Drachman, A. and G. Drachman (1981) Slogan chanting and speech rhythm in Greek. In W. Dressler (ed.), *Phonologica 1980.* Innsbruck: IBS. 283—292.

Marotta, G. (to appear) Rhythmical Constraints on 'Syntactic Doubling' . *Journal of Italian Linguistics.*

McCarthy, J. (1979) On stress and syllabification. *Linguistic Inquiry* 10, 443—466.

Miyara, S. (1981) Phonological Phrase and Phonological Reduction. *University of Massachusetts Occasional Papers in Linguistics 7.* 154—183.

Mohanan, K. P. (1981) *Lexical Phonology.* Ph. D. diss.: MIT. IULC, 1982.

Morin, Y.-C. and J. Kaye (1982). The syntactic bases for French liaison. *Journal of Linguistics* 18, 291—330.

Moulton, W. (1947) Juncture in Modern Standard German. *Languague* 23, 212—226.

Muysken, P. C. (1977) *Syntactic Developments in the Verb Phrase of Ecuadorian Quechua.* Dordrecht: Foris.

Napoli, D. J. and M. Nespor (1979) The syntax of word initial consonant gemination in Italian. *Language* 55, 812—841.

Navarro Tomás, T. (1957) *Manual de Pronunciación Española.* New York: Hafner.

Nespor, M. (1977) *Some Syntactic Structures of Italian and Their Relationship to the Phenomenon of Raddoppiamento Sintattico.* Ph. d. diss.: University of North Carolina, Chapel Hill.

Nespor, M. (1983) Formele eigenschappen in fonologie en syntaxis. *TTT* 3.3/4, 260—276. Also published in English as: M. Nespor (1983) Formal properties in phonology and syntax. *Lingua e Stile* 18, 343—360.

Nespor, M. (1984) The phonological word in Italian. In H. van der Hulst and N. Smith (eds.), *Advances in Non-Linear Phonology.* Dordrecht: Foris.

Nespor, M. (1986) The phonological word in Greek and Italian. In H. Andersen and J. Gvozdanović (eds.), *Proceedings of the Working Group on Sandhi Phenomena in the Languages of Europe.*

Nespor, M. and M. Scoreretti (1985) Empty elements and phonological form. In J. Guéron and J.-Y. Pollock (eds.), *Grammatical Representation.* Dordrecht: Foris.

Nespor, M. and I. Vogel (1979) Clash avoidance in Italian. *Linguistic Inquiry* 10, 467—482.

Nespor, M. and I. Vogel (1982) Prosodic domains of external sandhi rules. In H. van der Hulst and N. Smith (eds.), *The Structure of Phonological Representations.* Part I. Dordrecht: Foris. 225—255.

Nespor M. and I. Vogel (1983a) Prosodic hierarchy and speech perception. In *La Percezione del Linguaggio,* Atti del Seminario, 1980. Firenze: Accademia della Crusca. 339—362.

Nespor, M. and I. Vogel (1983b) Prosodic structure above the word. In A. Cutler and D. R. Ladd (eds.), *Prosody: Models and Measurements.* Berlin: Springer, 123—140.

Newman, P. (1972) Syllable weight as a phonological variable: the nature and function of the contrast between 'heavy' and 'light' syllables. *Studies in African Linguistics* 3, 301—323.

Niedermann, M. (1953) *Précise de Phonétique Historique du Latin.* Paris: Librairie C. Klinckieck.

Noske, R. (1982) Syllabification and syllable changing rules in French. In H. van der Hulst and N. Smith (eds.), *The Structure of Phonological Representations.* Dordrecht: Foris. 257—310.

Odden, D. (1980) The phrasal phonology of Kimatuumbi. Ms. Yale University.

Pennings, L. (1985) Scontro di due ictus nel verso di Dante. Ms. University of Amsterdam.

Petrarca, F. *Canzoniere.* Ed. by G. Contini. Torino: Einaudi. (1968)

Petrarch, F. *Petrarch's Lyric Poems.* Translated by R. M. Durling (1976). Cambridge, Mass.: Harvard University Press.

Petrocchi, G. (ed.) (1966—67) *La Commedia.* Secondo l'antica Vulgata. By Dante Alighieri.

Piera, C. (1982). The hendecasyllable in Spanish. Ms. Cornell University.

Pierrehumbert, J. (1980) *The Phonology and Phonetics of English Intonation.* Ph. D. diss.: MIT.

Pike, K. (1947) Grammatical prerequisites to phonemic analysis. *Word* 3, 155—172.

Pike, K. and E. Pike (1947) Immediate constituents of Mazateco syllables. *International Journal of American Linguistics* 13, 78—91.

Platzak, C. (1979) *The Semantic Interpretation of Aspect and Aktionsarten.* Dordrecht: Foris.

Pratelli, R. (1970) Le renforcement syntactique des consonnes en italien. *La Linguistique* 6, 39—50.

Prince, A. (1983). Relating to the grid. *Linguistic Inquiry* 14, 19—100.

Prince, A. (1984) Phonology with tiers. In M. Aronoff and R. Oehrle (eds.), *Language Sound Structure.* Cambridge, Mass.: MIT Press. 234—244.

Pulgram, E. (1970) *Syllable, Word, Nexus, Cursus.* The Hague: Mouton.

Riemsdijk, H. van (1978) *A Case Study in Syntactic Markedness.* Dordrecht: Foris.

Riemsdijk, H. van and E. Williams (1981) NP-structure. *The Linguistic Review* 1, 171—218.

Rizzi, L. (1976) Ristrutturazione. *Rivista di Grammatica Generativa* 1, 1—54.

Rizzi, L. (1979) La teoria della traccia e processi fonosintattici. *Rivista di Grammatica Generativa* 4, 165—181.

Rischel, J. (1982) On unit accentuation in Danish and the distinction between deep and surface phonology. ARIPUC 16, 191—239. Also published in *Folia Linguistica XVII* (1983).

Rohlfs, G. (1949) *Historische Grammatik der Italienischen Sprache und ihrer Mundarten.* Bern: A. Francke A. G.

Rotenberg, J. (1975) French Liaison, phrase structure, and semicyclical rules. Ms. MIT.

Rotenberg, J. (1978) *The Syntax of Phonology.* Ph. D. diss.: MIT.

Rubach, J. (1984) *Cyclic and Lexical Phonology: The Structure of Polish.* Dordrecht:

Foris.

Safir, K. (1985) Binding in relatives and LF. *Glow Newsletter* 14, 77—79.

Saib, J. (1978) Segment organization and the syllable in Tamazight Berber. In A. Bell and J. B. Hooper (eds.), *Syllables and Segments*. Amsterdam: North-Holland, 93—104.

Saito, M. and H. Hoji (1983) Weak crossover and move α in Japanese. *Natural Language & Linguistic Theory* 1, 245—259.

Sapir, E. (1930) Southern Paiute, a Shoshonean language. *Proceedings of the American Academy of Arts and Sciences* 65.1.

Sassen, A. (1979) Morfeem- en syllabegrens. *TABU*, 25—28.

Savoia, L. M. (1974—1975) Condizioni fonetiche nel fiorentino comune e alcune proposte per una teoria fonologica concreta. *Studi di Grammatica Italiana* 4, 209—330.

Scalise, S. (1983) *Morfologia Lessicale*. Padova: Clesp.

Scalise, S. (1984) *Generative Morphology*. Dordrecht: Foris.

Schane, S. A. (1968) *French Phonology and Morphology*. Cambridge, Mass.: MIT Press.

Selkirk, E. O. (1972) *The Phrase Phonology of English and French*. Ph. D. diss.: MIT. IULC, 1982.

Selkirk, E. O. (1978a) The French foot: on the status of French 'mute' *e*. *Studies in French Linguistics* 1, 141—150.

Selkirk, E. O. (1978b) On prosodic structure and its relation to syntactic structure. Paper presented at the Conference on Mental Representation in Phonology. IULC, 1980. Published in T. Fretheim (ed.) (1981) *Nordic Prosody II*. Trondheim: TAPIR. 111—140.

Selkirk, E. O. (1980a) Prosodic domains in phonology: Sanskrit revisited. In M. Aronoff and M.-L. Kean (eds.), *Juncture*. Saratoga, Calif.: Anma Libri. 107—129.

Selkirk, E. O. (1980b) The role of prosodic categories in English word stress. *Linguistic Inquiry* 11, 563—605.

Selkirk, E. O. (1982) *The Syntax of Words*. Cambridge, Mass.: MIT Press.

Selkirk, E. O. (1984a) On the major class features and syllable theory. In M. Aronoff and R. T. Oehrle (eds.), *Language Sound Structure*. Cambridge, Mass.: MIT Press. 107—136.

Selkirk, E. O. (1984b) *Phonology and Syntax: The Relation between Sound and Structure*. Cambridge, Mass.: MIT Press.

Sesini, U. (1938) II verso neolatino nella ritmica musicale. *Convivium* 5, 481—502.

Sesini, U. (1939) L'endecasillabo: struttura e peculiaritá. *Convivium* 11, 545—570.
Setatos, M. (1974) Φωνολογίαςτῆς Κοινῆς Νεοελληνικῆς. *Ανή να: Παπαζήσης.*
Shopen, T. (1972) *A Generative Theory of Ellipsis.* Ph. D. diss.: UCLA.
Siegel, D. (1974) *Topics in English Morphology.* Ph. D. diss.: MIT.
Siegel, D. (1977) The adjacency condition and the theory of morphology. *NELS* 8, 189—197.
Singleton, C. S. (trans.) (1970, 1973, 1975) *The Divine Comedy.* By Dante Alighieri. (1970) *Inferno* ; (1973) *Purgatorio* ; (1975) *Paradiso.*
Smith, N. (in preparation) Evidence for the foot as a hierarchical unit in Žu|'hōasi.
Snyman, J. W. (1975) *Žu |'hōasi: Fonologie en Woordenboek.* Kaapstad: A. A. Balkema.
Steriade, D. (1982) *Greek Prosodies and the Nature of Syllabification.* Ph. D. diss.: MIT.
Stowell, T. (1981) *Origins of Phrase Structure.* Ph. D. diss.: MIT.
Strauss, S. (1982) *Lexicalist Phonology of English and German.* Dordrecht: Foris.
Ternes, E. (1973) *The Phonemic Analysis of Scottish Gaelic.* Hamburg: Helmut Buske Verlag.
Tompa, J. (1972) *Kleine ungarische Grammatik.* Budapest: Akadémiai Kiadó.
Trager, G. and H. Smith (1951) An outline of English structure. *Studies in Linguistics, Occasional Papers 3.* Norman, Oklahoma: Battenberg Press.
Traina A. and G. Bernardi Perini (1977) *Propedeutica al Latino Universitario.* Bologna: Pátron
Trommelen, M. (1983) *The Syllable in Dutch.* Dordrecht: Foris.
Ullman, S. (1962). *Semantics: An Introduction to the Science of Meaning.* Oxford: Basil Blackwell and Mott.
Vago, R. (1976) Theoretical implications of Hungarian vowel harmony. *Linguistic Inquiry* 7, 243—264.
Vago, R. (1980) *The Sound Pattern of Hungarian.* Washington, D. C.: Georgetown University Press.
Vanelli, L. (1979) Una forma supplettiva dell'articolo e la sua fonosintassi. *Rivista di Grammatica Generativa* 4, 183—206.
Vennemann, T. (1971) The phonology of Gothic vowels. *Language* 47, 90—132.
Vennemann, T. (1972) On the theory of syllabic phonology. *Linguistische Berichte* 18, 1—18.
Vennemann, T. (1974) Words and syllables in natural generative grammar. In A. Bruck, R. A. Fox and M. W. LaGaly (eds.), *Papers from the Parasession on Natural Phonology.* Chicago: CLS. 346—374.

Vergnaud, J.-R. and M. Halle (1978) Metrical structure in phonology. Ms. MIT.
Vogel, I. (1977) *The Syllable in Phonological Theory; with Special Reference to Italian.* Ph. D. diss.: Stanford University.
Vogel, I. (1981) Structure prosodiche dell'Inglese. *Rivista di Grammatica Generativa* 6, 181—205.
Vogel, I, (1982) *La Sillaba come Unitá Fonologica.* Bologna: Zanichelli.
Vogel, I. (1984a) On constraining phonological rules. In H. van der Hulst and N. Smith (eds.), *Advances in Non-Linear Phonology.* Dordrecht: Foris.
Vogel, I. (1984b) Sintassi, prosodia e disambiguazione. *Quaderni Patavini di Linguistica* 4, 21—50.
Vogel, I. (1985) Review of J. Harris, *Syllable Structure and Stress in Spanish. Journal of Linguistics* 21, 195—208.
Vogel, I. (1986) External sandhi rules operating across sentences. In H. Andersen and J. Gvozdanović (eds.), *Proceedings of the Working Group on Sandhi Phenomena in the Languages of Europe.*
Vogel, I., M. Drigo, A. Moser and I. Zannier (1983) La cancellazione di vocale in Italiano. *Studi di Grammatica Italiana,* 191—230.
Vogel, I. and S. Scalise (1982) Secondary stress in Italian. *Lingua* 58, 213—242.
Wanner, D. (1980) Romance and the rhythmical nature of stress. In F. H. Nuessel Jr. (ed.), *Contemporary Studies in Romance Languages.* IULC.
Warburton, I. P. (1970) Rules of accentuation in classical and modern Greek. *Glotta* 48, 107—121.
Wells, J. C. (1982) *Accents of English. Vol. 1: Introduction.* Cambridge: Cambridge University Press.
Welmers, W. E. (1973) Igbo tonology. *Studies in African Linguistics* 1, 255—278.
Welmers, W. E. and B. F. Welmers (1969) Noun modifiers in Igbo. *International Journal of American Linguistics* 35, 315—322.
Wheeler, D. W. (1981) *Aspects of a Categorial Theory of Phonology.* Ph. D. diss.: University of Massachusetts, Amherst.
Whitman, J. (1982) Configurationality parameter. Ms. Harvard University.
Whitney, W. D. (1889) *Sanskrit Grammar.* Cambridge, Mass.: Harvard University Press.
Williams, E. (1977) Discourse and logical form. *Linguistic Inquiry* 8, 101—139.
Woitsetschlaeger, E. F. (1976) *A Semantic Theory of the English Auxiliary System.* IULC.
Yip, M. (1980) *The Tonal Phonology of Chinese.* Ph. D. diss.: MIT. IULC.

Zanoni, L. (1948) *Grammatica Latina. Morfologia e Sintassi.* Milano: Mondadori.

Zwicky, A. (1970) Auxiliary reduction in English. *Linguistic Inquiry* 1, 323—336.

Zwicky, A. (1977) On clitics. Paper presented at the 3rd International Phonologie-Tagung, University of Vienna, 1976. IULC.

Zwicky, A. (1984) Clitics and particles. In A. Zwicky and R. Wallace (eds.), *Ohio State Working Papers in Linguistics* 29, 148—173.

主题索引（Subject Index）*

* 索引所标页码为英文版页码，即本汉译版的边码。

语言及规则索引（Language and Rule Index）*

* 索引所标页码为英文版页码，即本汉译版的边码。

人名索引（Name Index）*

* 索引所标页码为英文版页码，即本汉译版的边码。

图书在版编目(CIP)数据

韵律音系学:英、汉/(意)玛丽娜·内斯波,(美)艾琳·沃格尔著;宫齐译. —北京:商务印书馆,2021(2022.8重印)
(语言学及应用语言学名著译丛)
ISBN 978-7-100-19399-3

Ⅰ.①韵… Ⅱ.①玛… ②艾… ③宫… Ⅲ.①韵律(语言)—英、汉 Ⅳ.①H014

中国版本图书馆CIP数据核字(2021)第032205号

语言学及应用语言学名著译丛
韵律音系学
〔意〕玛丽娜·内斯波(Marina Nespor)
〔美〕艾琳·沃格尔(Irene Vogel) 著
宫 齐 译

商 务 印 书 馆 出 版
(北京王府井大街36号 邮政编码100710)
商 务 印 书 馆 发 行
北京捷迅佳彩印刷有限公司印刷
ISBN 978-7-100-19399-3

2021年4月第1版 开本880×1230 1/32
2022年8月北京第2次印刷 印张13⅝
定价:68.00元